Ager Vaticanus

Mausoleum
Hadriani

Tiberis

Mausoleum Augusti

Via Flaminia

Ara Pacis

Theatrum
ex tabula
FORMA VR
fragm

T. Divi
Hadriani

Stadium
Domitiani

Thermae
Neronis

Pantheum

Campus Martius

Thermae
Agrippae

Via Lata

Quirinalis

Vim

Theatrum
Pompeii

Porticus
Pompeii

Tiberis

Circus Flaminius

Forum
Traiani

Argiletum

Arx
T. Iunonis
Monetae

Capitolium

Templum
Pacis

E

Therm

Porticus
Octaviae

Templum
Iovis

Forum
Romanum

Sacra Via

Velia

T

Pons
Aurelius

Theatrum Marcelli

Saxum
Tarpeium

Templum
Veneris
et Romae

Amp
F

Pons
Fabricius

Vicus Iugarius

Arcus Titi

T. Iovis
Statoris

Aurelia

Pons Aemilius

Pons Sublicius

Forum
Boarium

Ara Maxima

Vicus Tuscus

Domus
Tiberiana

Palatium

Templum
Apollinis

Domus
Augustana

Aqua Clau

Circus Maximus

Tiberis

Aventinus

Vallis Murcia

Aqu

Porta Capena

Via Appia

VRBS ROMA

LINGVA LATINA PER SE ILLVSTRATA II
ROMA AETERNA

HANS H. ØRBERG

LINGVA LATINA

PER SE ILLVSTRATA

PARS II

ROMA AETERNA

DOMVS LATINA

ANNO MMIII

Lingua Latina Pars II Roma Aeterna
© 1990 Hans Ørberg

Distributed by
Focus Publishing/R Pullins Company
PO Box 369
Newburyport, MA 01950
www.focusbookstore.com
with permission of Domus Latina.

Illustrations by Peer Lauritzen

Hardcover ISBN: 978-1-58510-314-0
Paperback ISBN: 978-1-58510-233-4

Printed in the United States of America.

15 14 13 12 11 10 9 8 7 6

1014V

INDEX CAPITVLORVM

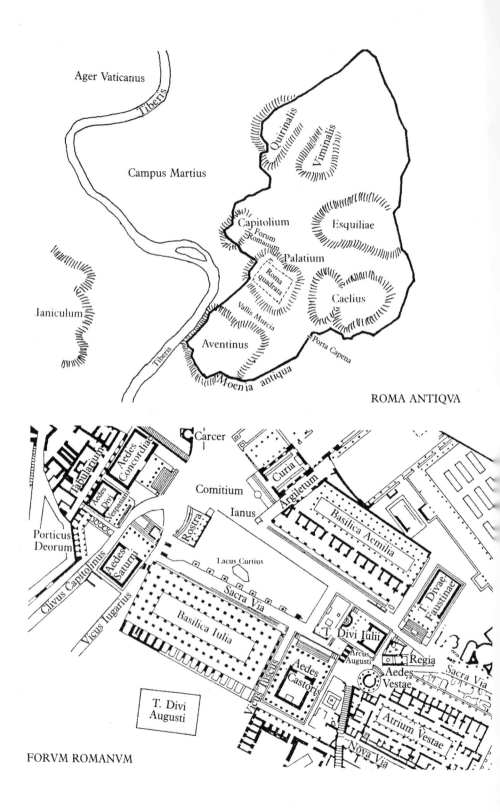

ROMA ANTIQVA

FORVM ROMANVM

Terrārum dea gentium-
que Rōma,
cui pār est nihil et nihil
secundum
[Mārtiālis XII.8]

ROMA AETERNA

fōrma templī

Palātium et Capitōlium

Urbs Rōma in rīpā Tiberis flūminis sita est vīgintī mīlia
passuum ā marī. Hōc locō flūmen facile trānsītur, et
collēs propinquī bene mūnīrī possunt. Moenia Rōmāna

5 antīqua septem collēs sīve montēs complectuntur, quō-   complectī : cingere
rum haec sunt nōmina: Palātium, Capitōlium, Aventī-
nus, Caelius, Ēsquiliae, Vīminālis, Quirīnālis. Ā colle
Quirīnālī et ā monte Capitōlīnō ūsque ad Tiberim flū-   Capitōlīnus -a -um
men campus Mārtius patet.   < Capitōlium

10   Palātium prīmum mūnītum est, sed ea moenia qua-   ☐ fōrma
drāta quibus Rōmulus, prīmus rēx Rōmānōrum, Palā-   quadrāta
tium mūnīvisse dīcitur iam prīdem periērunt, neque   [annō 753 a. C.: ante
ūlla casa restat ex illā urbe antīquissimā, quae ā fōrmā   Chrīstum (nātum)]
moenium 'Rōma quadrāta' appellābātur, praeter 'casam   casa -ae *f* = parva domus
                                                                  pauper
15 Rōmulī' strāmentō tēctam. Posteā Rōmānī nōbilissimī   re-stāre = reliquus esse,
in Palātiō habitāvērunt, ibique post Iūliī Caesaris aetā-   superesse
tem Augustus, Tiberius, Caligula aliīque prīncipēs Rō-   tegere tēxisse tēctum
                                                                  = operīre
mānī domōs magnificās sibi aedificāvērunt. Omnium

strāmentum
-ī *n*

casa

7

magnificus, *comp* -ficen-
tior, *sup* -ficentissimus
Palātīnus -a -um < Palā-
tium

arx
arcis *f*

fīrmus -a -um = quī
frangī nōn potest,
validus

summum Iāniculum =
summa Iāniculī pars
trāns (↔ cis) = ultrā
arduus, *comp* magis a.,
sup māximē a.

praecipitāre = prōicere
(capite prīmō)
sacer -cra -crum: (locus)
s. = ubi diī adōrantur
clārus = nōbilis

L. = Lūcius (praenōmen)

sacrāre = sacrum facere
et deō trādere
ex-pellere -pulisse
-pulsum
cōnsul -is *m*

[annō 509 a. C.]

augustus -a -um = deō
dignus, magnificus

dea: *pl dat/abl* -ābus
cōn-secrāre = sacrāre
tertium *adv*
incendium -ī *n* = ignis
quō domus cōnsūmitur
re-ficere -fēcisse -fectum
< -facere
[annō 82 p. C.: post
Chrīstum (nātum)]

splendēre = clārē lūcēre

---

vērō magnificentissima est domus illa ā Domitiānō prīncipe in colle Palātīnō aedificāta, quae vocātur 'domus ²
Augustāna'.

Ea Capitōliī pars quae spectat ad septentriōnēs, ardua
atque mūrīs fīrmīs mūnīta, Arx dīcitur. Nec vērō 'arx'
nōmen huius montis proprium est, nam aliī quoque
montēs arduī nātūrā et opere mūnītī 'arcēs' dīcuntur, ut ²
summum Iāniculum, quod trāns Tiberim situm est. Locus in Capitōliō māximē arduus appellātur saxum Tar-
pēium, dē quō ōlim hominēs scelestī suppliciī causā
praecipitābantur.

In monte Capitōlīnō, quī prae cēterīs sacer habētur, 3
multa sunt aedificia sacra, quōrum clārissimum est
templum Iovis Optimī Māximī. Hoc templum prīmum
aedificāvit L. Tarquinius Superbus, septimus et ultimus rēx Rōmānōrum. Ille vērō, cum nōndum sacrāvis-
set novum templum, Rōmā expulsus est ā L. Iūniō 3!
Brūtō, atque prō rēge duo cōnsulēs populō Rōmānō
praepositī sunt. Nōn rēx igitur, sed cōnsul Rōmānus
hoc templum augustum Iovī Optimō Māximō, summō
deō populī Rōmānī, et Iūnōnī et Minervae, duābus
māximīs deābus, cōnsecrāvit. Deinde idem templum 40
iterum et tertium sacrātum est, cum post incendia refec-
tum esset. Postrēmō Domitiānus templum Iovis Capitōlīnī incendiō cōnsūmptum refēcit atque tantīs dīvitiīs
exōrnāvit ut nihil magnificentius fierī posset: aurō et
gemmīs splendet tēctum, quod plūrimīs columnīs ē 45

marmore pulcherrimō factīs sustinētur; intus in cellā,
post forēs aurō opertās, ingēns simulācrum Iovis in altā
sēde sedentis positum est. Ad hoc templum imperātor
victor post triumphum ascendit, ut Iovī Optimō Māx-
50 imō sacrificium faciat, dum ducēs hostium, quī in triumphō ante currum imperātōris ductī sunt, ad supplicium trāduntur.

cella -ae f = locus in
   templō clausus
operīre -uisse -rtum
simulācrum -ī n = imāgō,
   signum
sēdēs -is f = locus ubi
   aliquis sedet

sacrificium -ī n: s. facere
   = bovem/ovem/porcum
   occīdere et deō offerre

marmor
-oris n

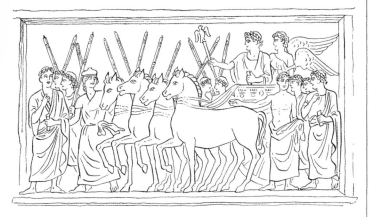

triumphus -ī m

In summā Arce templum Iūnōnis Monētae situm est,
in quō nummī ē metallīs pretiōsīs, aurō, argentō, aere,
55 efficiuntur atque imāginibus imprimuntur. In īnfimō
Capitōliō est Tabulārium, id est amplum aedificium in
quō tabulae et litterae pūblicae servantur.

Monēta -ae f: cognōmen
   Iūnōnis
metallum -ī n
aes aeris n = metallum
   ferrō pretiōsius ex quō
   assēs efficiuntur
amplus -a -um = magnus,
   lātus et altus
servāre = salvum
   custōdīre

Forum Rōmānum

Īnfrā Capitōlīnum Palātīnumque collem est forum
60 Rōmānum. In eā valle ōlim magna palūs erat, quae tum
dēmum siccāta est cum aqua palūdis in flūmen dēdūce-
rētur per cloācam subterrāneam quae appellātur 'cloāca

palūs -ūdis f = locus
   ūmidus
siccāre = siccum facere
dē-dūcere
cloāca -ae f = fossa tēcta
sub-terrāneus -a -um
   = sub terrā situs

9

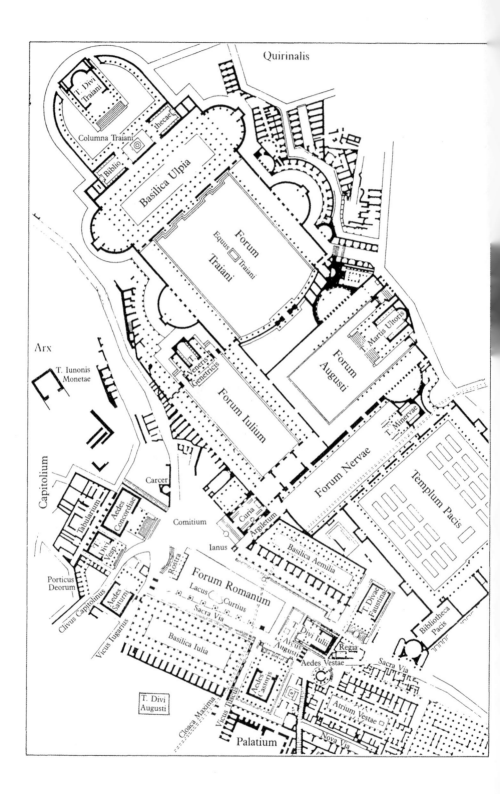

Quirinalis

T. Divi
Traiani

Thecae

Columna Traiani

Biblio.

Basilica Ulpia

Forum
Traiani

Equus Traiani

Arx

T. Iunonis
Monetae

Forum Iulium

Veneris
Genetricis

Martis Ultoris

Forum
Augusti

T. Minervae

Capitolium

Forum Nervae

Templum Pacis

Tabularium

Aedes
Concordiae

Carcer

Comitium

Curia

Argiletum

T. Divi
Vesp.

Ianus

Basilica Aemilia

Porticus
Deorum

Rostra

Forum Romanum

Lacus   Curtius

Sacra Via

T. Divae
Faustinae

Bibliotheca
Pacis

Clivus Capitolinus

Aedes
Saturni

Basilica Iulia

T. Divi Iulii

Arcus
Augusti

Regia

Sacra Via

Vicus Iugarius

Aedes Vestae

T. Divi
Augusti

Aedes
Castoris

Cloaca Maxima

Vicus Tuscus

Atrium Vestae

Nova Via

Palatium

Māxima'. Postrēmus siccātus est locus in mediō forō quī 'lacus Curtius' dīcitur ā nōmine equitis cuiusdam

65 quī sē armātum cum equō suō in vorāginem ibi factam praecipitāvisse nārrātur.

Magnus numerus hominum cotīdiē convenit in forum Rōmānum, locum urbis celeberrimum, quī multīs aedificiīs pūblicīs et sacrīs cingitur. Aedificia pūblica

cloāca Māxima

celeber -bris -bre: (locus)
c. = quō multī conveni-
unt

basilica -ae *f*

70 amplissima sunt duae basilicae, Aemilia et Iūlia. Basilica est aedificium pūblicum in quō et alia multa negōtia aguntur et iūs inter cīvēs dīcitur. Antequam illae basilicae exstrūctae sunt, tabernae in forō erant: tabernae veterēs eō locō ubi basilica Iūlia sita est, tabernae novae

75 in locō basilicae Aemiliae. Nunc autem mercēs in vīcīs et in aliīs forīs vēneunt.

Iūxtā basilicam Aemiliam, in eā forī parte quae dīcitur Comitium, locāta est Cūria, id est aedificium quō senātus Rōmānus convenīre solet. Senātus cōnstat ex

Cūria -ae *f*

ex-struere -ūxisse -ūctum
= aedificāre

vīcus -ī *m* = pars urbis,
viae domūsque
vēn-īre -eunt -iisse
= vēndī (*pass*)

locāre (< locus) = pōnere;
locātus = situs

senātus -ūs *m*

11

senātor -ōris *m*

rēs pūblica = rēs omnium
cīvium commūnis

ōrātor
-ōris *m*

rōstrum
-ī *n*

prōra

rōstrum
nāvis

Rōstra -ōrum *n*

prōra -ae *f* = pars nāvis
  prior (↔ puppis)
illūstris -e = clārus,
  nōbilis
ōrātiōnem habēre
  = verba facere
M. = Mārcus

Cicerō -ōnis *m*

dē-struere -ūxisse -ūctum
  ↔ exstruere

sescentīs senātōribus, cīvibus nōbilissimīs, quī ante 8
Caesaris aetātem summam potestātem in rē pūblicā Rōmānā tenēbant. Tunc vērō in antīquam cūriam Hostīliam, quae paulum ad septentriōnēs extrā Comitium sita
erat, senātōrēs convocābantur. Via celebris quae inter
Cūriam et basilicam Aemiliam in forum exit Argīlētum 8
nōminātur.

Ante Comitium est locus superior ex quō ōrātōrēs
verba faciunt ad populum. 'Rōstra' nōmen est huius
locī, quia rōstrīs nāvium captārum ōrnātur ('rōstrum'
enim vocantur eae hastae ferreae quae ē prōrā nāvis 90
longae ēminent velut rōstrum avis). Multī ōrātōrēs illūstrēs in Rōstra ascendērunt, ut ōrātiōnēs ad populum
habērent, neque vērō haec Rōstra sunt unde M. Tullius
Cicerō, ōrātor omnium quī Rōmae fuērunt illūstrissimus, ōrātiōnēs habuit, nam Rōstra antīqua, quae in 95
ipsō Comitiō posita erant, simul cum cūriā antīquā ā
Iūliō Caesare dēstrūcta sunt cum nova cūria aedificā-
rētur.

Ex aedibus sacrīs forī Rōmānī minima quidem, sed

00 veterrima est aedēs Iānī, quae ad īnfimum Argīlētum

sita est. Illa aedēs duās iānuās vel portās habet, quae

tum dēmum clauduntur cum per tōtum imperium po-

pulī Rōmānī terrā marīque pāx facta est — id quod per

septingentōs annōs inter Rōmulum et Augustum bis

05 tantum ēvēnit. Augustus vērō, cum ad Actium, prō-

munturium Ēpīrī, classem M. Antōniī vīcisset, Iānum

tertium claudī iussit.

In contrāriā forī parte est aedēs Vestae antīquissima,

quae fōrmam habet rotundam, nōn quadrātam. Vesta

10 est dea focī rērumque domesticārum, in cuius aede ignis

aeternus ārdet neque ūllum deae simulācrum inest. Sex

virginēs Vestālēs ex fīliābus Rōmānōrum illūstrium

ēlēctae dīligenter cūrant nē ignis Vestae umquam ex-

stinguātur, namque ignis ille semper ārdēns Rōmam

15 urbem aeternam esse significat. Iūxtā aedem Vestae est

ātrium Vestae, id est domus Vestālium, et Rēgia, do-

mus pontificis māximī, in quā ōlim rēgēs Rōmānī habi-

tāvisse dīcuntur. (Pontifex māximus est summus sacer-

dōs, quī cēterīs omnibus sacerdōtibus Rōmānīs praefec-

120 tus est; sacerdōtum negōtium est sacrificia facere atque

rēs dīvīnās cūrāre.)

Ante Rēgiam est templum C. Iūliō Caesarī cōnsecrā-

tum, quod templum Dīvī Iūliī appellātur. Caesar enim,

ut plērīque prīncipēs Rōmānī, post mortem in deōrum

125 numerō habētur et 'dīvus' vocātur. Templum Dīvī Iūliī

---

aedēs -is f = templum
vetus, *comp* veterior,
sup veterrimus

terrā marīque *(loc = abl)*
= *in* terrā marīque

ē-venīre = accidere
prōmunturium -ī *n* =
mōns in mare ēminēns
Ēpīrus -ī f
Iānus = aedēs Iānī

fōrma
rotunda

focus -ī *m* = ignis domesticus
domesticus -a -um
< domus
aeternus -a -um = per-
petuus
Vestālis -e < Vesta
fīlia: *pl dat/abl* -ābus
ex-stinguere -īnxisse
-īnctum ↔ accendere

Vestālis -is f = virgō
Vestālis
rēgia -ae f = domus rēgis
pontifex -icis *m*

prae-ficere -fēcisse
-fectum = praepōnere

dīvīnus -a -um (< deus)
= sacer
C. = Gāius (praenōmen)

dīvus -a -um = dīvīnus

cremāre = ūrere

[annō 44 a. C.]

clīvus -ī m = latus montis

Castor -oris m
Pollūx -ūcis m
aerārium -ī n < aes
(: pecūnia)
dē-pōnere = pōnere in
tūtō locō

re-stituere -uisse -ūtum
= reficere
frōns = pars prīma

aedēs Castoris et Pollūcis

(fīliī) geminī = duo
eōdem diē nātī
auxiliō (dat) = ad
auxilium

marmoreus -a -um = ē
marmore factus

Vespasiānus: prīnceps
Rōmānus (mortuus
annō 79 p. C.)

[annō 367 a. C.]

factiō -ōnis f = pars cī-
vium quae idem dē rē
pūblicā sentit
patriciī -ōrum m
plēbēiī -ōrum m
concordia -ae f ↔ dis-
cordia

vetustās -ātis f < vetus

ab Augustō aedificātum est eō ipsō locō ubi corpus Caesaris ā cīvibus lūgentibus cremātum erat postquam M.
Antōnius cōnsul ōrātiōne clārissimā amīcum suum mortuum laudāvit.

Ab utrāque parte basilicae Iūliae magna aedēs sita 13?
est, ā dextrā sub clīvō Capitōlīnō aedēs Sāturnī, ā si-
nistrā aedēs Castoris et Pollūcis.

Aedēs Sāturnī est aerārium populī Rōmānī, id est
locus ubi pecūnia pūblica dēpōnitur ac servātur. Hoc
templum antīquissimum SENATVS POPVLVSQVE ROMA- 13
NVS INCENDIO CONSVMPTVM RESTITVIT, ut in fronte īn-
scrīptum est.

Aedēs Castoris cōnsecrāta est diīs Castorī et Pollūcī,
Iovis fīliīs geminīs, quī saepius Rōmānīs in proeliīs
auxiliō vēnērunt. Inter hanc aedem et templum Dīvī 14(
Iūliī senātus populusque Rōmānus post proelium ad
Actium factum Augustō victōrī arcum marmoreum aedificāvit. Templum Dīvī Augustī situm est post basilicam Iūliam.

Īnfrā Capitōlium iūxtā Tabulārium sunt aedēs Con- 145
cordiae et Dīvī Vespasiānī.

Aedēs Concordiae antīqua eō tempore aedificāta esse
dīcitur cum post longam discordiam quae populum Rōmānum dīvīserat in duās factiōnēs inter sē inimīcissi-
mās, patriciōs et plēbēiōs, tandem concordia omnium 150
cīvium restitūta est. Deinde, temporibus Augustī, senātus populusque Rōmānus aedem Concordiae vetustāte

collāpsam in meliōrem faciem restituit. Prope aedem
Concordiae est Carcer, cuius pars subterrānea, tenebrīs
5 et odōre foeda atque terribilis, Tulliānum appellātur;
multī hostēs Rōmānōrum in Tulliānō suppliciō affectī
sunt.

Aedēs Dīvī Vespasiānī ā fīliīs Titō et Domitiānō aedificāta, ā Domitiānō patrī mortuō dēdicāta est. Iūxtā ae-
50 dem Dīvī Vespasiānī est porticus duodecim diīs et deābus cōnsecrāta, quōrum simulācra aurāta in porticū
stant. Nōmina duodecim deōrum hīs Enniī versibus
hexametrīs continentur:

Iūnō, Vesta, Minerva, Cerēs, Dīāna, Venus, Mārs,
55 *Mercurius, Iovi', Neptūnus, Vulcānus, Apollō.*

Multae viae ex omnibus urbis partibus in forum ferunt, ut Argīlētum, Sacra via, Nova via, vīcus Tūscus,
vīcus Iugārius, atque clīvus Capitōlīnus, quō imperātōrēs triumphantēs in Capitōlium ascendunt. ('Clīvus' dī-
70 citur via quae in clīvō montis facta est.)

In summā Sacrā viā īnfrā clīvum Palātīnum est arcus
Titī, dē quō mox dīcendum erit, et templum Iovis Statōris. In hoc templum senātus eō diē convēnit quō Cicerō cōnsul ōrātiōne clārissimā habitā Catilīnam, hos-
75 tem patriae, ē senātū atque ex urbe expulit.

Vīcus Tūscus forum Rōmānum cum forō Boāriō iungit, id est forum celebre prope Tiberim flūmen ubi bovēs aliaeque pecudēs vēneunt. In ārā Māximā, quae in
forō Boāriō locāta est, sacrificia Herculī, deō Graecō,

col-lābī -lāpsum = ad
terram lābī
faciēs = fōrma

odor -ōris *m* = quod per
nāsum sentītur

dēdicāre = sacrāre
porticus -ūs *f* = ordō
columnārum tēctus
aurātus -a -um = aurō
opertus

Cerēs -eris *f*
Diāna/Dīāna -ae *f*
Iovi': Iovis (*nōm*)
= Iuppiter

vīcus = via quae per
vīcum fert
triumphāre = trium-
phum agere

āra
-ae *f*

Stator -ōris *m*: cognōmen
Iovis
[annō 63 a. C.]

boārius -a -um < bōs

pecus -udis *f* = bēstia
quā ūtitur agricola

15

fīunt. Herculēs enim antīquīs temporibus bovēs fōrmō- 1ˢ
sōs in hunc locum ēgit

cōn-stituere -uisse -ūtum
= locāre (rem novam),
prīmum facere

cōnstituitque sibī quae 'Māxima' dīcitur āram
hīc ubi pars urbis dē bove nōmen habet,

[*Fāstī I.581–582*]

ut versibus nārrat Ovidius.

Urbs marmorea 18

Extrā forum Rōmānum sunt alia multa aedificia pū-

inter-icere -iēcisse
-iectum < -iacere;
inter-iectus esse
= interesse
re-novāre = novum
(dēnuō) facere

blica. Iam veterēs rēgēs Rōmānī in valle Murciā, quae
inter Palātium et Aventīnum interiecta est, circum
Māximum cōnstituērunt, quī ā Caesare renovātus plūs
quam trecentōs passūs longus est et octōgintā mīlia 19◦

capere = continēre (in sē
habēre) posse
[annō 220 a. C.]

spectātōrum capit. Alter circus posteā in campō Mārtiō
aedificātus est et circus Flāminius appellātus ā nōmine

(viam) mūnīre = aedifi-
cāre, facere

C. Flāminiī, quī eōdem tempore viam Flāminiam mūnīvit; tertius circus trāns Tiberim in agrō Vāticānō cōnstitūtus ā prīncipe C. Caligulā. Nōn procul ā circō Flā- 19ˢ

Cn. = Gnaeus (prae-
nōmen)
[annō 55 a. C.]
theātrum aedificandum
cūrāre = cūrāre ut the-
ātrum aedificētur
statua -ae *f* = signum
hominis

miniō Cn. Pompēius cōnsul amplissimum theātrum
marmoreum aedificandum cūrāvit cum porticū et novā
cūriā. In cūriā Pompēiā statua Pompēiī locāta erat, ad
cuius pedēs C.Iūlius Caesar ā M. Brūtō, C. Cassiō aliīs-

[annō 44 a. C.]
īdūs Mārtiae = diēs xv
mēnsis Mārtiī

que senātōribus necātus est. Id factum est īdibus Mār- 20(
tiīs quārtō annō postquam Caesar exercitum Pompēiī

superāre = vincere
Pharsālus -ī *f*
in-cendere -cendisse
-cēnsum = accendere

superāvit in Thessaliā ad oppidum Pharsālum. Post necem Caesaris cūria Pompēia ā populō īrātō incēnsa est.

Caesar autem, priusquam ita necātus est, nōn sōlum
vetera opera refēcerat, sed etiam nova cōnstituerat. In 20ˢ

16

eā urbis parte quae est post Comitium, multīs domibus prīvātīs dēstrūctīs, novum forum fēcerat in quō templum Veneris Genetrīcis situm est. Venus enim ā Iūliō Caesare 'genetrīx' nōminābātur, quia gēns Iūlia ā Venere orta esse dīcitur.

Caesare interfectō C. Octāviānus adulēscēns necem eius ulcīscī cōnstituit, neque vērō id sine auxiliō deōrum, praecipuē Mārtis, fierī posse arbitrābātur. Ergō Mārtī deō templum vōvit priusquam proelium commīsit cum Brūtō et Cassiō. Quibus victīs Octāviānus iūxtā forum Iūlium novum forum cum templō Mārtis incohāvit. Magnum quidem opus fuit, neque brevī tempore perfectum est, nam quadrāgintā dēnique annīs post Caesar Octāviānus Augustus, quō cognōmine tum appellābātur, magnificum illud monumentum victōriae suae Mārtī dēdicāvit. Templum Mārtis Ultōris nōminātum est, quod ille deus mortem Caesaris ultus esse putābātur.

Nēmō prīnceps Rōmānus tot aedificiīs magnificīs Rōmam auxit ōrnāvitque quot Augustus. Nōn sōlum aedēs sacrās vetustāte collāpsās aut incendiīs absūmptās refēcit, sed plūrimās domōs ē lateribus factās dēstrūxit atque tot et tanta nova opera marmorea aedificāvit ut iūre glōriātus sit 'marmoream sē relinquere urbem quam latericiam accēpisset.' Iūxtā domum suam Palātīnam templum Apollinis fēcit cum porticibus et bibliothēcā Latīnā Graecāque. In campō Mārtiō plūrima opera ex-

genetrīx -īcis f = māter
gēns (Iūlia) = cūnctī quibus nōmen commūne est (Iūlius/Iūlia)
orīrī ortum = initium facere

ulcīscī necem Caesaris = pūnīre eōs quī Caesarem necāvērunt
vovēre vōvisse vōtum = (deō) prōmittere
(proelium) com-mittere = incipere
[annō 42 a. C.]
incohāre = aedificāre incipere

monumentum -ī n < monēre; m. reī = quod monet dē rē
ultor -ōris m = quī ulcīscitur
ulcīscī ultum

augēre -xisse -ctum
ab-sumere = consumere, perdere

later -eris m

glōriārī = glōriōsē dīcere
latericius -a -um = ē lateribus factus
"marmoream relinquō urbem quam latericiam accēpī"
bibliothēca -ae f = locus ubi librī servantur

17

mausōlēum Augustī

anniversārius -a -um
= quī quotannīs fit
mausōlēum -ī n = monu-
mentum magnificum
mortuō aedificātum
ossa = corpus mortuum
Panthēum (-on) -ī n

balneae -ārum f = balnea
pūblica
thermae -ārum f =
magnae balneae

imperātor: titulus prīn-
cipis Rōmānī
Nerō -ōnis m

ibī-dem = eōdem locō
(corpus) exercēre =
movendō parāre

ductus -ūs m < dūcere

in-dūcere
[annō 312 a. C.]

longitūdō -inis f < lon-
gus; habet l.em passu-
um M = M passūs lon-
gus est
11 190 p. [16,5 km]

arcuātus -a -um = quī
fōrmam arcūs habet

imperāre = imperātor
esse

18

strūxit, ē quibus memoranda sunt haec: porticus ad circum Flāminium, quam ā nōmine sorōris suae porticum Octāviae nōmināvit; theātrum Mārcellī, appellā- 2: tum ā sorōris fīliō M. Claudiō Mārcellō; āra Pācis, in quā sacerdōtēs virginēsque Vestālēs anniversārium sacrificium facere iussit; mausōlēum Augustī, id est monumentum in quō ossa prīncipis cremāta servantur. Eōdem tempore Panthēum, altum templum rotundum, in 24 campō Mārtiō exstrūctum est ā M. Agrippā, duce illūstrī quī classī Augustī praefectus erat, itemque magnae balneae quae ab eōdem thermae Agrippae vocantur.

Hae prīmae thermae Rōmae fuērunt, sed posteā aliae thermae etiam magnificentiōrēs aedificātae sunt ab im- 24 perātōre Nerōne in campō Mārtiō, ā Titō et Trāiānō in Ēsquiliīs. Rōmānī cotīdiē in thermās illās celebrēs lavātum eunt atque ibīdem corpora exercent natandō, currendō, luctandō. Aqua, cuius magna cōpia ā lavantibus cōnsūmitur, ē montibus in thermās dēdūcitur per lon- 25 gōs aquae ductūs, quōrum veterrimus, aqua Appia, in urbem inducta est ab Appiō Claudiō Caecō, quī etiam viam Appiam ā portā Capēnā ūsque ad urbem Capuam mūniendam cūrāvit. Ductus eius habet longitūdinem passuum ūndecim mīlium centum nōnāgintā (ex eō rī- 25! vus est subterrāneus passuum ūndecim mīlium centum trīgintā, suprā terram opus arcuātum passuum sexāgintā). Sed ductus clārissimus, aqua Claudia, ab imperātōre Claudiō, quī ante Nerōnem Rōmae imperā-

50 vit, perfecta est, et habet longitūdinem passuum quadrāgintā sex mīlium quadringentōrum sex (ex eō opus
arcuātum passuum sex mīlium quadringentōrum nōnāgintā et ūnīus).

Urbis incendium et domus aurea Nerōnis

65 Nerōne imperante terribile incendium ā circō Māximō ortum magnam urbis partem absūmpsit. Nerō,
cum urbem ārdentem prōspiceret, pulchritūdine flammārum dēlectātus dīcitur iniisse domesticam scaenam
et cecinisse Trōiae incendium, sed incertum est num
70 tyrannus ille īnsānus, quī vetera aedificia vīcōsque an-
gustōs contemnēbat, urbem ipse incenderit. Cum sextō
dēmum diē ignis exstīnctus esset, ex regiōnibus quattuordecim, in quās Augustus Rōmam dīvīserat, quattuor tantum integrae manēbant, trēs funditus flammīs
75 dēlētae erant, in septem reliquīs pauca tēctōrum vestīgia
supererant.

Post incendium, cum tōta vallis quae inter Ēsquiliās
et Palātium interiecta est domibus vacua facta esset,
Nerō in hāc regiōne domum amplissimam sibi ex-
280 strūxit, quae ita aurō atque gemmīs splendēbat ut iūre
'domus aurea' nōminārētur. Longissima porticus ā
Sacrā viā ad illam domum splendidam ferēbat. In vestibulō stābat ingēns statua tyrannī ex aere facta, quae
Colossus appellābātur. In hortīs Nerōnis, quī ūsque ad
285 montem Caelium patēbant, stāgnum arte factum erat

46 406 p. [*68,6 km*]

6491 p. [*9,6 km*]

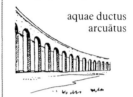
aquae ductus
arcuātus

[annō 64 p. C.]
orīrī ortum esse (: prīmum
fierī, incipere)
in-īre = intrāre
scaena = locus in theātrō
ubi fābula agitur

īn-sānus -a -um = cui
mēns sāna nōn est

flamma
-ae *f*

dēlēre -ēvisse -ētum =
absūmere, perdere
tēctum : domus
vestīgium : quod reli-
quum est

splendidus -a -um
= splendēns
vestibulum -ī *n* = locus
clausus ante iānuam
Colossus -ī *m*: statua Sōlis
Rhodī locāta
stāgnum -ī *n* = lacus
aquae stantis (: nōn
fluentis)

19

aedificiīs circumdatum atque campīs silvīsque cum multitūdine omnis generis pecudum ac ferārum. Nerō ipse domum suam perfectam ita probāvit ut 'sē' dīceret 'quasi hominem tandem habitāre coepisse!' Hōrum omnium operum nihil paene restat, nam post mortem Ne- 2ᵉ rōnis imperātor T. Flāvius Vespasiānus in locō stāgnī

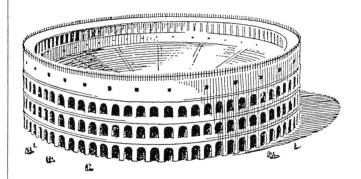

clārissimum amphitheātrum exstrūxit, quod ā nōmine prīncipis amphitheātrum Flāvium appellātur; atque Titus et Trāiānus in ipsō locō domūs aureae thermās suās collocāvērunt. 29ᵉ

Imperātōrēs Flāviī

Īdem Vespasiānus duo templa aedificāvit: templum Dīvī Claudiī in Caeliō monte (coeptum quidem ab Agrippīnā, Claudiī uxōre, sed ā Nerōne prope funditus dēstrūctum), et templum Pācis forō proximum. Hoc 300 templum incohātum est cum Titus, fīlius Vespasiānī māior, Iūdaeōs vīcisset atque Hierosolyma, urbem illōrum nōbilissimam, dēlēvisset. In templō Pācis servan-

probāre = probum esse
putāre
"quasi homō tandem
habitāre coepī!"

T. = Titus (praenōmen)

amphitheātrum
Flāvium

col-locāre = locāre

Flāviī: T. Flāvius Vespasiānus eiusque fīliī

īdem Vespasiānus = Vespasiānus quoque

candēlābrum -ī *n*

Hierosolyma -ōrum *n*

tur rēs sacrae quās Titus Iūdaeīs victīs adēmit, in iīs
candēlābrum aureum et mēnsa aurāta quae in templō
Hierosolymōrum stābat tubaeque argenteae quibus Iūdaeī convocābantur.

ad-imere -ēmisse
-ēmptum ↔ dare

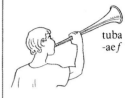

tuba
-ae *f*

arcus Titī

Postquam imperātor Titus morbō mortuus est, senātus populusque Rōmānus arcum pulcherrimum Dīvō
Titō dēdicāvit, quī in summā Sacrā viā positus est. In
parte interiōre triumphus Titī dē Iūdaeīs imāginibus
illūstrātur: ab alterā parte imperātor laurō ōrnātus currū
triumphālī vectus vidētur, ab alterā mīlitēs candēlābrum et tubās Iūdaeōrum ferentēs.

morbus -ī *m* = mala
valētūdō
[annō 81 p. C.]

interior -ius *comp*
(< intrā) = internus
illūstrāre = illūstrem
facere
triumphālis -e < trium-
phus

laurus
ī *f*

Domitiānus, frāter Titī minor, quī post eum imperāvit, templum Iovis Optimī Māximī in Capitōliō refēcit
et domum Augustānam in Palātiō aedificāvit, ut suprā
dictum est. Inter cētera Domitiānī opera memorandum
est stadium in campō Mārtiō factum, ubi iuvenēs Rōmānī cursū sē exercent.

stadium -ī *n* = circus in
quō iuvenēs currendō
sē exercent

21

[annō 96 p. C.]

columna
Trāiānī

aereus -a -um = ex aere
factus
[annō 117 p. C.]
P. = Pūblius (praenōmen)
prae-clārus -a -um = prae
aliīs clārus, clārissimus

Dacia

Dānuvius

Thracia
Macedonia

pōns
pontis *m*

22

Trāiānus et Hadriānus

Domitiānō interfectō, prīmum M. Coccēius Nerva annum tantum et quattuor mēnsēs imperāvit, deinde M. Ulpius Trāiānus, optimus prīnceps, imperium accēpit. Quōrum uterque novum forum faciendum cūrāvit. 32 Forum Nervae cum templō Minervae situm est inter forum Augustī et templum Pācis. Forum Trāiānī, omnium māximum et splendidissimum, inter Arcem et collem Quirīnālem interiectum est. In mediō forō locāta est statua equī quī ipsum prīncipem vehit. Illa 33 basilica quam Trāiānus forō suō adiūnxit et ā nōmine suō basilicam Ulpiam appellāvit, etiam amplior est quam basilica Iūlia. Iūxtā basilicam Ulpiam, inter duās bibliothēcās ab eōdem prīncipe cōnstitūtās, stat alta columna in quā bella quae Trāiānus in Dāciā gessit 33 plūrimīs imāginibus illūstrantur. In summā columnā statua imperātōris aerea posita est.

Trāiānō mortuō, imperātor P. Aelius Hadriānus templum praeclārum post basilicam Ulpiam aedificātum Dīvō Trāiānō dēdicāvit. Māxima vērō Hadriānī 34 opera sunt templum Veneris et Rōmae sīve Urbis Aeternae in Veliā situm, id est in colle humilī quī ā Palātiō ad Ēsquiliās versus ēminet; Panthēum novum in campō Mārtiō; ac mausōlēum trāns Tiberim situm. Pōns Aelius, quō Hadriānus mausōlēum suum cum campō 345 Mārtiō iūnxit, māximus et fīrmissimus est omnium pontium quī in Tiberī factī sunt.

Antōnīnus Pius, quī post Hadriānum imperāvit, tertiō annō imperiī suī Faustīnam uxōrem perdidit, quae ā
50 senātū cōnsecrāta est. Templum Dīvae Faustīnae dēdicātum — ac deinde, vīcēsimō annō post, Dīvō Antō-
nīnō — in Sacrā viā situm est iūxtā basilicam Aemiliam.

Orbis caput

Sed satis hōc locō dictum est dē magnitūdine et pul-
55 chritūdine urbis Rōmae. Videāmus nunc quōmodo
haec urbs mīrābilis ā parvā orīgine ad tantam magnitūdinem tantamque glōriam pervēnerit ut caput orbis terrārum appellētur. Nam, ut dīcit Ovidius:

Hīc ubi nunc Rōma est, orbis caput, arbor et herbae
60 *et paucae pecudēs et casa rāra fuit.*

Nunc vērō

Iuppiter, arce suā cum tōtum spectat in orbem,

nīl nisi Rōmānum quod tueātur habet.

Omnium prīmum igitur dīcendum est dē Aenēā,
365 duce Trōiānōrum, ā quō populus Rōmānus orīginem
trahit. In carmine praeclārō quod *Aenēis* īnscrībitur, P.
Vergilius poēta, quī aetāte Augustī vīxit, rēs ab Aenēā
gestās hexametrīs nārrāvit, quam nārrātiōnem proximīs
quattuor capitulīs solūtā ōrātiōne sequimur, aliquot
370 Vergiliī versibus servātīs.

perdere = āmittere

cōnsecrāre = Dīvum
/Dīvam nōmināre
vīcēsimus -a -um
= xx (20.)

orbis = orbis terrārum

magnitūdō -inis f
< magnus

orīgō -inis f < orīrī

[*Fāstī V.93–94 et
1.85–86*]
arbor : arborēs

casa rāra: paucae casae

cum *ab* arce suā (: ab
Capitōliō)
tuērī = intuērī
omnium prīmum = ante
omnia
Aenēās -ae *m*
orīginem trahere = ortus
esse
Aenēïs -idis f
liber īnscrībitur = librō
titulus est

ōrātiō solūta ↔ versūs

23

OPERA VRBANA	annō a.C.	PRINCIPES ROMANI
Rōma quadrāta	750	Rēgēs (753–509)
Rēgia		Rōmulus rēx
Iānus	700	
Cūria Hostīlia	650	
Pōns Sublicius		
Circus Māximus	600	
Templum et Ātrium Vestae		
	550	
Cloāca Māxima		Tarquinius Superbus rēx
Templum Iovis Capitōlīnī dēdicātum (509)	500	Cōnsulēs (509–)
Aedēs Sāturnī (498), Castoris (484)		
	450	
	400	
Aedēs Concordiae (367)		
Templum Iūnōnis Monētae (344)	350	
Rōstra ōrnāta (338)		
Aqua Appia, Via Appia (312)	300	
Templum Iovis Statōris (294)		
	250	
Circus Flāminius (220)		
	200	
Basilica Aemilia, Pōns Aemilius (179)		
	150	
Porticus XII deōrum (c 120)		
	100	
	90	
Templum Iovis Capitōlīnī incēnsum (83)		
Tabulārium (78)	80	
Templum Iovis Capitōlīnī refectum (69)	70	
	60	
Theātrum et Cūria Pompēiī (55)		
	50	
Forum Iūlium, Templum Veneris Gen. (46)		
Cūria Iūlia (46)		C. Iūlius Caesar (48–44)
Aedēs Sāturnī restitūta (42)		
	40	
Basilica Aemilia restitūta (34)		
Templum Dīvī Iūliī (29)	30	Augustus (31 a.C.–14 p.C)
Aedēs Apollinis Palātīna (28)		
Porticus Octāviae (27), Panthēum (28)		
Mausolēum Augustī (23)		
Thermae Agrippae (19)	20	
Theātrum Mārcellī (13)		
Āra Pācis (9)	10	
Templum Mārtis Ultōris dēdicātum (2)		

24

OPERA VRBANA	annō p.C.	PRINCIPES ROMANI
Aedēs Castoris restitūta (6)		
Aedēs Concordiae restitūta (10)	10	
Basilica Iūlia perfecta (12)		
		Tiberius (14–37)
	20	
Domus Tiberiāna in Palātiō		
	30	
Templum Dīvī Augustī perfectum		Caligula (37–41)
Domus Caligulae in Palātiō	40	
Circus Vāticānus (Gāiī et Nerōnis)		Claudius (41–54)
	50	
Aqua Claudia perfecta (52)		
		Nerō (54–68)
	60	
Thermae Nerōnis (62)		
Domus Aurea, Colossus (64)		
Templum Iovis Capitolīnī incēnsum (69)		
Templum Dīvī Claudiī (70)	70	Vespasiānus (69–79)
Templum Pācis (75)		
Amphitheātrum Flāvium (80)		
Thermae Titī, Arcus Titī (81)	80	Titus (79–81)
Aedēs Dīvī Vespasiānī (81)		Domitiānus (81–96)
Templum Iovis Capitōlīnī refectum (82)		
	90	
Domus Augustāna (92)		
Stadium Domitiānī (96)		
Forum Nervae, Templum Minervae (97)		Nerva (96–98)
	100	Trāiānus (98–117)
Thermae Trāiānī (109)		
Forum Trāiānī, Basilica Ulpia	110	
Columna Trāiānī (113)		
		Hadriānus (117–138)
Templum Dīvī Trāiānī	120	
Panthēum renovātum (126)		
	130	
Pōns Aelius (134)		
Mausolēum Hadriānī (139)		Antōnīnus Pius (138–161)
Templum Dīvae Faustīnae (141)	140	

25

Vocābula nova:
casa
strāmentum
arx
cōnsul
incendium
marmor
cella
simulācrum
sēdēs
triumphus
sacrificium
metallum
aes
palūs
cloāca
basilica
vīcus
cūria
senātus
senātor
ōrātor
rōstrum
prōra
aedēs
prōmunturium
focus
rēgia
pontifex
aerārium
discordia
factiō
patriciī
plēbēiī
concordia
vetustās
odor
porticus
clīvus
āra
statua
genetrīx
monumentum
ultor
later

PENSVM A

Dē cāsū genetīvō

Urbs Rōma, quae caput orb– terr– vocātur, in rīpā Tiber–flūmin– sita est XX mīlia pass– ā marī.

In Capitōliō est magnus numerus templ–, qu– clārissimum est templum Iov– Optim– Māxim–. In cellā h– templ– simulācrum de– sedent– positum est.

Vesta est dea foc– ac r– domestic–, in c– aede nūllum de–simulācrum inest. Ātrium Vest– est domus virgin– Vestāl–. Rēgia est domus pontific– māxim–, summ– sacerdōt– popul– Rōmān–.

C. Octāviānus adulēscēns XIX ann– dux exercit– fuit; postquam necem Caesar– ultus est, monumentum victōri– su– aedificāvit: templum Mārt– Ultōr–.

Colossus est statua Sōl– Rhod– locāta; eōdem nōmine vocābātur statua Nerōn– quae Rōm– in vestibulō dom– aurestābat. In hortīs ill– tyrann– erat multitūdō omn– gener–pecud– ac fer–.

Titus, fīlius Vespasiān– prīncip–, post expugnātiōnem Hierosolym–, urb– Iūdaeōrum nōbilissim–, triumphāvit. In templō Pāc– servantur rēs sacrae Iūdae–, in iīs tubae et candēlābrum magn– preti–. Iūdaeī eās rēs magn– aestimant, etiam plūr– quam Rōmānī. Novus imperātor triumph– cupidus est.

Domitiānus, quī mult– sceler– accusābātur, prae metū mort– dormīre nōn poterat. Māximum Hadriān– opus est templum Vener– et Rōm– sīve Urb– Aetern–.

Rōmulus rēx bell– studiōsus erat, neque eum pudēbat cass–su– pauper–.

PENSVM B

Cum rēx Tarquinius Rōmā —— esset, duo —— populō Rōmānō —— [= praepositī] sunt. Cōnsul Rōmānus —— [= templum] Iovis ——. Domitiānus illam aedem —— [=igne] absūmptam —— [= refēcit]. Tēctum aurō ——, columnae ē —— factae sunt. In

templō Iūnōnis Monētae, quod — [= positum] est in summā
—, nummī efficiuntur ex aurō et argentō et —. Arx — [= validīs] mūrīs mūnītur. In aede Vestae, quae fōrmam — habet, ignis aeternus — quī numquam —. In campō Mārtiō est — Pācis, ubi sacerdōtēs et Vestālēs anniversārium — faciunt. Augustus templum Mārtis — aedificāvit, postquam necem Caesaris — est. Hadriānus — Aelium in Tiberī fēcit.

Titus Iūdaeōs — [= vīcit] et rēs sacrās, ut — argenteās et — aureum, iīs —. In summā — viā — populusque Rōmānus Dīvō Titō arcum — [= cōnsecrāvit].

— est ōrdō columnārum tēctus. Mausōlēum dīcitur — [= magnum] — in quō ossa servantur. Aqua Appia est aquae — veterrimus, quī in urbem — est ab Appiō Claudiō. — est aedificium quō senatus convenit. — est parva domus pauper; — domus rēgis est. — sunt bēstiae quibus agricola ūtitur.

Locus — est quō multī conveniunt. Is cui mēns sāna nōn est — esse dīcitur. Aedificium quod stāre nōn potest —. Cicerō est — Rōmānus — [= clārissimus].

Synōnyma: imāgō et —; māter et —; dīvus et —; clārus et —; internus et —; superesse et —; operīre et —; prōicere et —; sacrāre et —; aedificāre et —; accidere et —; ūrere et —; accendere et —; deō prōmittere et —; glōriōsē dīcere et —; intrāre et —; eōdem locō et —.

Contrāria: puppis et —; discordia et —; plēbēiī et —; bona valētūdō et —; exstruere et —; dare et —.

PENSVM C
Num hominēs pauperēs in Palātiō habitant?
Quis templum Iovis Capitōlīnī aedificāvit?
Templumne Iovis ā rēge dēdicātum est?
Quid facit imperātor post triumphum?
Quid significat ignis Vestae?
Quid est negōtium sacerdōtum?
Quot senātōrēs in senātū Rōmānō sunt?
Quis fuit M. Tullius Cicerō?

bibliothēca
mausōlēum
balneae
thermae
ductus
longitūdō
flamma
vestibulum
stāgnum
pecus
candēlābrum
tuba
morbus
laurus
stadium
pōns
magnitūdō
orīgō
quadrātus
firmus
sacer
augustus
amplus
subterrāneus
celeber
illūstris
rotundus
domesticus
aeternus
dīvīnus
dīvus
marmoreus
aurātus
interiectus
latericius
anniversārius
arcuātus
īnsānus
splendidus
interior
triumphālis
aereus
praeclārus
vīcēsimus
restāre
tegere
praecipitāre
sacrāre
expellere
cōnsecrāre
reficere
splendēre
siccāre

27

dēdūcere
exstruere
vēnīre
locāre
ēminēre
dēstruere
ēvenīre
ārdēre
exstinguere
praeficere
cremāre
dēpōnere
restituere
collābī
dēdicāre
triumphāre
renovāre
superāre
incendere
ulcīscī
vovēre
incohāre
absūmere
glōriārī
exercēre
indūcere
inīre
probāre
collocāre
adimere
tertium
ibīdem

Ubi C. Iūlius Caesar necātus est?
Cūr Caesar Dīvus Iūlius appellātur?
Ubi templum Dīvī Iūliī aedificātum est?
Quārē Augustus Mārtem 'Ultōrem' appellābat?
Quandō Augustus Iānum clausit?
Quamobrem Nerō urbem incendisse putābātur?
Cūr domus Nerōnis 'aurea' vocābātur?
Quid aedificātum est in locō domūs aureae?
Quam gentem Titus in oriente superāvit?
Ubi mausōlēum Hadriānī situm est?

TROIA CAPTA

[Ex Vergiliī Aenēidis librō II, solūtīs versibus]

Aborīginēs

Italiae incolae prīmī Aborīginēs fuērunt, quōrum rēx
Sāturnus tantā iūstitiā fuisse dīcitur ut nec servīret quisquam sub illō nec quidquam suum proprium habēret,
5 sed omnia commūnia omnibus essent. Ob memoriam
illīus aetātis 'aureae', quae vocātur, mōs Rōmānōrum
est ut mēnse Decembrī diēbus fēstīs quī dīcuntur Sāturnālia servī in convīviīs cum dominīs discumbant.

 Post hunc Pīcus, deinde Faunus in Latiō rēgnāvit. Eō
10 tempore Euander, Mercuriī et Carmentis fīlius, profugus ex Arcadiā, regiōne Peloponnēsī mediā, in Italiam
vēnit cum parvā manū Graecōrum; cui Faunus, rēx benignus, montem, quem ille posteā Palātium appellāvit,
et arva colenda dedit.

15 Faunō mortuō, Latīnus, fīlius eius, rēgnum accēpit.
Huius fīlius in prīmā iuventūte periit; sōla in rēgiā erat
fīlia, nōmine Lāvīnia, iam mātūra virō. Illam multī virī

Aborīginēs -um *m*

iūstitia -ae *f* < iūstus;
tantā iūstitiā esse =
tam iūstus esse

fēstus -a -um: diēs f. =
diēs ōtiōsus quō dī
adōrantur
Sāturnālia -ium *n*
dis-cumbere = accum-
bere
Euander -drī *m*
Carmentis -is *f*
profugus -a -um = ex
patriā fugiēns

manus = armātōrum
numerus
benignus -a -um = quī
alicui bene vult

arvum -ī *n* = ager quī
arātur
rēgnum -ī *n* = rēgis
imperium
iuventūs -ūtis *f* = aetās
iuvenis

29

uxōrem petēbant

Rutulī -ōrum *m*: gēns
Latiī

Trōiānus -a -um < Trōia

diūturnus -a -um = quī
  diū manet
Īlium -ī *n* = Trōia

[annō 1184 a. C.]

dolus -ī *m* = cōnsilium
  fallendī
fabricāre = cōnficere
  (arte fabrōrum)
com-plēre -ēvisse -ētum

Ulixēs -is *m*

Tenedos -ī *f*

Argī -ōrum *m*: urbs
  Peloponnēsī
ā-vehere ↔ ad-vehere

cūra = metus nē quid
  malī accidat

īn-spicere = dīligenter
  aspicere
cōnsistere -stitisse
mōlēs -is *f* = ingēns
  fōrma, magnitūdō

suspectus -a -um = cui
  nēmō cōnfīdit

Lāocoōn -ontis *m*
dē-currere
Danaī -um/-ōrum *m*
  = Graecī

ē Latiō tōtāque Italiā petēbant, ante omnēs Turnus, rēx Rutulōrum.

Equus Trōiānus

Dum Latīnus in Italiā in pāce diūturnā rēgnat, Trōia seu Īlium, clārissima Asiae urbs, post bellum decem annōrum tandem ā Graecīs capta est. Graecī enim, cum urbem vī expugnāre nōn possent, dolō ūsī sunt: equum ingentem ē lignō fabricāvērunt eumque mīlitibus armā- tīs complēvērunt, quibus praefectī erant Ulixēs et Pyr- rhus, Achillis fīlius. Equō ligneō in lītore relictō, cēterī Graecī celeriter in īnsulam propinquam, cui nōmen est Tenedos, profectī sunt ibique latuērunt.

Trōiānī vērō, cum Graecōs Argōs in patriam suam āvectōs esse arbitrārentur, tum dēmum post tot annōs portās aperuērunt atque exīre ausī sunt. Sine cūrā sub altīs mūrīs ambulābant atque castra Graecōrum dēserta īnspiciēbant; sed ubi prīmum equum ligneum in lītore collocātum vīdērunt, stupentēs cōnstitērunt et mōlem equī mīrābantur. Aliī eum ut dōnum Minervae, deae Trōiānīs benignae, sacrātum intrā mūrōs dūcī et in arce locārī iubēbant, aliī dōnum Graecōrum suspectum in mare praecipitandum et flammīs ūrendum esse cēnsē- bant, aliī interiōrem equī partem īnspicere volēbant.

Ita dum populus incertus in contrāriās sententiās dī- viditur, Lāocoōn, Neptūnī sacerdōs, ab summā arce dē- currēns cīvēs suōs monuit nē Danaīs cōnfīderent:

2

2

2

3

35

40

2 ... *"Ō miserī, quae tanta īnsānia, cīvēs?*

5 *Crēditis āvectōs hostēs? aut ūlla putātis*

dōna carēre dolīs Danaum? Sīc nōtus Ulixēs?

5 *Aut hōc inclūsī lignō occultantur Achīvī,*

aut haec in nostrōs fabricāta est māchina mūrōs...

9 *Quidquid id est, timeō Danaōs — et dōna ferentēs!"*

50 Sīc fātus omnibus vīribus ingentem hastam in latus equī
mīsit; sed illa tremēns in firmō rōbore stetit neque in
partem interiōrem ad mīlitēs occultōs penetrāvit.

īnsānia -ae *f* < īnsānus

āvectōs *esse*
ūlla dōna Danaum
vōbīs nōtus *est* U.?

Achīvī -ōrum *m* = Graecī
haec māchina in nostrōs
mūrōs f. est
māchina -ae *f* = īnstrū-
mentum bellī (ad mūrōs
dēstruendōs)
fātus = postquam fātus est
rōbur -oris *n* = lignum
dūrissimum
stāre stetisse
occultus -a -um = latēns
penetrāre = vī intrāre

anguibus implicitī
Lāocoōn et fīliī
sē explicāre
cōnantur

anguis -is *m*

Paulō post animī Trōiānōrum rē horrendā turbātī
sunt: Dum Lāocoōn ad āram taurum immolat, subitō
55 duo anguēs ingentēs ab īnsulā Tenedō per mare tranquillum ad lītus natant. Cum terram attigissent, capiti-
bus ērēctīs oculīsque ārdentibus Trōiānōs perterritōs
prōspiciunt. Inde rēctā viā Lāocoontem petunt; et prī-

immolāre = sacrificiī
causā occīdere

at-tingere -tigisse -tāctum
(< ad + tangere) = tan-
gere
ē-rigere -rēxisse -rēctum
= tollere

31

complectī -plexum

tener -a -um = mollis et
tenuis, invalidus
cor-ripere -uisse -reptum
= celeriter rapere
am-plectī = complectī
rem collō (*dat*) circum-
dare = collum rē c.
ex-plicāre ↔ implicāre
clāmōrem tollere
= clāmāre
cōn-fugere = fugere in locum tūtum
clipeus -ī *m* = scūtum
rotundum
pavor -ōris *m* = timor
subitus
poenās dare alicui =
pūnīrī ab aliquō
scelerātus -a -um < scelus

con-clāmāre = simul
clāmāre

fūnis
-is *m*

con-tingere -tigisse
-tāctum = tangere
penitus *adv* = ex interiōre
parte
sonāre -uisse = sonum
dare
īnfēlīx = quī malam
fortūnam affert

prae-dīcere

Trōes -um *m* = Trōiānī

suprēmus -a -um =
summus, ultimus
frōns -ondis *f* = folia
arborum
oc-cidere -cidisse

pate-facere = aperīre

dē-mittere ↔ tollere

---

mum parva duōrum fīliōrum corpora complexī membra
eōrum tenera edunt, tum patrem ipsum, quī miserīs 6‹
fīliīs auxiliō veniēbat, corripiunt. Iam bis corpus eius
medium amplectuntur, bis collō longa corpora sua circumdant. Ille simul manibus sē explicāre cōnātur, simul clāmōrēs horrendōs ad caelum tollit. At anguēs in
summam arcem ad simulācrum Minervae cōnfugiunt 6‹
ibique sub clipeō deae latent.

Tum vērō cūnctī Trōiānī novō pavōre perturbantur,
et 'Lāocoontem poenās meritās Minervae dedisse' dīcunt, 'quod hastā scelerātā sacrum rōbur laeserit.'
Conclāmant omnēs 'simulācrum equī in arcem Miner- 70
vae dūcendum esse.'

Ergō parte mūrōrum dēstrūctā māchina illa hostibus
armātīs plēna magnō labōre in urbem trahitur fūnibus,
dum puerī puellaeque carmina sacra canunt et fūnem
manū contingere gaudent. In ipsō līmine portae cōnsis- 75
tit atque penitus ex ventre sonant arma, sed Trōiānī
pergunt et mōnstrum īnfēlīx in arce sacrā pōnunt.

Etiam tunc Cassandra, fīlia Priamī virgō cui rēs futū-
rās praedīcentī nēmō umquam crēdēbat, fātum Trōiae
cīvibus suīs praedīxit, nec vērō Trōes miserī, quibus ille 80
diēs suprēmus futūrus erat, eī crēdidērunt, sed velut
fēstō diē templa deōrum fronde exōrnāvērunt.

Cum iam sōl occidisset et nox obscūra terram tegeret,
Trōiānī fessī somnō sē dedērunt. Tum equō patefactō
mīlitēs Graecī per fūnem dēmissum ad terram lāpsī 85

sunt. Urbis cūstōdibus occīsīs, portās patefēcērunt et cēterōs Graecōs, quī interim Tenedō redierant, in urbem recēpērunt.

Somnium Aenēae

90 Dum haec aguntur, Trōiānī sine cūrā dormiēbant, in iīs Aenēās, dux ēgregius, Anchīsā et Venere deā nātus. Ecce eī in somnō appāruit maestissimus Hector, fīlius Priamī mortuus — sed quālis erat, quantum mūtātus ab illō Hectore quī ex tot proeliīs victor redierat! Sordidam

95 barbam crīnēsque cruentōs gerēbat et vulnera illa quae plūrima circum mūrōs Trōiae accēperat. Ille graviter gemēns Aenēam monuit 'ut deōs Penātēs urbis Trōiae caperet atque ex urbe incēnsā fugeret':

89 *"Heu, fuge, nāte deā, tēque hīs" ait "ēripe flammīs!*

00 *Hostis habet mūrōs. Ruit altō ā culmine Trōia."*

Hīc Aenēās clāmōribus hominum et strepitū armōrum ē somnō excitātus est. Celeriter in summum tēctum ascendit, unde cum multās domōs per tōtam urbem flagrantēs vidēret, hostēs dolō in urbem penetrā-

05 visse intellēxit. Arma āmēns cēpit, ut in arcem curreret cum manū mīlitum.

Ecce autem Panthūs, Apollinis sacerdōs, ex tēlīs Graecōrum ēlāpsus, āmēns ad līmen accurrit sacra manū tenēns. Quem cum Aenēās interrogāvisset 'quae

10 fortūna esset patriae?' magnō cum gemitū haec respondit:

---

cūstōs -ōdis *m* = is quī cūstōdit

re-cipere -cēpisse -ceptum

somnium -ī *n* = quod in somnō vidētur
agī = fierī

Anchīsēs -ae *m*, *acc* -ēn
deā nātus : deae fīlius

barba -ae *f*

crīnis -is *m* = capillus

gemere = graviter spīrāre ob dolōrem
(dī) Penātēs -ium: dī quī domum vel patriam tuentur
ex hīs flammīs
ruere = praecipitārī, collābī
culmen -inis *n* = summa pars (aedificiī/montis), summa fortūna

flagrāre = ārdēre

ā-mēns -entis = cui mēns abest, īnsānus

Panthūs -ī *m*
tēlum -ī *n* = pīlum vel sagitta
ē-lābī = effugere
sacra -ōrum *n* = rēs sacrae

gemitus -ūs *m* < gemere

summa : ultima
in-ēluctābilis -e = quī
  vītārī nōn potest
Dardania -ae *f* = Trōia
Teucrī -ōrum *m* = Trōiānī
dominārī = dominus esse
  (↔ servīre)
in urbe incēnsā

sē armāre = arma capere

stringere -īnxisse -īctum
  = ēdūcere (gladium)
moritūrus -a -um *part fut*
  < morī

in-citāre = animum ex-
  citāre (ad īram)
vādere -sisse = īre, prō-
  cēdere
sternere = humī prōicere

lūctus -ūs *m* < lūgēre

turris
 -is *f*

pandere -disse passum
  = lātē extendere
Āiāx -ācis *m*
Oīleus -ī *m*

vinculum -ī *n* = id quō
  aliquis vincītur
speciēs -ēī *f* = quod
  aspicitur

ruere = sē praecipitāre,
  prōcurrere

aedēs -ium *f pl* = domus

undique = ex omnibus
  locīs/partibus

"Vēnit summa diēs et inēluctābile tempus

Dardaniae. Fuimus Trōēs, fuit Īlium et ingēns

glōria Teucrōrum! Ferus omnia Iüppiter Argōs

trānstulit. Incēnsā Danaī dominantur in urbe."

Hōc audītō Aenēās iuvenēs audācēs, quōs pugnandī cupidōs videt, paucīs verbīs hortātur ut sē arment et strictīs gladiīs in media hostium arma moritūrī sē praecipitent:

"Ūna salūs victīs: nūllam spērāre salūtem!"

Tālibus verbīs ad pugnam incitātī iuvenēs ācerrimī per tēla, per hostēs vādunt in mortem haud dubiam. Plūrima corpora sternuntur per viās et per domōs, ubīque fit lūctus et pavor...

Priamus

Neque quisquam nē in templīs quidem deōrum tūtus erat. Ecce virgō Cassandra crīnibus passīs ā templō Minervae (ubi Āiāx, Oīleī fīlius, eī vim attulerat) trahēbātur, frūstrā oculōs ārdentēs ad caelum ērigēns — nam tenerās manūs vincula tenēbant. Trōiānī hanc speciem ferre nōn poterant et cūnctī in medium hostium agmen ruēbant. Pugna ācris ante templum orta est multīque Trōiānī ab hostibus numerō superiōribus occīsī sunt. Paucī cum duce Aenēā ēlāpsī prōtinus ad aedēs Priamī clāmōre vocātī sunt. Hīc vērō ācerrimē pugnābātur: Graecīs undique prōcurrentibus Trōiānī inclūsī vī et armīs resistēbant, aliī turrēs et culmina domōrum dē-

struēbant atque laterēs trabēsque in hostēs mūrōs ascendentēs coniciēbant, aliī strictīs gladiīs forēs dē-
fendēbant. Aenēās vērō, cupidus cīvibus inclūsīs auxilium ferendī, per forēs occultās in rēgiam penetrat atque dēfēnsōribus sēsē adiungit.

Domus interior gemitū ac tumultū miscētur, penitusque magna ātria ululātū fēminārum resonant, cum mātrēs pavidae in aedibus errent īnfantēs suōs amplexae. Neque vērō rōbur iānuae vim Graecōrum diūtius ferre potest: frāctīs cardinibus forēs concidunt, Graecī ferōcēs in ātrium penetrant prīmōsque trucīdant, rēgia tōta hostibus armātīs complētur.

Rēx Priamus senex, ut prīmum forēs frāctās et hostēs in mediīs aedibus vīdit, manibus īnfirmīs arma capit et gladiō cingitur atque moritūrus in hostēs prōgreditur. Hoc vidēns Hecuba, uxor eius, quae cum fīliābus pavidīs circum magnam āram sedēbat, "Ō miserrime coniūnx!" inquit, "Quārē inūtilī gladiō cingeris? aut quō vādis ita armātus? Iam nōn tēlīs egēmus, sed auxiliō deōrum:

Hūc tandem concēde! Haec āra tuēbitur omnēs
— aut moriēre simul!"

Sīc locūta marītum senem ad sēsē recēpit et in ārā locāvit.

Ecce autem Polītēs, ūnus fīliōrum Priamī, ex caede vix ēlāpsus per porticūs longās et vacua ātria ad āram fugit saucius. Illum Pyrrhus īrātus persequitur iam iam-

---

trabs -bis *f*

con-icere -iēcisse -iectum = iacere (in ūnum locum)

dēfēnsor -ōris *m* = quī dēfendit
miscēre = turbāre

ululātus -ūs *m* < ululāre
re-sonāre

pavidus -a -um = timidus, territus

con-cidere = cadere (in locō), collābī
trucīdāre = crūdēliter occīdere

ut prīmum (+ *perf*) = cum prīmum
īn-firmus -a -um = invalidus, dēbilis
(gladiō) cingī = sē armāre

coniūnx *m* = marītus
in-ūtilis -e = quī nihil prōdest, quō nēmō ūtī potest
egēre (+ *abl*) = (rē necessāriā) carēre

con-cēdere = cēdere

moriēre = moriēris
simul *nōbīscum*

Polītēs -ae *m*

saucius -a -um = vulnerātus
iam iam(que) = statim

35

vītam effundere = morī

caelestis -e < caelum

nēquīquam = frūstrā
haerēre -sisse -sum =
fīxus esse, movērī nōn
posse

laeva -ae *f* = manus laeva
(↔ dextra)
coma -ae *f* = crīnis,
capillus
dē-fīgere

quondam = ōlim, ali-
quandō

horror -ōris *m* < horrēre
per-fundere -fūdisse
-fūsum = tōtum affi-
cere, permovēre

fulgēre = (subitō)
splendēre
sē offerre = sē ostendere

patrius -a -um < pater

que manū tenet et hastā percutit. Tandem Polītēs ante 1᷾
oculōs parentum concidit ac multō cum sanguine vītam
effundit.

Hīc Priamus, quamquam ipse mortem iam propinquam videt, īrā permōtus exclāmat: "At prō tālī scelere
dī caelestēs praemia dēbita reddant tibi, quī cōram 1᷾
patre fīlium foedē trucīdāvistī!" Sīc fātus senex īnfīrmus
tēlum inūtile coniēcit, quod Pyrrhum laedere nōn
potuit, sed nēquīquam in clipeō haesit. Cui Pyrrhus
"Nunc morere!" inquit, senemque trementem et in sanguine fīliī lābentem ad ipsam āram trāxit, ubi laevā 1᷾
comam eius prehendēns dextrā ēnsem sustulit atque in
latere rēgis dēfīxit!

Sīc periit Priamus, quondam tot gentium atque terrārum rēx superbus, cum Trōiam patriam ab hostibus
captam et incēnsam vidēret. 18

Anchīsēs

At tum prīmum saevus horror Aenēam perfūdit: nam
cum rēgem senem ex crūdēlī vulnere morientem vidēret, vēnit eī in mentem ipsīus pater senex Anchīsēs et
uxor Creūsa et parvus fīlius Ascanius, quōs sōlōs domī 18
dēseruerat. Tum subitō māter Venus, in lūce pūrā per
noctem fulgēns, fīliō sē videndam obtulit eīque suāsit ut
celeriter domum ad suōs fugeret, simulque prōmīsit sē
ipsam fīlium tūtum ad līmen domūs patriae ductūram
esse. Aenēās igitur dēscendit ac dūcente deā inter flam- 19᷾

36

mās et hostēs ēlāpsus est: neque tēla neque flammae eī
nocuērunt.

Ubi iam ad antīquam domum patriam pervēnit, Anchīsēs pater, quem prīmum in altōs montēs portāre volēbat, ex patriā captā fugere recūsāvit. "Vōs quibus integrae sunt vīrēs" ait, "vōs capite fugam! Dī caelestēs, sī
mē vītam prōdūcere voluissent, hanc patriam mihi ser-
vāvissent. Nōlō urbī captae superesse. Ipse meā manū
mortem inveniam!" Tālia dīcēns fīxus eōdem locō haerēbat, dum fīlius et parvus nepōs omnisque domus multīs cum lacrimīs eī suādent 'nē omnēs suōs sēcum per-
deret!'

Aenēās vērō, rūrsus armīs sūmptīs, "Mēne putās"
inquit "tē relictō pedem hinc efferre posse? Sī tibi certum est Trōiae peritūrae tē tuōsque addere, patet iānua
mortī: iam aderit Pyrrhus sanguine Priamī cruentus,
quī fīlium cōram patre, tum patrem ipsum ad āram
obtruncāvit! — Num ideō, māter cārissima, per tēla,
per ignēs mē ēripuistī, ut hostem in mediīs aedibus, ut
10 Ascanium puerum et patrem meum uxōremque alterum
in alterīus sanguine trucīdātōs cernam?

68 *Arma, virī, ferte arma! Vocat lūx ultima victōs.*
Reddite mē Danaīs! Sinite īnstaurāta revīsam
proelia! Numquam omnēs hodiē moriēmur inultī!"
15 Sed coniūnx pedēs virī abeuntis complexa in līmine
haerēbat parvumque Iūlum patrī ostendēbat:
75 *"Sī peritūrus abīs, et nōs rape in omnia tēcum!"*

---

nocēre -uisse

ubi (+ *perf*) = ubi prī-
  mum, postquam

re-cūsāre = dīcere sē
  nōlle
fugam capere = fugere

prō-dūcere = longiōrem
  facere
urbī captae super-esse =
  post urbem captam
  superesse (: vīvere)

nepōs -ōtis *m* = fīlius fīliī
  /fīliae
domus : familia

ef-ferre < ex-; pedem
  efferre = ēgredī
certum mihi est = certum
  cōnsilium meum est

iam (+ *fut*): mox

obtruncāre = trucīdāre

lūx : diēs
sinite re-vīsam = sinite
  mē *re-vīsere*
īnstaurāre = rūrsus
  incipere
in-ultus -a -um = cui
  ultor nōn est

Iūlus -ī *m*: alterum nōmen
  Ascaniī

37

prōdigium -ī n = rēs
  mīrābilis contrā
  nātūram facta
lūmen -inis n = lūx

re-stinguere = ex-
  stinguere
fragor -ōris m = strepitus
  gravis
tonāre -uisse: tonat
  = tonitrus fit

tendere = extendere
al-loquī < ad-loquī
quā = quā viā, ubi

nātus -ī m = fīlius
tibi comes īre = tē
  comitārī

onus -eris n = quod
  portātur
famulus -ī m = servus

tumulus -ī m = collis
  parvus
Cerēs -eris f: Sāturnī
  fīlia, dea agrōrum
  et frūgum
fās indēcl n = iūs dīvīnum;
  fās est = licet per deōs

vīvō : fluentī

pius -a -um = quī deōs
  et patriam et parentēs
  dīligit
ē-gredī -gressum

Tālia exclāmāns omnem domum gemitū complēbat — cum subitō mīrābile prōdigium vīsum est: namque inter manūs maestōrum parentum lūmen in summō Iūlī capite appāruit, neque flamma puerō nocēbat! Parentēs pavidī ignem aquā restinguere properant; at pater Anchīsēs laetus Iovem invocat, subitōque fragōre ā laevā tonat, et simul stēlla dē caelō lāpsa multā cum lūce per tenebrās currit. Quae cum, quasi viam mōnstrāns, post montem Īdam occidisset, Anchīsēs manūs ad caelum tendēns deōs sīc alloquitur:

"Iam iam nūlla mora est, sequor et quā dūcitis adsum, dī patriī! Servāte domum, servāte nepōtem! ...

Cēdō equidem nec, nāte, tibī comes īre recūsō."

Tum Aenēās, cum iam strepitus flammārum propius audīrētur, "Ergō, cāre pater" inquit, "in umerōs meōs tē impōnam; ipse tē portābō, nec mihi grave erit hoc onus. Parvum Iūlum mēcum dūcam, et Creūsa vestīgia nostra sequētur. Vōs, famulī, haec quae dīcam animadvertite: extrā urbem est tumulus et vetus templum Cereris, in eum locum omnēs conveniēmus. Tū, pater, cape sacra manū et deōs Penātēs! Neque enim mihi fās est rēs sacrās tangere priusquam manūs caede cruentās flūmine vīvō lāverō."

Creūsa

Haec locūtus pius Aenēās patrem in umerōs sustulit et parvum fīlium manū tenēns domō ēgressus est.

Creūsa eōs sequēbātur. Ita per tenebrās vādunt, et
5 Aenēam, quem dūdum neque tēla neque agmen Graecōrum commovēbat, nunc omnis aura, omnis sonus ter-
ret, cum pariter fīliō patrīque timeat.

Iam portīs appropinquābant atque salvī esse vidēbantur, cum Anchīsēs per umbram prōspiciēns "Fuge, mī
0 fīlī!" exclāmat, "Hostēs appropinquant. Clipeōs atque
gladiōs micantēs cernō." Quā rē perturbātus dum
Aenēās celeriter ē nōtā viā discēdit, Creūsa incerta cōnstitit neque marītum aberrantem sequī potuit. Nec
prius ille respexit quam ad tumulum templumque Ce-
5 reris pervēnit.

Hīc cum uxōrem deesse vidēret, fīliō et patre et Penātibus apud sociōs relictīs, ipse armātus in urbem revertit et eādem viā quā vēnerat domum patriam repetīvit;
quam ā Graecīs captam et incēnsam invēnit. Inde prōcē-
60 dēns rēgiam Priamī et arcem revīsit. Hūc undique dīvitiae Trōiānae ex templīs incēnsīs ēreptae cōnferēbantur.
Puerī et mātrēs pavidae longō ōrdine circum stābant.

Aenēās autem per tenebrās errāns coniugem suam
quaerēbat; quīn etiam clāmāre ausus est maestusque
65 'Creūsam' iterum iterumque vocāvit. Quod cum diū
nēquīquam fēcisset, imāgō atque umbra ipsīus Creūsae
virō stupentī appāret et hīs dictīs eum cōnsōlātur:
"Quid iuvat mē lūgēre, ō dulcis coniūnx? Nōn sine nūmine deōrum haec ēveniunt, nec fās est tē hinc comitem
270 portāre Creūsam — rēx Olympī hoc nōn sinit. Diū per

---

dūdum = paulō ante
com-movēre = per-
  movēre (animum)
aura -ae f = ventus levis
pariter = aequē, eōdem
  modō

micāre = subitō movērī
  ac fulgēre

nec ille respexit prius
  quam...
re-spicere ↔ prō-spicere

sociī -ōrum m = hominēs
  quī commūnī fortūnā/
  negōtiō coniunguntur
re-petere

re-vīsere -sisse

cōn-ferre con-tulisse collātum = in eundem
  locum ferre

quīn etiam = (nōn hoc
  sōlum) sed etiam,
  atque etiam

dulcis = iūcundus, cārus
nūmen -inis n = voluntās
  deōrum
Olympus -ī m: mōns
  Thessaliae; ibi diī
  habitāre dīcuntur

39

vāstus -a -um = ingēns et
  dēsertus
Hesperia -ae *f*: terra ad
  occidentem sita
ūber -eris = fertilis
rēgius -a -um < rēx (r.a
  coniūnx: Lāvīnia, fīlia
  rēgis Latīnī)

vāsta maria tibi nāvigandum est, et tandem in terram Hesperiam veniēs, ubi inter arva ūberrima fluit Tiberis amnis: illīc rēgnum tibi parātum est et rēgia coniūnx. Nōlī meā causā lacrimās effundere!

Iamque valē, et nātī servā commūnis amōrem!"   7₈

haec ubi dicta dedit: ubi
  (= postquam) haec dīxit
re-cēdere -cessisse

Haec ubi dicta dedit, lacrimantem et multa volentem dīcere dēseruit, tenuēsque recessit in aurās,

dum ille frūstrā imāginem eius effugientem amplectī ac

com-prehendere
  = prehendere

manum comprehendere cōnātur.

Tum dēmum Aenēās, nocte iam cōnsūmptā, ad so- 28 ciōs revertit. Atque ibi admīrāns sociōrum novōrum magnum numerum invēnit, et virōrum et fēminārum, quī undique eō convēnerant, ut duce Aenēā in aliās terrās proficīscerentur. Quōs omnēs Aenēās posterō diē sēcum trāns montēs dūxit.   28₂

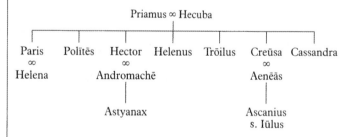

Priamus ∞ Hecuba

Paris   Polītēs   Hector   Helenus   Trōilus   Creūsa   Cassandra
 ∞   ∞   ∞
Helena   Andromachē   Aenēās

        Astyanax   Ascanius
                                           s. Iūlus

PENSVM A

Dē cāsū datīvō

Aedēs Castoris sacrāta est di– Castor– et Pollūc–, Iovis fīli–gemin–, quī saepius Rōmān– auxili– vēnērunt. Octāviānus de– Mārt– templum vōvit.

Rēx Faunus Euandr–, Mercuriī fīli–, arva dedit. Rēg– Latīn– ūna fīlia erat, Lāvīnia, iam mātūra vir–. Lāvīni– nōn licuit rēg– Turn– nūbere.

Trōiānī equum ligneum Minerv–, de– Trōiān– benign–, sacrātum esse putābant, sed sacerdōs, c– nōmen erat Lāocoōn, i– suāsit nē Graec– cōnfīderent. Cassandra fātum Trōiae cīv– su– praedīxit, nec vērō Trōiānī e– crēdidērunt, sed somn– sē dedērunt.

Aenēās iuven– Trōiān– suāsit ut host– Graec– resisterent: "Ūna salūs vict–: nūllam spērāre salūtem!" Graecī, qu– diī favēre vidēbantur, nēmin– parcēbant.

Venus fīli– sē ostendit et e– imperāvit, ut patr– et uxōr– et fīli– auxilium ferret. Ille mātr– su– pāruit, neque quisquam e– redeunt– nocuit. Anchīsēs urb– capt– superesse nōluit, sed Aenēās "Sī t– certum est" inquit "Trōi– peritūr– tē addere, patet iānua mort–. Date m– arma! Reddite mē Dana–!" Tandem patr– su– sen–, c– vīrēs deerant ad fugiendum, persuāsit ut ex urbe portārētur, nec id onus fīli– grave fuit. Aenēās fugiēns nōn s–, sed patr– ac fīli– timēbat. Umbra Creūsae vir– mīrant– occurrit et "Nōn t– licet" inquit "mē tēcum dūcere. Diū nāvigandum est t–, sed in Hesperiā nova patria t– et soci– tu– parāta est."

PENSVM B

Rēx Faunus — [= ōlim] Euandrō, quī — [= fugiēns] in Italiam vēnerat, — colenda dedit. Post Faunum Latīnus — accēpit; cuius fīlius in prīmā — mortuus est. Latīnō rēgnante pāx — [< diū] fuit.

Graecī nōn vī, sed — Trōiam intrāvērunt: equum ligneum — [= cōnfēcērunt] et armātīs complēvērunt. Trōiānī, quī

Vocābula nova:
iūstitia
arvum
rēgnum
iuventūs
dolus
mōlēs
īnsānia
māchina
rōbur
anguis
clipeus
pavor
fūnis
frōns
cūstōs
somnium
barba
crīnis
culmen
tēlum
sacra
gemitus
lūctus
vinculum
speciēs
aedēs *pl*
turris
trabs
dēfēnsor
ululātus
laeva
coma
horror
nepōs
prōdigium
lūmen
fragor
nātus
onus

41

famulus
fās
aura
socius
nūmen
fēstus
profugus
benignus
diūturnus
suspectus
occultus
tener
scelerātus
suprēmus
āmēns
inēluctābilis
pavidus
īnfirmus
inūtilis
saucius
caelestis
patrius
inultus
vāstus
ūber
rēgius
discumbere
fabricāre
āvehere
īnspicere
dēcurrere
penetrāre
immolāre
attingere
ērigere
corripere
amplectī
explicāre
cōnfugere
conclāmāre
contingere
sonāre
praedīcere
patefacere
dēmittere
gemere
ruere
flagrāre
ēlābī
domināri
stringere
incitāre
vādere

Graecōs in patriam suam — esse putābant, castra dēserta — et — equī mīrābantur. Lāocoōn equum ligneum, ut dōnum —, hastā laesit, sed hasta in fīrmō — [=lignō] stetit nec ad mīlitēs — [= latentēs] —. Dum Lāocoōn taurum —, duo — eum — [= celeriter rapiunt] et corpus eius — [= complectuntur], neque ille sē — potest. Trōiānī, novō — [= timōre] perturbātī, — [= simul clāmant] 'equum dōnum esse Minervae, deae Trōiānīs —.' Equus in urbem trahitur —, dum templa velut — diē — [= foliīs] ōrnantur.

Equō — [= apertō] Graecī per fūnem — ad terram lābuntur. Aenēās in somnō Hectorem — [= vulnerātum] vīdit, quī sordidam — et — [= capillōs] cruentōs gerēbat atque Aenēae suāsit ut ex urbe — [= ārdentī] fugeret. Hōc — perturbātus Aenēās — [= sine mente] arma capit et iuvenēs ad pugnam —. Iī — gladiīs per hostēs — [= eunt]. Cassandra, quae fātum — poterat, crīnibus — ā templō trahēbātur oculōs ad caelum — [= tollēns], nam — manūs — tenēbantur. Trōiānī hanc — ferre nōn poterant et — [=ex omnibus partibus] in mediōs hostēs — [= sē praecipitābant]. Ad — [= domum] Priamī ācerrimē pugnābātur. Trōiānī altās — et — domōrum dēstruēbant et laterēs —que in hostēs — [= iaciēbant]. Frāctīs cardinibus forēs — [= collābuntur]. Rēx manibus — [= invalidīs] arma capit, sed Hecuba "Iam nōn tēlīs —" inquit, "sed auxiliō deōrum. Hūc tandem —!" Cum Polītēs cōram patre — [=obtruncātus] esset, Priamus — [= pīlum] in Pyrrhum coniēcit, quod — [= frūstrā] in — eius —. Pyrrhus — [= capillum] rēgis prehendēns ēnsem in latere eius —. Hoc vidēns Aenēās — perfūsus est. Anchīsēs fīlium et — in fugā comitārī — [= nōluit]. Tum — [= lūx] in capite Iūlī appāruit atque simul cum hōc — māximus — [= strepitus] caelestis audītus est. Aenēās patrem ex urbe portāvit nec hoc — fīliō grave fuit.

In convīviīs — [= servī] cum dominīs nōn — [= accumbunt]. In manū senis gladius — est. Quī invocat deōs — [< caelum], manūs ad caelum — [= extendit]. Caelō serēnō nōn

— [= tonitrus fit]. Manibus cruentīs — tangere — nōn est.
Nihil ēvenit sine — [= voluntāte] deōrum. Quae lūget ululāre aut — solet; ululātū et — [< gemere] significātur —.

Synōnyma: fīlius et —; scelestus et —; summus et —;
timidus et —; fertilis et —; splendēre et —; exstinguere et —;
ubi et —.

Contrāria: dextra et —; servīre et —.

PENSVM C

Aborīginēs quī fuērunt?

Quis fuit Latīnus?

Quōmodo Graecī in urbem Trōiam penetrāvērunt?

Quid fēcit Lāocoōn et quid eī accidit?

Cuius fīlius erat Aenēās?

Quid Aenēās in somnō vīdit?

Ubi rēx Priamus interfectus est?

Cūr Aenēae redeuntī nēmō nocuit?

Num Anchīsēs statim fīlium comitātus est?

Cum quibus Aenēās ex urbe aufūgit?

Quārē Creūsa marītum sequī nōn potuit?

Quid Aenēās in urbem reversus vīdit?

Quid Creūsa Aenēae abeuntī prōmīsit?

Quō sociī Aenēae convēnērunt?

pandere
conicere
resonāre
concidere
trucīdāre
egēre
concēdere
haerēre
dēfīgere
perfundere
fulgēre
recūsāre
prōdūcere
efferre
obtruncāre
īnstaurāre
revīsere
restinguere
tonāre
tendere
alloquī
commovēre
micāre
respicere
repetere
cōnferre
comprehendere
penitus
undique
nēquīquam
quondam
quā
dūdum
pariter

43

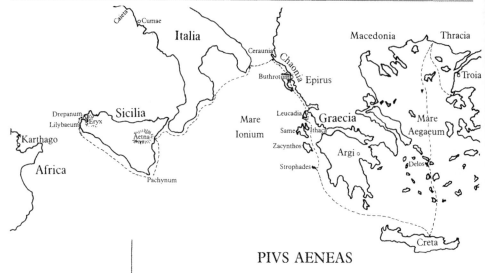

PIVS AENEAS

[*Ex Vergiliī Aenēidis librō III, solūtīs versibus*]

Penātēs

eā hieme quae...
prīma aestās = prīma
  aestātis pars
(nāvem) dē-dūcere = dē
  lītore in mare dūcere
ventīs vēla dare: nāvigāre
dīs = diīs

Eā quae secūta est hieme Trōiānī profugī sub monte Īdā classem vīgintī nāvium aedificāvērunt. Prīmā aestāte pater Anchīsēs nāvēs dēdūcere et ventīs vēla dare iubēbat, atque Aenēās cum sociīs fīliōque et dīs Penātibus 5 lītora patriae relīquit et campōs ubi Trōia fuit.

līnea curva
curvus -a -um = quī
  fōrmam arcūs habet
con-dere = cōnstituere

Prīmum in Thrāciam vectī sunt ibique in lītore curvō novam urbem condere volēbant.

(rēx) socius = quī alterum adiuvat

Rēx Thrāciae amīcus et socius fuerat Trōiānōrum, dum fortūna fuit. Itaque Priamus, cum suās rēs dēspē- 10 rāret, fīlium suum Polydōrum in Thrāciam mīserat cum

pondus -eris *n*: onus
  grave magnum *pondus*
  habet

magnō aurī pondere. Sed rēx ille īnfīdus, cum fortūnam Trōiānōrum recēdere vidēret, contrā iūs fāsque Polydō-

potīrī + *abl:* rē potīrī
  = rem suam facere
citō *adv* = celeriter
ex-cēdere = exīre

rum obtruncāvit et aurō vī potītus est. Quod cum Trōiānī profugī cognōvissent, citō ē terrā scelerātā excēdere 15

44

cōnstituērunt. Ergō ubi prīmum ventus secundus fuit,
iterum in altum prōvectī sunt.

In mediō marī Aegaeō est īnsula Apollinī sacra, nōmine Dēlos. Haec īnsula Trōiānōs fessōs tūtō portū re-
20 cēpit, ibique deus Apollō, quem pius Aenēās in vetere
templō adōrābat, novam terram Trōiānīs et posterīs eōrum pollicitus est.

Dēlō relictā Crētam petīvērunt, cuius īnsulae magna
pars ab incolīs dēserta erat. Nāvibus in lītus subductīs,
25 iuvenēs Trōiānī iam novam urbem aedificābant et arva
nova colēbant, cum foeda pestilentia hominēs miserōs
afficere coepit, et simul sōl flagrāns agrōs siccōs adeō
torrēbat ut nec herbam nec frūmentum ferre possent.

Cum omnēs hīs malīs perturbārentur, dī Penātēs,
30 quōs Aenēās sēcum Trōiā extulerat, noctū in somnīs eī
vīsī sunt ante lectum adstāre in lūmine lūnae plēnae
atque hīs dictīs cōnsōlārī: "Nōs quī tē, Dardaniā incēnsā, per mare tumidum secūtī sumus, nōs iīdem
posterōs tuōs in caelum tollēmus imperiumque urbī
35 eōrum dabimus. Tū longum fugae labōrem nē recūsā-
veris! Rūrsus mūtanda est sedes, non licet tibi in hāc
terrā cōnsīdere. Est terra antīqua quam Grāiī 'Hesperiam', incolae ipsī 'Italiam' dīcunt. Ea nōbīs sēdēs propria est, illam terram quaere! Age, surge et haec dicta
40 laetus refer parentī tuō!"

Hōc somniō et vōce dīvīnā stupefactus Aenēās ē lectō
sē corripuit manūsque ad caelum tendēns deōs precātus

---

prō-vehere

Dēlos -ī *f*

posterī -ōrum *m* = fīliī et
nepōtēs et eōrum fīliī
et nepōtēs et cēt.

(nāvem) sub-dūcere
↔ dēdūcere

pestilentia -ae *f* = morbus
gravis quī multōs simul
afficit
ad-eō = tam valdē, ita

torrēre -uisse tōstum
= igne siccāre

ef-ferre ex-tulisse ē-lātum
noctū *adv* = nocte
ad-stāre

tumidus -a -um = turgi-
dus (: turbidus)
in caelum tollere : glōriā
afficere
labor = rēs difficilis
et molesta
sedes = locus ubi aliquis
habitat
cōnsīdere = sēdem
capere
Grāius -ī *m* = Graecus
proprius ↔ aliēnus

referre = nūntiāre
parēns -entis *m/f*
= pater/māter
stupe-facere = stupentem
facere
sē corripere = citō
surgere

45

eum certiōrem facere
= eī nūntiāre
longinquus -a -um
↔ propinquus

aequor -oris *n* = mare
summum, mare

mare Īonium: inter
Graeciam et Siciliam
et Italiam
nimbus -ī *m* = nūbēs
quae imbrem affert
repentīnus -a -um (< re-
pente) = subitus

dis-cernere

inter-diū ↔ noctū
tot-idem *indēcl* = īdem
numerus
quo-ad = ūsque ad id
tempus quō
dē-ferre -tulisse -lātum

Strophadēs -um *f*
Harpȳiae -ārum *f*

volucris -is *f* = avis

Notus -ī *m* = ventus quī ā
merīdiē flat
unda -ae *f* = parvus
flūctus
Zacynthos -ī *f*

Samē -ēs *f* (= *Cephal-
lēnia*)

sacrificāre = sacrificium
facere

est. Quō factō patrem suum dē rē certiōrem fēcit, quī sine morā terram illam longinquam quaerendam esse cēnsuit. Trōiānī igitur, paucīs relictīs, hanc quoque sē- 4. dem dēseruērunt et rūrsus vāstum aequor classe percur- rēbant.

Mare Īonium

Postquam in altum prōvectae sunt nāvēs nec iam ūllae terrae appārēbant, nimbus repentīnus sōlem oc- 50 cultāvit imbrem tempestātemque afferēns. Continuō magnī flūctūs surgunt et nāvēs per mare vāstum iactan- tur. Palinūrus, optimus gubernātor, rēctum cursum te- nēre nōn poterat neque diem noctemque discernere, cum nec sōl interdiū nec stēllae noctū appārērent. Trēs 55 diēs totidemque noctēs nāvēs caecae errābant, quoad quārtō diē in lītora Strophadum dēlātae sunt. (Stropha- dēs dīcuntur duae parvae īnsulae in marī Īoniō sitae.) Inde pulsī ab Harpȳiīs, mōnstrīs foedissimīs quibus corpora volucrum, vultūs virginum sunt, ad septentriō- 60 nēs cursum tenuērunt. Notus vēla implēbat, nāvēs cele- riter per undās vehēbantur quō ventus ferēbat. Iam in mediō marī appārēbant īnsulae arduae Zacynthos Samēque et Ithaca, rēgnum et patria Ulixis; mox etiam cernēbātur Leucāta, īnsulae Leucadiae prōmunturium 65 nautīs metuendum, in quō templum Apollinis situm est. Hunc locum Trōiānī fessī petīvērunt. In terram ēgressī Iovī sacrificāvērunt, atque Aenēās clipeum,

46

70 quem cuidam hostī adēmerat, ad forēs templī fīxit et
hunc versum īnscrīpsit:

88 AENEAS HAEC DE DANAIS VICTORIBVS ARMA.

Tum sociōs portum linquere iussit, ac nāvēs ab īnsulā
Leucadiā praeter lītora Ēpīrī vectae prōtinus ad portum
Būthrōtī urbis accessērunt.

A. haec arma dē Danaïs
victōribus *capta deō dat*
linquere līquisse lictum
= relinquere

Būthrōtum -ī *n*

75 *Andromachē et Helenus*

Andromachē -ēs *f, acc* -ēn

Hīc fāma incrēdibilis iīs allāta est: Helenum, Priamī
fīlium, rēgnō Ēpīrī potītum esse atque Andromachēn,
viduam Hectoris, uxōrem dūxisse! Hāc fāmā stupefactus Aenēās, cum ā virō ipsō certior fierī cuperet, classe
80 in portū relictā ad urbem prōgrediēbātur. Sed ante urbem Andromachēn invēnit, quae in lūcō sacrificābat
Mānēsque Hectoris invocābat ad tumulum et duās ārās
quās ibi sacrāverat. Ut Aenēam cōnspexit venientem et
arma Trōiāna agnōvit, rē incrēdibilī exterrita palluit
85 animusque eam relīquit; lābitur et post longum tempus
tandem "Nāte deā, vīvisne?" inquit, "aut, sī ā mortuīs
revenīs, dīc mihi: Hector ubi est?" lacrimāsque effūdit
et omnem locum clāmōre implēvit. Aenēās turbātus
paucīs respondit: "Vīvō equidem vītamque per māxima
90 perīcula servō. Nē dubitāveris! Sed quae fortūna tē
revīsit, Hectoris Andromachē?" Illa vultum dēmīsit et
parvā vōce locūta est: 'sē et Helenum Trōiā captā ā
Pyrrhō in Ēpīrum abductōs esse; posteā vērō, cum
Pyrrhus interfectus esset ab Oreste, Agamemnonis fīliō,

in-crēdibilis -e = vix crē-
dendus; (factum) i.e =
quod vix crēdī potest

vidua -ae *f* = mulier quae
marītum āmīsit

lūcus -ī *m* = silva deō
sacra
(dī) Mānēs -ium *m* =
animae mortuōrum
ut (+ *perf*) = ut prīmum,
postquam
agnōscere -nōvisse
= recognōscere
ex-terrēre = terrēre
pallēscere -luisse =
pallēre incipere,
pallidus fierī

paucīs *verbīs*

Orestēs -is *m*
Agamemnōn -onis *m*:
dux Graecōrum

47

extrēmus -a -um *sup*
< extrā

cāsus = id quod accidit

invītāre = (hospitem
  domum suam) vocāre,
  recipere
dī-gredī -gressum
  = discēdere
Phoebus -ī *m* = Apollō

iuvencus -ī *m* = bōs
iuvenis

rērī = arbitrārī

(locum) effugere = vītāre

antrum
-ī *n*

gurges -itis *m* = vorāgō
  turbida

prae-stat = melius/prae-
  ferendum est
circum-īre
īn-formis -e ↔ fōrmōsus

(rem) experīrī -rtum =
  cognōscere quālis sit
  (rēs)

Helenum Chāoniā, parte Ēpīrī extrēmā, potītum esse et
sē uxōrem dūxisse.'

Dum haec nārrat itemque dē cāsū Aenēae et Ascaniī
puerī quaerit, ex urbe venit Helenus cum multīs comitibus; quī cīvēs suōs laetus agnōscit eōsque in urbem ad
convīvium magnificum invītat.   1(

Priusquam inde dīgressus est, Aenēās ā rēge Helenō,
quī dīvīnā mente nūmina Phoebī sentiēbat, quaesīvit
'quae perīcula sibi vītanda essent?' Ille, immolātīs ex
mōre iuvencīs, Aenēam ad Phoebī templum manū
dūxit, deinde dīvīnō ex ōre haec fātus est: "Nāte deā! 10
Pauca tibi dīcam, nam cētera fārī vetat Iūnō. Italia,
quam tū iam propinquam esse rēris, longō cursū abs tē
dīviditur: prius circum Siciliam tibi nāvigandum est
quam in illā terrā urbem condere poteris. Haec Italiae
lītora quae nōbīs proxima sunt, effuge: cūncta oppida ā 11(
malīs Graecīs habitantur. Sed ubi ventus ad ōram Sicu-
lam tē advēxerit et fretum angustum ā dextrā patēbit,
laevam pete! Nam illud fretum duo mōnstra horrenda
tenent, latus dextrum Scylla, laevum Charybdis, quae
in īmō gurgite latēns raptās nāvēs vāstīs flūctibus mer- 11
git; at Scylla, cui caput et pectus est virginis, venter
lupī, cauda delphīnī, ex antrō suō obscūrō nāvēs in saxa
trahit. Praestat tōtam Siciliam longō cursū circumīre
quam semel Scyllam īnfōrmem vidēre et saxa illa re-
sonantia experīrī. Praetereā hoc ūnum ante omnia tē 12(
moneō: semper Iūnōnem prīmam adōrā atque illī deae

potentī māxima sacrificia fac! Sīc dēnique, Siciliā relictā, tūtus in Italiam perveniēs. Haec sunt quae meā
vōce licet tē monēre. Age, vāde, et factīs tuīs Trōiam ad
25 caelum tolle!"

Quae postquam Helenus vātēs dīvīnō ōre fātus est,
dōna magnifica ad nāvēs ferrī iussit. Item Andromachē
Ascaniō vestem pretiōsam, quam suīs manibus cōnfēcerat, dōnāvit.

30 *Mōns Aetna*

Eō diē Trōiānī iūxtā Ceraunia prōmunturium vectī
sunt, unde cursus brevissimus est in Italiam. Post sōlis
occāsum in lītus ēgressī sunt et fessī somnō sē dedērunt;
sed mediā nocte Palinūrus, cum ventum secundum cae-
35 lumque serēnum vidēret, signum proficīscendī dedit.

Iam aurōra ab oriente rubēbat, cum procul humilēs
collēs appāruērunt. "Italia!" prīmus exclāmat Achātēs,
atque sociī omnēs laetō clāmōre Italiam salūtant. Tum
pater Anchīsēs magnam pateram merō implēvit atque in
40 celsā puppī stāns deōs invocāvit:

28 *"Dī maris et terrae tempestātumque potentēs,*
ferte viam ventō facilem et spīrāte secundī!"

Iam vēlīs plēnīs Italiae lītorī appropinquābant, templumque Minervae in arce appārēbat. Neque vērō in
45 terrā illā Graecōrum morātī sunt, sed Iūnōnī sacrificiīs
factīs praeter lītora Italiae ad Siciliam versus nāvigāvē-
runt.

---

potēns -entis = quī
magnam potestātem
habet

vātēs -is *m/f* = homō quī
dīvīnō modō rēs futūrās
praedīcit

Ceraunia -ōrum *n*: prō-
munturium Ēpīrī

occāsus -ūs *m* < occidere

signum = id quō aliquid
significātur
aurōra -ae *f* = prīma lūx
(ante sōlem ortum)
Achātēs -ae *m* (*acc* -ēn,
abl -ē): Aenēae amīcus
fīdissimus

patera -ae *f* = vās humile
ex quō vīnī sacrificium
fit

maris potēns = potestā-
tem maris habēns
spīrāre = flāre
: date cursum facilem
et ventōs secundōs

morārī (< mora) = diū-
tius in locō manēre

49

ē-dere -didisse -ditum
< ē + dare
nī-mīrum *adv* = scīlicet,
certē

scopulus -ī *m* = saxum
ēminēns

fūmus
-ī *m*

ignārus viae (*gen*) = quī
viam ignōrat
Cyclōpēs -um *m*

lapis
-idis *m*

horribilis -e = horrendus
ē-mittere

ortus -ūs *m* (< orīrī)
↔ occāsus
extrēmus : māximus
cōnficī = cōnsūmī,
invalidus fierī
supplex -icis = ōrāns
prō-cēdere -cessisse

resistere -stitisse
sē cōnferre (in locum)
= īre
flētus -ūs *m* < flēre
tollere = auferre
quī- quae- quod-cumque
=quem/quam/quod
libet; quās-cumque
terrās = quās terrās
(vōbīs) libet

pereō | hominum (-ō nōn
ēlīditur)

Mox procul cernēbātur mōns Aetna, et simul ā dextrā audiēbātur fragor quem saxa flūctibus pulsāta ēdēbant, atque in īnfimā vorāgine appārēbat fundus maris. "Nī- 1: mīrum haec est illa Charybdis" inquit Anchīsēs, "Hōs scopulōs, haec saxa horrenda Helenus memorābat. Ō sociī, ēripite nōs ē perīculō!" Prīmus Palinūrus prōram ad laevam vertit, et cūncta classis rēmīs ventīsque laevam petīvit. 1:

Inde, postquam sōl occidit, fessī et ignārī viae ad ōram Cyclōpum advectī sunt. Iūxtā haec loca surgit Aetna, mōns ingēns, unde fūmus flammaeque ad caelum ēduntur, interdum etiam saxa lapidēsque cum fragōre horribilī ab īmō fundō ēmittuntur. Tōtam illam 16 noctem Trōiānī perterritī in silvīs latuērunt, cum causam tantī fragōris ignōrārent.

Posterō diē paulō ante sōlis ortum vir ignōtus extrēmā fame cōnfectus ē silvīs prōcessit atque supplex manūs ad lītus extendit; barbam horrentem gerēbat et 16 sordidam scissamque vestem — at Graecus erat, quondam armātus adversus Trōiam missus. Ubi vestīmenta et arma Trōiāna procul agnōvit, paulum exterritus restitit, sed mox ad lītus sē contulit cum flētū precibusque: "Per deōs superōs vōs ōrō, Teucrī, hinc tollite mē! In 17 quāscumque terrās abdūcite! Hoc satis est! Fateor mē cum cēterīs Graecīs Īlium bellō petīvisse, quam ob rem, sī tantum est scelus meum, iacite mē in flūctūs!

Sī pereō, hominum manibus periisse iuvābit!" 60

75 Hoc audiēns ipse pater Anchīsēs iuvenī supplicī dextram dedit eumque interrogāvit 'quis esset?' et 'unde venīret?' Ille, victō tandem terrōre, haec respondit: "Ex patriā Ithacā Trōiam profectus sum comes īnfēlīcis Ulixis. Hīc mē sociī, dum trepidī fugiunt, in vāstō Cy-

80 clōpis antrō dēseruērunt. Mōnstrum īnfandum est Cyclōps ille nōmine Polyphēmus, quī carne et sanguine hominum miserōrum vescitur! Egomet vīdī eum in mediō antrō iacentem duōs dē nostrō numerō manū prehēnsōs ad saxum frangere ac membra eōrum cruenta

85 dēvorāre! Nec vērō tālia passus est Ulixēs, nam cum Polyphēmus carne vīnōque implētus per antrum iacēret, nōs longam hastam acūtam in oculō eius, quem sōlum in mediā fronte habēbat, dēfīximus: ita tandem sociōs necātōs ultī sumus. — Sed fugite, ō miserī, fugite

90 ac fūnēs nāvium incīdite! Nam quālis Polyphēmus tālēs centum aliī Cyclōpēs īnfandī ad haec curva lītora habitant et in altīs montibus errant."

Vix haec dīxerat, cum ipsum Polyphēmum pāstōrem caecum inter pecudēs suās ambulantem vīdērunt et lī-

95 tora nōta petentem —

558 *mōnstrum horrendum, īnfōrme, ingēns, cui lūmen adēmptum!*

Postquam ad mare vēnit, vulnus magnō cum gemitū lāvit. Trōiānī vērō celeriter fūnēs incīdērunt et nāvēs

200 rēmīs incitāvērunt. Hoc sēnsit Polyphēmus, sed cum eōs capere nōn posset, clāmōrem horribilem sustulit,

terror -ōris *m* < terrēre

trepidus -a -um =
  pavidus, timidus
Cyclōps -ōpis *m*
īn-fandus -a -um
  = horrendus
(carne) vescī = cibō ūtī,
  (carnem) ēsse
ego-met = ego (ipse)

patī passum = sinere

hasta acūta

aliquem ulcīscī = necem
  alicuius u.
in-cīdere -disse -sum
  (< -caedere) = secāre

pecudēs : ovēs

cui lūmen (: oculus)
adēmptum *est*

in-citāre = citō movēre
sentīre sēnsisse sēnsum
tollere sus-tulisse sublātum; clāmōrem t.
  = clāmāre

51

con-tremēscere -muisse
= valdē tremere
cavus -a -um = cuius
media pars vacua est
con-currere -risse = in
eundem locum currere

Pachȳnum -ī n
Lilybaeum -ī n
circum-vehere: locum
circumvehī = circum
locum vehī
Eryx -ycis m
Drepanum -ī n
Acestēs -ae m (acc -ēn)
genitor -ōris m = pater
ex-cēdere -cessisse; ē vītā
e. : morī

sepelīre -īvisse -ultum =
(hominem mortuum)
terrā operīre
sepulcrum -ī n = locus
ubi homō sepultus est

quō mare et terrae contremuērunt atque penitus resonuit mōns cavus. Cyclōpēs ē silvīs et altīs montibus ad
lītora concurrērunt, unde singulīs oculīs Trōiānōs ē
cōnspectū abeuntēs prōspiciēbant.　2

Trōiānī profugī, postquam Pachȳnum et Lilybaeum
prōmunturia circumvectī sunt, tandem sub monte
Eryce portum Drepanī petīvērunt, ubi ā rēge Acestā benignē receptī sunt. Hīc Aenēās genitōrem Anchīsēn
āmīsit, ille enim cōnfectus aetāte ē vītā excessit —　2
nēquīquam ex tantīs perīculīs ēreptus.

Aenēās, postquam ossa patris in monte Eryce sepelīvit, ex Siciliā atque ā sepulcrō genitōris dīgressus est.

PENSVM A

Dē cāsū ablātīvō

Graecī, cum Trōiam v– capere nōn possent, dol– ūsī sunt:
equum ligneum mīlit– armāt– complēvērunt et in lītor– relīquērunt. Mult– spectant– Lāocoōn omn– vīr– equum hast–
percussit. Paul– post duo anguēs rēct– vi– eum petunt. Part–
mūrōrum dēstrūct– equus host– plēnus magn– labōr– in
urbem trahitur fūn–. Velut fēst– di– templa frond– ōrnantur.
Equ– patefact– mīlitēs exeunt; occīs– urbis cūstōd– sociōs
suōs recipiunt in urbem quae dēfēnsōr– carēbat. Interim
Trōiānī sine cūr– dormiēbant, in i– Aenēās, Anchīs– et
Vener– dē– nātus. Ille clāmōr– et strepit– ē somn– excitātus
est.

Cum Priamus gladi– cingerētur, Hecuba, quae vir– prū-
dentior erat, "Iam nōn tēl– egēmus" inquit, "sed auxili– deōrum!" Dūcent– Vener– Aenēās salvus domum rediit e–dem
vi– qu– dom– exierat. Anchīsēs loc– sē movēre nōluit et

"Ipse" inquit "me– man– moriar. Nōlīte me– caus– hīc mo-rārī!"

Prīm– aestāt– Trōiānī duc– Aenē– ex Asi– profectī sunt. In medi– mar– Aegae– est īnsula nōmin– Dēlos, quae Trōiānōs tūt– port– recēpit. Dēl– relict– in Crētam vēnērunt. Ibi Trō-iānī foed– pestilenti– afficiēbantur et agrī sōl– flagrant– torrē-bantur.

Aedēs Iovis Capitōlīnī mult– magnificentior est cēter-omn–; ea summ– de– digna est. In templum Iovis Statōris senātus e– di– convēnit qu– Cicerō, ōrātiōn– clārissim-habit–, Catilīnam Rōm– expulit. Pāc– terr– mar–que fact– Iānus clauditur.

Polycratēs tant– fēlīcitāt– et tant– glōri– erat ut dī eī invidē-rent.

PENSVM B

In Crētā Trōiānī foedā — afficiēbantur atque agrī sōle —. Penātēs — [= nocte] vīsī sunt ante lectum Aenēae —, quī Trōiānīs et — eōrum novam terram prōmīsērunt. Ergō ex īnsulā — [= exīre] cōnstituērunt et rūrsus in altum — sunt. Ibi — — [= subitus] sōlem occultāvit ita ut diem noctemque — nōn possent ac nāvēs trēs diēs —que noctēs caecae errā-rent, — in īnsulās Strophadēs — sunt.

In Ēpīrō Aenēās fāmam — [=vix crēdendam] audīvit: He-lenum parte Ēpīrī — esse et Andromachēn, — Hectoris, uxō-rem dūxisse. Andromachē in — [=silvā sacrā] dīs Mānibus —. Helenus laetus Trōiānōs — [= recognōvit] eōsque ad convīvium — [= vocāvit]. Tunc ille — dīvīnō ōre rēs futū-rās praedīxit.

Charybdis nāvēs in — [= vorāginem] mergit, et Scylla — [↔ fōrmōsa] nāvēs in — perīculōsōs trahit. — [= melius est] tōtam Siciliam — quam illa mōnstra —.

— [= ut prīmum] Italia in cōnspectum vēnit, Anchīsēs — vīnō implēvit et deōs maris — [= potestātem habentēs] invo-cāvit. Trōiānī in terrā Graecōrum — [< mora] nōlēbant.

Vocābula nova:
pondus
posterī
pestilentia
aequor
nimbus
volucris
unda
vidua
lūcus
iuvencus
gurges
antrum
vātēs
occāsus
aurōra
patera
scopulus
fūmus
lapis
ortus
flētus
terror
genitor
sepulcrum
curvus
tumidus
longinquus
repentīnus
incrēdibilis
extrēmus
īnfōrmis
potēns
supplex
trepidus
īnfandus
horribilis
cavus
condere
potīrī
excēdere

prōvehere
subdūcere
torrēre
adstāre
stupefacere
certiōrem facere
discernere
dēferre
sacrificāre
linquere
agnōscere
exterrēre
pallēscere
invītāre
dīgredī
rērī
praestāre
circumīre
experīrī
morārī
ēdere
ēmittere
sē cōnferre
vescī
incīdere
contremēscere
concurrere
circumvehere
sepelīre
citō
adeō
noctū
interdiū
totidem
quoad
quīcumque
nīmīrum
egomet

Ex Aetnā — flammaeque surgunt atque saxa —que —. In ōrā Cyclōpum vir Graecus accessit cum — [= lacrimīs] precibusque: "Hinc in quās— terrās abdūcite mē!" Anchīsēs virō — [= ōrantī] manum dedit. Mōnstrum horrendum erat Polyphēmus, quī in — obscūrō habitābat et carne hūmānā —. Cum ille accēderet, Trōiānī fūnēs nāvium — [= secuērunt] et — [= celeriter] aufūgērunt. Polyphēmus clāmōrem — [< horrēre] sustulit, quō penitus resonuit mōns —.

In Siciliā Aenēās ossa — [= patris] suī —. Tum ex Siciliā atque ā — patris — est [= discessit].

Fōrma litterae C est līnea —. Onus grave magnum — habet. — est parvus flūctus. Chāonia est pars Ēpīrī —. — est bōs iuvenis. Saxa flūctibus pulsāta fragōrem —.

Synōnyma: (summum) mare et —; avis et —; turgidus et —; pavidus et —; (urbem) cōnstituere et —; relinquere et —; arbitrārī et —; tam valdē et —; scīlicet et —; ego (ipse) et —.

Contrāria: occāsus et —; (nāvem) dēdūcere et — ; propinquus et — ; noctū et —.

PENSVM C

Quid Trōiānī profugī sub monte Īdā fēcērunt?
Quōmodo rēx Thrāciae aurō Priamī potītus est?
Quid deus Apollō Trōiānīs pollicitus est?
Cūr Trōiānī in Crētā manēre nōn potuērunt?
Cūr Palinūrus rēctum cursum tenēre nōn potuit?
Quae īnsulae in marī Īoniō sitae sunt?
Quid fēcit Aenēās in īnsulā Leucadiā?
Ubi Aenēās Andromachēn invēnit?
Quid Andromachē Aenēae nārrāvit?
Cūr Aenēās per fretum Siciliae nāvigāre nōluit?
Quid Andromachē Ascaniō dōnāvit?
Cūr Trōiānī Italiam relīquērunt?
Quid accidit in ōrā Cyclōpum?
Num Polyphēmus Trōiānōs fugientēs vīdit?
Ubi pater Anchīsēs sepultus est?

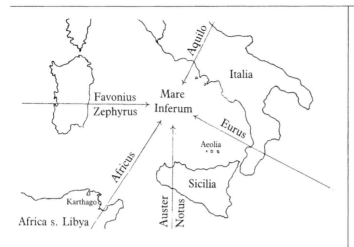

Ventī

KARTHAGO

[Ex Vergiliī Aenēidis librō I, solūtīs versibus]

Iūnō

Urbs antīqua fuit, Karthāgō, in ōrā Āfricae contrā Italiam sita, dīves atque bellicōsa. Hanc urbem Iūnō magis
aliīs omnibus dīlēxisse dīcitur, hoc rēgnum omnium
5 gentium esse volēbat. Sed audīverat genus ā Trōiānō
sanguine ortum ōlim arcem Karthāginis expugnātūrum
esse. Id metuēns et memor veteris bellī quod ad Trōiam
prō cārīs Argīs gesserat (nōndum oblīta erat causam īrae
ac dolōris: iūdicium Paridis, quī Venerem deam pul-
10 cherrimam esse iūdicāverat), Trōiānōs per mare tōtum
iactātōs longē ā Latiō arcēbat. Itaque fātīs āctī multōs
iam annōs circum omnia maria errābant.

33 *Tantae mōlis erat Rōmānam condere gentem!*

Vix ē cōnspectū Siciliae in altum vēla dabant laetī,
15 cum Iūnō, aeternum vulnus sub pectore servāns, haec

Karthāgō -inis *f*

bellicōsus -a -um = bellī
  studiōsus
dīligere -lēxisse -lēctum

genus = gēns

ōlim = aliquandō post

memor -oris = quī me-
  minit, reminīscēns
  (↔ oblītus)
iūdicium -ī *n* = sententia
pulcherrimam: ex tribus
  deābus Iūnōne, Venere,
  Minervā
iūdicāre = cēnsēre
arcēre = prohibēre
fāta *pl* = fātum

mōlēs = labor molestus
  ac difficilis
ventīs vēla dabant

vulnus : dolor

55

haec sēcum *dīxit*
mē-ne nōn posse? = nōn-
ne ego possum?
dis-icere -iēcisse -iectum
= in variās partēs iacere
scelus: v. xxxvii.128

rēgīna -ae *f* = rēgis coniūnx, fēmina rēgnāns
Iovis soror: Sāturnus est
pater utrīusque

scēptrum -ī *n* = baculum
quō rēgis imperium sig-
nificātur

Nympha -ae *f*: Nymphae
sunt deae minōrēs quae
silvās, montēs, flūmina
incolunt

im-pellere -pulisse
-pulsum = pulsāre
Eurus -ī *m* = ventus quī
ab oriente flat
Āfricus -ī *m* = ventus quī
ab Āfricā flat
volvere = circum (in or-
bem) agere/vertere
crēber -bra -brum
= frequēns

rigēre = flectī nōn posse

oc-cidere = cadere,
interficī, morī
Īliacus -a -um (< Īlium)
= Trōiānus
procella -ae *f* = ventus
rapidus

sēcum: "Mēne rēgem Teucrōrum ab Italiā āvertere nōn posse? Nōnne Minerva classem Graecōrum ventīs disicere atque submergere potuit ob ūnīus Āiācis scelus? At ego, deōrum rēgīna Iovisque et soror et coniūnx, ūnā cum gente tot annōs bellum gerō!" Tālia animō incēnsō sēcum cōgitāns dea in Aeoliam, nimbōrum patriam, vēnit. Hīc rēx Aeolus in vāstō antrō ventōs tempestātēsque in vinculīs tenet; ipse rēx in celsā arce sedet scēptrum tenēns. Quem tum Iūnō supplex ōrāvit ut classem Aenēae submergeret aut disiceret — et simul eī Nympham suam fōrmā pulcherrimam uxōrem prōmīsit!

Tempestās

Aeolus, ubi haec audīvit, cavum montem hastā impellit, ac ventī velut agmine factō ex antrō ruunt: Eurus Notusque et Āfricus terrās mariaque turbant et vāstōs flūctūs ad lītora volvunt. Subitō nūbēs ātrae caelum occultant atque crēbra fulgura cum tonitrū in tenebrīs micant. Omnia mortem praesentem nautīs ostendunt.

Statim Aenēās manūs frīgore rigentēs ad caelum tendēns exclāmat: "Ō virī beātī, quibus in patriā sub altīs Trōiae moenibus licuit occidere! Utinam ego quoque in campīs Īliacīs animam prō patriā effūdissem!" Dum tālia verba iactat, rapida procella vēla scindit flūctūsque ad caelum tollit. Franguntur rēmī, tum prōra āversā latus flūctibus pulsātur. Nāvēs aliae summō flūctū tolluntur, aliae inter flūctūs fundum attingunt! Trēs in

saxa latentia abripiuntur, trēs ab altō in vada˘ feruntur,
ūnam ante ipsīus Aenēae oculōs ingēns flūctus in pup-
pim ferit atque ter circumagit, tum rapidus vertex eam
45 vorat.

'8 *Appārent rārī nantēs in gurgite vāstō...*

Intereā Neptūnus, cum pontum tantā tempestāte
miscērī sentīret, graviter commōtus caput ex summā
undā extulit et prōspiciēns classem Aenēae per tōtum
50 aequor disiectam vīdit. Tum Eurum Zephyrumque ad
sē vocāvit et sīc fātus est: "Iamne audētis, ventī, sine
meō nūmine caelum terramque miscēre et tantās tempestātēs excitāre? Ego vōs...! Sed praestat mōtōs flūctūs
sēdāre. Properāte domum rēgīque vestrō haec dīcite:
55 nōn illī datum esse imperium pontī saevumque triden-
tem, sed mihi!" Sīc ait, et dictō citius aequor tumidum
sēdāvit, nūbēs collēctās dispulit sōlemque redūxit.

Fessī Aenēadae proxima lītora petentēs ad ōrās Āfricae cursum vertunt. Est in sinū longō locus ubi īnsula
60 portum tūtum efficit inter duōs scopulōs quibus frangitur omnis flūctus. Hūc Aenēās nāvēs septem quae ex
omnī numerō supersunt colligit, ac Trōiānī ē nāvibus
ēgressī magnō cum gaudiō fessa corpora in lītore ster-
nunt. Ac prīmum Achātēs ignem facit et sociī cibō
65 egentēs frūmentum ūmidum flammīs torrent.

Aenēās intereā scopulum cōnscendit et lātē in mare
prōspexit: nāvis in cōnspectū nūlla erat, sed trēs cervōs
in lītore errantēs vīdit, quōs grex longō agmine sequē-

ab-ripere < -rapere
vadum -ī n = aqua humilis
(↔ altum)
ferīre = pulsāre
circum-agere
vertex -icis m = aqua quae
vertitur, gurges

nāre = natāre

pontus -ī m = mare

ex-tulit = sustulit

tridēns -entis m:
Neptūnī scēptrum

ego vōs *docēbō...*

sēdāre = tranquillum
facere (↔ turbāre)

dictō citius = citius quam
dictum est
col-ligere -lēgisse -lēctum
↔ spargere
dis-pellere -pulisse
-pulsum = in variās
partēs pellere
Aenēadae -um m = Ae-
nēae sociī, Trōiānī

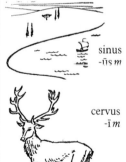

sinus
-ūs m

cervus
-ī m

bātur. Celeriter arcum sagittāsque manū corripuit, quae tēla gerēbat fīdus Achātēs, et prīmum ipsōs ducēs gregis strāvit, tum omnem gregem in silvam ēgit, nec prius dēstitit quam septem ingentia corpora humī iacēbant. Hinc portum repetīvit et praedam omnibus sociīs partītus est. Vīnum deinde, quod iīs ā lītore Siciliae abeuntibus dederat bonus Acestēs, dīvīsit, et hīs dictīs maestōs cōnsōlātus est:

"Ō sociī — neque enim ignārī sumus ante malōrum — 1

ō passī graviōra, dabit deus hīs quoque fīnem.

Vōs et Scyllaeam rabiem penitusque sonantēs 2

accēstis scopulōs, vōs et Cyclōpia saxa 8

expertī. Revocāte animōs maestumque timōrem

mittite! Forsan et haec ōlim meminisse iuvābit!

Per variōs cāsūs, per tot discrīmina rērum

tendimus in Latium, sēdēs ubi fāta quiētās 20

ostendunt: illīc fās rēgna resurgere Trōiae. 8

Dūrāte, et vōsmet rēbus servāte secundīs!"

Ita loquitur, et māximīs cūrīs aeger vultū spem simulat. Illī autem, postquam cibō et vīnō vīrēs restituērunt, multum dē sociīs āmissīs loquuntur inter spem metumque dubiī, utrum eōs vīvere crēdant an iam periisse. 9

Venus genetrīx

Posterō diē, ut prīmum lūx orta est, pius Aenēās exīre cōnstituit et nova loca explōrāre atque quaerere quī hominēs incolerent. Classem sub rūpe in umbrā

95 arborum occultat; ipse ūnō Achātē comitātus graditur
duo tēla manū gerēns. Cui māter Venus in mediā silvā
obviam iit vestem et arma virginis vēnantis gerēns, ac
prior "Heus" inquit "iuvenēs! Vīdistisne forte sorōrem
meam hīc errantem aut vestīgia aprī fugientis sequen-
00 tem?" Ad haec Veneris fīlius "Sorōrem tuam" inquit
"neque audīvī neque vīdī, ō ... — quam tē appellem? —
ō, dea certē, nam vultus tibi haud mortālis est nec vōx
hūmāna sonat. Forsitan ipsa Diāna sīs, an ūna ē genere
Nymphārum? Quaecumque es, sīs nōbīs fēlīx et doceās
05 nōs quō sub caelō et quibus in ōrīs versēmur; namque
ignārī et hominum et locōrum errāmus, postquam ventō et flūctibus hūc āctī sumus. Multās hostiās ante ārās
tibi immolābimus!"

Tum Venus "Equidem" inquit "tālī honōre mē haud
10 dignam putō. Virgō Karthāginiēnsis sum; nōbīs mōs est
arcum sagittāsque gestāre et in silvīs vēnārī. In ōram
Libyae vēnistī, in rēgnum Dīdōnis rēgīnae, quae Tyrō,
ex urbe Phoenīcēs, hūc profecta est frātrem improbum
fugiēns. Huic coniūnx erat Sychaeus, dīvitissimus
115 Phoenīcum. Rēgnum autem Tyrī habēbat frāter Dīdōnis Pygmaliōn, rex impius atque scelestus. Ille aurī cupidus Sychaeum ante āram clam necāvit factumque diū
cēlāvit et multa simulāns viduam maestam falsā spē
ēlūsit. Sed in somnīs Dīdōnī appāruit imāgō coniugis
120 mortuī, quī mīrum in modum ōs pallidum tollēns āram
cruentam et pectus suum vulnerātum nūdāvit et scelus

ūnō comitātus = ūnum comitem habēns
gradī (< gradus) = ambulāre, prōgredī

ob-viam īre = occurrere
vēnārī = ferās persequī et occīdere

aper
aprī *m*

Diāna -ae *f* = Iovis fīlia, dea vēnantium
forsitan (sīs) = fortasse (es)
fēlīx = favēns

ōra = regiō

hostia -ae *f* = bēstia quae immolātur

honōs -ōris *m* = signum laudis, glōria
Karthāginiēnsis -e < Karthāgō
gestāre = gerere
Libya -ae *f* = Āfrica
Tyrus -ī *f*
Phoenīcē -ēs *f*: regiō Syriae maritima; incolae: Phoenīcēs -um *m*
fugere aliquem = fugere ab aliquō
Pygmaliōn -ōnis *m*
im-pius -a -um ↔ pius
clam = occultē
cēlāre = occultāre (↔ patefacere)
ē-lūdere -sisse -sum = fallere ac dērīdēre
ōs : vultus

nūdāre = nūdum facere

59

thēsaurus -ī m = aurī et
argentī cōpia occulta

(fugam) parāre = facere
quod opus est (ad
fugam)

onerāre = onere implēre

Tyriī -ōrum m < Tyrus
dē-venīre = pervenīre

tandem : dīcite mihi, rogō

ap-pellere -pulisse
-pulsum < ad-pellere

egēns -entis = quī rēbus
necessāriīs caret,
pauper

quī-cumque = quisquis

quī advēneris (coni) =
quoniam advēnistī
pergere = īre pergere

līmen : domus

Aquilō -ōnis m = ventus
quī ā septentriōnibus
flat

rēgis omne patefēcit; tum uxōrī suāsit ut celeriter ex patriā excēderet, et simul veterēs thēsaurōs occultōs, ignōtum pondus aurī et argentī, mōnstrāvit. Hōc somniō commōta Dīdō fugam clam parāre coepit ūnā 1. cum iīs quī tyrannum crūdēlem ōderant aut metuēbant. Nāvēs quae forte parātae erant corripiunt onerantque aurō, et avārī Pygmaliōnis opēs per mare āvehuntur, fēminā duce. In haec loca Tyriī dēvēnērunt, ubi nunc ingentia moenia arcemque novae Karthāginis surgen- 13 tem cernēs. – Sed vōs quī tandem estis? aut quibus ab ōrīs vēnistis? quōve iter facitis?"

Ad haec Aenēās respondit: "Ō dea, sī ā prīmā orīgine repetēns labōrēs nostrōs nārrem, ante vesperum fīnem nōn faciam! Nōs Trōiā antīquā — sī forte ad aurēs 13 vestrās Trōiae nōmen pervēnit — per multa maria vec- tōs tandem in ōram Libyae tempestās appulit. Sum pius Aenēās, quī Penātēs ex hoste raptōs mēcum classe vehō Italiam novam patriam quaerēns. Vīgintī nāvibus pro- fectus sum, quārum vix septem ē tempestāte supersunt. 14 Ipse ignōtus, egēns per Libyam errō ex Eurōpā atque Asiā pulsus..."

Hīc eum querentem Venus interpellāvit: "Quīcum- que es, dīs caelestibus cārus esse vidēris, quī ad urbem Karthāginem advēneris. Perge modo atque hinc tē cōn- 14 fer ad līmen rēgīnae! Namque tibi nūntiō sociōs tuōs salvōs esse classemque relātam et in tūtum locum āctam versīs Aquilōnibus. Perge modo quō tē dūcit via!"

Cum hīs verbīs sē āvertēns dīvīnō decōre fulsit. Ille ubi mātrem agnōvit, fugientem tālibus verbīs incūsat: "Ō māter crūdēlis! Quid totiēs fīlium falsīs ēlūdis imāginibus? Cūr dextrās iungere nōn licet ac vērē colloquī?"

At Venus Aenēam et Achātēn gradientēs nebulā circumfūdit, nē quis eōs cernere neu contingere posset.

5 Ipsa Paphum in īnsulam Cyprum abiit, ubi templum illī est, sēdemque suam laeta revīsit.

decor -ōris *m* (< decēre)
= pulchritūdō
fulgēre -sisse
in-cūsāre = accūsāre

nebula -ae *f* = nūbēs
quae terram operit
circum-fundere

Paphus -ī *f*: oppidum Cyprī cum templō Veneris
Cyprus -ī *f*

Dīdō rēgīna

Intereā Aenēās et Achātēs celeriter prōgressī quō via dūcit iam magnum collem scandunt quī urbī Karthāginī

50 imminet. Inde dēspiciēns Aenēās magnitūdinem urbis novae mīrātur atque cīvium industriam: quōrum pars mūrōs dūcit, pars arcem exstruit et manibus saxa volvit; hīc portum aliī faciunt, hīc magnī theātrī fundāmenta locant aliī ingentēsque columnās ē rūpibus efficiunt.

scandere = ascendere

(urbī) im-minēre = ēminēre suprā (urbem)
industria -ae *f*
< industrius
mūrōs dūcere = mūrōs aedificāre
fundāmentum -ī *n* = īnfima pars aedificiī
(↔ culmen)

57 *"Ō fortūnātī, quōrum iam moenia surgunt!"*
ait Aenēās alta urbis tēcta suspiciēns, ac nebulā cīnctus (mīrābile dictū!) in urbem penetrat per mediōs hominēs ambulāns neque ab ūllō cernitur.

fortūnātus -a -um = quī bonā fortūnā ūtitur, fēlīx

In mediā urbe Dīdō rēgīna magnificum templum

70 Iūnōnī aedificābat. Hīc prīmum, novā rē oblātā, Aenēās salūtem spērāre ausus est et rēbus suīs melius cōnfīdere: nam rēgīnam opperiēns, dum in ingentī templō singula opera lūstrat, vīdit imāginēs bellī Trōiānī ōrdine pictās.

nova rēs : rēs mīra
oblātā : vīsā

lūstrāre (oculīs)
= īnspicere
pingere pīnxisse pictum
= colōre operīre, imāginibus ōrnāre

61

quis locus = quī locus
Achātēs, voc -ē

laudī : factīs laudandīs,
   glōriae
rērum: ob rēs (malās)
mortālia : fāta mortālium
   (hominum)
tangunt : afficiunt
haec fāma aliquam salū-
   tem tibi feret

bellāre = bellum gerere,
   pugnāre
premere = armīs petere

īn-stāre = ācriter pre-
   mere, oppugnāre

Priamus corpus Hectoris
fīliī suī ab Achille
redēmit

Amāzonēs -um f = virgi-
nēs quae tamquam virī
mīlitant

in-cēdere -cessisse = prōcēdere, gradī
caterva -ae f = multitūdō
hominum

solium -ī n = sēdēs rēgia
magnifica
Poenī -ōrum m = Karthā-
giniēnsēs

Cōnstitit et lacrimāns "Quis iam locus" inquit, "Achātē,
quae regiō in terrīs nostrī nōn plēna labōris?
Ēn Priamus. Sunt hīc etiam sua praemia laudī,
sunt lacrimae rērum et mentem mortālia tangunt.
Solve metūs: feret haec aliquam tibi fāma salūtem!"

Sīc ait atque oculōs imāginibus pictīs pāscēbat gemēns lacrimīsque vultum perfūdit. Namque vidēbat
Graecōs et Trōiānōs bellantēs, hīc Graecōs fugientēs,
cum ā Trōiānīs premerentur, hīc Trōiānōs, cum saevus
Achillēs īnstāret currū; in aliā parte vidēbātur Trōilus,
Priamī fīlius īnfēlīx, armīs āmissīs ab Achille fugiēns, in
aliā parte Achillēs quī corpus Hectoris mortuum aurō
vēndēbat; tum vērō magnum gemitum dat ut cōnspexit
arma, currum atque ipsum corpus amīcī Priamumque
manūs inermēs tendentem. Sē quoque cum prīncipibus
Graecīs pugnantem agnōvit, atque Penthesilēam, virginem bellantem, quae agmen Amāzonum dūcēbat.

Haec mīranda dum Aenēās intuētur, dum stupet et
fīxus in locō haeret, Dīdō rēgīna, fōrmā pulcherrima,
ad templum incessit magnā iuvenum catervā comitāta.
Quālis Diāna, cum in rīpīs aut per montēs mīlle Nym-
phās dūcit ipsa super omnēs ēminēns, tālis erat Dīdō,
tālis laeta inter cīvēs gradiēbātur. Tum ante forēs templī
in soliō altō cōnsēdit. Lēgēs Poenīs dabat atque opera
facienda aequē partiēbātur — cum subitō Aenēās quōs-
dam sociōs suōs accēdere vīdit, quōs tempestās dispule-
rat et in aliās ōrās āvēxerat!

Quī postquam ad rēgīnam adductī sunt, Īlioneus, māximus eōrum, sīc ōrsus est: "Ō rēgīna! Miserī Trō-iānī, ventīs per omnia maria vectī, tē ōrāmus nē nōs ab ōrīs Āfricae arceās. Nōn vēnimus ut praedam faciāmus — nōn tanta vīs nec tanta superbia victīs est. Trōiā profugī Hesperiam sīve Italiam, terram antīquam, petē-bāmus, cum turbidus Auster nōs disiēcit atque paucōs nostrum hūc ad vestrās ōrās compulit. Rēx nōbīs erat Aenēās, quō nēmō iūstior fuit nec magis pius nec bellō fortior; quem sī dī vīvum servant, certē prō beneficiīs grātiam tibi referet, nec tē paenitēbit nōbīs auxilium tulisse. Hoc tantum ōrāmus ut nōbīs liceat classem sub-dūcere et nāvēs frāctās reficere. Sī rēgem et sociōs sal-vōs invēnerimus, laetī Italiam petēmus; sīn ille flūctibus periit, at in Siciliam saltem, unde hūc advectī sumus, ad rēgem Acestēn nōs dīmitte!"

Tum breviter Dīdō vultū dēmissō fātur:

"Quis genus Aenĕadum, quis Trōiae nesciat urbem

virtūtēsque virōsque aut tantī incendia bellī?

Nōn obtūnsa adeō gestāmus pectora Poenī.

Seu vōs Hesperiam magnam Sāturniaque arva

sīve Erycis fīnēs rēgemque optātis Acestēn,

auxiliō tūtōs dīmittam opibusque iuvābō.

Vultis et hīs mēcum pariter cōnsīdere rēgnīs?

Urbem quam statuō, vestra est. Subdūcite nāvēs!

Atque utinam rēx ipse Notō compulsus eōdem

afforet Aenēās! Equidem per lītora certōs

Margin notes:

ad-dūcere ↔ ab-dūcere

ōrdīrī ōrsum = (loquī) incipere

praedam facere = praedam rapere
superbia -ae *f* < superbus

Auster -trī *m* = Notus
com-pellere -pulisse -pulsum = in eundem locum pellere (↔ dis-pellere)
quō nēmō iūstior est = quī omnium iūstissimus est pius, *comp* magis p.

paenitēre: mē (*acc*) paenitet ita fēcisse = doleō quod ita fēcī

saltem = tantum (sī alterum nōn datur)

nesciat : nescīre potest

obtūnsus -a -um ↔ acūtus; (animus) o. = quī nihil sentit
Sāturnius -a -um < Sāturnus
fīnēs = terra, regiō

vōs dīmittam

hīs rēgnīs : in hōc rēgnō

: urbs quam statuō (= cōnstituō)

af-*foret* = ad-*esset*
certōs : fīdōs

63

extrēma *loca*

sī in (ali)quibus silvīs aut urbibus
ē-rigere (animum) = novā spē afficere
appellāre = alloquī

Aenēās, *voc* -ā

re-stāre -stitisse
similis -e = quī īdem esse vidētur; deō (*dat*) s. = deī fōrmam gerēns
cōram *adv* = ante oculōs, praesēns
Libycus -a -um < Libya

miserārī = miser esse ob (alicuius malam fortū-nam)

sīdus -eris *n* = stēlla

ob-stupēscere -puisse = stupēre incipere, stupēns fierī
gignere genuisse geni-tum: māter līberōs parit, pater *gignit*
/parentēs *gignunt*
(tēctō) suc-cēdere = (tēctum) sub-īre
per multōs labōrēs
mē… *in* hāc terrā cōn-sistere voluit

suc-currere = auxilium ferre

---

dīmittam et Libyae lūstrāre extrēma iubēbō,
sī quibus ēiectus silvīs aut urbibus errat."

Hīs dictīs ērēctī Aenēās et Achātēs ē nūbe circumfūsā ērumpere cupiēbant. Prior Aenēam appellat Achātēs: "Quid nunc sentīs, Aenēā? Vidēsne omnia tūta esse et classem sociōsque servātōs, ut dīxit māter tua?"

Vix ea locūtus erat, cum repente scinditur nūbēs et in āera effunditur. Restitit Aenēās in clārā lūce fulgēns, deō similis: namque ipsa Venus fīliō suō decōrem mīrā-bilem dōnāverat. Tum sīc rēgīnam alloquitur: "Cōram adsum quem quaeritis, Aenēās Trōiānus, ab undīs Li-bycīs ēreptus. Ō rēgīna, quae sōla īnfandōs Trōiae labō-rēs miserāta es, quae nōs domō profugōs atque omnium rērum egentēs in urbem tuam sociōs recipis, grātiās dig-nās tibi agere nōn possumus — dī tibi praemia digna ferant! Dum fluviī in maria current, dum sīdera in cae-lum surgent, semper honōs tuus laudēsque manēbunt, quaecumque terrae mē vocant." Sīc fātus Īlioneō aliīs-que amīcīs dextram dedit.

Dīdō cum Aenēam ipsum cōram aspiceret, prīmum obstupuit, deinde sīc locūta est: "Tūne ille Aenēās quem Anchīsēs et Venus genuērunt? Iam prīdem mihi nōtus est cāsus urbis Trōiae nōmenque tuum.
Quārē agite, ō tēctīs, iuvenēs, succēdite nostrīs!
Mē quoque per multōs similis fortūna labōrēs
iactātam hāc dēmum voluit cōnsistere terrā.
Nōn ignāra malī miserīs succurrere discō."

Haec memorāns Aenēam in rēgiam dūcit. Intereā ad
sociōs in lītore relictōs mūnera ampla mittit: vīgintī
taurōs, centum suēs totidemque agnōs cum mātribus.
At in rēgiā magnificum convīvium apparātur: triclī-
nium splendidē ōrnātur, veste pictā purpurāque Tyriā
sternuntur lectī, mēnsae vāsīs argenteīs atque aureīs te-
guntur.

Aenēās autem ad nāvēs praemittit Achātēn, quī Ascaniō haec nūntiet eumque in urbem dūcat. Praetereā
mūnera pretiōsissima afferrī iubet: vestem signīs aurō-
que rigentem, quam Helena sēcum tulerat, atque ōrnāmenta pulcherrima, quae ōlim gesserat fīlia Priamī
māxima.

Cupīdō

At Venus nova cōnsilia in animō versat: ut Cupīdō,
faciē mūtātā, prō Ascaniō veniat atque rēgīnam amōre
incendat! Ille dictō cārae genetrīcis pāret et in faciem
Ascaniī mūtātus laetus incēdit rēgia dōna portāns. Cum
in aedēs venit, rēgīna iam in lectō mediō accubuit, iam
pater Aenēās et iuvenēs Trōiānī super torōs purpurā
strātōs discumbunt. Centum ministrī totidemque
ministrae mēnsās onerant dapibus et pōcula pōnunt.
Etiam Tyriī frequentēs conveniunt et in torīs pictīs
iubentur discumbere; mīrantur dōna Aenēae et falsī Iūlī
decōrem dīvīnum. Praecipuē īnfēlīx Phoenīssa puerō
tuendō incenditur. Ille ubi Aenēam complexus est, rēgī-

sūs suis m/f = porcus

ap-parāre = parāre

purpura -ae f = color ru-
ber pretiōsus

prae-mittere
quī nūntiet/dūcat = ut
nūntiet/dūcat

vestis
picta

versāre = hūc illūc ver-
tere; in animō v. = ex-
cōgitāre
faciēs = fōrma
dictum : imperium

ac-cumbere -cubuisse

torus -ī m = lectus

minister -trī m = servus;
ministra -ae f = ancilla
dapēs -um f = cibus
optimus, cēna

Phoenīssa -ae f: ex Phoe-
nīcē fēmina (: Dīdō)

65

in-scius -a -um = ne-
sciēns, ignārus
paulātim = paulum ac
paulum (↔ subitō)
ab-olēre = dēlēre
temptāre = cōnārī

fax
facis f

lībāre = sacrificiī causā
effundere

Iōpās -ae m

(tempus) trahere = prō-
dūcere

ā prīmā orīgine
īnsidiae -ārum f = dolus
occultus
error -ōris m < errāre
iam septima aestās tē portat errantem : iam septi-
mum annum errās
in omnibus terrīs

con-ticēscere -cuisse
= tacitus fierī
-ēre = -ērunt
intentus = attentus
sīc ōrsus est ab altō torō

sī tantus amor tibi est
cognōscere : sī tam
cupis cognōscere

nam petit; quae puerum ōsculātur et in gremium suum accipit, īnscia quantus deus in gremiō sedeat! At Cupīdō paulātim Sychaeum ē memoriā Dīdōnis abolēre incipit et animum eius vīvō amōre accendere temptat. 2

Postquam mēnsae remōtae sunt, optima vīna appōnuntur. Fit strepitus et vōcēs per ampla ātria resonant. Lucernae accēnsae dē tēctō aurātō pendent et facēs ārdentēs noctem flammīs vincunt. Hīc rēgīna pateram auream gemmātam poposcit implēvitque merō, tum si- 2 lentiō in rēgiā factō Iovem precāta est ut ille diēs Tyriīs Trōiānīsque fēlīx esset, itemque Bacchum et Iūnōnem invocāvit. Quō factō vīnum in mēnsam lībāvit et prīma ex paterā bibit, deinde ex ōrdine aliīs dedit. Intereā Iōpās, fidicen nōbilissimus, cantū suō mīrābilī Tyriōs 2 Trōiānōsque pariter dēlectābat.

Sed īnfēlīx Dīdō noctem variō sermōne trahēbat, *multa super Priamō rogitāns, super Hectore multa:* 7
"Immō, age, et ā prīmā dīc, hospes, orīgine nōbīs 7
īnsidiās" inquit *"Danaum cāsūsque tuōrum* 3
errōrēsque tuōs. Nam tē iam septima portat
omnibus errantem terrīs et flūctibus aestās."

[*Hinc incipit Aenēidis liber II*:]
   Conticuēre omnēs intentīque ōra tenēbant.
Inde torō pater Aenēās sīc ōrsus ab altō: 3
"Īnfandum, rēgīna, iubēs renovāre dolōrem...
Sed sī tantus amor cāsūs cognōscere nostrōs 1

et breviter Trōiae suprēmum audīre labōrem,

quamquam animus meminisse horret lūctūque refūgit,

) *incipiam."*

Tum intentīs omnibus nārrāvit quae ipse vīderat: ut Graecī Trōiam īnsidiīs cēpissent atque incendissent, ut ipse cum patre et fīliō ex urbe flagrantī fūgisset et fātō pulsus per maria errāvisset. Postquam fūnus patrī in

5 Siciliā factum memorāvit, conticuit tandem atque hīc fīne factō quiētī sē dedit.

re-fugere
ā lūctū refūgit

ut = quōmodo

fūnus -eris *n*: f. facere
  (patrī) = ossa (patris)
  sepelīre

quiēs -ētis *f* = tempus
  quiētum, somnus

PENSVM A

Dē cāsū accūsātīvō

Trōiānī mult– iam ann– per omn– mar– errābant. Neptūnus, ut class– disiect– vīdit, flūct– sēdāvit, nūb– collēct– dispulit sōl–que redūxit. Aenēās Italī– nov– patri– quaerēns in Āfric– dēlātus est. Venus fīli– su– certiōr– fēcit 'soci– salv– esse class–que in tūt– loc– āct–.' Aenē– paenitēbat Creūs– uxōr– Trōiae relīquisse. Aenēās: "Heu m– miser–! Numquam dom– redībō!" Venus Cupīdin– prō Ascaniō ad Dīdōn– īre iussit. Ille, ubi Aenē– complexus est, rēgīn– petīvit; quae puer– ōsculāta est et in gremi– accēpit.

Multae viae Rōm– ferunt. Circus Māximus trecent– pass– longus est. Pompēius Iūli–, fīli– Iūliī Caesaris, uxōr– dūxit. Senātus C. Octāviān– 'August–' nōmināvit. Augustus urb– Rōm– in XIV regiōn– dīvīsit. Nerva ann– tantum et IV mēns– imperāvit. Nerō, qu– populus tyrann– appellābat, dom– aure– aedificāvit. Rōmul– rēg– nōn pudēbat in casā habitāre. Rōmānī Brūt– cōnsul– fēcērunt.

Graecī Rōmān– litter– et art– poētic– docuērunt.

Vocābula nova:
iūdicium
rēgīna
scēptrum
Eurus
Āfricus
procella
vadum
vertex

67

pontus
tridēns
cervus
praeda
rabiēs
discrīmen
rūpēs
aper
hostia
honōs
thēsaurus
Aquilō
decor
nebula
industria
fundāmentum
caterva
solium
superbia
Auster
sīdus
sūs
purpura
torus
ministra
dapēs
fax
īnsidiae
error
fūnus
quiēs
bellicōsus
memor
crēber
impius
egēns
fortūnātus
obtūnsus
īnscius
intentus
iūdicāre
arcēre
disicere
impellere
volvere
rigēre
abripere
ferīre
circumagere
nāre
sēdāre
colligere
dispellere

PENSVM B

Iūnō īrāta erat ob — Paridis, quī Venerem deam pulcherrimam esse — [= cēnsuerat]; eius reī — [= reminīscēns] Trōiānōs ab Italiā — [= prohibēbat]. Tempestās classem Aenēae —, sed Neptūnus, cum vidēret — [= mare] — [= ventīs rapidīs] turbārī, mōtōs flūctūs — et nūbēs —. In lītore Aenēās septem — occīdit; hanc — sociīs dēspērantibus dīvīsit, dum ipse laetō vultū spem —. Posterō diē, dum nova loca —, Venus eī — iit arcum sagittāsque — [= gerēns] Diānae deae —, quae in silvīs — solet.

Pygmaliōn, rēx — [↔ pius] et avārus, cum Sychaeum — [= occultē] necāvisset, scelus diū — et Dīdōnem viduam falsā spē —. Sed eī in somnīs appāruit vir mortuus, quī pectus vulnerātum — et rēgis — occultōs mōnstrāvit. Dīdō nāvēs aurō — [< onus] et in Āfricam fūgit, nec posteā eam — ex patriā fūgisse.

Dēspiciēns ex colle quī Karthāginī — Aenēās vīdit cīvēs quī magnā — [< industrius] novārum aedium — locābant. Dīdō rēgīna magnā — comitāta — [= prōcessit] et in altō — cōnsēdit. Quae cum Aenēam cōram aspiceret, prīmum —, tum sīc — est [= loquī coepit]: "Tūne ille Aenēās quem Anchīsēs et Venus —?"

In rēgiā convīvium — [= parātur]: — [= lectī] Tyriā — sternuntur, ministrī mēnsās — [= cibō] onerant. Lucernae dē tēctō — et multae — ārdent. Omnibus — [= attentīs] Aenēās nārrābat dē — [= dolō] Graecōrum et dē — [< errāre] suīs. Postquam — patrī factum memorāvit, — tandem atque — sē dedit.

Karthāginiēnsēs, hominēs — [= bellī studiōsī], saepe cum Rōmānīs — [= pugnāvērunt]. Tridēns est — Neptūnī. — est bēstia quae immolātur, ut — [= porcus], ovis, taurus. — est sūs ferus. Nūbēs quae terram operit — dīcitur. Trōiānī, sī in Italiam īre nōn possunt, in Siciliam — īre cupiunt.

Synōnyma: gurges et —; saxum et —; pulchritūdō et —; glōria et —; Notus et —; stella et —; frequēns et —; nesciēns et —; fēlīx et —; pulsāre et — et —; circumagere et —; natāre et —; ambulāre et —; accūsāre et —; subīre et —; ascendere et —; auxilium ferre et —; dēlēre et —; cōnārī et —.

Contrāria: altum et —; Auster et —; acūtus et —; spargere et —; abdūcere et —; dispellere et —; subitō et—.

PENSVM C

Ubi sita est Karthāgō?

Quae est Iūnō?

Cūr Iūnō Trōiānōs ōderat?

Quid est Aeolī officium?

Quid fēcit Neptūnus cum mare turbārī sentīret?

Quō Trōiānī tempestāte dēlātī sunt?

Quid Aenēās sociīs suīs partītus est?

Quōmodo sociī vīrēs restituērunt?

Quae dea in silvā Aenēae obviam iit?

Cūr Aenēās mātrem suam prīmō nōn agnōvit?

Quid Venus fīliō suō nārrāvit?

Quid vīdit Aenēās ex colle dēspiciēns?

Cūr nēmō Aenēam Karthāginem intrantem vīdit?

Quae imāginēs in novō templō pictae erant?

Quid Īlioneus ā Dīdōne petīvit?

Num urbs Trōia Dīdōnī ignōta erat?

Quōmodo Dīdō Aenēam et sociōs eius recēpit?

Quod cōnsilium Venus excōgitāvit?

Quid Cupīdō effēcit in gremiō Dīdōnis sedēns?

Quid Dīdō Aenēam hortāta est?

resurgere
dūrāre
simulāre
explōrāre
gradī
vēnārī
gestāre
cēlāre
ēlūdere
nūdāre
onerāre
dēvenīre
appellere
incūsāre
circumfundere
scandere
imminēre
lūstrāre
pingere
bellāre
īnstāre
incēdere
addūcere
ōrdīrī
compellere
paenitēre
miserārī
obstupēscere
gignere
succēdere
succurrere
apparāre
praemittere
versāre
abolēre
temptāre
pendēre
lībāre
conticēscere
forsan
vōsmet
obviam
clam
saltem
paulātim

rogus Dīdōnis

INFELIX DIDO

[Ex Vergiliī Aenēidis librō IV, solūtīs versibus]

Flamma amōris

At rēgīna iam caecō amōre flagrat. Magna virī virtūs et
gentis honōs in animō versātur, vultus verbaque hae-
rent fīxa in pectore, neque cūra membrīs placidam qui-
ētem dat.   5

in pectore : in animō
placidus -a -um = qui-
ētus, nōn turbātus
(↔ ācer)

Prīmā lūce Annam sorōrem sīc alloquitur: "Anna soror! Quālis hospes tēctīs nostrīs successit, quam nōbilis,
quam fortis! Equidem nōn dubitō quīn deā nātus sit.

dubitō num ita sit ↔ *nōn
dubitō quīn* ita sit
(= crēdō ita esse)
(labōrēs) exhaurīre
= perferre
coniugium -ī *n* = coniu-
gum vīta commūnis
fallere fefellisse falsum

Heu, quam ille fātīs iactātus est! Quae bella exhausta
nārrābat! Nisi certum mihi esset nūllī virō coniugiō mē   10
iungere, postquam prīmus amor mē morte fefellit,
huius ūnīus amōrī forsitan succumbere potuī! Fateor

suc-cumbere -cubuisse
↔ resistere; reī s. = rē
vincī

enim, Anna: post mortem miserī Sychaeī coniugis hic
sōlus animum meum flexit — agnōscō veteris vestīgia

flectere -xisse -xum

velim (+ *coni*) = utinam

flammae! Sed velim prius terra mē dēvoret vel Iuppiter   15

70

mē fulmine percutiat, quam pudōrem solvō aut fidem fallō!

Ille meōs, prīmus quī mē sibi iūnxit, amōrēs abstulit; ille habeat sēcum servetque sepulcrō!"

Ad haec Anna "Ō soror mea dīlēcta!" inquit, "Sōlane maerēns aetātem agēs? Nec dulcēs līberōs nec Veneris dōna nōveris? Crēdisne cinerem aut Mānēs sepultōs fidem nostram cūrāre? Iūre quidem anteā rēgēs Libyae tē petentēs dīmīsistī — etiamne placitō amōrī repugnābis? Nōnne tibi in mentem venit quī hostēs nōs cingant: Gaetūlī Numidaeque, gentēs invictae, et frāter tuus Pygmaliōn, quī Tyrō bellum minātur? Equidem reor nūmine deōrum nāvēs Trōiānās hūc cursum tenuisse. Quanta erit potentia Poenōrum, quanta glōria tua, soror, sī cum duce Trōiānōrum tē coniūnxeris! Tū modo sacrificiīs ā dīs veniam pete!"

Hīs dictīs animum sorōris amōre īnflammāvit et mentī dubiae spem dedit atque pudōrem solvit. Prīmō templa adeunt, ut ā dīs veniam petant: multās hostiās Cererī, Phoebō Līberōque immolant et ante omnēs Iūnōnī, cui coniugia cūrae sunt. Sed quid sacrificia mulierem furentem iuvant? Vulnus sub pectore vīvit, flammā amōris ūritur īnfēlīx Dīdō. Nunc per mediam urbem Aenēam sēcum dūcit et opēs suās urbemque novam ostentat. Loquī incipit — et in mediō sermōne cōnsistit. Nunc novum convīvium hospitī suō parat, iterumque labōrēs Trōiānōrum audīre poscit. Postquam

---

fulmen -inis *n* = fulgur quod terram percutit
fidēs = prōmissum

illequīprīmus..., meōs amōrēs abstulit
in sepulcrō

dīlēctus -a -um = quī dīligitur, cārus
aetātem/vītam agere = vīvere
cinis -eris *m* = quod igne relinquitur, ossa cremāta
Mānēs : mortuōs
placitus -a -um = quī placet, grātus
Gaetūlī -ōrum, Numidae -ārum *m* : gentēs Āfricae
in-victus -a -um = nōn victus, quī vincī nōn potest

potentia -ae *f* < potēns

venia -ae *f* = grātia quā ignōscitur factō
īn-flammāre = incendere

Līber -erī *m* = Bacchus

rēs mihi cūrae (*dat*) est = rem cūrō
furere = āmēns esse

ostentāre = glōriōsē ostendere

71

mediā nocte dīgressī sunt cēterī, ea sōla in domō vacuā maeret lectōque Aenēae relictō incumbit: illum absentem et audit et videt.

Fāma vēlōx

Aenēās autem ūnā cum Dīdōne vēnātum īre parat. Prīmā lūce rēgīna prōgreditur Poenīs prīncipibus comitāta, ac simul Aenēās cum agmine Trōiānōrum exit. Postquam in altōs montēs ventum est, caprae ferae dē 5 saxīs dēsiliunt et cervī campōs et vallēs cursū petunt. At puer Ascanius ācrī equō vectus iam eōs praeterit aprum aut leōnem quaerēns.

Intereā caelum tonitrū miscērī incipit; īnsequitur imber grandine mixtus, et Tyriī et Trōiānī undique tēcta 5: petunt, dum amnēs dē montibus ruunt. Dīdō et dux Trōiānus in eandem spēluncam dēveniunt, dūcente Iūnōne. Ille diēs malōrum rēgīnae atque mortis prīma causa fuit. Neque enim fāmam respicit Dīdō, neque iam amōrem suum cēlāre cōnātur: 'coniugium' vocat, hōc 6(nōmine sē excūsāt...

Extemplō Fāma per urbēs Libyae it, Fāma quā nōn aliud malum ūllum vēlōcius est — mōnstrum horren-

---

in-cumbere lectō (*dat*)
= in lectō cubantem
sē pōnere

Dīdō et Aenēās
vēnātum eunt

capra
-ae *f*

ventum est (ab iīs)
: vēnērunt

praeter-īre

īn-sequī = sequī

grandō
-inis *f*

spēlunca -ae *f* = antrum

respicere = cūrāre

extemplō = statim
quā nōn malum ūllum
vēlōcius est = quae est
malum vēlōcissimum
omnium

72

dum, ingēns, cui, quot sunt plūmae in corpore, tot vigi-
5 lēs oculī sunt, tot linguae, tot aurēs. Haec tum variō
sermōne aurēs hominum complēbat gaudēns, et pariter
vēra ac falsa nārrābat: 'Aenēam Trōiā vēnisse, cum quō
virō pulchra Dīdō concubuisset; eōs nunc rēgnī oblītōs
in luxū hiemem agere, turpī cupīdine captōs!'

plūma -ae *f* = penna
vigil -is = vigilāns

con-cumbere -cubuisse =
    eīdem lectō incumbere
luxus -ūs *m* = vīta nimis
    magnifica
cupīdō -inis *f* = cupiditās

0 *Nūntius deōrum*

Iuppiter vērō, ubi haec audīvit, Mercurium sīc alloquitur et haec mandat: "Age vāde, fīlī, et dēfer mea
dicta per aurās ad ducem Dardanium, quī nunc Karthāgine morātur neque fātōrum prōmissa respicit. Nōn
75 ideō genetrīx pulcherrima illum ab armīs Grāiōrum bis
servāvit, sed ut Italiam regeret et posterī eius Rōmānī
tōtum orbem sub lēgēs subicerent. Sī ipse tantārum
rērum glōriā nōn accenditur, num Ascaniō fīliō pater
rēgnum invidet? Quid struit? aut quā spē in gente ini-
80 mīcā morātur? Nāviget! Hoc est mandātum nostrum!"

mandāre = trādere (rem
    agendam), imperāre
Dardanius -a -um
    = Trōiānus

sub-icere -iēcisse -iectum
    (< -iacere) = sub impe-
    riō pōnere

invidēre = dare nōlle
struere = parāre, ex-
    cōgitāre
mandātum -ī *n* = impe-
    rium
nostrum : meum

Mercurius statim patris imperiō pāret: ālās pedibus
nectit atque avī similis volat inter terrās caelumque ad
lītus Āfricae. Ut prīmum terram ālātīs pedibus tetigit,
Aenēam novam arcem aedificantem cōnspexit. Erat illī
85 ēnsis gemmīs fulgēns et amictus ex Tyriā purpurā, mūnera Dīdōnis. Continuō Mercurius "Tū nunc" inquit
"uxōrius altae Karthāginis fundāmenta locās pulchram-
que urbem exstruis, oblītus rēgnī rērumque tuārum!
Ipse rēx deōrum dē clārō Olympō mē dēmīsit, ipse haec

nectere -xisse -xum
    = vinculō iungere
ālātus -a -um = quī ālās
    gerit

amictus -ūs *m* = pallium

uxōrius -a -um = quī
    uxōrem habet

73

ē-vānēscere -nuisse
↔ appārēre
ob-mūtēscere -tuisse
= mūtus fierī
attonitus -a -um = stupe-
factus

ad-vocāre

ōrnāre = parātum facere

cōgere = convenīre
iubēre

prae-sentīre

per-fidus -a -um = quī
fidem fallit
ne-fās *indēcl n* ↔ fās
dis-simulāre = simulandō
cēlāre
dē-cēdere = excēdere
dextra : prōmissum
hībernus -a -um: hīber-
num tempus = hiems

cōnūbium -ī *n* = con-
iugium
bene merēre dē aliquō
= bene facere alicui
miserērī (alicuius) =
miserārī (aliquem)
nōm ego tū, *gen* meī tuī
īnfēnsus -a -um = inimī-
cissimus (↔benignus)
moribundus -a -um
= moriēns

mandāta ad tē ferre iussit: Quid struis? aut quā spē in
terrīs Libycīs morāris? Sī tē nōn movet tanta glōria futūra, at respice Ascanium fīlium, cui rēgnum Italiae
dēbētur!" Haec locūtus deus ex oculīs Aenēae in tenuēs
aurās ēvānuit.

Aenēās vērō obmūtuit āmēns, tantō imperiō deōrum
attonitus. Heu, quid agat? quibus nunc verbīs audeat
rēgīnam adīre furentem? unde ōrdiātur? Ita animum
dubium nunc hūc nunc illūc in variās partēs versat.
Postrēmō Trōiānōs prīncipēs advocat iīsque mandat ut
classem clam ōrnent, arma parent sociōsque ad lītora
cōgant. Quī omnēs laetī imperiō pārent.

At rēgīna — quis amantem fallere potest? — dolum
praesēnsit; namque Fāma eī dētulit 'armārī classem cur-
sumque parārī.' Saeva atque āmēns Aenēam hīs verbīs
appellat: "Quid? Spērāsne, perfide hospes, tē tantum
nefās dissimulāre posse et meā terrā clam dēcēdere?
Ergō nec noster amor nec dextra data tē tenet nec Dīdō
crūdēliter moritūra? Quīn etiam hībernō tempore classem ōrnās et per mediōs Aquilōnēs nāvigāre properās!
Mēne fugis? Ego per hās lacrimās, per dextram tuam,
per cōnūbium nostrum tē ōrō: sī quid bene dē tē meruī,
aut sī tibi dulce fuit quidquam meum, miserēre meī et
mūtā istam mentem! Propter tē gentēs Libyae mē ōdērunt atque Tyriī mihi īnfēnsī sunt, propter tē pudōrem
et fāmam exstīnxī. Cui mē moribundam dēseris? Quid
moror? an dum frāter Pygmaliōn mea moenia dēstruat

aut Iarbās, rēx Gaetūlōrum, captam mē abdūcat? Sī
saltem īnfantem dē tē habērem, sī quī parvulus Aenēās
in aulā meā lūderet quī memoriam tuī referret, nōn
20 omnīnō dēserta vidērer..."

Dum illa loquitur, Aenēās cūram suam dīligenter dis-
simulābat nec oculōs dēmīsit. Tandem paucīs respondit: "Numquam, rēgīna, negābō tē bene meritam
esse dē mē, nec mē paenitēbit tuī meminisse, dum me-
25 moria mihi est, dum animam dūcō! Prō rē pauca loquar: Neque ego spērāvī hanc fugam cēlārī posse, nec
umquam tē uxōrem dūxī aut coniugium tibi prōmīsī.
Nunc Italiam petere dī immortālēs mē iubent: hic
amor, haec patria est mihi. Quotiēs nox terrās operit,
30 quotiēs astra surgunt, imāgō patris Anchīsae in somnīs
mē admonet. Nunc etiam nūntius deōrum ab ipsō Iove
missus mandāta ad mē dētulit, ipse deum in clārō lūmine vīdī mūrōs intrantem vōcemque eius hīs auribus
audīvī. Dēsine querēllīs tuīs et mē et tē incendere! Nōn
35 meā sponte Italiam petō."

Eum tālia dīcentem Dīdō āversa intuētur hūc illūc
volvēns oculōs, et sīc īrā accēnsa fātur: "Nōn est tibi
dīvīna parēns, perfide, sed dūra saxa tē genuērunt ti-
grēsque ūbera tibi admōvērunt! In lītus ēiectum,
140 egentem tē excēpī et — dēmēns — partem rēgnī dedī,
classem āmissam restituī, sociōs ā morte servāvī! Nunc
dī tē abīre iubent! Itane vērō? Putāsne eam rem dīs
superīs cūrae esse? Neque tē teneō neque dicta tua

Iarbās -ae *m*

sī quī... = sī aliquī...

aula -ae *f* = rēgia
tuī (*gen*): dē tē
omnīnō = in omnī rē,
plānē

merērī -itum esse (*dēp*)
= merēre -uisse

quotiēs = totiēs quotiēs

astrum -ī *n* = stēlla

ad-monēre = monēre

querēlla -ae *f* < querī
(meā) sponte = meā vo-
luntāte, per mē

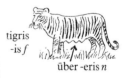

tigris -is *f*

ūber -eris *n*

ad-movēre
ex-cipere -cēpisse
-ceptum = recipere
dē-mēns -entis = āmēns

75

re-fellere -fellisse = falsum esse dēmōnstrāre peritūrum *esse*

poenās dare = pūnīrī

ab-rumpere = subitō fīnīre
cūnctārī = dubiē morārī
famula -ae *f* = ancilla
sus-cipere = capere et sustinēre
thalamus -ī *m* = cubiculum coniugum
sōlārī = cōnsōlārī
iussum -ī *n* = quod iubētur, imperium
ex-sequī = perficere

carīna -ae *f*
= trabs nāvis īnfima

temptāre = experīrī

im-plōrāre = plōrandō ōrāre
ob-stāre = viam claudere, prohibēre

rogus -ī *m*

taedēre: t. et mē reī (*gen*) = rēs mihi molesta est
lūcem : vītam

refellō: ī, pete rēgnum Italiae per undās! Spērō equidem tē in mediīs scopulīs peritūrum et nōmine 'Dīdōnem' saepe vocātūrum! Dabis, improbe, poenās!"

Hīs dictīs medium sermōnem abrumpit et aegra ex oculīs aufugit, linquēns eum cūnctantem et multa dīcere parantem. Famulae eam collāpsam suscipiunt, in marmoreum thalamum referunt et in lectō pōnunt.

At pius Aenēās, quamquam amīcam dolentem sōlārī cupit, tamen iussa deōrum exsequitur classemque revīsit. Ibi vērō Trōiānī studiōsē labōrant, rōbur ē silvīs cōnferunt et iam dē tōtō lītore nāvēs celsās dēdūcunt. Novae carīnae natant, sociī tōtā ex urbe concurrunt.

Quō tum dolōre Dīdō afficiēbātur tālia cernēns! Quōs gemitūs dabat, cum ex summā arce prōspiciēns lītus et mare turbā hominum et nāvium miscērī vidēret! Iterum precibus lacrimīsque animum virī temptat. Nōn iam coniugium ōrat neque ut rēgnō Latiī careat, sed ut tempus ad nāvigandum idōneum exspectet et ventōs secundōs. Moram brevem petit 'dum fortūna sē dolēre doceat!' Ita supplex implōrat, sed ille nec flētū nec precibus movētur: fāta obstant.

Rogus Dīdōnis

Tum vērō īnfēlīx Dīdō fātīs exterrita mortem ōrat; taedet eam vītae. Multa prōdigia eam monent ut lūcem relinquat: cum sacrificium faceret, vīdit vīnum sacrum in foedum cruōrem sē vertere; nocte obscūrā vōx Sy-

0 chaeī vocantis exaudīta est, atque in somnīs ipse ferus
Aenēās eam furentem prae sē agit. Multa praetereā vā-
tum praedicta eam terrent.

   Ergō ubi dolōre victa morī cōnstituit, tempus mo-
dumque ipsa sēcum reputat, et sorōrem alloquitur vultū
75 serēnō cōnsilium cēlāns ac spem simulāns: "Invēnī ratiōnem, Anna, quae mihi reddat eum aut amōre eius mē
solvat: sacerdōs quaedam ex gente Massȳlōrum dīcit
'carminibus sē mentēs aegrās cūrīs exsolvere posse.' Tū
in rēgiā interiōre sub dīvō ērige rogum, et arma virī,
80 quae in thalamō fīxa relīquit, exuviāsque omnēs lectum-
que iugālem, quō periī, super impōne! Cūncta virī im-
piī monumenta abolēre volō itaque mē iubet sacerdōs."
Haec locūta silet ōre pallidō. Nōn tamen Anna intellegit
sorōrem furentem fūnus parāre. Ergō iussa peragit.

85   Rogō ingentī in rēgiā ērēctō, rēgīna locum flōribus et
fronde exōrnat; super rogum exuviās et ēnsem relictum
effigiemque Aenēae in torō locat. Circum stant ārae, et
sacerdōs crīnibus passīs deōs īnferōs invocat, dum ipsa
Dīdō moritūra iūxtā altāria precātur.

190   Nox erat, et fessa corpora placidē dormiēbant sub
nocte silentī — at nōn īnfēlīx Phoenīssa! Renovantur
cūrae rūrsusque surgit amor et īra: "Ēn, quid agam?
Sōlane fugiēns nautās ovantēs supplex comitābor? an
classe meā eōs persequar et cīvēs meōs, quōs ex urbe
195 Tyrō vix ēripere potuī, rūrsus in mare agam et ventīs
vēla dare iubēbō?

praedictum -ī n = quod
  praedictum est

re-putāre (rem) = cōgi-
  tāre (dē rē)
(vultus) serēnus
  = placidus
ratiō -ōnis f = modus
  agendī, cōnsilium

Massȳlī -ōrum m: gēns
  Āfricae
ex-solvere = līberāre
dīvum -ī n = caelum
  apertum
ērigere = altē exstruere
exuviae -ārum f = vestī-
  menta
lectus iugālis = lectus
  coniugum

per-agere = perficere,
  exsequī

effigiēs -ēī f = imāgō

altāria -ium n = āra

ovāre = superbē gaudēre

77

---

quīn + *imp* = age
āverte : prohibē

discessus -ūs *m*
< discēdere

dūcere somnōs = dormīre

circum-stāre
deinde = posthāc

versāre : reputāre
praeceps -cipitis: p. īre =
  (sē)praecipitāre=ruere,
  properāre
potestās *est tibi* : potes
trabs : nāvis
col-lūcēre = lūcēre
fervere/-ēre = ārdēre
in hīs terrīs morantem
heia! (*interiectiō*)
*ab*rumpe morās
mūtābilis -e = quī facile
  mūtātur
im-miscēre < in-
vīsum -ī *n* = quod vidētur

aethēr -eris *m* = āēr
  summus, caelum
festīnāre = properāre

vāgīna -ae *f*

ārdor -ōris *m* = studium
ārdēns

ter quater-que : iterum
  iterumque
prō! = ō! heu!
advena -ae *m* = is quī
  advenit
il-lūdere -sisse (+*dat*)
  = ēlūdere

Quīn morere, ut merita es, ferrōque āverte dolōrem!"   5

Aenēās autem, omnibus rēbus ad discessum parātīs, in celsā puppī dormiēbat. Huic in somnīs rūrsus sē obtulit deus Mercurius et ita monuit: 2

"Nāte deā, potes hōc sub cāsū dūcere somnōs?   5

Nec quae tē circumstent dẽinde perīcula cernis,

dēmēns, nec Zephyrōs audīs spīrāre secundōs?

Illa dolōs dīrumque nefās in pectore versat...

Nōn fugis hinc praeceps, dum praecipitāre potestās?   5

Iam mare turbārī trabibus saevāsque vidēbis

collūcēre facēs, iam fervere lītora flammīs,

sī tē hīs attigerit terrīs aurōra morantem.

Heia age, rumpe morās! Varium et mūtābile semper

fēmina!" Sīc fātus noctī sē immiscuit ātrae.   2

Hōc vīsō exterritus Aenēās ē somnō sē corripit sociōsque excitat: "Vigilāte, virī, et capite rēmōs! Solvite vēla citō! Ecce deus ab aethere missus iterum nōs iubet fugam festīnāre ac fūnēs incīdere. Imperiō deī ovantēs pāreāmus!" Hoc dīcēns ēnsem fulgentem ē vāgīnā ēripit 21 et fūnēs incīdit. Īdem omnium ārdor fuit, mox cūncta classis lītus dēseruit.

Et iam prīma aurōra terrās novō spargēbat lūmine. Rēgīna, ut prīmum ex altā turrī vīdit classem plēnīs vēlīs prōcēdere, ter quaterque pulchrum pectus manū 22(percutiēns et comās scindēns "Prō, Iuppiter!" ait, "Abībit advena, et rēgnō nostrō illūserit? Cūr nōn arma capient tōtāque ex urbe sequentur? Īte, ferte flammās,

date tēla, solvite nāvēs! — Quid loquor? aut ubi sum?
25 Quae īnsānia mentem mūtat? Īnfēlīx Dīdō, nunc dēmum facta impia tē tangunt! Ēn fidēs eius quem patriōs
Penātēs sēcum portāre āiunt et parentem aetāte cōnfectum umerīs subiisse! Nōnne ego eum et sociōs et ipsum
Ascanium ferrō absūmere potuī? Etiam sī pugnae for-
30 tūna dubia fuisset, quem metuī moritūra? Facēs in
castra tulissem, carīnās flammīs dēlēvissem, fīlium et
patrem cum genere exstīnxissem — et ipsa mēmet super
eōs iēcissem!

"Ō Sōl, quī omnia terrārum opera flammīs tuīs illūs-
35 trās, tūque Iūnō, testis hārum cūrārum, et Furiae ultrīcēs, audīte precēs nostrās: Sī necesse est virum impium
terram Italiae attingere et sīc fāta poscunt — at bellō et
hostium armīs ex fīnibus suīs pulsus auxilium implōret
videatque indigna suōrum fūnera! Nec in pāce rēgnō
40 fruātur, sed ipse ante diem cadat īnsepultus! Haec
precor, cum hīs precibus extrēmīs sanguinem effundō.
— Tum vōs, ō Tyriī, omne genus eius futūrum exercēte
odiō: hoc mūnus date cinerī nostrō! Nūlla amīcitia sit
inter populōs nostrōs! Exoriātur aliquis ex nostrīs ossi-
45 bus ultor, quī ignī ferrōque colōnōs Dardaniōs perse-
quātur nunc, ōlim, quōcumque tempore vīrēs dabuntur!"

Sīc ait, et oculōs sanguineōs volvēns, pallida morte
futūrā, altum rogum cōnscendit ēnsemque Aenēae
50 ēdūxit — mūnus nōn in hunc ūsum datum!

tangunt : afficiunt
fidēs -eī *f* = animus fīdus

umerīs subīre : umerīs
  sustinēre
absūmere : occīdere

tulissem : ferre potuī

exstinguere = perdere
mē-met = mē

Furiae -ārum *f*: trēs deae
  quae hominēs scelestōs
  pūniunt
deus ul*tor* -ōris *m*;
  dea ul*trīx* -īcis *f*
nostrās : meās
at = tantum, saltem

fūnus : caedēs

ante diem = ante tempus
īn-sepultus
extrēmus = ultimus,
  postrēmus
exercēre : persequī

ex-orīrī = orīrī
(ul*tor* : *Hannibal*)
ignī *abl* = igne
colōnus = vir quī patriā
  relictā novam terram
  incolit

sanguineus -a -um =
  sanguine plēnus

ūsus -ūs *m* < ūtī

<table>
<tr><td>

cubīle -is *n* = lectus

lacrimīs et mente: lacri-
māns et cōgitāns
novissimus = ultimus

dulcēs dum fāta...

cursum quem fortūna
mihi dederat perēgī

ulta : ulcīscēns
poenās ab eō recipiō = is
  mihi poenās dat (ā mē
  pūnītur)
nimium *adv* = nimis
lītora nostra

ōs (*acc*) impressa torō =
  postquam ōs torō im-
  pressit
sub umbrās : ad Īnferōs
ferrō (*dat*) = in ferrum
  (: ēnsem)

</td><td>

Hīc, postquam Īliacās vestēs nōtumque cubīle   64

cōnspexit, paulum lacrimīs et mente morāta

incubuitque torō dīxitque novissima verba: 6.

"Dulcēs exuviae, dum fāta deusque sinēbat,

accipite hanc animam mēque hīs exsolvite cūrīs!   25

Vīxī et quem dederat cursum fortūna perēgī

et nunc magna meī sub terrās ībit imāgō.

Urbem praeclāram statuī, mea moenia vīdī,

ulta virum poenās inimīcō ā frātre recēpī,

fēlīx, heu, nimium fēlīx — sī lītora tantum   26

numquam Dardaniae tetigissent nostra carīnae!"

Dīxit, et ōs impressa torō "Moriēmur inultae,

sed moriāmur!" ait, "Sīc, sīc iuvat īre sub umbrās!"   66

Inter tālia verba illam ferrō collāpsam aspiciunt comi-
tēs. It clāmor ad alta ātria, gemitū et ululātū fēminārum 26
tēcta resonant — nōn aliter quam sī omnis Karthāgō ab
hostibus capta esset flammaeque furentēs per aedēs ho-
minum atque deōrum volverentur!

[*Hinc incipit Aenēidis liber V*]

    Intereā in mediō marī Aenēās cursum rēctum per 27
ātrōs flūctūs tenet moenia Karthāginis respiciēns, quae
iam īnfēlīcis Dīdōnis flammīs collūcent. Ille vērō ignō-
rat quae causa tantum ignem accenderit...

    Cum iam nūlla terra cernerētur, ventus mūtātus clas-
sem in portum Siciliae compulit, ibique rēx Acestēs 27:
iterum Trōiānōs fessōs benignē excēpit. Hīc Aenēās,

</td></tr>
</table>

cum annus praeteriisset ex quō diē Anchīsēs sepultus
est, Mānibus patris sacrificia fēcit atque lūdōs magnifi-
cōs apparāvit, quibus iuvenēs Trōiānī inter sē certāvē-
30 runt cursū ac vīribus, iaculīs sagittīsque.

Inter eōs lūdōs fēminae Trōiānae, cum eās longī errōris taedēret, nāvēs incendērunt, sed imbre ā Iove missō
ignis mox restīnctus est. Refectīs nāvibus, Aenēās plē-
rāsque fēminās, quamquam eās iam factī suī paenitēbat,
35 in Siciliā relīquit atque ipse cum sociīs fortissimīs Cū-
mās in Campāniam profectus est.

[*Liber VI*]

Hīc Aenēās sōlus in antrum Sibyllae vātis penetrāvit;
quae eum sēcum ad Īnferōs dūxit, ubi pater Anchīsēs
90 multa nārrāvit dē futūrō imperiō Rōmānō et dē fortitūdine Rōmānōrum; tum, postquam fīliō mīrantī virōs
Rōmānōs fortissimōs ostendit ūsque ad Iūlium Caesarem, hīs verbīs Rōmānōs admonuit:

51 *"Tū regere imperiō populōs, Rōmāne, mementō!*
95 *Hae tibi erunt artēs: pācisque impōnere mōrem,*

parcere subiectīs et dēbellāre superbōs."

Cūmīs profectus Aenēās prīmum portum Cāiētae petīvit, deinde ventīs secundīs ad ōstium Tiberīnum ad-
vectus est.

ex quō diē = ex eō diē quō

iaculum -ī *n* = pīlum
quod procul iacitur

mē paenitet factī = mē
paenitet ita fēcisse
Cūmae -ārum *f*: oppidum
Campāniae

fortitūdō -inis *f* (< fortis)
= virtūs

mementō -tōte *imper fut*
< meminisse
tū mementō regere = nō-
lītō oblīvīscī r., cūrātō
ut regās

dē-bellāre = bellō vincere

Tiberīnus -a -um
< Tiberis

81

PENSVM A

Dē cāsū vocātīvō

Aemilia: "Ō Iūl–, m– optim– vir!"

Mārtiālis:

"Semper pauper eris, sī pauper es, Aemiliān–."

Catullus:

"Cēnābis bene, m– Fabull–, apud mē."

Hector: "Heu, fuge, nāt– deā!"

Hecuba: "Ō miserrim– coniūnx!"

Anchīsēs: "Fuge, m– fīl–!"

Aenēās: "Venī mēcum, Achāt–, m– amīc–!"

Achātēs: "Quid nunc sentīs, Aenē–?" Dīdō: "Perfid– hospes!" "Dabis, improb–, poenās!"

Cōnsul (in senātū): "Quid cēnsēs, Mārc– Tull–? et tū, Lūc– Cornēl–?"

Spectātōr–, plaudite!

PENSVM B

Dīdō: "— [= utinam] prius Iūppiter mē — percutiat quam virī amōrī — [↔ resistō]!" Anna: "Ō soror mea — [= cāra]! Etiamne — [= grātō] amōrī repugnābis?" Ita animum sorōris amōre — [= incendit]. Templa adeunt ut ā dīs — petant, nec vērō sacrificia mulierem — [= āmentem] iuvant. Poenīs et Trōiānīs vēnantibus, tonāre incipit; — [= sequitur] imber — mixtus, et Dīdō et Aenēās in eandem — dēveniunt. — [= statim] Fāma nārrat 'eōs in māximō — vīvere turpī — [= cupiditāte] captōs!'

Mercurius Iovis — [= imperia] ad Aenēam dēfert: "Quid — [= parās]? Nōlī hīc morārī! Italiam pete!" Haec locūtus deus ex oculīs eius —. Aenēās imperiō dīvīnō — [= stupefactus] —, tum Trōiānōs prīncipēs — iīsque — [= imperāvit] ut classem clam ōrnārent.

At rēgīna, quae dolum —, Aenēam appellat: "Spērāsne, — hospes, tē tantum — [↔ fās] — posse et — tempore [= hieme] clam hinc — [= excēdere]? Per — [= coniugium] nostrum tē ōrō: — meī!" Ita supplex —. Aenēās: "Numquam tē uxōrem dūxī aut — tibi prōmīsī. Dēsine — tuīs et mē et tē incendere! Nōn meā — Italiam petō." Dīdō dicta eius nōn —, sed medium sermōnem — et virum — [= dubiē morantem] relinquit. — [= ancillae] eam collāpsam —.

Iam rēgīna morī cupit: — eam vītae. Annam ōrat ut — ērigat et super rogum arma et — [= vestīmenta] et — [= imāginem] Aenēae impōnat. Dīdō, cum classem abīre vidēret, Furiās — [< ulcīscī] invocāvit. Tum rogum cōnscendit, torō —, atque ēnsēm ē — ēdūxit.

Officium Rōmānōrum est "parcere — et — superbōs."

Synōnyma: pallium et —; stēlla et —; āra et —; lectus et —; pīlum et —; virtūs et —; vigilāns et —; moriēns et —; praecipitāns et —; recipere et —; āmēns esse et —; perficere et — et —; properāre et —; ēlūdere et —.

PENSVM C

Quid Dīdō Annae sorōrī fassa est?
Cūr Dīdō amōrī repugnābat?
Quid Anna sorōrī suae suāsit?
Quid Fāma nārrābat dē Dīdōne et Aenēā?
Quis Aenēam ex Āfricā excēdere iussit?
Cūr Aenēās clam classem ōrnāvit?
Quōmodo Dīdō cōnsilium Aenēae cognōvit?
Quid Aenēās rēgīnae implōrantī respondit?
Num Dīdō dicta eius refellit?
Quid Dīdō Annam facere iussit?
Quae rēs super rogum impositae sunt?
Quae fuērunt precēs Dīdōnis extrēmae?
Quid vīdit Aenēās ē nāve respiciēns?
Cūr plēraeque fēminae in Siciliā relictae sunt?
Quō Sibylla Aenēam dūxit?

moribundus
dēmēns
iugālis
praeceps
mūtābilis
īnsepultus
sanguineus
succumbere
īnflammāre
furere
ostentāre
incumbere
īnsequī
concumbere
mandāre
subicere
struere
nectere
ēvānēscere
obmūtēscere
advocāre
praesentīre
dissimulāre
dēcēdere
miserērī
admonēre
admovēre
excipere
refellere
abrumpere
cūnctārī
suscipere
sōlārī
exsequī
implōrāre
obstāre
taedēre
reputāre
exsolvere
peragere
ovāre
circumstāre
fervere
immiscēre
festīnāre
illūdere
dēbellāre
extemplō
omnīnō
sponte
mēmet

REGES LATINI ET ALBANI ET ROMANI

		annō *a.C.*	
Rēgēs Latīnī:	1. Sāturnus		Aetās aurea
	2. Pīcus	1300	
	3. Faunus		
	4. Latīnus	1200	
	5. Aenēās		Trōia capta (1184)
Rēgēs Albānī:	1. Ascanius	1150	Alba condita (1152)
	2. Silvius		
	3. Aenēās Silvius	1100	
	4. Latīnus Silvius	1050	
	5. Alba		
	6. Atys	1000	
	7. Capys	950	
	8. Capetus		
	9. Tiberīnus		
	10. Agrippa	900	
	11. Rōmulus Silvius		
	12. Aventīnus	850	
	13. Proca	800	
	14. Numitor/Amūlius		
Rēgēs Rōmānī:	1. Rōmulus (753–715)	750	Rōma condita (753)
	2. Numa Pompilius (715–672)	700	
	3. Tullus Hostīlius (672–640)		Alba dīruta (665)
	4. Ancus Mārcius (640–616)	650	
	5. Tarquinius Prīscus (616–578)	600	
	6. Servius Tullius (578–534)		
		550	
	7. Tarquinius Superbus (534–509)		
		500	Rēgēs exāctī (509)

84

ORIGINES

[*Ex T. Līviī 'Ab urbe conditā' librō I.1–7,*

nōnnūllīs mūtātīs et praetermissīs]

Trōiānī et Latīnī

1 Iam prīmum omnium satis cōnstat Trōiā captā Aenēam
domō profugum prīmō in Macedoniam vēnisse, inde in
Siciliam dēlātum esse, ab Siciliā classe ad Laurentem
5 agrum tenuisse. Ibi ēgressī Trōiānī, quibus ab immēnsō
prope errōre nihil praeter arma et nāvēs supererat, cum
praedam ex agrīs agerent, Latīnus rēx Aborīginēsque,
quī tum ea tenēbant loca, ad arcendam vim advenārum
armātī ex urbe atque agrīs concurrunt. Cum īnstrūctae
10 aciēs cōnstitissent, priusquam signum pugnandī darētur, prōcessit Latīnus inter prīmōrēs ducemque advenārum ēvocāvit ad colloquium. Aenēās deinde interrogātus 'quī mortālēs essent, unde profectī quidve quaeren-
tēs in agrum Laurentem exiissent?' respondit 'multitū-
15 dinem Trōiānōs esse, ducem Aenēam, fīlium Anchīsae

T. Līvius, quī aetāte Au-
gustī vīxit, rēs Rōmānās
scrīpsit *Ab urbe conditā*
librōs I-CXLII
praeter-mittere = nōn
memorāre, nōn scrī-
bere (↔ addere)

cōnstat (+ *acc+ īnf*)
= certum est
ager Laurēns -entis: pars
Latiī circum *Laurentum*
oppidum
tenēre (cursum)
= nāvigāre
immēnsus -a -um = sine
fīne, ingēns

ad arcendam vim = ut
vim arcērent

prīmōrēs -um *m* = prīmī,
prīncipēs
ē-vocāre

mortālēs = hominēs

85

nōbilitās -ātis ƒ < nōbilis

bellō *(dat)* parātus = ad
bellum parātus

societās -ātis ƒ < socius; in
s. em recipere = ut
socium recipere
mātrimōnium -ī *n*
= coniugium

stirps -pis ƒ = līberī,
fīlius/fīlia
virīlis -e < vir; stirps
virīlis = fīlius

adventus -ūs *m* < ad-
venīre (↔ discessus)
spondēre spopondisse
spōnsum = prōmittere
(in mātrimōnium)
molestē patī aliquid =
īrātus esse ob aliquid
īn-ferre in-tulisse il-
lātum: bellum īnferre
= bellum incipere

conciliāre = coniungere
amīcitiā, amīcum facere

dif-fīdere ↔ cōnfīdere
Etrūscī -ōrum *m*: incolae
Etrūriae
Caere *indēcl n*
opulentus -a -um = dīves,
potēns
inde ab ↔ ūsque ad

opēs -um ƒ = potentia

crēscere crēvisse = māior
fierī, augērī

et Veneris, domō profugōs novam sēdem quaerere.'
Latīnus postquam hoc audīvit, et nōbilitātem gentis
virīque et animum bellō parātum admīrātus, dextrā
datā amīcitiam cum Aenēā fēcit; deinde Trōiānōs in
societātem recēpit, atque Aenēae fīliam suam Lāvīniam 2(
in mātrimōnium dedit. Ea rēs Trōiānīs spem fēcit tandem certā sēde inventā errōrem fīnītum esse. Oppidum
condunt, Aenēās ab nōmine uxōris 'Lāvīnium' appellat.
Brevī stirps quoque virīlis ex novō mātrimōniō fuit, cui
'Ascanium' parentēs nōmen dedērunt.   25

Bellō deinde Aborīginēs Trōiānīque simul petītī sunt. 2
Turnus, rēx Rutulōrum, cui Lāvīnia ante adventum
Aenēae spōnsa fuerat, molestē patiēns advenam sibi
praelātum esse, simul Aenēae Latīnōque bellum intulerat. Neutra aciēs laeta ex eō certāmine abiit: victī sunt 30
Rutulī, victōrēs Aborīginēs Trōiānīque ducem Latīnum
āmīsērunt. Ita sōlus rēx duārum gentium factus Aenēās,
ut animōs Aborīginum sibi conciliāret, utramque gentem eōdem nōmine 'Latīnōs' appellāvit.

Interim Turnus Rutulīque, cum rēbus suīs diffīde- 35
rent, ad Etrūscōs Mezentiumque, rēgem eōrum, cōnfū-
gerant, quī Caere, opulentō tum oppidō, imperābat.
Mezentius, quī iam inde ab initiō minimē laetus fuerat
orīgine novae urbis, et tum opēs Latīnōrum nimium
crēscere rēbātur, statim societātem cum Rutulīs iūnxit 40
Latīnīsque bellum intulit. Aenēās, quamquam tanta
opibus Etrūria erat ut iam nōn terrās sōlum, sed mare

etiam per tōtam Italiae longitūdinem ab Alpibus ad fretum Siculum fāmā nōminis suī implēvisset, tamen dē
5 moenibus hostibus resistere nōluit, sed in aciem cōpiās
ēdūxit. Proelium deinde Latīnīs prosperum factum est,
quod Aenēae etiam ultimum opus mortāle fuit, nam
post proelium nusquam appāruit.

cōpiae = mīlitēs

prosperus -a -um =
  secundus, fēlīx
mortālis : hūmānus

nusquam = nūllō locō
  (↔ ubīque)

Alba condita

3   Nōndum mātūrus imperiō Ascanius, Aenēae fīlius,
erat; tamen id imperium eī ad pūberem aetātem incolume mānsit. Interim Lāvīnia prō puerō rēgnāvit. (Incertum est — quis enim rem tam veterem prō certō
affīrmet? — hicine fuerit Lāvīniae fīlius an fīlius ille
55 māior, Creūsā mātre nātus, Ascanius sīve Iūlus appellātus, quem gēns Iūlia auctōrem nōminis suī esse dīcit.) Is
Ascanius — ubicumque et quācumque mātre nātus —
Lāvīnium, opulentam iam (ut tum rēs erant) urbem,
Lāvīniae relīquit, ipse novam urbem sub Albānō monte
60 condidit, quae ab sitū urbis in dorsō montis 'Alba
Longa' appellāta est. Id factum est trīcēsimō ferē annō
post Lāvīnium conditum. Tantum tamen opēs Latīnōrum crēverant — māximē victīs Etrūscīs — ut nē morte
quidem Aenēae nec deinde inter rēgnum muliebre et
65 Ascaniī pueritiam aut Etrūscī aut ūllī aliī fīnitimī arma
movēre ausī sint. Pāx ita convēnerat ut Etrūscīs Latīnīsque fluvius Albula, quem nunc Tiberim vocant, fīnis
esset.

pūbēs -eris = quī iam nōn
  puer est, mātūrus
manēre mānsisse

prō certō = certō adv

auctor -ōris m = is ā quō
  rēs orta est, quī prīmus
  rem cōnstituit
ubi-cumque = quō-
  cumque locō

situs -ūs m: s. urbis =
  locus ubi urbs sita est

post Lāvīnium conditum
  = postquam L. conditum est
tantum adv = adeō

muliebris -e < mulier

pueritia -ae f = aetās puerī
fīnitimus -a -um = quī
  ad fīnēs incolit
convenīre = statuī; con-
  vēnerat = statūta erat
  (inter eōs)

Rōmulus et Remus

cāsū = forte

prō-creāre = gignere

Silvius deinde rēgnat, Ascaniī fīlius, cāsū in silvīs 7
nātus. Is Aenēam Silvium prōcreat; is deinde Latīnum
Silvium. Mānsit 'Silvius' posteā cognōmen omnibus quī
Albae rēgnāvērunt.

ortus = nātus, genitus
Atys -yis *m*
Capys -yis *m*

celeber = omnibus nōtus,
illūstris
adipīscī -eptum = (rem
optandam) cōnsequī,
habēre incipere
(↔ āmittere)
īcere īcisse ictum = per-
cutere

Latīnō Alba ortus est, Albā Atys, Atye Capys, Ca-
pye Capetus, Capetō Tiberīnus, quī in Albulā amne 7
submersus celebre nōmen flūminī dedit. Agrippa
deinde, Tiberīnī fīlius, rēgnum adeptus est, post Agrip-
pam Rōmulus Silvius, ā patre acceptō imperiō, rēgnat;
ipse fulmine ictus Aventīnō rēgnum trādidit: is sepultus
in eō colle quī nunc pars urbis Rōmae est nōmen collī 8
fēcit.

fēcit : dedit

Numitor -ōris *m*

vetustus -a -um = vetus

(alicui rem) lēgāre =
morte relinquere
pulsō frātre : postquam
frātrem pepulit
inter-imere -ēmisse
-ēmptum = interficere
legere = ēligere
virginitās -ātis *f* < virgō
partus -ūs *m* < parere
peperisse partum
com-primere -pressisse
-pressum: fēminam c.
= cum fēminā con-
cumbere
crūdēlitās -ātis *f* < crūdēlis
cūstōdia -ae *f* < cūstōs

Proca deinde rēgnat. Is Numitōrem atque Amūlium
prōcreat; Numitōrī, quī fīlius māior erat, rēgnum vetustum Silviae gentis lēgat. Plūs tamen vīs potuit quam
voluntās patris: pulsō frātre, Amūlius rēgnat. Addit sce- 85
lerī scelus: stirpem frātris virīlem interimit, frātris fīliae
Rēae Silviae, cum virginem Vestālem eam lēgisset, perpetuā virginitāte spem partūs adimit.

Sed Vestālis, vī compressa, geminōs fīliōs peperit, et 4
Mārtem patrem esse affirmāvit. Sed nec dī nec hominēs 90
aut ipsam aut fīliōs ā crūdēlitāte rēgis dēfendunt: Amūlius Vestālem vīnctam in cūstōdiam dat, puerōs in fluvium mittī iubet.

Forte super rīpās Tiberis effūsus erat nec quisquam
ad ipsum amnis cursum adīre poterat; itaque servī rēgis 95

alveus -ī *m*

in proximō stāgnō, quod īnfrā collem Palātīnum factum erat, puerōs expōnunt. Vāstae tum in hīs locīs sōlitūdinēs erant. Cum aqua recēdēns alveum, in quō expositī erant puerī, in siccō relīquisset, lupa sitiēns ex montibus ad puerīlem vāgītum cursum flexit. Ea adeō mītis

fuisse dīcitur ut īnfantibus ūbera praebēret et pāstor rēgius eam linguā lambentem puerōs invēnerit — Faustulus eī nōmen fuit. Is ambōs puerōs sēcum domum tulit et Lārentiae uxōrī ēducandōs dedit.

Ita genitī itaque ēducātī Rōmulus et Remus (ea frātribus geminīs nōmina fuērunt), cum prīmum adolēvērunt, nōn in stabulīs apud pecus sēgnēs manēbant, sed per saltūs vēnābantur. Ita vīribus corporum auctīs iam nōn ferās tantum petēbant, sed in latrōnēs praedam ferentēs impetūs faciēbant pāstōribusque praedam dīvidēbant.

Sed latrōnēs ob praedam āmissam īrātī geminīs īnsidiās fēcērunt et, cum Rōmulus vī sē dēfendisset, Remum cēpērunt et captum rēgī Amūliō trādidērunt falsō

---

sōlitūdō -inis f = locus
sōlus/dēsertus
siccum -ī n = terra sicca
lupus m; lupa -ae f
sitīre = sitim patī
puerīlis -e < puer
vāgītus -ūs m < vāgīre
mītis -e ↔ ferōx

lupa īnfantibus ūbera
praebet eōsque linguā
lambit

praebēre = offerre

lambere = linguā tangere

ambō -ae -ō (acc -ōs -ās -ō)
= duo simul, uterque

adolēscere -lēvisse =
adulēscēns fierī
stabulum -ī n = casa
pecoris
sēgnis -e = piger
saltus -ūs m = mōns silvīs
opertus
latrō -ōnis m = vir quī rēs
aliēnās vī rapit, praedō

īnsidiās facere (eī) = ē
locō occultō impetum
facere (in eum)

falsō adv ↔ vērē

89

hostīlis -e < hostis

dē-dere -didisse -ditum
= trādere (in alicuius
potestātem)

iussū rēgis = ut rēx iussit,
rēge iubente

necessitās -ātis f < necesse

cōgere co-ēgisse co-āctum

servīlis -e < servus

suspicārī = crēdere
incipere

grātulārī (+ dat)
↔ cōnsōlārī
concilium -ī n = populus
convocātus

ostendere = nōtum facere
avus -ī m = pater patris
/mātris

cōnsilium capere
= cōnstituere

accūsantēs 'in Numitōris agrōs ab iīs impetūs fierī; inde 11
eōs, collēctā iuvenum manū, hostīlem in modum praedās agere!' Sīc Numitōrī ad supplicium Remus dēditur.

Iam inde ab initiō Faustulō spēs fuerat rēgiam stirpem apud sē ēducārī, nam et iussū rēgis īnfantēs expositōs esse sciēbat et tempus quō ipse eōs sustulisset ad id 12
tempus convenīre. Sed rem immātūram nisi per necessitātem aperīre nōluerat. Cum autem Remus captus
Numitōrī dēditus esset, Faustulus metū coāctus Rōmulō rem aperuit. Eōdem tempore Numitor, cum in
cūstōdiā Remum habēret audīvissetque geminōs esse 12
frātrēs, comparandō et aetātem eōrum et minimē servīle
ingenium, nepōtēs suōs servātōs esse suspicābātur. Ita
undique rēgī dolus parātur.

Rōmulus cum manū pāstōrum Albam profectus rēgiam oppugnat, et ā domō Numitōris cum aliā manū 130
adiuvat Remus. Ita rēgem Amūlium obtruncant.

Numitor, postquam iuvenēs caede factā pergere ad sē 6
grātulantēs vīdit, extemplō advocātō conciliō scelera
frātris, orīginem nepōtum, caedem deinde tyrannī et sē
caedis auctōrem ostendit. Frātrēs ambō in medium prō- 135
gressī, cum avum suum 'rēgem' salūtāvissent, omnis
multitūdō ūnā vōce Numitōrem rēgnāre iussit.

Rōma condita

Ita Numitōrī rēgnō Albānō redditō, Rōmulus et Remus cōnsilium cēpērunt in iīs locīs ubi expositī ubique 140

90

vultur
-is *m*

ēducātī erant urbem condere. Deinde ob cupiditātem rēgnī foedum certāmen ortum est, uter eōrum nōmen novae urbī daret atque in eā rēgnāret. Quoniam geminī erant nec aetātis discrīmen inter eōs fierī poterat, ne-
5 cesse fuit deōs cōnsulere. Ergō inter frātrēs convēnit ut Rōmulus in Palātiō, Remus in Aventīnō auspicārētur.

Priōrī Remō auspicium vēnisse dīcitur: sex vulturēs; iamque nūntiātō auspiciō, duplex numerus Rōmulō sē ostendit. Cum igitur dī māiōre avium numerō Rōmulō
10 favēre vidērentur, ille ante diem XI kalendās Māiās in colle Palātīnō urbem condidit.

Remus vērō, cum hoc molestē ferret, opus frātris dē-rīdēns novōs trānsiluit mūrōs. Inde interfectus est ab īrātō Rōmulō, cum haec verba adiēcisset: "Sīc deinde
15 quīcumque alius trānsiliet moenia mea!" Ita sōlus imperiō potītus est Rōmulus. Condita urbs conditōris nōmine appellāta est.

Sacra Herculis īnstitūta

Palātium prīmum, in quō ipse erat ēducātus, mūnī-
20 vit. Sacra fēcit dīs aliīs Albānō rītū, Graecō rītū Herculī, ut ab Euandrō īnstitūta erant.

Herculēs in ea loca, Gēryone mōnstrō interēmptō, bovēs mīrā speciē ēgisse nārrātur ac prope Tiberim fluvium, quem prae sē armentum agēns nandō trānsierat,
25 fessus viā in herbā recubuisse. Ibi cum eum somnus oppressisset, pāstor quīdam nōmine Cācus, ferōx vīri-

discrīmen facere = dis-
cernere
cōnsulere -uisse -ltum =
interrogāre quid faci-
endum sit
auspicārī = avēs aspicere
(quae nūmen deōrum
ostendunt)
auspicium -ī *n* = signum
avium dīvīnum
duplex -icis = bis tantus
(d. numerus : XII)
: diē XXI mēnsis Aprīlis
[annō 753 a. C.]

molestē ferre = m. patī
trānsilīre -uisse < trāns
+ salīre
inde = itaque
sīc deinde *pereat*

quī-cumque = quisquis

conditor -ōris *m* = is quī
urbem condidit

sacrum -ī *n* = sacrificium
īn-stituere -uisse -ūtum
= (novam rem) prīmum
statuere
rītus -ūs *m* = modus
sacra faciendī

Gēryōn -onis *m*: mōns-
trum cuius bovēs
Herculēs rapuit
speciēs = fōrma,
pulchritūdō
armentum -ī *n* = pecus
māius, bovēs
re-cumbere -cubuisse
op-primere -pressisse
-pressum = superāre
(premendō)

91

ab-dere -didisse -ditum
= cēlāre
bōs bovis *m/f*: *pl* bovēs
boum, *dat*/*abl* bōbus

bus, bovēs pulcherrimōs ē grege rapere et praedam in spēluncam suam abdere voluit. Sed nē vestīgia boum dominum quaerentem ad spēluncam dūcerent, āversōs bovēs caudīs in spēluncam trāxit.   1

Herculēs ad prīmam aurōram ē somnō excitātus, cum gregem lūstrāvisset oculīs et partem abesse sēnsisset, pergit ad proximam spēluncam. Cum vērō vestīgia om-

cōn-fundere -fūdisse
-fūsum = turbāre
ab-igere -ēgisse -āctum
< -agere

nia forās versa vidēret nec in partem aliam ferre, cōnfū-
sus atque incertus ex locō īnfēstō armentum abigere 17
coepit. Deinde, cum abāctae bovēs quaedam relictās

mūgīre = 'mū' facere
(ut bōs)
vōcem reddere
= respondēre

dēsīderantēs mūgīrent, bovēs in spēluncā inclūsae vōcem reddidērunt, quā audītā Herculēs revertit. Quem
cum vādentem ad spēluncam Cācus vī prohibēre cōnā-

inter-īre = perīre

tus esset, ictus clāvā Herculis interiit.   18

clāva
-ae *f*

Euander, profugus ex Peloponnēsō, tum ea loca regē-
bat, vir doctus, cuius māter Carmentis dīvīnum in modum fāta praedīcēbat. Is tum Euander ā pāstōribus tre-

trepidāre = trepidus esse

arcessere -īvisse -ītum
facinus -oris *n* = factum,
   maleficium

pidantibus arcessītus, postquam facinus facinorisque
causam audīvit, fōrmam virī ampliōrem augustiōrem- 185

92

que hūmānā intuēns rogitat 'quī vir esset?' Ubi nōmen patremque ac patriam accēpit, "Iove nāte, Herculēs, salvē!" inquit, "Māter mea, vātēs dīvīna, tē deōrum numerum auctūrum esse cecinit tibique āram hīc dicātum īrī, quam opulentissima ōlim in terrīs gēns 'āram Māximam' vocet." Dextrā datā Herculēs 'sē fātum implētūrum esse ārā dicātā' ait. Ibi tum prīmum, bove eximiā captā dē grege, sacrum Herculī factum est.

Item Rōmulus, postquam prīma urbī fundāmenta iēcit, Euandrum auctōrem sequēns rītū Graecō sacra Herculī fēcit.

hūmānā : quam fōrmam hūmānam
(Herculēs est fīlius Iovis et Alcmēnae, uxōris Amphitryōnis)
numerum deōrum augēre : deus fierī
canere = praedīcere versibus
dicāre = dēdicāre

implēre = praestāre

eximius -a -um = ēgregius

fundāmenta iacere = fundāmenta locāre
aliquem auctōrem sequī = alicuius exemplum sequī

GEMELLI EXPOSITI

[Ovidius: Fāstī. Ex librō II]

83 Silvia Vestālis caelestia sēmina partū

00 ēdiderat, patruō rēgna tenente suō.

Is iubet auferrī puerōs et in amne necārī —

'quid facis? ex istīs Rōmulus alter erit!'

Iussa recūsantēs peragunt lacrimōsa ministrī,

flent, tamen et geminōs in loca sōla ferunt.

05 Albula, quem 'Tiberim' mersus Tiberīnus in undīs

90 reddidit, hībernīs forte tumēbat aquīs:

hīc ubi nunc fora sunt, lintrēs errāre vidērēs,

quāque iacent vallēs, Māxime Circe, tuae.

Hūc ubi vēnērunt (neque enim prōcēdere possunt

210 longius), ex illīs ūnus et alter ait:

gemellus -ī m = geminus parvulus

sēmina : fīliōs
partū ē-dere = parere
patruus -ī m = frāter patris
patruō suō rēgnum tenente (: rēgnante)

'quid facis?' Amūliō dīcitur
ministrī recūsantēs iussa lacrimōsa p.
lacrimōsus -a -um < lacrima (: trīstis)
(flūmen) reddere 'Tiberim': facere ut 'Tiberis' sit
tumēre = tumidus esse
linter -tris m = nāvicula levis
: quā (: ubi) iacet vallis tua, Circe Māxime (voc)
(vallis Circī Māximī: vallis Murcia)

"At quam sunt similēs! at quam fōrmōsus uterque!

Plūs tamen ex illīs iste vigōris habet.

Sī genus arguitur vultū, nisi fallit imāgō,

nescioquem in vōbīs suspicor esse deum."

"At sī quis vestrae deus esset orīginis auctor

in tam praecipitī tempore ferret opem."

"Ferret opem certē, sī nōn ope māter egēret,

quae facta est ūnō māter et orba diē!

Nāta simul, moritūra simul, simul īte sub undās,

corpora!" Dēsierat, dēposuitque sinū.

Vāgiērunt clāmōre parī: sēnsisse putārēs.

Hī redeunt ūdīs in sua tēcta genīs.

Sustinet impositōs summā cavus alveus undā

— heu! quantum fātī parva tabella tulit!

Alveus in līmō, silvīs appulsus opācīs,

paulātim fluviō dēficiente sedet.

Vēnit ad expositōs (mīrum!) lupa fēta gemellōs

— quis crēdat puerīs nōn nocuisse feram?

Nōn nocuisse parum est: prōdest quoque! Quōs lupa

nūtrit..., 2

et lambit linguā corpora bīna suā. 4

94

PENSVM A

Dē generibus verbōrum

Verte hās sententiās in genus alterum, āctīvum aut passīvum:

[Pater fīlium laudat:] Fīlius ā patr– laud–.

[Tyrannus ferōx ab omnibus metuitur:] Omnēs...

[Alta moenia urbem Trōiam cingēbant:] ...

[Trōia ā Graecīs capta et incēnsa est:] ...

[Graecī equum ligneum fabricāverant:] ...

[Cum pars moenium ā Trōiānīs dēstrūcta esset, equus ille in urbem tractus est:] ...

[Terribile incendium urbem absūmpsit:] ...

[Creūsa ā marītō quaerēbātur nec inventa est:] ...

[Karthāginiēnsēs Aenēam cernere nōn poterant, quod nūbēs eum cēlābat:] ...

[Puerī ā Faustulō inventī et domum lātī sunt:] ...

[Geminī praedam pāstōribus dīvidēbant:] ...

[Fluvium Tiberim ōlim Albulam vocābant:] ...

[Arx ab hostibus numquam expugnābitur:] ...

[Magister tē laudat, mē reprehendit:] ...

PENSVM B

Post — Aenēae rēx Latīnus, cum — suās in aciem ēdūxisset, inter — [= prīncipēs] prōcessit ducemque advenārum ad colloquium —. Ut nōmen Aenēae audīvit, — virī gentisque admīrātus Trōiānōs in — [< socius] recēpit et Aenēae fīliam suam in — dedit. Rēx Turnus, cui Lāvīnia — fuerat, Aenēae Latīnōque bellum —. Proeliō victus Turnus rēbus suīs — [↔cōnfīdēns] ad Etrūscōs cōnfūgit. Post proelium Latīnīs — [= secundum] Aenēās — [= nūllō locō] appāruit. Cum Ascanius nōndum ad — aetātem pervēnisset, Lāvīnia inter — eius rēgnāvit, nec Etrūscī nec ūllī aliī — inter rēgnum — [= mulieris] bellum facere ausī sunt.

Rēx Proca Numitōrem et Amūlium — [= genuit] atque Numitōrī rēgnum — [= vetus] — [= relīquit]. Amūlius frātrem pepulit, frātris fīliam Vestālem lēgit: ita eī perpetuā —

Vocābula nova:
prīmōrēs
nōbilitās
societās
mātrimōnium
stirps
adventus
opēs
cōpiae
auctor
situs
pueritia
virginitās
partus
crūdēlitās
cūstōdia
sōlitūdō
siccum
lupa
vāgītus

95

stabulum
saltus
latrō
īnsidiae
necessitās
concilium
avus
discrīmen
auspicium
vultur
conditor
sacra
rītus
armentum
clāva
facinus
patruus
linter
vigor
opem -is -e
līmus
immēnsus
virīlis
opulentus
prosperus
pūbēs
muliebris
fīnitimus
vetustus
puerīlis
mītis
sēgnis
hostīlis
immātūrus
servīlis
duplex
eximius
lacrimōsus
orbus
ūdus
opācus
fēta
ambō
ēvocāre
spondēre
īnferre
conciliāre
diffīdere
adipīscī
īcere
prōcreāre
lēgāre
interimere

spem — [< parere] adēmit. At Vestālis, vī —, geminōs peperit, quī — rēgis expositī sunt; sed pāstor — puerīlem audīvit et puerōs invēnit cum —, quae tam — fuit ut eōs lacte suō — et linguā —. Ita ā — [< crūdēlis] rēgis puerī servātī sunt.

Rōmulus et Remus, ut prīmum —, per — vēnābantur et in — praedam ferentēs impetūs faciēbant. Latrōnēs Remum captum Numitōrī — [=trādidērunt], quī cum eum in — habēret, nepōtem suum esse — [=crēdere incipiēbat]. Amūliō occīsō Numitor, — advocātō, mala — [= maleficia] frātris ostendit et 'sē caedis — esse' dīxit.

Remus, cum in Aventīnō —, sex — vīdit; hōc — nūntiātō, — numerus [:XII] Rōmulō sē ostendit; is igitur urbem condidit, quae ā nōmine — 'Rōma' appellāta est. Remus vērō, cum hoc — ferret, novōs mūrōs — et ā Rōmulō — [= interfectus] est.

Cācus — Herculis — [= percussus] occidit, cum bovēs in spēluncam — [= cēlāvisset]. Bove — [= ēgregiā] immolātā — [= sacrificium] Herculī factum est — Graecō.

Ōceanus mare — [= sine fīne] est. Facile est mūnera — [= offerendō] animōs populī sibi —. Ante proelium imperātor auspiciīs deōs —. Difficile est inter geminōs — facere. Quī — bibere cupit.

Synōnyma: līberī et —; vīrēs et —; pecus māius et —; pater patris et —; frāter patris et —; piger et —; ūmidus et —; turbāre et —; auxilium ferre et — ferre; trepidus esse et —.

Contrāria: muliebris et —; āmittere et —; cōnfīdere et —; cōnsōlārī et —; ubīque et —; vērē et —.

PENSVM C
Unde Aenēās in Italiam vēnit?
Num Aenēās rēgem Latīnum proeliō vīcit?
Cūr Turnus Aenēae Latīnōque bellum intulit?
Cūr neuter exercitus laetus ex proeliō abiit?
Quōmodo Aenēās animōs Aborīginum sibi conciliāvit?

Quō rēx Turnus victus cōnfūgit?

Quam urbem condidit Ascanius?

Quod cognōmen rēgibus Albānīs fuit?

Quōmodo Amūlius rēgnō Albānō potītus est?

Quem Rēa Silvia patrem geminōrum esse dīxit?

Quōmodo gemellī expositī servātī sunt?

Cūr Numitor Remum nepōtem suum esse suspicābātur?

Quid Rōmulus et Remus fēcērunt cum sē nepōtēs rēgis esse
    cognōvissent?

Ubi Rōmulus urbem condidit?

Cūr frātrem suum occīdit?

Quōmodo Herculēs bovēs abditōs repperit?

Quō rītū Rōmulus sacra Herculī fēcit?

comprimere
sitīre
praebēre
lambere
adolēscere
dēdere
suspicārī
grātulārī
cōnsulere
auspicārī
trānsilīre
īnstituere
opprimere
abdere
cōnfundere
abigere
mūgīre
interīre
trepidāre
dicāre
tumēre
arguere
dēficere
nūtrīre
iussū
falsō
nusquam
ubicumque

fascis -is *m*

secūris -is *f*

līctor

īnsigne -is *n* = rēs quā
significātur alicuius
nōbilitās
rīte = bonō rītū, rēctē

co-alēscere = in ūnum
crēscere
iūra = lēgēs
agrestis -e (< ager)
= rūsticus
cum... tum = et... et,
nōn modo... sed etiam
līctor -ōris *m* = cūstōs
corporis
ante-īre alicui = īre ante
aliquem

vānus -a -um = vacuus,
frūstrā factus

asȳlum -ī *n* = locus tūtus
quō profugī cōnfugiunt

quī- quae- quod-libet =
quī-cumque (libet)
per-fugere = cōnfugere

BELLVM ET PAX

[*Ex T. Līviī 'Ab urbe conditā' librō I.8–21,*
nōnnūllīs mūtātīs et praetermissīs]

Fascēs et secūrēs: insignia imperiī

Rēbus dīvīnīs rīte factīs vocātāque ad concilium multi- 8
tūdine, quae nūllā rē nisi lēgibus in ūnum populum
coalēscere poterat, Rōmulus iūra dedit. Ut hominēs
agrestēs novum rēgem verērentur, ipse sē augustiōrem 5
fēcit īnsignibus imperiī: cum vestem purpuream induit,
tum līctōrēs duodecim sūmpsit, quī fascēs et secūrēs
gerentēs rēgī anteīrent.

Crēscēbat interim urbs, cum alia atque alia loca mū-
nīrentur. Deinde, nē vāna urbis magnitūdō esset, Rō- 1
mulus multitūdinem fīnitimōrum in urbem recēpit,
cum sub monte Capitōlīnō inter duōs lūcōs asȳlum ape-
ruisset. Eō ex fīnitimīs populīs quīlibet homō, sine discrīmine utrum līber an servus esset, perfugere poterat.

Cīvitāte ita auctā, Rōmulus centum senātōrēs creāvit, sīve quia is numerus satis erat, sīve quia sōlī centum cīvēs nōbilēs erant quī senātōrēs creārī possent. 'Patrēs' ipsī honōris causā appellātī sunt, līberīque eōrum 'patriciī'.

Sabīnae raptae

Iam rēs Rōmāna adeō erat valida ut cuilibet fīnitimārum cīvitātum bellō pār esset. Sed cum novus populus mulieribus carēret neque virīs Rōmānīs cum fīnitimīs cōnūbia essent, Rōmulus ex cōnsiliō patrum lēgātōs ad vīcīnās gentēs mīsit, quī societātem cōnūbiumque novō populō peterent. Nusquam benignē lēgātiō audīta est, adeō aliae gentēs Rōmānōs spernēbant ac simul tantam in mediō crēscentem mōlem metuēbant. Ab omnibus dīmissī sunt, plērīsque rogitantibus 'num fēminīs quoque asȳlum aperuissent?' Id Rōmānī iuvenēs aegrē passī sunt, et haud dubiē ad vim spectāre rēs coepit.

Rōmulus vērō indignātiōnem dissimulāns lūdōs parat Neptūnō; deinde fīnitimōs ad spectāculum vocārī iubet. Multī mortālēs convēnēre studiō etiam videndae novae urbis, māximē ex oppidīs proximīs Caenīnā, Crustumeriō, Antemnīs; etiam Sabīnōrum omnis multitūdō cum līberīs ac coniugibus vēnit. Invītātī hospitāliter per domōs, cum situm moeniaque et frequentia urbis tēcta vīdissent, mīrantur tam brevī rem Rōmānam crēvisse. Ubi spectāculī tempus vēnit atque eō oculī et mentēs

---

cīvitās -ātis *f* = cūnctī cīvēs, urbs
creāre = facere, legere

cīvēs nōbilēs quī possent (*conī*) = cīvēs tam nōbilēs ut possent

Sabīnī -ōrum/-ae -ārum *m/f*: gēns Rōmānīs fīnitima
rēs Rōmāna = rēs pūblica R., cīvitās R.
adeō valida = tam v.
alterī pār = tam bonus/validus... quam alter

cōnūbium = iūs cōnūbiī
vīcīnus -a -um = quī prope habitat
quī peterent (*conī*) = ut peterent
lēgātiō -ōnis *f* = lēgātōrum numerus
spernere = dēspicere, contemnere

aegrē ↔ libenter; aegrē patī = molestē patī

indignātiō -ōnis *f* = īra (ob rem indignam)
spectāculum -ī *n* = id quod spectātur
-ēre = -ērunt (*perf 3 pers plūr*)
Caenīna -ae *f*
Crustumerium -ī *n*
Antemnae -ārum *f*

hospitālis -e = hospitibus benignus
tēctum : domus

iuventūs = iuvenēs
dis-currere = in variās
partēs currere (↔con-
currere)
lūdicrum -ī n = lūdī

pro-fugere = aufugere

mītigāre = mītem facere,
mollīre

quō nihil cārius est : quod
omnium cārissimum est
pro-inde = ergō

accēdere : addī
blandus -a -um = con-
ciliāns, laudāns

ad-modum = valdē, plānē

sordidā veste significātur
lūctus
con-citāre ↔ mītigāre

continēre = tenēre

Caenīnēnsēs -ium m,
Crustumīnī -ōrum m,
Antemnātēs -ium m:
cīvēs oppidōrum
lentus -a -um = tardus,
sēgnis

occāsiō -ōnis f = tempus
idōneum

---

conversae erant, tum signō datō iuventūs Rōmāna ad rapiendās virginēs discurrit!

Turbātō per metum lūdicrō, maestī parentēs virginum profugiunt Rōmānōs 'perfidōs hospitēs' incūsantēs deumque Neptūnum invocantēs. Nec virginibus raptīs ⸗ indignātiō minor erat. Sed ipse Rōmulus circumībat animōsque eārum mītigābat hīs dictīs: "Hoc factum est ob patrum vestrōrum superbiam, quī cōnūbium Rōmānīs negāvērunt. Vōs tamen cum virīs Rōmānīs in mātrimōniō eritis, in societāte fortūnārum omnium et — quō 5 nihil cārius est generī hūmānō — līberōrum. Proinde mollīte īram, et virīs, quibus forte corpora data sunt, date animōs! Saepe ex iniūriā posteā grātia orta est." Ad hoc accēdēbant blanda verba virōrum, quae ad muliebre ingenium māximam vim habent.   5

Spolia opīma

Iam admodum mītigātī animī raptārum erant. At rap- 1 tārum parentēs sordidā veste lacrimīsque et querēllīs cīvitātēs concitābant. Nec domī tantum indignātiōnēs continēbant, sed undique ad T. Tatium, rēgem Sabīnō- 6 rum, lēgātiōnēs conveniēbant, quod māximam Tatiī nōmen in iīs regiōnibus erat.

Caenīnēnsēs Crustumīnīque et Antemnātēs, cum Tatium Sabīnōsque lentē agere exīstimārent, ipsī inter sē trēs populī commūniter bellum parant. Dum Crustu- 65 mīnī atque Antemnātēs occāsiōnem exspectant, Caenī-

nēnsēs nimis impatientēs per sē ipsī in agrum Rōmānum impetum faciunt. Sed iīs obviam it Rōmulus cum
exercitū, levīque certāmine docet vānam sine vīribus
īram esse: exercitum eōrum fugat, fugātum persequitur. Rēgem in proeliō obtruncat et spoliat. Duce hostium occīsō, urbem prīmō impetū capit.

Inde exercitū victōre reductō, ipse spolia ducis hostium prae sē gerēns in Capitōlium ēscendit, ibique cum
spolia opīma ad quercum sacram dēposuisset, simul
cum dōnō fīnēs templō Iovis dēsignāvit cognōmenque
addidit deō: "Iuppiter Feretrī!" inquit, "Haec tibi victor
Rōmulus rēx rēgia arma ferō templumque hōc locō voveō, quō posterī, mē auctōrem sequentēs, rēgibus duci-
busque hostium caesīs, opīma spolia ferent."

Haec est orīgō templī quod prīmum omnium Rōmae
sacrātum est. Posteā inter tot annōs, tot bella, bīna tantum spolia opīma capta sunt: adeō rāra fuit fortūna id
decus adipīscendī.

Dum ea ibi Rōmānī gerunt, Antemnātium exercitus
per occāsiōnem hostīliter in fīnēs Rōmānōrum invāsit.
Celeriter exercitus Rōmānus eōs in agrīs sparsōs oppressit. Hostēs igitur prīmō impetū et clāmōre fugātī
sunt, oppidum captum.

Rōmulum duplicī victōriā ovantem mulierēs raptae
ōrant 'ut parentibus suīs det veniam eōsque in cīvitātem
accipiat: ita rem Rōmānam coalēscere concordiā posse.'
Id facile impetrāvērunt. Inde contrā Crustumīnōs bel-

fugāre = in fugam vertere

spoliāre aliquem =
  vestem/arma ēripere
  alicui

spolia -ōrum *n* = arma
  hostī victō ērepta
ē-scendere -disse
  = ascendere
spolia *opīma* = spolia ducī
  hostium occīsō ērepta
dē-signāre = statuere

Feretrius -ī *m*: cognōmen
  Iovis cui spolia opīma
  feruntur

quercus
-ūs *f*

decus -oris *n* = honōs

gerere = agere

in-vādere -sisse -sum

veniam dare = ignōscere

impetrāre = adipīscī
  id quod rogātur
inde = deinde

clādēs -is f ↔ victōria
animus cadit = animus
(: virtūs) minuitur
migrāre = in alium locum
īre habitātum

multō māximus = longē
māximus

bellum ostendere : sē
bellum factūrum esse
ostendere

Sp. = Spurius (prae-
nōmen)

necāvēre = -ērunt

im-pūne adv = sine poenā
prō-dere -didisse -ditum
= trādere (in manūs
hostium)

armilla
-ae f

tenuēre = -ērunt

locus aequus ↔ clīvus
re-ciperāre = rūrsus
capere
sub-iēre = -ērunt

lum īnferentēs profectus est; ibi etiam minus certāminis fuit, quod aliēnīs clādibus ceciderant animī hostium. Ex utrāque cīvitāte frequentēs Rōmam migrāvērunt, parentēs māximē ac frātrēs raptārum.

Bellum Sabīnum

Novissimum ab Sabīnīs bellum ortum est, multōque id māximum fuit. Nihil enim per īram aut cupiditātem 1 āctum est, nec ostendērunt bellum prius quam intulērunt. Nōn sōlum vī, sed etiam dolō ūsī sunt:

Sp. Tarpēius arcī Rōmānae praeerat. Huius fīlia virgō forte aquam petītum extrā moenia ierat. Eī Tatius aurō pollicendō persuāsit ut Sabīnōs armātōs in arcem 1 acciperet. Acceptī Sabīnī Tarpēiam necāvēre! — seu ut arx potius vī quam dolō capta esse vidērētur, seu exemplī causā nē quis impūne patriam suam prōderet. Additur fābula, Tarpēiam mercēdem ab Sabīnīs postulāvisse 'id quod in sinistrīs manibus habērent' (nam 1 Sabīnī aureās armillās magnī ponderis bracchiō laevō gemmātōsque ānulōs habēbant); ergō Sabīnōs prō aureīs dōnīs scūta in eam coniēcisse!

Tenuēre tamen arcem Sabīnī. Atque inde posterō 1 diē, cum exercitus Rōmānus inter Palātīnum Capitōlī- 11 numque collem īnstrūctus esset, nōn prius dēscendērunt in locum aequum quam Rōmānī — īrā et cupiditāte arcis reciperandae accēnsī — montem subiēre. Uterque dux suās cōpiās ad pugnam concitābat, Sabīnōs Mettius

Curtius, Rōmānōs Hostius Hostīlius. Hic mīlitēs suōs inīquō locō pugnantēs animō atque audāciā sustinēbat. Ut Hostius cecidit, cōnfestim aciēs Rōmāna cēdere coepit ac fugāta est. Ad veterem portam Palātiī Rōmulus, et ipse turbā fugientium āctus, arma ad caelum tollēns "Iuppiter! Tuīs" inquit "iussus avibus hīc in Palātiō prīma urbī fundāmenta iēcī. Arcem iam scelere ēmptam Sabīnī habent, inde hūc armātī tendunt. At tū, pater deum hominumque, hinc saltem arcē hostēs! Dēme terrōrem Rōmānīs fugamque foedam siste! Hīc ego tibi templum Statōrī Iovī, quod monumentum sit posterīs tuā praesentī ope servātam urbem esse, voveō." Haec precātus, velut sī sēnsisset audītās precēs, "Hinc" inquit, "Rōmānī, Iuppiter Optimus Māximus resistere atque iterāre pugnam iubet!"

Restitēre Rōmānī tamquam caelestī vōce iussī. Ipse ad prīmōrēs Rōmulus prōvolat. Mettius Curtius ab Sabīnīs prīnceps ab arce dēcurrerat et effūsōs ēgerat Rōmānōs per tōtam vallem ubi nunc est forum Rōmānum. Nec procul iam ā portā Palātiī erat, clāmitāns: "Vīcimus perfidōs hospitēs, imbellēs hostēs! Iam sciunt longē aliud esse virginēs rapere, aliud pugnāre cum virīs!"

In eum haec glōriantem cum globō ferōcissimōrum iuvenum Rōmulus impetum facit. Ex equō tum Mettius pugnābat, eō facilius fuit eum pellere. Pulsum Rōmānī persequuntur. Et reliqua Rōmāna aciēs, audāciā rēgis accēnsa, fundit Sabīnōs. Mettius, equō strepitū sequen-

---

in-īquus ↔ aequus;
i. locus : clīvus
animus (fortis) = fortitūdō, virtūs
cōnfestim = statim

tuīs iussus avibus = iussū tuārum avium

deum (gen pl) = deōrum

dēmere = adimere
sistere = stantem facere
Stator = quī sistit
monumentum esse alicui = aliquem monēre
audītās esse

iterāre = iterum facere, renovāre
restitēre = -ērunt

prō-volāre

prīnceps = prīmus
effūsus -a -um (< effundere) = sparsus

clāmitāre = magnā vōce clāmāre
im-bellis -e ↔ bellicōsus
longē aliud…aliud:
aliud… longē aliud

globus -ī m = turba, multitūdō

eō facilius = tantō facilius

fundere = turbāre ac fugāre

103

aegrē = magnō cum
labōre, vix
ē-vādere

iniūria mulierum = i.
mulieribus facta

sē īn-ferre = penetrāre,
sē prōicere
īnfēstus = hostīlis, ad
pugnam parātus
ne-fandus -a -um = īn-
fandus
re-spergere = aspergere
pigēre = taedēre: mē
piget = mē taedet
melius perībimus : perīre
mālumus
alterīs vestrum : virīs aut
patribus
orbus -a -um = quī
parentem āmīsit

foedus -eris n = lēx quā
pāx vel societās statuitur
prōd-īre = prōcēdere

cōn-sociāre = commū-
nem facere

Quirītēs -ium m
Curēs -ium f: oppidum
Sabīnōrum
ex : post
Sabīnās cāriōrēs fēcit
virīs...

centuria -ae f = mīlitum
numerus c
cōn-scrībere (mīlitēs)
= cōgere et armāre
(1) Ramnēnsēs -ium m
(2) Titiēnsēs -ium m
(3) Lucerēs -um m

concors -rdis = concordiā
coniūnctus

tium trepidante, in palūdem sēsē conicit et aegrē ē perīculō ēvādit. Rōmānī Sabīnīque in mediā valle inter duōs
montēs renovant proelium, sed rēs Rōmāna erat superior.

Tum Sabīnae mulierēs, quārum ex iniūriā bellum ortum erat, crīnibus passīs scissāque veste — victō malīs
muliebrī pavōre — ausae sunt sē inter tēla volantia īnferre. Ā latere impetū factō, īnfēstās aciēs dīvīsērunt,
hinc patrēs, hinc virōs ōrantēs 'nē sanguine nefandō sē 1
respergerent!' — "Sī vōs piget cōnūbiī inter vōs, in nōs
vertite īrās! Nōs causa bellī, nōs causa vulnerum ac
caedium virīs ac parentibus sumus. Melius perībimus,
quam sine alterīs vestrum viduae aut orbae vīvēmus!"

Movet rēs cum multitūdinem, tum ducēs. Silentium 1(
et repentīna fit quiēs. Inde ad foedus faciendum ducēs
prōdeunt. Nec pācem modo, sed cīvitātem ūnam ex
duābus faciunt. Rēgnum cōnsociant; imperium omne
cōnferunt Rōmam. Ut Sabīnīs tamen aliquid darētur,
cīvēs Rōmānī 'Quirītēs' ā Curibus appellātī sunt.   16

Ex bellō tam trīstī laeta repente pāx cāriōrēs Sabīnās
virīs ac parentibus et ante omnēs Rōmulō ipsī fēcit.
Itaque cum populum in cūriās trīgintā dīvideret, nōmina eārum cūriīs imposuit. Eōdem tempore et centuriae trēs equitum cōnscrīptae sunt: 'Ramnēnsēs' ab Rō- 17(
mulō, ab T. Tatiō 'Titiēnsēs' appellātī — 'Lucerum'
nōminis orīgō incerta est. Inde nōn modo commūne,
sed concors etiam rēgnum duōbus rēgibus fuit.

Fidēnātēs et Vēientēs victī

Post aliquot annōs rēx Tatius Lāvīniī, cum ad sacrificium eō vēnisset, concursū factō interfectus est. Rōmulus eam rem minus aegrē quam dignum erat tulisse
dīcitur, seu ob īnfīdam societātem rēgnī, seu quia haud
iniūriā Tatium caesum crēdēbat. Itaque bellō quidem
abstinuit, et foedus inter Rōmam Lāvīniumque urbēs
renovātum est.

Cum Lāvīniō quidem īnspērāta pāx erat. Aliud multō
propius atque in ipsīs prope portīs bellum ortum est.
Fidēnātēs, cum nimis vīcīnam urbem prope sē convalēscere vidērent, priusquam tam valida esset quam
futūra esse vidēbātur, properant bellum facere. Iuventūte armātā immissā vāstātur id agrī quod inter urbem
ac Fidēnās est. Inde ad laevam versī, quia ā dextrā
Tiberis eōs arcēbat, cum magnō pavōre agrestium po-
pulantur. Hōc Rōmam nūntiātō, Rōmulus exercitum
ēdūcit, castra mīlle passūs ā Fidēnīs locat. Ibi modicō
praesidiō relictō, ēgressus cum omnibus cōpiīs partem
mīlitum locīs occultīs sedēre in īnsidiīs iussit, ipse cum
parte māiōre atque omnī equitātū profectus ad ipsās
prope portās Fidēnārum accēdēns hostēs ad pugnam
excīvit. Illī, numerum Rōmānōrum modicum contem-
nentēs, repente omnibus portīs ērumpunt ac Rōmānōs
fugam simulantēs ad locum īnsidiārum persequuntur.
Inde subitō exortī Rōmānī in latus hostium impetum
faciunt. Simul ē castrīs mōta sunt signa eōrum quī in

Fidēnātēs, Vēientēs -ium
< Fidēnae -ārum *f*, Vēiī
-ōrum *m*: cīvitātēs

concursus -ūs *m* < con-
currere
aegrē ferre = aegrē patī

iniūriā ↔ iūre
caesum *esse*
bellō abstinēre = ā bellō
sē abstinēre

īn-spērātus -a -um =
contrā spem factus

con-valēscere -luisse
= validus fierī

im-mittere < in-
vāstāre = vāstum (dē-
sertum) facere
id agrī (*gen*) = ea agrī pars

agrestis -is *m* = agricola
populārī = vāstāre

modicus -a -um = nec
magnus nec parvus
praesidium -ī *n* = mīlitēs
ad locum dēfendendum
locātī
īnsidiae = locus occultus
unde impetus subitus fit

ex-cīre = ēvocāre, ex-
citāre

signa movēre = ē castrīs
prōgredī

105

per-cellere -culisse -culsum = percutere (animum), perturbāre

circum-agere = convertere

ēripuēre = -ērunt
op-pōnere (< ob-) = contrā pōnere
ir-rumpere < in- (↔ ē-rumpere)

Rōmānus = dux Rōmānus : Rōmulus quem postquam : postquam eum accessūrum *esse*

dī-micāre = pugnāre

fundere fūdisse fūsum

mīlitia -ae *f* = vīta mīlitāris
domī mīlitiaeque = in pāce et in bellō
valēre = validus esse

patrēs = senātōrēs

acceptus -a -um = grātus

praesidiō relictī erant. Ita māximō terrōre perculsī Fidēnātēs, prius paene quam Rōmulus equitēsque quī cum eō erant circumagerent equōs, terga vertērunt atque oppidum repetēbant. Nōn tamen ā persequentibus sē ēripuēre: priusquam forēs portārum oppōnerentur, Rōmānī velut ūnō agmine in oppidum irrūpērunt.

Hōc bellō concitātī Vēientēs quoque in fīnēs Rōmānōs excurrērunt vāstantēs magis quam iūstī mōre bellī. Itaque nōn castrīs positīs, nōn exspectātō hostium exercitū, raptam ex agrīs praedam portantēs Vēiōs rediēre. Rōmānus contrā, postquam hostem in agrīs nōn invēnit, magnō exercitū Tiberim trānsiit. Quem postquam castra pōnere et ad urbem accessūrum Vēientēs audīvēre, obviam ēgressī sunt, ut potius aciē certārent quam inclūsī dē tēctīs moenibusque dīmicārent. Ibi nūllō dolō adiūtus, tantum virtūte mīlitum rēx Rōmānus vīcit. Hostēs fūsōs ad moenia persecūtus, urbe validā mūrīs ac sitū ipsō mūnītā abstinuit, agrōs rediēns vāstāvit, ulcīscendī magis quam praedae studiō. Eā clāde coāctī Vēientēs pācem petītum lēgātōs Rōmam mittunt.

Rōmulus cōnsecrātus

Haec Rōmulō rēgnante domī mīlitiaeque gesta sunt. Ab illō vīribus datīs, tantum valuit urbs Rōma ut in quadrāgintā deinde annōs tūtam pācem habēret. Multitūdinī tamen rēx grātior fuit quam patribus, longē ante aliōs acceptissimus mīlitum animīs. Trecentōsque armātōs ad cūstōdiam corporis, quōs Celerēs appellāvit, nōn in bellō sōlum, sed etiam in pāce habuit.

Hīs immortālibus perfectīs operibus, cum Rōmulus cōntiōnem mīlitum in campō Mārtiō habēret, subitō coorta tempestās cum magnō fragōre tonitribusque tam dēnsō nimbō rēgem operuit ut cōnspectum eius mīlitibus abstulerit. Nec deinde in terrīs Rōmulus fuit. Rōmānī iuvenēs, postquam ex tam turbidō diē serēna et tranquilla lūx rediit, ubi vacuam sēdem rēgiam vīdērunt, velut sī orbī factī essent, maestī aliquamdiū siluērunt. Patrēs vērō quī proximī steterant 'rēgem procellā in caelum raptum esse' affīrmāvērunt. Deinde, ā paucīs initiō factō, ūniversī Rōmulum 'deum deō nātum, rēgem parentemque urbis Rōmānae' salvēre iubent.

Fuisse crēdō tum quoque aliquōs quī 'rēgem ā patribus interēmptum esse' clam arguerent. Nē huic fāmae plēbs crēderet, Proculus Iūlius, senātor nōbilissimus, in cōntiōnem prōdiit. "Quirītēs!" inquit, "Rōmulus, parēns urbis huius, prīmā hodiernā lūce dē caelō repente dēlāpsus mihi obvius fuit. Cum perfūsus horrōre cōnstitissem, 'Abī, nūntiā' inquit 'Rōmānīs, caelestēs ita velle ut mea Rōma caput orbis terrārum sit; proinde rem mīlitārem colant sciantque — et ita posterīs trādant — nūllās opēs hūmānās armīs Rōmānīs resistere posse.' Haec" inquit "locūtus sublīmis abiit." Illī virō nūntiantī haec plēbs crēdidit. Fānum in colle Quirīnālī Rōmulō deō, quī īdem Quirīnus vocātur, dicātum est.

---

equitēs armātōs

cōntiō -ōnis *f* = populus /exercitus convocātus
co-orīrī -ortum = orīrī
dēnsus -a -um: (nimbus) dēnsus ↔ tenuis
: ut eum ē cōnspectū mīlitum abstulerit

aliquam-diū = aliquantum temporis (nesciō quamdiū)
stāre stetisse

salvēre iubent = salūtant

arguere = accūsandō dīcere, accūsāre
plēbs -bis *f* = plēbēiī, populus Rōmānus praeter patrēs et patriciōs

hodiernus -a -um < hodiē
dē-lābī
ob-vius -a -um = quī obviam it; o. esse = obviam īre
caelestēs -ium *m* = dī

colere = cūrāre
(posterīs) trādere = nārrāre

sublīmis -e = altus, superiōre locō situs; s. abīre = ad caelum a.
fānum -ī *n* = templum

107

inter-rēgnum -ī *n* = tempus inter duo rēgna

peregrīnus -a -um = cui
alia patria est
in-cēdere

externus -a -um
↔ internus
ad-orīrī = oppugnāre
patribus placet = patrēs
volunt
(alicui) con-cēdere =
cēdere (↔ resistere)

imperitāre = imperāre
inter-rēx -rēgis *m*

factōs *esse*

populus = plēbs

dē-cernere -crēvisse
-crētum = statuere
quid faciendum sit
auctor fierī : rēgem
creātum probāre
quod bonum sit = utinam
hoc bonum sit
faustus -a -um = fēlīx

patribus vidētur = patri-
bus placet, patrēs volunt

Interrēgnum

Patrēs interim dē rēgnō certābant. Quī ab Sabīnīs ortī erant, quia post Tatiī mortem nēmō eōrum rēgnāverat, rēgem Sabīnum creārī volēbant. Rōmānī veterēs peregrīnum rēgem spernēbant. Timor deinde patrēs incessit nē cīvitātem sine imperiō, exercitum sine duce vīs aliqua externa adorīrētur. Omnibus igitur patribus placē- 2 bat aliquod caput cīvitātis esse, nec vērō quisquam alterī concēdere volēbat. Itaque centum patrēs summum imperium inter sē cōnsociāvērunt. Dēnī simul quīnōs diēs imperitābant, quōrum prīncipēs, quī 'interrēgēs' nōminābantur, cum īnsignibus imperiī erant. Ita impe- 2(rium per omnēs in orbem ībat. Id 'interrēgnum' appellātum est.

Plēbs autem querēbātur 'centum prō ūnō dominōs factōs' et rēgem ā sē creātum postulābant. Cum hoc sēnsissent patrēs, populō concēdendum esse cēnsuērunt 27 — ita tamen ut nōn plūs iūris darent quam retinērent. Dēcrēvērunt enim ut, cum populus rēgem creāvisset, patrēs auctōrēs fierent.

Tum interrēx, cōntiōne advocātā, "Quod bonum, faustum fēlīxque sit" inquit, "Quirītēs, rēgem creāte! 27 Ita patribus vīsum est. Patrēs deinde, sī rēgem dignum quī secundus ab Rōmulō numerētur creāveritis, auctōrēs fīent."

Ita plēbī permissum est ut rēgem creāret, sed tamen senātus dēcernēbat quis Rōmae rēgnāret. 28(

Numa Pompilius rēx

8 Eō tempore Numa Pompilius Curibus habitābat, vir prūdentissimus iūris dīvīnī atque hūmānī — ut in illā aetāte quisquam esse poterat. Eum populus Rōmānus

85 rēgem creāvit. Audītō nōmine Numae patrēs Rōmānī, quamquam peregrīnus erat, tamen nēminem illī virō praeferre ausī, ad ūnum omnēs Numae Pompiliō rēgnum trādendum esse dēcernunt.

Rōmam arcessītus Numa, sīcut Rōmulus auspicātō

90 rēgnum adeptus est, dē sē quoque deōs cōnsulī iussit. Inde ab augure dēductus in arcem, in lapide ad merīdiem versus cōnsēdit. Augur ad laevam eius capite vēlātō sēdem cēpit dextrā manū baculum aduncum tenēns, quem 'lituum' appellāvērunt. Inde in urbem

95 agrumque prōspiciēns deōs precātus regiōnēs ab oriente ad occidentem animō fīnīvit. Tum lituō in laevam manum trānslātō, dextrā in caput Numae impositā, ita precātus est: "Iuppiter pater, sī est fās hunc Numam Pompilium, cuius ego caput teneō, rēgem Rōmae esse,

300 uti tū signa nōbīs certa dēclārēs inter eōs fīnēs quōs fēcī!" Tum auspiciīs missīs dēclārātus rēx Numa dē templō dēscendit.

19 Quī rēgnō ita potītus urbem novam, conditam vī et armīs, iūre lēgibusque ac mōribus dē integrō condere

305 parat. Populum ferōcem pāce mītigandum esse ratus, Iānum ad īnfimum Argīlētum fēcit, quī apertus bellum, clausus pācem esse indicāret. (Bis deinde post Numae

iūris prūdens = quī iūs
scit/intellegit

lituus -ī *m*
caput vēlātum
augur

ausus = audēns
ad ūnum omnēs = omnēs
ūnō ōre

auspicātō *adv* = postquam auspicātus est

augur -is *m* = sacerdōs
quī auspicātur
vēlāre = veste operīre
sēdem capere = cōnsīdere
aduncus -a -um = extrēmā parte curvus:

baculum aduncum

locum fīnīre = fīnēs locī
dēsignāre
trāns-ferre -tulisse
trāns-/trā-lātum

uti/utī = ut, utinam
dē-clārāre = ostendere,
nōtum facere

templum = locus ab augure fīnītus et sacrātus

: postquam is rēgnō ita
potītus est
dē integrō = dēnuō

rērī ratum esse; ratus =
arbitrātus, cum arbitrārētur

indicāre = nōtum facere

109

[annō 235 a. C.]

Pūnicus -a -um = Karthāginiēnsis
Actiacus -a -um < Actium
[annō 31 a. C.]
pācem parere = pācem
facere

(cūram) dē-pōnere = dīmittere, relinquere

in-icere < in + iacere;
metum iīs i. = eōs metuentēs facere
mīrāculum -ī n = rēs
mīrābilis
nocturnus -a -um < nox
monitus -ūs m < monēre

suōs : propriōs

di-scrībere = in certās
partēs dīvidere
(diēs) fāstus/nefāstus: quō
fās/nefās est cum populō
agere (: iūs dīcere)
ūtilis -e = quī prōdest
(↔ inūtilis)
ad-vertere

Rōmulī (gen) similis
= Rōmulō (dat) s.

assiduus -a -um = quī
semper adest
flāmen -inis m = sacerdōs
deī proprius

pūblicum -ī n = pecūnia
pūblica, aerārium
sānctus -a -um = iūre
dīvīnō tūtus, sacer
Saliī -ōrum m: sacerdōtēs
Mārtis

rēgnum clausus est, semel T. Mānliō cōnsule post prīmum bellum Pūnicum perfectum, iterum post proelium Actiacum ab imperātōre Caesare Augustō pāce 3
terrā marīque partā.)

Clausō Iānō, cum omnium fīnitimōrum animōs societāte ac foederibus sibi iūnxisset, dēpositīs externōrum perīculōrum cūrīs, Numa omnium prīmum deōrum metum Rōmānīs iniciendum esse ratus est. Quī 3
cum dēscendere ad animōs nōn posset sine aliquō dīvīnō mīrāculō, simulat sibi cum deā Ēgeriā nocturnōs sermōnēs esse: 'eius monitū sē sacra quae dīs acceptissima essent īnstituere, et sacerdōtēs suōs cuique deōrum praeficere.' 3

Atque omnium prīmum ad cursūs lūnae in duodecim mēnsēs discrīpsit annum, additīs Iānuāriō et Februāriō. Īdem nefāstōs diēs fāstōsque fēcit, quia aliquandō nihil cum populō agī ūtile futūrum esset.

Tum ad sacerdōtēs creandōs animum advertit, quam- 2
quam ipse plūrimīs sacrīs, māximē sacrīs Iovis, praeerat. Sed quia in cīvitāte bellicōsā plūrēs Rōmulī quam Numae similēs rēgēs fore putābat itūrōsque ipsōs ad bella, nē rēge absente sacra neglegerentur, Iovī assiduum sacerdōtem creāvit quī 'flāmen Diālis' appellātus 33
est. Huic duōs flāminēs adiēcit, Mārtī ūnum, alterum Quirīnō, virginēsque Vestālēs lēgit; hīs, ut assiduae templī sacerdōtēs essent, stipendium dē pūblicō statuit, eāsque virginitāte sānctās fēcit. Saliōs item duodecim

Mārtī lēgit caelestiaque arma, quae 'ancīlia' appellantur, ferre ac per urbem saltāre canentēs carmina iussit. Pontificem deinde generum suum Numam Mārcium ex patribus lēgit eīque sacra omnia scrīpta trādidit, quibus hostiīs, quibus diēbus, ad quae templa sacra fierent. Cētera quoque omnia pūblica prīvātaque sacra pontificī mandāvit, ut esset quem plēbs cōnsuleret, nē rītūs neglegerentur.

Cum igitur multitūdō omnis ā vī et armīs ad rēs dīvīnās cūrandās conversa esset, tum fīnitimī etiam populī — quī anteā castra, nōn urbem in mediō positam esse ad turbandam omnium pācem crēdiderant — nefās putābant violāre cīvitātem quae tantā dīligentiā deōs coleret. Quam ob rem tūta pāx per omne Numae rēgnī tempus cōnservāta est.

Ita duo deinceps rēgēs, alius aliā viā, ille bellō, hic pāce, cīvitātem auxērunt. Rōmulus septem et trīgintā rēgnāvit annōs, Numa trēs et quadrāgintā. Cum valida, tum temperāta et bellī et pācis artibus erat cīvitās.

RAPINA SABINĀRVM

[*Ovidius: Ars amātōria. Ex librō I v. 109–110, 113–132*]

Respiciunt oculīsque notant sibi quisque puellam
  quam velit, et tacitō pectore multa movent.
In mediō plausū (plausūs tunc arte carēbant)
  rēx populō praedae signa – – – dedit.

Marginal glosses:

ancīle -is *n* = clipeus Saliōrum

saltāre = arte salīre /membra movēre

gener -erī *m* = marītus fīliae

mandāre = trādere, dare negōtium

ut esset *aliquis*

violāre = (reī sānctae) vim afferre

dīligentia -ae *f* < dīligēns

deōs colere = rēs dīvīnās cūrāre

cōn-servāre = integrum servāre

deinceps *adv* = alius post alium

alius aliā viā: alter alterā viā (bellō), alter alterā (pāce)

temperāre = placidum facere (↔ turbāre)

rapīna -ae *f* < rapere

amātōrius -a -um: ars amātōria = ars amandī

notāre = dīligenter animadvertere

movent : cōgitant

plausus -ūs *m* < plaudere

signa : sign*um* (– – – : 3 syllabae dēsunt)

111

CAP. XLII

ex-silīre < ex + salīre	Prōtinus exsiliunt, animum clāmōre fatentēs, 36
virginibusque iniciunt	virginibus cupidās iniciuntque manūs!
ut columbae, timidissima turba, fugiunt agnus *m*; agna -ae *f* novellus -a -um = parvulus cōnstāre -stitisse = īdem manēre color quī fuit ante faciēs = fōrma	Ut fugiunt aquilās, timidissima turba, columbae, utque fugit vīsōs agna novella lupōs, sīc illae timuēre virōs sine lēge ruentēs — cōnstitit in nūllā quī fuit ante color. 36!
	Nam timor ūnus erat, faciēs nōn ūna timōris:
laniāre = scindere	pars laniat crīnēs, pars sine mente sedet,
columba -ae *f*	altera maesta silet, frūstrā vocat altera mātrem,
	haec queritur, stupet haec, haec manet, illa fugit.
geniālis -e = iugālis	Dūcuntur raptae, geniālis praeda, puellae, 370
	et potuit multās ipse decēre timor.
sī qua = sī aliqua (puella)	Sī qua repugnābat nimium comitemque negābat,
sinus = pectus; *in* cupidō sinū cor-rumpere = prāvum/ foedum facere, perdere	sublātam cupidō vir tulit ipse sinū atque ita "Quid tenerōs lacrimīs corrumpis ocellōs? Quod mātrī pater est hoc tibi" dīxit "erō." 375
scīstī = scīvistī commodum -ī *n* = bo- num, rēs ūtilis	Rōmule, mīlitibus scīstī dare commoda sōlus: haec mihi sī dederis commoda, mīles erō!

MVLIERES PACEM FACIVNT

[*Ovidius: Fāstī. Ex librō III v. 215–228*]

fāstī -ōrum *m* = tabula diērum fāstōrum: titu- lus carminis Ovidiī dē diēbus annī ferrō (*dat*): ad ferrum (: pugnam) lituus = tuba adunca tubicen -inis *m* = quī tubā canit -que... -que = et... et pignus -oris *n* = rēs cāra data fideī causā (prō pecūniā mūtuā); līberī sunt 'pignora amōris' prō-cumbere -cubuisse ↔ re-cumbere	Iam stābant aciēs ferrō mortīque parātae 380 iam lituō tubicen signa datūrus erat — cum raptae veniunt inter patrēsque virōsque, inque sinū nātōs, pignora cāra, ferunt. Ut medium campī passīs tetigēre capillīs, in terram positō prōcubuēre genū, 385

et quasi sentīrent, blandō clāmōre nepōtēs

    tendēbant ad avōs bracchia parva suōs;

quī poterat clāmābat 'avum', tunc dēnique vīsum,

    et quī vix poterat posse coāctus erat!

0 Tēla virīs animīque cadunt, gladiīsque remōtīs

    dant socerī generīs accipiuntque manūs,

laudātāsque tenent nātās, scūtōque nepōtem

    fert avus: hic scūtī dulcior ūsus erat!

ad avōs suōs

tubicen

socer -erī *m* = pater
coniugis
nāta -ae *f* = fīlia

PENSVM A
Dē modīs verbōrum

Magister discipulōs tac– et aud– iubet: "Tac–, discipulī, et
aud–!" Mārcus nōn tac– nec aud–; magister eum monet ut
tac– et aud–: "Tac–, Mārce, et aud–! Quot sunt bis sēna
(2×6)?" Magister interrog– quot s– bis sēna, ac Mārcō imperat ut surg– et respond–: "Surg– et respond–, Mārce, sed
cav– nē prāvē respond–!" Mārcus nōn surg– nec respond–.
Magister: "Aud–, Mārce: iubeō tē surg– et respond–." Mārcus: "Nesciō quid respond–." Magister iubet eum digitīs
comput–: "Digitīs comput–! Cūrā ut rēctē comput–!" Mārcus: "Interrog– aliōs! Nōlī semper mē interrog–!" Mārcus
magistrum monet ut aliōs interrog–.

    Cicerō cōnsul Catilīnam ex urbe ēgred– et proficīsc– iussit:
"Egred– ex urbe! Patent portae: proficīsc–!" Cōnsul ōrātiōne
suā effēcit ut Catilīna ex urbe ēgred– et in Etrūriam proficīsc–.

    Latīnus ab Aenēā quaesīvit 'quis es– et quid quaer–': "Tū
quis — et quid quaer–?" Ille respondit 'sē es– Aenēam Trōiānum novamque sēdem quaer–': "Ego — Aenēās Trōiānus;
novam sēdem quaer–."

Vocābula nova:
fascis
secūris
īnsigne
līctor
asȳlum
cīvitās
lēgātiō
indignātiō
spectāculum
lūdicrum
occāsiō
spolia
quercus
decus
clādēs
armilla
globus
foedus
centuria
concursus
praesidium
mīlitia
cōntiō
plēbs
fānum
interrēgnum
interrēx
augur
lituus
mīrāculum
monitus
flāmen
ancīle
gener
dīligentia
plausus

113

columba
agna
commodum
tubicen
pignus
socer
agrestis
vānus
vīcīnus
hospitālis
blandus
lentus
opīmus
inīquus
imbellis
nefandus
concors
īnspērātus
modicus
acceptus
dēnsus
hodiernus
obvius
sublīmis
peregrīnus
externus
faustus
aduncus
nocturnus
nefāstus
fāstus
ūtilis
assiduus
sānctus
amātōrius
novellus
geniālis
coalēscere
anteīre
perfugere
creāre
spernere
discurrere
profugere
mītigāre
concitāre
fugāre
spoliāre
ēscendere
dēsignāre
invādere
impetrāre
migrāre

PENSVM B

Rōmulus rēx XII — sūmpsit, quī — imperiī, — et —, gererent, et C senātōrēs — [= lēgit]. Gentēs — [= fīnitimae] Rōmānōs — [= contemnēbant] nec — Rōmānam benignē audīvērunt. Id Rōmulus — passus est, sed — suam dissimulāns fīnitimōs ad — [= lūdōs] vocāvit. In mediō — [< plaudere] iuvenēs Rōmānī — [= clāmantēs] — virginibusque manūs —, ut nārrat Ovidius in 'Arte —.' Parentēs virginum terrōre — [= percussī] — [= aufugiunt]. Rōmulus — verbīs animōs virginum — cōnābātur, sed parentēs cīvēs suōs contrā Rōmānōs —. Dum aliī — [= tempus idōneum] exspectant, Caenīnēnsēs in fīnēs Rōmānōrum —, sed Rōmulus — [= statim] eōs — [= in fugam vertit] et ipse rēgem eōrum occīdit et —; — rēgis in Capitōliō ad — sacram dēposuit et fīnēs templō Iovis —. Mulierēs ōrābant ut parentibus licēret Rōmam —; quod facile —.

Tarpēia nōn — [= sine poenā] arcem hostibus —. Rōmulus Iovem ōrāvit ut fugam Rōmānōrum —. Tum mulierēs sē inter aciēs intulērunt patrēs virōsque ōrantēs 'nē sanguine — [= īnfandō] sē —!' Movet rēs — multitūdinem — ducēs [= et m. et d.]. Sabīnī — [= virīs fīliārum] et Rōmānī — suīs dextrās dant ac ducēs ad — faciendum — [= prōcēdunt]. Ūnam — ē duābus faciunt et rēgnum —; nōn modo commūne, sed etiam — rēgnum eōrum fuit. Rōmulus rēx trēs — equitum —. Ita equitātū Rōmānō auctō cum fīnitimīs, quī agrōs Rōmānōs — [= populābantur] — [= pugnāvit] eōsque vīcit. Haec ā Rōmulō domī —que gesta sunt. Cum — mīlitum habēret, subitō — [= ortā] procellā — [= ad caelum] raptus est. Proculus Iūlius affīrmāvit 'Rōmulum dē caelō — sibi — fuisse.'

Post breve — populus Numam, quamquam — erat, rēgem creāvit et patrēs auctōrēs factī sunt: ergō nōn — [=populus], sed patrēs — quis Rōmae rēgnāret. Tum —, capite — et — (id est baculum —) tenēns, Iovem precātus est — [= ut] signa certa —; ita Numa — [= auspiciīs missīs] rēx — est.

Numa rēs — [< ūtī] īnstituit: annum in XII mēnsēs — et diēs — et — fēcit; — Diālem creāvit ac Vestālēs, Vestae sacerdōtēs — [=semper praesentēs], quās virginitāte — fēcit; nec quae— virgō Vestālis fierī poterat, sed nōbilissimae tantum. Cum igitur fīnitimī nefās putārent cīvitātem sānctam —, pāx multōs annōs — est.

Iānus clausus pācem esse —. Quī — [=valdē] maeret crīnēs et vestem — [= scindit] et ocellōs lacrimīs —. Prō pecūniā mūtuā — dandum est. — [< nox] tempore nauta sīdera in caelō — [= animadvertit].

Synōnyma: honōs et —; templum et aedēs et —; rēs mīrābilis et —; rūsticus et —; tardus et —; fēlīx et —; grātus et —; iterum facere et —; taedēre et —; validus fierī et —; oppugnāre et —; aliquantum temporis et —; dēnuō et dē —.

Contrāria: victōria et —; aequus et —; bellicōsus et —; internus et —; concurrere et —; ērumpere et —; āvertere et —; recumbere et —.

PENSVM C

Quae sunt īnsignia imperiī?

Quōmodo Rōmulus cīvitātem auxit?

Cūr novus populus uxōribus carēbat?

Quārē Rōmulus fīnitimōs ad lūdōs vocāvit?

Quō rēx victor spolia opīma tulit?

Quōmodo Sabīnī arcem Rōmānam cēpērunt?

Quārē scūta sua in puellam coniēcērunt?

Quid fēcit Rōmulus cum Rōmānī fugerent?

Quam ob rem pāx facta est cum Sabīnīs?

Cūr Rōmulus Vēiōs expugnāre nōn potuit?

Quid accidit cum rēx cōntiōnem mīlitum habēret?

Num mīlitēs rēgem in caelum rapī vīdērunt?

Quid Proculus Iūlius nārrāvit?

Quōmodo novus rēx creātus est?

Uter rēx ferōcior fuit, Rōmulusne an Numa?

Quōmodo Numa populum bellicōsum temperāvit?

prōdere
reciperāre
sistere
iterāre
prōvolāre
clāmitāre
ēvādere
respergere
pigēre
prōdīre
cōnsociāre
cōnscrībere
convalēscere
immittere
vāstāre
populārī
excīre
percellere
oppōnere
irrumpere
dīmicāre
coorīrī
dēlābī
adorīrī
imperitāre
dēcernere
vēlāre
dēclārāre
indicāre
inicere
discrībere
advertere
saltāre
violāre
cōnservāre
temperāre
notāre
exsilīre
laniāre
corrumpere
prōcumbere
cum...tum
quīlibet
aegrē
proinde
admodum
impūne
cōnfestim
aliquamdiū
auspicātō
uti
dē integrō
deinceps

115

ROMA ET ALBA

[Ex T. Līviī 'Ab urbe conditā' librō I.22–31,

nōnnūllīs mūtātīs et praetermissīs]

bellum in-dīcere = dīcere
sē bellum factūrum esse
rēs : rēs pūblica

cuius pugna...

Albānīs bellum indictum

Numae morte ad interrēgnum rēs rediit. Inde Tullum 2

Hostīlium, nepōtem Hostiī Hostīliī, cuius in īnfimā

arce clāra pugna adversus Sabīnōs fuerat, rēgem popu-

lus creāvit; patrēs auctōrēs factī sunt.   5

dis-similis -e ↔ similis

avītus -a -um < avus
stimulāre = incitāre
senēscere -nuisse = senex
fierī
ōtium = pāx
māteria : causa

Hic nōn sōlum proximō rēgī dissimilis, sed ferōcior

etiam quam Rōmulus fuit. Cum aetās vīrēsque, tum

avīta quoque glōria animum stimulābat. Senēscere igi-

tur cīvitātem ōtiō ratus, undique māteriam bellī faciendī

quaerēbat.   10

Forte ēvēnit ut agrestēs Rōmānī ex Albānō agrō, Al-

bānī ex Rōmānō praedās agerent. Imperitābat tum

utrimque = ab utrāque
parte

Gāius Cluilius Albae. Utrimque lēgātī eōdem ferē tem-

116

pore ad rēs repetendās missī sunt. Tullus imperāverat
5 suīs ut sine morā mandāta agerent. Satis sciēbat rēgem
Albānum negātūrum esse: ita iūre bellum indīcī posse.
Ab lēgātīs Albānīs sēgnius rēs ācta est. Exceptī ab Tullō
blandē ac benignē, libenter rēgis convīviō intersunt. Interim Rōmānī et rēs repetīverant priōrēs et negantī rēgī
10 Albānō bellum in trīcēsimum diem indīxerant. Haec
renūntiant Tullō. Tum Tullus ā lēgātīs Albānīs quaerit
'quid petentēs vēnerint?' Illī prīmum sē pūrgāre cōnantur: 'sē invītōs aliquid quod displiceat Tullō dictūrōs
esse: rēs repetītum sē vēnisse; nisi reddantur, bellum
25 indīcere iussōs esse.' Ad haec Tullus "Nūntiāte" inquit
"rēgī vestrō rēgem Rōmānum deōs facere testēs uter
prius populus lēgātōs rēs repetentēs superbē dīmīserit,
ut in eum omnēs huius bellī clādēs vertant!"

23 Haec nūntiant domum Albānī. Et bellum utrimque
30 omnibus vīribus parābātur, cīvīlī bellō simillimum,
prope inter parentēs nātōsque, cum Rōmānī ab Albā
ortī essent.

Albānī priōrēs ingentī exercitū in agrum Rōmānum
impetum fēcēre. Castra locant, fossā circumdant, haud
35 plūs quīnque mīlia passuum ab urbe, nam hoc spatium
interest inter Rōmam et locum quī 'fossa Cluilia' ab
nōmine ducis per aliquot saecula appellātus est, quoad
nōmen vetustāte abolēvit. In hīs castrīs Cluilius, Albānus rēx, moritur. Albānī Mettium Fūfētium dictātōrem
40 creant.

rēs re-petere = postulāre
ut rēs reddantur

convīviō (*dat*) interesse =
in convīviō adesse

re-nūntiāre

pūrgāre = pūrum facere,
excūsāre
invītus -a -um = nōlēns
(↔ libēns)
dis-plicēre ↔ placēre

cīvīlis -e < cīvis; bellum
c.e = bellum inter cīvēs
similis: *comp* -ilior,
sup -illimus

plūs v mīlia = plūs quam
v mīlia
spatium -ī *n*: centum
passūs haud magnum
spatium est

abolēscere -ēvisse = abo-
lērī, ē memoriā exīre
dictātor -ōris *m* = dux cui
rēgia potestās datur

117

(frātrēs) tri-geminī = trēs
eōdem diē nātī
morte : ob mortem

(castra) statīva = castra
quae diū ūnō locō stant
dūcit *exercitum*
quam proximē potest
= tam prope quam
(māximē) potest

per-tinēre ad = attingere,
afficere

et Albānī = etiam A.

ex foedere = ex verbīs
foederis

cognātus -a -um = ab
eōdem ortus
quō... eō... (+ *comp*) =
quantō... tantō...
propior -ius *comp*
(< prope)
memor esse = meminisse;
m. estō = mementō

spectāculō (*dat*) esse alicui
= spectārī ab aliquō
ag-gredī -gressum = op-
pugnāre, adorīrī
via : modus agendī

quā dēcernī possit utrī
utrīs imperent
utrī utrīs : uter utrī
populō
indolēs -is *f* = ingenium

Trigeminōrum pugna

Interim Tullus ferōx, praecipuē morte rēgis, nocte praeteritīs hostium castrīs īnfēstō exercitū in agrum Albānum pergit. Ea rēs ab statīvīs excīvit Mettium. Dūcit quam proximē ad hostem potest. Inde lēgātum praemis- 4. sum nūntiāre Tullō iubet, 'priusquam dīmicent, opus esse colloquiō; sē aliquid allātūrum esse quod nōn minus ad rem Rōmānam quam ad Albānam pertineat.'

Tullus colloquium haud recūsat, sed tamen cōpiās suās in aciem ēdūcit. Exeunt contrā et Albānī. Post- 5(quam īnstrūctī utrimque stābant, cum paucīs comitibus in medium ducēs prōcēdunt. Ibi ōrdītur Albānus: "Iniūriae et rēs nōn redditae, quae ex foedere repetītae sunt, causa huius bellī esse dīcuntur. Sed sī vēra dīcenda sunt, cupīdō imperiī duōs cognātōs vīcīnōsque 55 populōs ad arma stimulat. Illud tē, Tulle, moneō: Etrūsca rēs quanta sit, tū, quō propior es, eō magis scīs. Multum illī terrā, plūrimum marī valent. Memor estō, iam cum signum pugnae dabis, hās duās aciēs spectāculō fore Etrūscīs, ut pugnā fessōs cōnfectōsque, 60 simul victōrem ac victum, aggrediantur. Itaque — sī nōs dī amant — ineāmus aliquam viam, quā sine magnā clāde, sine multō sanguine utrīusque populī dēcernī possit utrī utrīs imperent."

Haud displicet rēs Tullō, quamquam cum indole, 65 tum spē victōriae ferōcior erat. Ratiōnem ineunt, cui et fortūna ipsa praebuit māteriam: Forte in duōbus tum 24 exercitibus erant trigeminī frātrēs, Horātiī Cūriātiīque, nec aetāte nec vīribus disparēs. Eōs rogant rēgēs ut prō suā quisque patriā dīmicet ferrō: 'ibi imperium fore unde victōria fuerit.'

Frātrēs nōn recūsant. Tempus et locus convenit. Priusquam dīmicārent, foedus ictum est inter Rōmānōs et Albānōs hīs lēgibus 'ut cuius populī cīvēs eō certāmine vīcissent, is alterī populō cum bonā pāce imperitāret.'

Foedere ictō, trigeminī — sīcut convēnerat — arma capiunt. Cum utrīque suōs adhortārentur — 'deōs patriōs, patriam ac parentēs omnēsque cīvēs illōrum tunc arma, illōrum intuērī manūs!' — ferōcēs in medium inter duās aciēs iuvenēs prōcēdunt. Cōnsēderant utrimque prō castrīs duo exercitūs intentī in minimē grātum spectāculum.

Datur signum, īnfēstīsque armīs velut aciēs ternī iuvenēs, magnōrum exercituum animōs gerentēs, concurrunt. Nec hīs nec illīs perīculum suum ob oculōs versātur, sed pūblicum imperium servitiumque. Ut prīmō statim concursū increpuēre arma micantēsque fulsēre gladiī, horror ingēns spectantēs perfūdit. Deinde, cum iam nōn mōtus tantum corporum agitātiōque anceps tēlōrum armōrumque sed vulnera quoque et sanguis spectāculō essent, duo Rōmānī super alium alius, vulnerātīs tribus Albānīs, exspīrantēs concidērunt. Ad quōrum cāsum cum conclāmāvisset gaudiō Albānus

---

dis-pār -paris = impār, dissimilis
ferrum : gladius

ibi unde victōria fuerit : apud eōs quī vīcerint

foedus īcere = foedus facere
lēgēs = condiciōnēs
cuius populī cīvēs = populus cuius cīvēs

utrīque : et Rōmānī et Albānī
ad-hortārī = hortārī
"diī patriī, patria ac parentēs... vestra nunc arma, vestrās manūs intuentur"

prō castrīs = ante castra (prōspiciēns ā castrīs)

suum : ipsōrum
ob = ante
servitium -ī n = servitūs (↔ imperium)
in-crepāre -uisse = strepitum facere
spectantēs = spectātōrēs
mōtus -ūs m < movēre
agitātiō -ōnis f < agitāre = citō movēre
anceps -cipitis = in utramque partem versus : super alterum alter

ex-spīrāre = morī

exercitus, Rōmānās legiōnēs iam spēs tōta dēseruerat.

integer : incolumis

Forte ūnus Horātius integer fuit — ut ūniversīs sōlus

nē-quāquam = nūllō
modō
fugam capit = fugere
incipit
secūtūrōs *esse*

nēquāquam pār, sīc adversus singulōs ferōx. Ergō, ut dīvideret pugnam eōrum, capit fugam, ita ratus Albānōs secūtūrōs ut quemque vulnere affectum corpus sineret. Iam aliquantum spatiī ex eō locō ubi pugnātum 1 est aufūgerat, cum respiciēns videt Cūriātiōs magnīs

inter-vāllum -ī *n* = spatium interiectum

intervāllīs sequentēs, ūnum haud procul ab sēsē abesse. In eum magnō impetū rediit. Et dum Albānus exercitus

in-clāmāre alicui = clāmāre ad aliquem

inclāmat Cūriātiīs uti opem ferant frātrī, iam Horātius caesō hoste victor secundam pugnam petēbat. Tunc clā- 1 mōre ingentī Rōmānī adiuvant mīlitem suum. Et ille

(rē) dē-fungī -fūnctum = (rem) cōnficere, per-agere

dēfungī proeliō festīnat. Prius igitur quam alter — nec procul aberat — cōnsequī posset, et alterum Cūriātium

cōnficit : interficit
in-tāctus -a -um = nōn
tāctus, integer
gemināre = duplicem
facere, bis facere
dabat : faciēbat
fessum corpus

cōnficit. Iamque singulī supererant, sed nec spē nec vīribus parēs. Alterum intāctum ferrō corpus et gemi- 1 nāta victōria ferōcem in certāmen tertium dabat; alter, fessum vulnere fessum cursū corpus trahēns victusque

strāgēs -is *f* = caedēs
ob-icere = oppōnere,
offerre
iugulum -ī *n* = prior collī
pars

frātrum ante sē strāge, victōrī obicitur hostī. Nec illud proelium fuit: male sustinentī arma gladium in iugulō dēfīgit, iacentem spoliat.   11

iugulum

Rōmānī ovantēs ac grātulantēs Horātium accipiunt, eō māiōre cum gaudiō quod prope metum rēs fuerat. Inde utrīque suōs mortuōs sepeliunt. Sepulcra posita

quō locō = eō locō quō

sunt quō quisque locō cecidit: duo Rōmāna ūnō locō propius Albam, tria Albāna Rōmam versus, sed inter- 12 vāllīs interiectīs, ut pugnātum est.

Amor immātūrus

Priusquam inde dīgrederentur, Tullus Mettiō imperat uti iuventūtem in armīs habeat: 'sē eōrum operā
ūsūrum, sī bellum cum Vēientibus foret.' Ita exercitūs
inde domum abductī sunt.

Prīnceps Horātius ībat, trigemina spolia prae sē gerēns. Cui soror virgō, quae dēsponsa ūnī ex Cūriātiīs
fuerat, obvia ante portam Capēnam fuit, cognitōque
super umerōs frātris palūdāmentō spōnsī, quod ipsa
cōnfēcerat, solvit crīnēs et flēbiliter nōmine spōnsum
mortuum appellat. Movet ferōcī iuvenī animum complōrātiō sorōris in victōriā suā tantōque gaudiō pūblicō. Strictō itaque gladiō, simul verbīs increpāns,
trānsfīgit puellam! "Abī hinc cum immātūrō amōre ad
spōnsum" inquit "oblīta frātrum mortuōrum vīvīque,
oblīta patriae! Sīc eat quaecumque Rōmāna lūgēbit
hostem!"

Atrōx vīsum est id facinus patribus plēbīque. Horātius, etsī tam bene dē patriā meritus erat, tamen in iūs
ad rēgem raptus est. Rēx, nē ipse rem tam trīstem iūdi-
cāret ac secundum iūdicium suppliciī auctor esset, conciliō populī advocātō, "Duumvirōs" inquit, "quī Horātiō perduelliōnem iūdicent, secundum lēgem faciō."

Horrenda lēgis verba haec erant: "Duumvirī perduelliōnem iūdicent. Sī vincent, caput obnūbitō! Īnfēlīcī
arborī reste suspenditō! Verberātō vel intrā pōmērium
vel extrā pōmērium!" (Pōmērium est locus quem in

arbor
īnfēlīx

ūsūrum *esse*
foret = esset

prīnceps = prīmus

dē-spondēre -spondisse
-spōnsum = spondēre

palūdāmentum -ī *n* =
pallium mīlitis
spōnsus -ī *m* = marītus
futūrus
flēbilis -e = flēns

complōrātiō -ōnis *f* <
com-plōrāre = plōrāre

increpāre = magnā vōce
reprehendere
trāns-fīgere = per me-
dium corpus percutere

lūgēre aliquem = lūgēre
ob mortem alicuius

atrōx -ōcis = crūdēlis,
inhūmānus

iūdicāre = dēcernere
quid iūstum sit
secundum iūdicium = ex
iūdiciō
duum-virī = duo virī quī
negōtium pūblicum
cūrant
perduelliō -ōnis *f* = scelus
māximum contrā rem
pūblicam
ob-nūbere = vēlāre

restis -is *f* = fūnis
sus-pendere = penden-
tem facere

121

spatium = locus vacuus /apertus

iūdex -icis *m* = is quī iūdicat
crīmen -inis *n* = id quod accūsātur
condemnāre = poenam meruisse iūdicāre

col-ligāre = vinculō coniungere

laqueus -ī *m*

prō-vocāre (ad populum) = postulāre ut populus iūdicet
prōvocātiō -ōnis *f* < prōvocāre
prō-clāmāre = pūblicē clāmāre
iūdicāre : cēnsēre

Pīla Horātia dīcitur locus quīdam in forō Rōmānō
huncine = hunc-ne

decorāre (< decus) = ōrnāre (honōribus)
cruciātus -ūs *m* < cruciāre

quod spectāculum : hoc s.
dē-fōrmis -e ↔ fōrmōsus

parere = facere, dare

līberātor -ōris *m* = quī līberat

condendīs urbibus quondam Etrūscī, ubi mūrum duc-tūrī erant, cōnsecrābant, ut et intrā et extrā moenia aliquid pūrī solī patēret; hoc spatium, quod neque habi-tārī neque arārī fās erat, 'pōmērium' Rōmānī appellāvē-runt.)

Hāc lēge duumvirī creātī sunt, iūdicēs sevērissimī, quī sē tam grave crīmen neglegere posse nōn rēbantur, et Horātium condemnāvērunt. Tum alter ex iīs "Pūblī Horātī, tibi perduelliōnem iūdicō" inquit. "Ī, līctor, colligā manūs!" Accesserat līctor iniciēbatque laqueum collō...

Tum Horātius "Ad populum prōvocō" inquit. Itaque prōvocātiō facta ad populum est. Mōtī hominēs sunt in eō iūdiciō māximē P. Horātiō patre prōclāmante 'sē fī-liam iūre caesam iūdicāre!' Ōrābat deinde 'nē sē, quem paulō ante cum ēgregiā stirpe cōnspexissent, orbum lī-berīs facerent!' Inter haec senex iuvenem amplexus, spolia Cūriātiōrum fīxa eō locō quī nunc 'Pīla Horātia' appellātur ostentāns, "Huncine" aiēbat "quem modo decorātum ovantemque victōriā incēdentem vīdistis, Quirītēs, eum vīnctum inter verbera et cruciātūs vidēre potestis? Quod vix Albānōrum oculī tam dēfōrme spec-tāculum ferre possent! 'Ī, līctor, colligā manūs' — quae paulō ante armātae imperium populō Rōmānō peperē-runt! 'Ī, caput obnūbe' — līberātōris urbis huius! 'Arbore īnfēlīcī suspende! Verberā vel intrā pōmērium' — modo inter illa pīla et spolia hostium! — 'vel extrā

pōmērium' — modo inter sepulcra Cūriātiōrum! Quō
enim dūcere hunc iuvenem potestis ubi nōn sua decora
eum ā tantā foeditāte suppliciī dēfendant?"

Nōn tulit populus nec patris lacrimās nec ipsīus parem in omnī perīculō animum, absolvēruntque admīrātiōne magis virtūtis quam iūre causae.

Mettiī perfidia ac supplicium

Nec diū pāx Albāna mānsit. Īra vulgī Albānī, quod
tribus mīlitibus fortūna pūblica commissa erat, ingenium dictātōris corrūpit, et quoniam rēcta cōnsilia haud
bene ēvēnerant, prāvīs cōnsiliīs reconciliāre populārium
animōs coepit. Igitur, ut prius in bellō pācem, sīc in
pāce bellum quaerēns, quia suae cīvitātī vīrēs deesse
cernēbat, ad bellum palam gerendum aliōs concitat populōs, ipse clam prōditiōnem parat. Fidēnātēs, cum
Mettius sē ad eōs trānsitūrum prōmīsisset, ad bellum
incitantur et apertē ā sociīs Rōmānīs ad Vēientēs hostēs
dēficiunt.

Tullus — Mettiō exercitūque eius Albā arcessītō —
contrā hostēs dūcit. Ubi Aniēnem fluvium trānsiit, ad
cōnfluentēs collocat castra. Inter eum locum et Fidēnās
Vēientium exercitus Tiberim trānsierat. Hī in aciē
prope flūmen tenuēre dextrum cornū; in sinistrō Fidēnātēs propius montēs cōnsistunt. Tullus adversus Vē-
ientem hostem dīrigit suōs, Albānōs contrā legiōnem
Fidēnātium collocat.

foeditās -ātis *f* < foedus;
tanta f. suppliciī = tam
foedum supplicium

ab-solvere ↔ condem-
nāre
causa = rēs iūdicanda

perfidia -ae *f* < perfidus
(↔ fidēs)
vulgus -ī *n* = populus,
plēbs
(rem alicui) committere
= trādere, crēdere

re-conciliāre
populārēs -ium *m* = cīvēs

palam ↔ clam

prōditiō -ōnis *f* < prōdere

trānsitūrum *esse*

dēficere (ā sociō ad hos-
tem) = socium dēserere
et trānsīre ad hostem

Aniō -ēnis *m*: fluvius in
Tiberim īnfluēns
cōn-fluere = in eundem
locum fluere; cōnfluen-
tēs = locus ubi fluviī
cōnfluunt
cornū = pars aciēī dextra
aut sinistra

(aciem) dī-rigere = ōrdine
īnstruere
legiō : exercitus

123

animī : virtūtis

sēnsim = paulātim, cautē

rērī ratum: ratus est
= arbitrātus est

citātus -a -um = citō
currēns

nihil *adv* = nēquāquam
trepidātiō -ōnis *f*
< trepidāre
circum-dūcere
nūdus -a -um = quī nōn
dēfenditur

Latīnē scīre = linguam
Latīnam scīre
inter-clūdere = clau-
dendō prohibēre

ante *adv* = anteā

Mettiō nōn plūs animī erat quam fideī. Nec manēre ergō nec apertē ad hostēs trānsīre ausus, exercitum Albānum sēnsim ad montēs abdūcere coepit; inde, ubi satis sēsē subiisse ratus est, tōtam aciem in locō superiōre instrūxit. Cōnsilium erat cum iīs sē iungere quibus fortūna victōriam daret.

Prīmō Rōmānī quī Albānīs proximī steterant mīrābantur, cūr sociī ā lateribus suīs dīgrederentur. Inde eques citātō equō nūntiat rēgī 'abīre Albānōs!' Tullus equitem clārā increpāns vōce, ut hostēs exaudīrent, redīre in proelium iubet: 'nihil trepidātiōne opus esse; suō iussū circumdūcī Albānum exercitum, ut Fidēnātium nūda terga invādat!'

Terror ad hostēs trānsit: et audīverant clārā vōce dictum, et magna pars Fidēnātium Latīnē sciēbant. Itaque, nē subitō impetū Albānōrum interclūderentur ab oppidō, terga vertunt. Īnstat Tullus, fūsōque Fidēnātium cornū, in Vēientēs aliēnō pavōre perculsōs ferōcior redit. Nec illī tulēre impetum, sed ab effūsā fugā flūmen obiectum ā tergō arcēbat. Quō postquam fugientēs dēvēnērunt, aliī arma foedē iactantēs in aquam caecī ruēbant, aliī dum cūnctantur in rīpā inter fugae pugnaeque cōnsilium oppressī sunt. Nōn alia ante Rōmāna pugna atrōcior fuit.

Tum Albānus exercitus, spectātor certāminis, in campōs dēductus est. Mettius Tullō dē victōriā grātulātur. Contrā Tullus Mettium benignē alloquitur; Albānōs castra sua Rōmānīs castrīs iungere iubet; sacrificium in diem posterum parat.

Ubi illūxit, parātīs omnibus ut solet, vocārī ad cōntiōnem utrumque exercitum iubet. Albānī, ut rēgem Rōmānum cōntiōnantem audīrent, proximī cōnstitēre. Eōs circumsistit armāta Rōmāna legiō. Tum ita Tullus
5 ōrdītur:

"Rōmānī! Sī umquam ūllō in bellō fuit quod prīmum dīs immortālibus grātiās agerētis, deinde vestrae ipsōrum virtūtī, hesternum id proelium fuit. Dīmicātum est enim nōn magis cum hostibus quam — quae dīmicātiō
10 māior atque perīculōsior est — cum prōditiōne ac perfidiā sociōrum. Nam iniussū meō Albānī subiēre ad montēs! Nec ea culpa omnium Albānōrum est: ducem secūtī sunt, ut et vōs, sī ego inde agmen abdūcere voluissem, fēcissētis. Mettius ille est ductor itineris huius, Mettius
15 īdem huius auctor bellī, Mettius foederis Rōmānī Albānīque ruptor!"

Centuriōnēs armātī Mettium circumsistunt. Rēx cētera ut ōrsus erat peragit: "Quod bonum, faustum fēlīxque sit populō Rōmānō ac mihi vōbīsque, Albānī: po-
50 pulum omnem Albānum Rōmam trādūcere in anımō mihi est, ūnam urbem, ūnam rem pūblicam facere. Ut ex ūnō quondam in duōs populōs dīvīsa Albāna rēs est, sīc nunc in ūnum redeat!" Ad haec Albāna iuventūs, inermis ab armātīs saepta, silentium tenet. Tum Tullus:
55 "Mettī Fūfetī!" inquit, "Sī ipse discere possēs fidem ac

il-lūcēscere -ūxisse = lūcēre incipere; illūcēscit = lūx fit
ut solet = ut fierī solet

cōntiōnārī = prō cōntiōne loquī
circum-sistere = circumdare

fuit quod... = causa fuit quārē...

hesternus -a -um = herī factus
nōn magis... quam = nōn tam... quam
dīmicātiō -ōnis f < dīmicāre
in-iussū ↔ iussū

culpa -ae f = causa accūsandī/pūniendī

ductor -ōris m = quī dūcit

ruptor -ōris m = quī rumpit
centuriō -ōnis m = mīles quī centuriae praefectus est

trā-dūcere = trānsferre
in animō mihi est = cōnsilium meum est, certum mihi est
rēs pūblica = cīvitās

saepīre -psisse -ptum = cingere

125

servāre ↔ rumpere

īn-sānābilis -e = quī
sānārī nōn potest
at = tamen, saltem

Fidēnās -ātis *adi*

(animus) anceps =
dubius
dis-trahere = trahere
in contrāriās partēs
quadrīgae -ārum *f* = IV
equī currū iūnctī
ligāre = vincīre
dīversus -a -um
= contrārius
lacerāre = laniāre
tanta foedītās spectāculī
= tam foedum spectā-
culum

dī-ruere -uisse -utum
= dēstruere
inter haec = intereā
quī trādūcerent (*coni*)
= ut trādūcerent

ef-fringere -frēgisse
-frāctum < ex + fran-
gere

ferrō flammāque : armīs
et igne
maestitia -ae *f* < maestus
dē-fīgere = fīgere

postrēmum *adv*

vagārī = errāre
ultimus *sup* (< ultrā)
= extrēmus
pulvis -eris *m* = terra
sicca quae ventō
spargitur

continēns -entis = sine
intervāllō

foedera servāre, vīvum tē id docuissem. Nunc, quoniam tuum īnsānābile ingenium est, at tū tuō suppliciō
docē hūmānum genus ea sāncta crēdere quae ā tē violāta
sunt! Ut igitur paulō ante animum inter Fidēnātem Rō-
mānamque rem ancipitem gessistī, ita iam corpus in
duās partēs distrahendum dabis!"

Duābus admōtīs quadrīgīs, in currūs eārum ligat
Mettium. Deinde in dīversās partēs equī concitātī sunt
lacerātum in utrōque currū corpus et membra portantēs. Āvertēre omnēs ab tantā foedītāte spectāculī oculōs.

Alba dīruta

Inter haec iam praemissī Albam erant equitēs quī
multitūdinem trādūcerent Rōmam. Legiōnēs deinde
ductae sunt ad dīruendam urbem. Quae ubi intrāvēre
portās, nōn quidem fuit tumultus ille nec pavor quālis
captārum esse urbium solet, cum — effrāctīs portīs strā-
tīsve mūrīs aut arce vī captā — clāmor hostīlis et cursus
per urbem armātōrum omnia ferrō flammāque miscet,
sed silentium trīste ac tacita maestitia ita dēfīxit omnium animōs ut nunc cūnctantēs in līminibus stārent,
nunc per domōs suās, quās tum postrēmum vīdērunt,
vagārentur. Ut vērō iam fragor tēctōrum quae dīruē-
bantur in ultimīs urbis partibus audiēbātur pulvisque
velut nūbe omnia implēverat, Albānī tēcta in quibus
nātus quisque ēducātusque erat relinquentēs exiērunt.
Iam continēns agmen migrantium implēverat viās, et

cōnspectus aliōrum renovābat lacrimās, vōcēsque etiam
miserābilēs exaudiēbantur, mulierum praecipuē, cum
templa augusta ab armātīs occupāta praeterīrent ac
5 velut captōs relinquerent deōs.

Ēgressīs urbe Albānīs, Rōmānī passim pūblica prīvātaque omnia tēcta dīruunt, ūnāque hōrā quadringentōrum annōrum opus, quibus Alba steterat, funditus dē-
lētum est. Templīs tamen deōrum (ita enim ēdictum ab
10 rēge erat) abstinuērunt.

Rōma interim crēscit Albae ruīnīs. Duplicātur cīvium numerus. Caelius additur urbī mōns, et eam sēdem Tullus rēgiae capit ibique habitāvit. Prīncipēs Albānōrum in patrēs lēgit, ut ea quoque pars reī pūblicae
15 crēsceret, et senātuī ita ab sē auctō cūriam aedificāvit,
quae 'cūria Hostīlia' ūsque ad patrum nostrōrum aetātem appellāta est. Equitum decem turmās ex Albānīs
lēgit, et legiōnēs veterēs supplēvit et novās cōnscrīpsit.

Sabīnī dēvictī

20 Cum iam vīribus suīs satis cōnfīderet, Tullus Sabīnīs
bellum indīxit, gentī eā tempestāte secundum Etrūscōs
opulentissimae virīs armīsque. Utrimque iniūriae factae
ac rēs nēquīquam repetītae erant; hae causae bellī affe-
rēbantur. Cum bellum utrīque summā ope parārent,
25 Tullus prior in agrum Sabīnum trānsīre properat.
Pugna atrōx ad silvam Malitiōsam fuit, ubi equitātū
nūper auctō plūrimum Rōmāna aciēs valuit. Ab equiti-

miserābilis -e = mise-
randus
occupāre = vī capere
et suum facere

passim = longē lātēque,
ubīque

ē-dīcere = pūblicē
imperāre

ruīna -ae f < ruere
duplicāre = duplicem
(bis tantō māiōrem)
facere
capit : sūmit

in patrēs : in senātum

turma -ae f = equitum
numerus XXX
sup-plēre -ēvisse -ētum =
augēre addendō quae
dēsunt

dē-vincere = plānē
vincere

eā tempestāte = eō
tempore
secundum Etrūscōs =
post Etrūscōs (sōlī
Etrūscī opulentiōrēs
erant)

summā ope = omnibus
vīribus

127

in-vehere

bus repente invectīs turbātī sunt ōrdinēs Sabīnōrum, nec deinde resistere nec fugere sine magnā caede potuē-runt.

Dēvictīs Sabīnīs, cum in magnā glōriā magnīsque opibus rēgnum Tullī ac tōta rēs Rōmāna esset, nūntiā-tum rēgī patribusque est 'in monte Albānō lapidēs dē caelō cecidisse.' Etiam vōx ingēns ex summō monte au-dīta Albānōs monuisse dīcitur 'ut patriō rītū sacra face-rent.' Nam, velut dīs quoque simul cum patriā relictīs,

suscipere = accipere et
suum facere
cultus -ūs *m* < colere

Albānī aut Rōmāna sacra suscēperant aut fortūnae īrātī cultum relīquerant deōrum.

Tullus fulmine ictus

mīlitia = officium
mīlitum

mīlitiae (*loc*) = in castrīs,
in bellō
dōnec = quoad

Haud ita multō post pestilentia orta est. Quam ob rem cum iuvenēs mīlitiam recūsāre inciperent, nūlla tamen ab armīs quiēs dabātur ā bellicōsō rēge, quī etiam sāniōra mīlitiae quam domī iuvenum corpora esse rēbā-tur — dōnec ipse quoque gravī morbō affectus est. Tunc adeō frāctus simul cum corpore est animus ille

quī... ratus esset = etsī
ratus erat
animum dēdere = sē
dēdere = studēre
religiō -ōnis *f* = cūra rērum dīvīnārum, metus
deōrum
status -ūs *m*: s. rērum =
modus quō rēs stant
(: sē habent)

ferōx, ut quī anteā nihil minus rēgium ratus esset quam sacrīs dēdere animum, repente summā cūrā deōs coleret religiōnibusque etiam populum implēret. Iam hominēs eum statum rērum quī sub Numā rēge fuerat dēsīde-rantēs, ūnam opem aegrīs corporibus relictam esse crē-dēbant: sī veniam ā dīs impetrāvissent. Sed rēx, cum sacrum Iovī nōn rīte fēcisset, fulmine ictus cum domō

cōn-flagrāre = flagrāre,
igne absūmī

suā cōnflagrāvit.

Tullus magnā glōriā bellī rēgnāvit annōs duōs et trīgintā.

annōs XXXII: 672–640
a. C.

CAVSA HORATII

[*Ex M. Tulliī Cicerōnis 'Dē inventiōne' librō II*]

[*Cicerō adulēscēns artem ōrātōriam scrīpsit 'Dē inventiōne',
id est dē inveniendīs argūmentīs, in quā exemplī grātiā
causam Horātiī attulit:*]

Horātius, occīsīs tribus Cūriātiīs et duōbus āmissīs frātribus, domum sē victor recēpit. Is animadvertit sorōrem suam dē frātrum morte nōn labōrantem, spōnsī
autem nōmen appellantem identidem 'Cūriātiī' cum gemitū et lāmentātiōne. Indignē passus virginem occīdit!

Accūsātur.

Intentiō est: "Iniūriā sorōrem occīdistī."

Dēpulsiō est: "Iūre occīdī."

Quaestiō est: 'iūrene occīderit?'

Ratiō est: "Illa enim hostium mortem lūgēbat, frātrum neglegēbat, mē et populum Rōmānum vīcisse molestē ferēbat."

Īnfīrmātiō est: "'tàmen ā frātre indemnātam necārī
nōn oportuit."

Ex quō iūdicātiō fit: 'cum Horātia frātrum mortem
neglegeret, hostium lūgēret, frātris et populī Rōmānī
victōriā nōn gaudēret, oportueritne eam ā frātre indemnātam necārī?'

causa Horātiī = quod prō
Horātiō dīcī potest in
iūdiciō
inventiō -ōnis *f*
< invenīre
ōrātōrius -a -um < ōrātor
argūmentum -ī *n* = id
quod arguitur

sē re-cipere = redīre

labōrāre = dolēre

identidem = iterum
iterumque
lāmentātiō -ōnis *f*
= complōrātiō
indignē patī = aegrē patī

intentiō -ōnis *f* = verba
crīminis
dēpulsiō -ōnis *f* = respōnsum quō crīmen *dē-
pellitur* (= refellitur)
quaestiō -ōnis *f* = quod
quaeritur
ratiō = causa quā factum
dēfenditur (: excūsātur)
īnfīrmātiō -ōnis *f* = respōnsum quod ratiōnem
īnfirmat (= īnfīrmam
facit)
in-demnātus -a -um =
nōn condemnātus

iūdicātiō -ōnis *f* = quod
est iūdicandum

129

Vocābula nova:
spatium
dictātor
statīva
indolēs
servitium
mōtus
intervāllum
strāgēs
iugulum
palūdāmentum
spōnsus
complōrātiō
duumvirī
perduelliō
restis
pōmērium
iūdex
crīmen
laqueus
prōvocātiō
cruciātus
līberātor
foedītās
perfidia
vulgus
populārēs
prōditiō
cōnfluentēs
trepidātiō
dīmicātiō
culpa
ductor
ruptor
centuriō
quadrīgae
maestitia
pulvis
ruīna
turma
cultus
religiō
status
argūmentum
inventiō
lāmentātiō
intentiō
dēpulsiō
quaestiō
īnfirmātiō
iūdicātiō
dissimilis
avītus

PENSVM A

Dē adiectīvīs

Italiae incolae prīm– agricolae industri– fuērunt. Ill– tempus beāt– 'aetās aure–' dīcitur. Dum Latīnus in pāce diūturn– rēgnat, Trōia, urbs opulent–, ab exercitū Graec– capta est. Graecī audāc– ingent– equum ligne– mīlitibus armāt– complēvērunt. Lāocoōn dē summ– arce dēcurrēns cīvēs su– monuit nē hostibus Graec– cōnfiderent, atque omn– vīribus hastam ingent– in latus equī dūr– mīsit, sed illa in firm– rōbore stetit nec in partem interiōr– ad mīlitēs occult– penetrāvit. Brev– tempore duo anguēs māxim– per mare tranquill– ad lītus propinqu– natāvērunt et corpus eius medi– amplexī sunt. Priamus mult– gentium rēx superb– fuit.

Prīm– lūce Dīdō sorōrī su– "Quāl– hospes" inquit "domum nostr– intrāvit, quam nōbil–, quam fort–! Agnōscō veter– vestīgia flammae!"

Rōmulus ante diem ūndecim– kalendās Māi– in colle Palātīn– nov– urbem condidit. Gentēs fīnitim– cīvēs Rōmān– spernēbant. Cum iuvenēs Rōmān– virginēs Sabīn– rapuissent, magn– et ācr– certāmen ortum est.

Senātus Rōmān– cōnstat ex sescent– senātōribus, quī summ– potestātem in rē pūblic– habent. Pontifex māxim– est summ– sacerdōs quī cēter– omn– sacerdōtibus Rōmān– praefectus est.

Templum Iovis Optim– Māxim– magnificent– est quam cēter– omn– templa Rōmān–; ex omn– templīs Rōmān– id magnificent– est.

Nūll– fēmina mortāl– pulchr– fuit quam Helena; ea pulcher– fuit omn– fēminārum mortāl–.

PENSVM B

Tullus, rēx — [= ingeniō] ferōx, Numae — fuit. Cum Albānī Rōmānōs rēs — dīmīsissent, Tullus iīs bellum —. Cupīdō imperiī duōs populōs — [= ab eōdem ortōs] ad arma — [= incitābat]. Etrūscī ambōs exercitūs spectābant, ut pugnā fessōs — [= oppugnārent].

Cum duo Rōmānī — [= morientēs] concidissent, ūnus ferrō — fuit; is aliquantum — aufūgit ac trēs Albānōs magnīs — sequentēs occīdit. Cum soror Horātiī — suum mortuum — [= iterum iterumque] appellāret cum — [= lāmentātiōne], Horātius eam verbīs — et gladiō —! Itaque accūsātus est, et duumvīrī, quī tantum — neglegere nōn potuērunt, eum —; sed Horātius ad populum —. In eō iūdiciō pater eius 'fīliam iūre caesam esse' —; tum populus Horātium —, neque enim — [< līberāre] urbis verberātum et arbore īnfēlīcī — vidēre voluit.

Tullus simul cum hostibus et cum — [< prōdere] et — [< perfidus] sociōrum dīmicāvit, nam — [↔ iussū] eius Albānī ex proeliō abiērunt. Hostibus victīs, rēx Mettium poenā — [= crūdēlī] affēcit: corpus eius ad duās quadrīgās — [= vīnctum] in — [= contrāriās] partēs — est. Deinde Alba — [= dēstrūcta] est et Albānī Rōmam — sunt. Ita Rōma — [< ruere] Albae crēvit, numerus cīvium — [< duplex] est et X equitum — exercituī Rōmānō additae sunt.

Bellum — est quod inter cīvēs geritur. Duumvirī sunt — sevērissimī. Quī sine — est ā iūdice absolvitur. — dīcitur quī centuriae praefectus est.

Synōnyma: servitūs et —; pallium mīlitis et —; fūnis et —; plēbs et —; cīvēs et —; metus deōrum et —; flēns et –; miserandus et —; senex fierī et —; oppōnere et —; ōrnāre et —; cingere et —; laniāre et —; errāre et —; lūx fit et —; ab utrāque parte et —; nullo modo et —; paulatim et —; ubıque et —; eaact et —.

Contrāria: pulchritūdō et —; libēns et —; fōrmōsus et —; placēre et —; clam et —.

PENSVM C

Quis fuit avus Tullī Hostīliī?
Quamobrem Tullus Albānīs bellum indīxit?
Ubi Albānī castra collocāvērunt?

invītus
cīvīlis
trigeminus
cognātus
dispār
anceps
intāctus
flēbilis
atrōx
dēfōrmis
citātus
hesternus
īnsānābilis
dīversus
continēns
miserābilis
ōrātōrius
indemnātus
indīcere
stimulāre
senēscere
repetere
renūntiāre
pūrgāre
displicēre
abolēscere
pertinēre
aggredī
adhortārī
increpāre
exspīrāre
inclāmāre
dēfungī
gemināre
obicere
dēspondēre
trānsfīgere
obnūbere
suspendere
condemnāre
colligāre
prōvocāre
prōclāmāre
decorāre
absolvere
reconciliāre
dīrigere
circumdūcere
interclūdere
illūcēscere
cōntiōnārī
circumsistere
trādūcere

131

saepīre
distrahere
ligāre
lacerāre
dīruere
effringere
vagārī
occupāre
ēdīcere
duplicāre
supplēre
dēvincere
invehere
cōnflagrāre
foret
utrimque
nēquāquam
secundum
palam
sēnsim
iniussū
postrēmum
passim
identidem

Num Rōmānī et Albānī aciē pugnāvērunt?
Quōmodo Horātius sōlus trēs Albānōs vīcit?
Quid tum factum est ante portam Capēnam?
Horātiusne condemnātus ac pūnītus est?
Quid est 'pōmērium'?
Quōmodo Mettius sociōs suōs Rōmānōs prōdidit?
Quid fēcit Tullus postquam hostēs fūdit?
Quōmodo duplicātus est cīvium numerus?
Quamdiū Alba Longa stetit?
Quid Tullus Hostīlius aedificāvit?
Quandō Tullus deōs colere coepit?
Quōmodo ille rēx periit?

suovetaurīlia -ium *n*
(< sūs + ovis + taurus)
= sacrificium quō im-
molātur sūs et ovis
et taurus

REGES ET REGINAE

[Ex T. Līviī 'Ab urbe conditā' librō I.32–48,

nōnnūllīs mūtātīs et praetermissīs]

Iūs fētiāle

2 Mortuō Tullō rēs, ut īnstitūtum iam inde ab initiō erat,

ad patrēs redierat, hīque interrēgem nōmināverant. Quī

cum comitia habēret, Ancum Mārcium rēgem populus

5 creāvit; patrēs fuēre auctōrēs.

Numae Pompiliī rēgis nepōs, fīliā ortus, Ancus Mār-

cius erat. Quī ut rēgnāre coepit, et avītae glōriae

memor, et quia proximus rēx religiōnēs aut neglēxerat

aut prāvē coluerat, omnium prīmum sacra pūblica ut ab

10 Numā īnstitūta erant facere cōnstituit. Inde et cīvibus

ōtiī cupidīs et fīnitimīs cīvitātibus spēs facta est in avī

mōrēs atque īnstitūta rēgem abitūrum esse. Igitur La-

tīnī, cum quibus Tullō rēgnante foedus ictum erat, sus-

tulerant animōs, et cum incursiōnem in agrum Rōmā-

fētiālis -e = dē iūre bellī;
m lēgātus quī agit dē
iūre bellī

comitia -ōrum *n* = concilium quō rēx creābātur

Numa Pompilius
|
Pompilia ∞ Numa
| Mārcius
Ancus Mārcius

colere -uisse cultum

inde : ex eā rē

in avī mōrēs abīre : avī
mōrēs sequī
īnstitūtum -ī *n* = quod
īnstitūtum est, mōs
animum tollere : audā-
cior fierī
incursiō -ōnis *f* < in-
currere

133

regnum agere = regnāre

memor : simile

in populō cum novō
tum ferōcī
habitūrum *esse* (crēdē-
bat)

iūs : lēgēs

unde : ā quibus

fīlum -ī *n* = vestis quā
vēlātur caput

lēgāre = mittere lēgātum

fidēs sit : cōnfīdendum
est
postulātum -ī *n* = quod
postulātur
ex-poscere = poscere
compos -otis (+ *gen*) =
possidēns, potēns
sinere sīvisse situm
in-gredī -gressum
= intrāre

diēbus xxx perāctīs
= diēbus xxx post
Quirīnus: cognōmen Iānī

terrestris -e < terra
īnfernus -a -um = īnferus
testārī = testem facere
per-solvere = solvere,
praestāre
māior nātū (*abl*) = plūrēs
annōs nātus
quō pactō = quō modō

num fēcissent, repetentibus rēs Rōmānīs superbē respōnsum reddunt — ōtiōsum Rōmānum rēgem inter
fāna et ārās rēgnum āctūrum esse ratī.

Medium erat in Ancō ingenium, et Numae et Rōmulī
memor. Pācem avī rēgnō magis necessāriam fuisse crēdēbat, cum in novō tum ferōcī populō, sē vērō ōtium
sine iniūriā haud facile habitūrum. Quoniam autem
Numa in pāce religiōnēs īnstituerat, Ancus, ut bella nōn
sōlum gererentur sed etiam indīcerentur aliquō rītū, iūs
fētiāle scrīpsit quō rēs repetuntur et bellum indīcitur:

Lēgātus, ubi ad fīnēs eōrum vēnit unde rēs repetun- 2
tur, capite vēlātō fīlō ē lānā factō, "Audī, Iuppiter" inquit, "audīte, fīnēs [Latīnōrum]: ego sum pūblicus nūntius populī Rōmānī. Iūstē piēque lēgātus veniō, verbīs-
que meīs fidēs sit." Peragit deinde postulāta. Inde
Iovem testem facit: "Sī ego iniūstē impiēque illōs homi- 3
nēs illāsque rēs dēdī mihi exposcō, tum patriae compo-
tem mē numquam sīveris esse!" Haec cum fīnēs trānsit,
haec portam ingrediēns, haec forum ingressus, paucīs
verbīs mūtātīs, peragit. Sī nōn dēduntur quae exposcit,
diēbus tribus et trīgintā perāctīs bellum ita indīcit: 3
"Audī, Iuppiter, et tū, Iāne Quirīne, dīque omnēs caelestēs vōsque terrestrēs vōsque īnfernī, audīte: ego vōs
testor populum [Latīnum] iniūstum esse neque iūs per-
solvere! Sed dē istīs rēbus in patriā māiōrēs nātū cōnsu-
lēmus, quō pactō iūs nostrum adipīscāmur." Tum nūn- 4
tius Rōmam ad cōnsulendum redit.

134

Cōnfestim rēx hīs fermē verbīs patrēs cōnsulēbat: "Dē iīs rēbus quās lēgātus populī Rōmānī Quirītium ā Latīnīs repetīvit, quās rēs nec dedērunt nec solvērunt nec fēcērunt, quās rēs darī, solvī, fierī oportuit, dīc" inquit eī quem prīmum sententiam rogābat, "quid cēnsēs?" Tum ille: "Pūrō piōque duellō quaerendās cēnseō, itaque cōnsentiō cōnscīscōque." Inde ōrdine aliī rogābantur, quandōque pars māior eōrum quī aderant in eandem sententiam ībat, bellum fierī erat cōnsēnsum.

Fierī solēbat ut fētiālis hastam ferrātam sanguineam ad fīnēs eōrum ferret et — nōn minus tribus pūberibus praesentibus — dīceret: "Quod populus Latīnus hominēsque Latīnī adversus populum Rōmānum Quirītium fēcērunt, dēlīquērunt, quod populus Rōmānus Quirītium bellum cum Latīnīs iussit esse senātusque populī Rōmānī Quirītium cēnsuit, cōnsēnsit, cōnscīvit ut bellum cum Latīnīs fieret, ob eam rem ego populusque Rōmānus populō Latīnō hominibusque Latīnīs bellum indīcō faciōque!" Id ubi dīxisset, hastam in fīnēs eōrum ēmittēbat.

Hōc tum modō ab Latīnīs repetītae rēs ac bellum indictum, mōremque eum posterī accēpērunt.

Ancus, dēmandātā cūrā sacrōrum flāminibus sacerdōtibusque aliīs, exercitū novō cōnscrīptō profectus, Polītōrium, urbem Latīnōrum, vī cēpit; secūtusque mōrem rēgum priōrum, quī rem Rōmānam auxerant hostibus in cīvitātem accipiendīs, multitūdinem omnem Rō-

---

fermē = ferē

populus Rōmānus Quirītium: ita rīte appellātur populus Rōmānus

rogāre = interrogāre
duellum -ī n = bellum (vocābulum vetustum)
rēs quaerendās *esse*
cōn-sentīre = idem s.
cōn-scīscere -īvisse -ītum = dēcernere
in eandem sententiam īre = cōnsentīre
cōnsēnsum erat : senātus cōnsēnserat
ferrātus -a -um = ferrō mūnītus

dē-linquere -līquisse -lictum = officiō deesse, male facere

ubi dīxisset = ubi dīxit, cum dīxisset

dē-mandāre = mandāre

hostibus accipiendīs = hostēs accipiendō

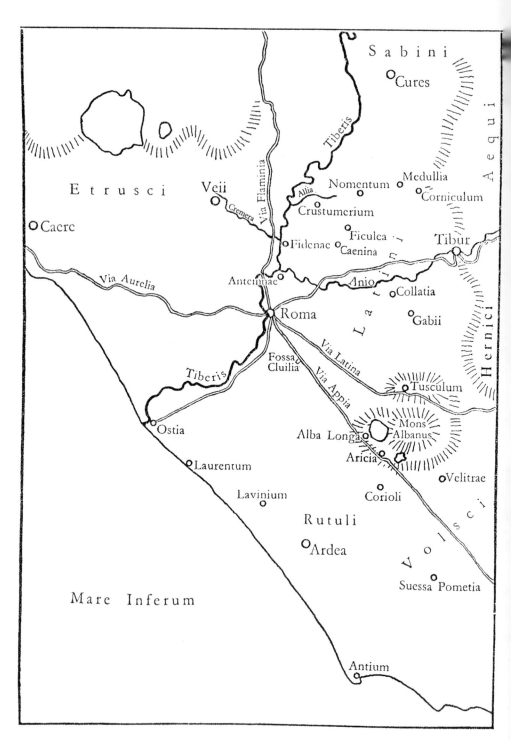

mam trādūxit. Et cum circā Palātium, sēdem veterum
Rōmānōrum, Sabīnī Capitōlium atque Arcem, Caelium
montem Albānī implēvissent, Aventīnum novae multitūdinī datum. Postrēmō omnī bellō Latīnō Medulliam
compulsō, aliquamdiū ibi variā victōriā pugnātum est,
nam urbs tūta mūnītiōnibus praesidiōque validō fīrmāta
erat. Ad ultimum omnibus cōpiīs aggressus Ancus aciē
vīcit; inde ingentī praedā potēns Rōmam redit. Tum
quoque multa mīlia Latīnōrum in cīvitātem accepta
sunt, quibus, ut iungerētur Palātiō Aventīnum, in valle
Murciā datae sēdēs. Iāniculum quoque urbī adiectum,
nōn inopiā locī, sed nē quandō ea arx hostium esset. Id
ponte Subliciō, tum prīmum in Tiberī factō, urbī coniūnctum est.

Rēbus Rōmānīs ita auctīs, cum in tantā multitūdine
hominum facinora clandestīna fierent, Carcer ad terrōrem crēscentis audāciae in mediā urbe imminēns forō
aedificātur. Nec urbs tantum hōc rēge crēvit, sed etiam
ager fīnēsque. Ūsque ad mare imperium prōlātum est et
in ōre Tiberis Ōstia urbs condita, salīnae circā factae.
Ēgregiēque rēbus bellō gestīs, aedēs Iovis Feretriī am-
plificāta est.

Lucumō et Tanaquīl

34   Ancō rēgnante Lucumō, vir impiger ac dīvitiīs potēns, cum omnibus bonīs suīs Tarquiniīs ex oppidō
Etrūriae Rōmam commigrāvit, cupīdine māximē ac spē

---

cum Sabīnī Capitōlium
atque Arcem implēvis-
sent

Aventīnum -ī *n*
= Aventīnus
datum *est*

mūnītiō -ōnis *f* = opus
quō locus mūnītur
fīrmāre = fīrmum facere

(rē) potēns = potītus,
(rem) possidēns

datae *sunt*
adiectum *est*
nē quandō = nē ali-
quandō, nē umquam
pōns Sublicius:
pōns ligneus

clandestīnus -a -um
= clam factus
ad terrōrem audāciae:
ad audācēs terrendōs

prō-ferre = māiōrem
facere, extendere
salīnae -ārum *f* = locus
ubi sāl parātur
amplificāre = ampliōrem
facere

Lucumō -ōnis *m*
Tanaquīl -īlis *f*
Tarquiniī -ōrum *m*: oppidum Etrūriae
bona -ōrum *n*: b. alicuius
= ea quae aliquis pos-
sidet
com-migrāre = migrāre

137

Dēmarātus -ī *m*
Corinthius -a -um < Co-
rinthus; *m* cīvis C.
sēditiō -ōnis *f* = discordia
cīvium

rota
-ae *f*

nurus -ūs *f* = uxor fīliī
ventrem ferre = gravida
esse
dē-cēdere = morī
testāmentum -ī *n* = litterae
dē bonīs hominis mortuī
dīvidendīs
hērēs -ēdis *m* = is cui
bona lēgantur
animōs (: superbiam) auxit
summō locō nātus = pa-
rentibus nōbilissimīs n.
humilis ↔ nōbilis
exsul -is = ex patriā profugus
indignitās -ātis *f* = rēs
indigna

honōrāre = honōre af-
ficere, decorāre
aptus -a -um = idōneus,
conveniēns
futūrum *esse*

strēnuus -a -um
= impiger
māternus -a -um < māter

ā-migrāre

ventum erat (ab iīs)
: vēnerant
carpentum -ī *n* = currus
duārum *rotārum*

volitāre = hūc illūc volāre
dīvīnitus *adv* = ā diīs,
dīvīnō modō

magnī honōris, quem Tarquiniīs — nam ibi quoque peregrīnus erat — adipīscī nōn potuerat. Dēmarātī Corinthiī fīlius erat, quī ob sēditiōnēs domō profugus, cum Tarquiniīs forte cōnsēdisset, uxōre ibi ductā duōs fīliōs genuit. Nōmina hīs Lucumō atque Arrūns fuērunt. Arrūns prior quam pater moritur uxōre gra- 1(vidā relictā. Nec diū superfuit fīliō pater; quī cum ignō- rāns nurum ventrem ferre dēcessisset oblītus nepōtis in testāmentō, puerō egentī post avī mortem nātō ab ino- piā 'Egeriō' nōmen datum est. Lucumō superfuit patrī bonōrum omnium hērēs. Cui cum dīvitiae iam animōs 10 facerent, auxit uxor eius Tanaquīl, summō locō nāta et quae haud facile virum suum humiliōrem quam patrem esse sineret. Spernentibus Etrūscīs Lucumōnem 'exsule advenā ortum', Tanaquīl eam indignitātem ferre nōn potuit, oblītaque amōris patriae, dummodo virum 11 honōrātum vidēret, cōnsilium migrandī ab Tarquiniīs cēpit. Rōma ad id aptissima vīsa est: 'in novō populō, ubi omnis repentīna atque ex virtūte nōbilitās sit, futū- rum locum fortī ac strēnuō virō.' Facile persuādet Lucumōnī ut cupidō honōrum et cui Tarquiniī māterna 11! tantum patria esset. Sublātīs igitur rēbus suīs, āmigrant Rōmam.

Ad Iāniculum forte ventum erat. Ibi eī in carpentō sedentī cum uxōre aquila repente dēlāpsa pilleum aufert, superque carpentum volitāns rūrsus, velut dīvī- 120 nitus missa, capitī aptē repōnit; inde sublīmis abit.

aquila Lucumōnī
pilleum aufert

pilleus
-ī *m*

Accēpisse id augurium laeta dīcitur Tanaquīl, mulier
perīta caelestium prōdigiōrum, ut plērīque Etrūscī.
Virum complexa summās rēs spērāre iubet: 'eam ālitem
in eā regiōne caelī deōrum nūntiam vēnisse; circā summum culmen hominis auspicium fēcisse, levāvisse hūmānō impositum capitī decus, ut dīvīnitus eīdem redderet.'

Hās spēs cōgitātiōnēsque sēcum portantēs urbem ingressī sunt, domōque ibi ēmptā Lucumō nōmine mūtātō 'Lūcium Tarquinium Prīscum' sē appellāvit. Novitās dīvitiaeque eum cōnspicuum faciēbant Rōmānīs, et
ipse fortūnam suam adiuvābat benignē alloquendō, cōmiter invītandō, beneficiīsque quōs poterat sibi concili-
andō, dōnec in rēgiam quoque dē eō fāma perlāta est.
Brevī Tarquinius cum Ancō rēge tam firmam amīcitiam
iūnxerat ut pūblicīs pariter ac prīvātīs cōnsiliīs bellō
domīque interesset, et postrēmō tūtor etiam līberīs rēgis
testāmentō īnstituerētur.

augurium -ī *n* = auspi-
cium
perītus -a -um ↔ ignārus

āles -itis *f* = avis

nūntius *m*; nūntia -ae *f*

culmen hominis : caput

decus = ōrnāmentum

cōgitātiō -ōnis *f* < cōgitāre

novitās -ātis *f* < novus
(↔ vetustās)
cōnspicuus -a -um = quī
prae aliīs cōnspicitur,
nōbilis
cōmis -e = benignus
quōs : eōs quōs

per-ferre

pariter = aequē

tūtor -ōris *m* (< tuērī) =
quī prō patre mortuō lī-
berōs ēducandōs cūrat

139

annōs XXIV: 640–616 a.C.
(quō annō Ancus mor-
tuus est)
superior = prior

quam prīmum = cum
prīmum fierī potest
rēgī creandō = ad rēgem
creandum

com-pōnere = aptē cōn-
ficere
"nōn rem novam petō, quia
duo iam... rēgnāvērunt"

factum esse

ac-cīre = arcessere,
vocāre
fortūnae = bona

fungī fūnctum (+ abl):
(officiō) f. = exsequī,
praestāre

iūra = lēgēs

cōnsēnsus -ūs m
< cōnsentīre

factiō haud dubia rēgis :
factiō quae haud dubiē
rēgī favēbat

re-vehere

L. Tarquinius Prīscus rēx

Rēgnāvit Ancus annōs quattuor et vīgintī, cuilibet superiōrum rēgum glōriā pār. Iam fīliī prope pūberem aetātem erant; eō magis Tarquinius postulābat ut quam prīmum comitia rēgī creandō fierent. Quibus indictīs rēgiōs puerōs vēnātum dīmīsit. Tum ipse rēgnum petī- 1 vit, et ōrātiōnem dīcitur habuisse ad conciliandōs plēbis animōs compositam: 'Sē nōn rem novam petere, quia duo iam peregrīnī Rōmae rēgnāvissent: et Tatium nōn ex peregrīnō sōlum sed ex hoste rēgem factum, et Nu- mam ignārum urbis, nōn petentem, in rēgnum accītum. 1ː Sē prīmā iuventūte Rōmam cum coniuge ac fortūnīs omnibus commigrāvisse. Māiōrem partem aetātis eius quā cīvīlibus officiīs fungantur hominēs sē Rōmae quam in vetere patriā vīxisse, domī mīlitiaeque sub haud spernendō magistrō, ipsō Ancō rēge, Rōmāna 1ː iūra, Rōmānōs rītūs sē didicisse...' Haec eum haud falsa memorantem ingentī cōnsēnsū populus Rōmānus rēgnāre iussit.

Novus rēx cupidus rēgnī suī fīrmandī nōn minus quam augendae reī pūblicae centum in patrēs lēgit, 16 factiō haud dubia rēgis, cuius beneficiō in cūriam vēnerant.

Bellum prīmum cum Latīnīs gessit et oppidum ibi Apiolās vī cēpit; praedāque inde māiōre quam spērāve- rat revectā, lūdōs opulentius quam priōrēs rēgēs fēcit. 16ː Tum prīmum circō quī nunc Māximus dīcitur dēsignātus locus est. Loca dīvīsa patribus equitibusque ubi spectācula sibi facerent, 'forī' appellātī. Ab eōdem rēge et circā forum porticūs tabernaeque factae.

6 Mūrō quoque lapideō circumdare urbem parābat, cum Sabīnum bellum coeptīs intervēnit. Adeōque ea subita rēs fuit ut prius Aniēnem trānsīrent hostēs quam obviam īre ac prohibēre exercitus Rōmānus posset. Prīmō dubiā victōriā, magnā utrimque caede pugnātum

75 est. Reductīs deinde in castra hostium cōpiīs datōque spatiō Rōmānīs ad parandum dē integrō bellum, Tarquinius, equitēs māximē suīs cōpiīs deesse ratus, numerō alterum tantum adiēcit, ut prō nōngentīs mīlle et octingentī equitēs in exercitū Rōmānō essent.

87 Hāc parte cōpiārum auctā iterum cum Sabīnīs cōnflīgunt. Sed praeterquam quod vīribus crēverat Rōmānus exercitus, etiam additur dolus: missī sunt quī magnam vim lignōrum, in Aniēnis rīpā iacentem, ārdentem in flūmen conicerent; ventōque iuvante accēnsa ligna pon-

85 tem incendunt. Ea quoque rēs in pugnā terrōrem attulit Sabīnīs et fūsīs fugam impedīvit, multīque mortālēs, cum hostem effūgissent, in flūmine ipsō periēre. Eō proeliō praecipua equitum glōria fuit: utrimque ab cornibus positī, cum iam pellerētur media peditum suōrum

90 aciēs, ita incurrērunt ab lateribus ut nōn sisterent modo Sabīnās legiōnēs, sed subitō in fugam āverterent. Montēs effūsō cursū Sabīnī petēbant, et paucī tenuēre; māxima pars, ut ante dictum est, ab equitibus in flūmen āctī

equitēs (Rōmānī) = cīvēs dīvitēs quī senātōrēs nōn sunt
spectācula -ōrum n = sēdēs spectātōrum
forī -ōrum m factae sunt
lapideus -a -um = ex lapidibus factus
coepta -ōrum n = opus coeptum, cōnsilium
reī inter-venīre = inter rem (in mediam rem) venīre, rem turbāre

spatium (temporis) = tempus

cōn-flīgere -xisse -ctum = proeliō concurrere
praeter-quam quod = praeter id quod
missī sunt hominēs

magna vīs (alicuius reī) = magna cōpia

impedīre = difficilem /tardum facere

praecipuus -a -um = prae aliīs magnus, ēgregius

in-currere -risse ↔ ex-currere

effūsus = sparsus, turbātus
locum tenēre = ad locum pervenīre

141

captīvus -ī m = mīles
bellō captus

Collātīnus -a -um < Col-
lātia; m cīvis C.
dēditiō -ōnis f < dēdere
fōrmula -ae f = verba
lēge statūta
ōrātor = lēgātus

terminus -ī m = lapis
quō fīnis dēsignātur
dēlūbrum -ī n = templum

diciō -ōnis f = potestās

ubi : in quō bellō

nōmen Latīnum: Latīnī
domāre -uisse -itum =
sibi pārentem facere

exōrdium -ī n = initium

con-vallis -is f = vallis
angusta

sunt. Tarquinius, praedā captīvīsque Rōmam missīs, pergit in agrum Sabīnum exercitum indūcere. Iterum- ꞁ que ibi fūsī Sabīnī, iam prope dēspērātīs rēbus, pācem petīvēre.

Collātia et quidquid agrī citrā Collātiam erat Sabīnīs adēmptum est. Egerius (frātris hic fīlius erat rēgis) Collātiae in praesidiō relictus. Collātīnī hīs verbīs dēditī 2꞉ sunt, eaque dēditiōnis fōrmula est:

Rēx interrogāvit: "Estisne vōs lēgātī ōrātōrēsque missī ā populō Collātīnō, ut vōs populumque Collātīnum dēderētis?" "Sumus." "Estne populus Collātīnus in suā potestāte?" "Est." "Dēditisne vōs populumque 2꞉ Collātīnum, urbem, agrōs, aquam, terminōs, dēlūbra, dīvīna hūmānaque omnia in meam populīque Rōmānī diciōnem?" "Dēdimus." "At ego recipiō."

Bellō Sabīnō perfectō Tarquinius triumphāns Rōmam rediit. Inde Latīnīs bellum fēcit; ubi nusquam dē 21꞉ ūniversā rē dīmicātum est, sed singula oppida occupandō omne nōmen Latīnum domuit. Corniculum, Fīculea, Crustumerium, Medullia, Nōmentum, haec oppida dē Latīnīs aut dē sociīs Latīnōrum capta sunt. Pāx deinde est facta. 21꞉

Māiōre inde studiō quam quō gesserat bella pācis opera incohāta sunt, ut nōn quiētior populus domī esset quam mīlitiae fuisset. Nam et mūrō lapideō, cuius operis exōrdium Sabīnō bellō turbātum erat, urbem cingere parat, et īnfima urbis loca circā forum aliāsque conval- 22꞉

lēs collibus interiectās cloācīs in Tiberim ductīs siccat, et aedis in Capitōliō Iovis, quam vōverat bellō Sabīnō, fundāmenta iacit.

collibus (dat) interiectus = inter collēs situs

Iuvenis indolis rēgiae

9 Eō tempore in rēgiā prōdigium vīsū mīrābile fuit. Puerō dormientī, cui Serviō Tulliō fuit nōmen, caput ārsisse ferunt multōrum in cōnspectū. Plūrimō igitur clāmōre inde ad tantum mīrāculum ortō, rēgēs excītī sunt, et cum quīdam servus aquam ad restinguendum
30 ferret, ab rēgīnā retentus est, quae sēdātō tumultū vetuit movērī puerum dōnec suā sponte experrēctus esset. Mox cum somnō et flamma abiit.

indolis rēgiae = quī indolem rēgiam habet
vīsū sup II < vidēre
eī Serviō nōmen est = eī Servius nōmen est
ferunt : hominēs ferunt (= nārrant)
plūrimus -a -um sup < multus
rēgēs = rēx et rēgīna
re-tinēre -uisse -tentum
vetāre -uisse -itum
(suā) sponte = per sē
ex-pergīscī -perrēctum = ē somnō excitārī

Tum abductō in sēcrētum virō Tanaquīl "Vidēsne tū puerum hunc" inquit "quem tam humilī cultū ēducā-
35 mus? Scīre licet hunc quondam rēbus nostrīs dubiīs lūmen futūrum. Proinde eum omnī cūrā nostrā colāmus!"

sēcrētus -a -um = ā cēterīs remōtus; n locus s.
cultus = modus vīvendī
scīre licet : scītō
futūrum esse (hominem) colere = cūrāre, dīligere

Inde puerum fīliī locō habēre coepērunt eumque ērudīre artibus quibus ingenia ad magnae fortūnae cultum
40 excitantur. Ēvēnit facile quod dīs cordī esset: iuvenis ēvāsit vērē indolis rēgiae. Nec, cum quaererētur gener Tarquiniō, quisquam ē iuventūte Rōmānā ūllā arte cum Serviō cōnferrī potuit, fīliamque eī suam rēx dēspondit. Hic tantus honōs quācumque dē causā illī habitus crē-
45 dere prohibet eum servā nātum esse parvumque ipsum serviisse.

ē-rudīre (arte) = ēducāre, docēre (artem)
cordī esse = grātum esse, placēre
ē-vādere = sē ostendere, dēnique fierī
cōn-ferre = comparāre
honōrem habēre alicui = aliquem honōrāre
serva -ae f = ancilla
parvum : puerum
serviisse = -īvisse

Servius Tullius rēx factus

prō indignissimō habēre
= indignissimum exīsti-
māre
fraus -audis *f* = dolus

dē-ligere -lēgisse -lēctum
= ēligere
rīxa -ae *f* = pugna cum
tumultū

penitus = in partem inte-
riōrem; p. pervenīre =
penetrāre

co-ercēre (< -arcēre) = vī
prohibēre, domāre

ex compositō = ut con-
vēnerat (inter eōs)
secūris -is *f*: *acc* -im, *abl* -ī
dē-icere -iēcisse -iectum
< -iacere
tēlō : secūrī

quid reī = quae rēs, quid

arbiter -trī *m* = testis

properē = celeriter
ex-sanguis -e = mortuus

secūris

hoc caput

Duodēquadrāgēsimō fermē annō ex quō rēgnāre coe- 4
perat Tarquinius, nōn apud rēgem modo, sed apud patrēs plēbemque in māximō honōre Servius Tullius erat. 2
Tum Ancī fīliī duo, quī semper prō indignissimō habuerant sē tūtōris fraude patriō rēgnō pulsōs esse et rēgnāre Rōmae advenam, rēgī īnsidiās parāvērunt. Ex pāstōribus duo ferōcissimī ad facinus dēlēctī in vestibulō
rēgiae māximō cum tumultū rīxam simulant atque om- 2
nēs līctōrēs rēgiōs in sē convertunt. Inde, cum ambō
rēgem appellārent clāmorque eōrum penitus in rēgiam
pervēnisset, vocātī ad rēgem pergunt. Prīmō uterque
clāmitābat et alter alterum increpābat. Coercitī ab līc-
tōre et iussī ōrdine loquī, tandem clāmāre dēsistunt. 2
Ūnus rem ex compositō ōrdītur. Cum intentus in eum
sē rēx tōtus āverteret, alter secūrim in caput rēgis dēiēcit, relictōque in vulnere tēlō, ambō sē forās ēiciunt.

Tarquinium moribundum cum quī circā erant excē- 4
pissent, illōs fugientēs līctōrēs comprehendunt. Clāmor 2
inde concursusque fit hominum mīrantium quid reī
esset. Tanaquīl inter tumultum claudī rēgiam iubet, ar-
bitrōs ēicit. Serviō properē accītō cum paene exsan-
guem virum ostendisset, dextram tenēns ōrat 'nē inul-
tam mortem socerī esse sinat!' "Tuum est" inquit, 27
"Servī, sī vir es, rēgnum, nōn eōrum quī aliēnīs manibus pessimum facinus fēcēre. Ērige tē, deōsque ducēs
sequere, quī clārum hoc fore caput dīvīnō quondam

circumfūsō igne portendērunt. Nunc tē illa caelestis ex-
citet flamma! Nunc expergīscere vērē! Et nōs peregrīnī
rēgnāvimus. Quī sīs, nōn unde nātus sīs, reputā! Sī tibi
rē subitā cōnsilia dēsunt, at tū mea cōnsilia sequere!"

Cum clāmor impetusque multitūdinis vix sustinērī
posset, ex superiōre parte aedium per fenestrās in
Novam viam versās (habitābat enim rēx ad Iovis Statōris) populum Tanaquīl alloquitur. Iubet bonō animō
esse: 'sōpītum esse rēgem subitō ictū; ferrum haud altē
in corpus dēscendisse; iam ad sē rediisse; brevī ipsum
eōs vīsūrōs esse.' Interim populum iubet Serviō Tulliō
dictō audientem esse: 'eum iūra datūrum esse aliīsque
rēgis mūneribus fūnctūrum.'

Servius cum īnsignibus rēgiīs et līctōribus prōdit ac
sēde rēgiā sedēns alia dēcernit, dē aliīs sē rēgem cōnsul-
tūrum esse simulat; itaque per aliquot diēs, cum iam
exspīrāvisset Tarquinius, cēlātā morte suās opēs fīrmāvit. Tum dēmum mors rēgis populō patefacta est,
complōrātiōne in rēgiā ortā. Servius, praesidiō fīrmō
mūnītus, prīmus iniussū populī, voluntāte patrum rēgnāvit. Ancī līberī iam tum, comprehēnsīs sceleris ministrīs, ut vīvere rēgem et tantās esse opēs Serviī nūntiātum est, Suessam Pōmētiam exsulātum ierant.

Nec sōlum pūblicīs cōnsiliīs, sed etiam prīvātīs Servius opēs suās fīrmāvit, et nē, quālis Ancī līberōrum
animus adversus Tarquinium fuerat, tālis adversus sē
Tarquiniī līberōrum animus esset, duās fīliās suās iuve-

---

por-tendere -disse -tum =
rem futūram ostendere

quī = quis

rē subitā = ob rem
subitam

templum Iovis Statōris

sōpīre = dormientem
facere
ictus -ūs *m* < īcere
ad sē redīre = ad mentem
redīre
"brevī ipsum vid*ēbitis*"

dictō audiēns esse
= pārēre
mūnus = officium
fungī fūnctum

in sēde rēgiā

cōnsulere -uisse -sultum

mūnītus : cūstōdītus
prīmus : prīmus fuit quī

ut (+ *perf*) = postquam
Suessa Pōmētia -ae *f*:
oppidum *Volscōrum*
exsulāre = exsul esse

nē Tarquiniī līberōrum
animus tālis esset
quālis...
sē : Servium

145

iuvenēs rēgiī : fīliī rēgis

nibus rēgiīs, Lūciō atque Arruntī Tarquiniīs, mātrimōniō iungit.

Servius bellum cum Vēientibus aliīsque Etrūscīs

bellum sūmere = bellum
incipere, inīre

sūmpsit. In eō bellō et virtūs et fortūna Serviī ēgregia

(alicui) probātus = quī
probātur (ab aliquō),
acceptus

fuit, fūsōque ingentī hostium exercitū haud dubius rēx, 3

cum patribus tum plēbī probātus, Rōmam rediit.

cēnsus -ūs *m* < cēnsēre
-uisse cēnsum (= aes-
timāre)
aggredī ad = incipere

Cēnsus īnstitūtus

Aggrediturque inde ad pācis longē māximum opus:

virītim = per singulōs
virōs
habitus -ūs *m* = status
cīvēs cēnsēre = pecūni-
am cīvium aestimāre
/numerāre
cēnsus = pecūnia quae
cēnsētur

cēnsum enim īnstituit, ut bellī pācisque mūnera nōn
virītim, ut ante, sed prō habitū pecūniārum fierent. 3
Omnēs cīvēs Rōmānōs cēnsuit, tum populum ex cēnsū
in quīnque classēs et in centum nōnāgintā trēs centuriās
discrīpsit:

Classēs	Centuriae	Cēnsus
Equitēs	18	
I classis	80 + 2	māior 100 000
II classis	20	75 000–100 000
III classis	20	50 000–75 000
IV classis	20	25 000–50 000
V classis	30 + 2	11 000–25 000
Prōlētāriī	1	minor 11 000

prōlētāriī -ōrum *m* =
cīvēs pauperēs quī
nōn cēnsēbantur
aes = pecūnia, assēs; c
mīlia aeris = c milia
assium

senior -ōris *comp* < senex
ut adessent *voluit*
additae *sunt*
fabr*um* = fabr*ōrum*

Ex iīs quī centum mīlium aeris aut māiōrem cēnsum 4
habērent octōgintā cōnfēcit centuriās; *prīma classis* ap- 31
pellātī; seniōrēs ad urbis cūstōdiam ut adessent, iuvenēs
ut forīs bella gererent. Additae huic classī duae fabrum

centuriae, quae sine armīs stipendia facerent. *Secunda classis* intrā centum ūsque ad quīnque et septuāgintā 0 mīlium cēnsum īnstitūta est, et ex iīs, seniōribus iūniōribusque, vīgintī centuriae cōnscrīptae. *Tertiae classis* quīnquāgintā mīlium cēnsum esse voluit; totidem centuriae factae. In *quārtā classe* cēnsus quīnque et vīgintī mīlium; totidem centuriae factae. *Quīnta classis* aucta: 25 centuriae trīgintā factae; hīs additī sunt cornicinēs tubicinēsque in duās centuriās distribūtī. Ūndecim mīlibus haec classis cēnsēbātur. Hōc minor cēnsus reliquam multitūdinem habuit; inde ūna centuria facta est immūnis mīlitiā. Ita pedestrī exercitū distribūtō, ex prīmōri-30 bus cīvitātis duodēvīgintī equitum centuriās fēcit.

In quattuor regiōnēs urbe dīvīsā, partēs eās 'tribūs' appellāvit. (Posteā numerus tribuum auctus est ūnā et trīgintā tribubus rūsticīs additīs.)

44 Cēnsū perfectō Servius ēdīxit ut omnēs cīvēs Rō-35 mānī, equitēs peditēsque, in suā quisque centuriā, in campō Mārtiō prīmā lūce adessent. Ibi īnstrūctum exercitum omnem suovetaurīlibus lūstrāvit; ita cēnsuī fīnis factus est idque 'lūstrum condere' appellātum. Eō lūstrō mīlia octōgintā cīvium cēnsa dīcuntur (adicit scrīp-40 tōrum antīquissimus Fabius Pictor 'eōrum quī arma ferre possent eum numerum fuisse'). Ad eam multitūdinem urbs quoque amplificanda vīsa est. Addit duōs collēs, Quirīnālem Vīminālemque. Vīminālem inde auget Ēsquiliīs, ibique ipse, ut locō dignitās fieret, habitat.

stipendia facere = stipendia merēre, mīlitāre
LXXV mīlium *aeris*

iūnior -ōris *comp*
< iuvenis

totidem : vīgintī

factae *sunt*
cēnsus *fuit*
aucta *est*

cornicen -inis *m* = quī cornū canit
dis-tribuere -uisse -ūtum = discrībere
hōc minor = m. quam hic

im-mūnis -e = sine mūnere pūblicō; i. mīlitiā = cui mīlitandum nōn est
pedester -tris -tre (< pēs) = peditum

tribus -ūs *f*: *pl dat / abl* -ubus

cornū

cornicen

lūstrāre (exercitum) = pūrum facere rīte sacrificandō
lūstrum -ī *n* = rītus exercitus lustrandī; l. condere = l. peragere, cēnsum facere
scrīptor -ōris *m* = quī scrībit
Q. Fabius Pictor -ōris: senātor Rōmānus quī rēs gestās Rōmānōrum Graecē scrīpsit saeculō III a. C.

dignitās -ātis *f* < dignus

147

agger -is *m* = vāllum ē terrā factum	Aggere et fossīs et mūrō circumdat urbem, ita pōmē- 3⟨ rium prōfert.
	Auctā cīvitāte magnitūdine urbis, nōn armīs, sed
aliquod decus	cōnsiliō augēre imperium cōnātus est, simul et aliquod
inclutus -a -um = nōbilis, illūstris Ephesus -ī *f*: cīvitās Asiae	addere urbī decus. Iam tum erat inclutum fānum Diā- nae Ephesī; id commūniter ā cīvitātibus Asiae factum 3⟨
ferēbat = nārrābat	fāma ferēbat. Eum cōnsēnsum deōsque cōnsociātōs
	laudābat Servius inter prīmōrēs Latīnōrum, cum qui-
prīvātim ↔ pūblicē hospitium -ī *n* = amīcitia hospitum per-pellere -pulisse -pulsum=persuādendō pellere (ad agendum)	bus pūblicē prīvātimque hospitia amīcitiāsque iūnxerat. Saepe iterandō eadem perpulit tandem ut Rōmae in Aventīnō fānum Diānae populī Latīnī cum populō Rō- 3⟨
cōnfessiō -ōnis *f* < cōnfitērī dē quō : dē quā rē	mānō facerent. Ea erat cōnfessiō caput rērum Rōmam esse, dē quō totiēs armīs certātum erat.

Tullia ferōx

	Servius, quamquam iam ūsū haud dubiē rēgnum ⟨
Servius Tullius	possidēbat, tamen — quia L. Tarquinius, fīlius Tarqui- 3⟨
Tullia　　　　Tullia māior　　　　minor (ferōx)　　　　(mītis)	niī Prīscī, dīcēbat 'eum iniussū populī rēgnāre' — ausus est ad populum referre 'vellent iubērentne sē rēgnāre?'
ad populum referre = populum sententiam rogāre	Tantōque cōnsēnsū quantō haud quisquam alius ante rēx est dēclārātus.
affectāre = adipīscī cōnārī, petere	Neque ea rēs Tarquiniō spem affectandī rēgnī mi- 3⟨ nuit. Et ipse iuvenis ārdentis animī erat, et domī uxor
˙Tarquinius ∞ Tanaquīl Prīscus	Tullia, rēgis fīlia, animum virī stimulābat.
Lūcius　　　　Arrūns Tarquinius　　Tarquinius (ferōx)　　　　(mītis)	Hic L. Tarquinius frātrem habuerat Arruntem Tar- quinium, mītis ingeniī iuvenem. Hīs duōbus, ut ante
nūbere -psisse -ptum	dictum est, duae Tulliae, rēgis fīliae, nūpserant — et 37

148

ipsae longē disparēs mōribus. Ferōx Tullia, quae Arruntī Tarquiniō nūpta erat, aegrē ferēbat nihil māteriae
in virō neque ad cupiditātem neque ad audāciam esse;
alterum Tarquinium admīrārī, 'eum virum esse' dīcere
75 'ac rēgiō sanguine ortum'; spernere sorōrem quod virō
audācī nūpta ipsa audāciā carēret; nūllīs verbōrum con-
tumēliīs parcere dē virō ad frātrem, dē sorōre ad virum.
Celeriter adulēscentem suā temeritāte implet. Arruntis
Tarquiniī et Tulliae minōris prope continuīs fūneribus
80 cum domōs vacuās novō mātrimōniō fēcissent, L. Tarquinius et Tullia māior iunguntur nūptiīs!
47   Tum vērō in diēs īnfēstior Tulliī senectūs, īnfēstius
rēgnum coepit esse. Iam enim ab scelere ad aliud scelus
spectāre mulier. Nec nocte nec interdiū virum conqui-
85 ēscere patī, nē grātuīta praeterita parricīdia essent: 'nōn
sibi dēfuisse marītum cum quō tacita servīret — dēfuisse virum quī sē rēgnō dignum esse putāret, quī meminisset sē esse Prīscī Tarquiniī fīlium, quī habēre
quam spērāre rēgnum māllet!' "Sī tū is es cui nūptam
90 esse mē arbitror, et virum et rēgem appellō: quīn accin-
geris? Nōn tibi ab Corinthō nec ab Tarquiniīs, ut patrī
tuō, peregrīna rēgna affectāre necesse est. Dī tē Penātēs
et patris imāgō et domus rēgia et in domō rēgāle solium
et nōmen Tarquinium creat vocatque rēgem. Aut sī ad
95 haec parum est animī, quid frūstrāris cīvitātem? quid tē
ut rēgium iuvenem cōnspicī sinis? Facesse hinc Tarqui-
niōs aut Corinthum, frātrī similior quam patrī!" Hīs

---

eī nūpta = eius uxor

admīrārī : admīrātur
dīcere : dīcit
spernere : spernit

contumēlia -ae f = dictum
   indignum
parcere : parcit (: abstinet)
   ad virī frātrem
temeritās -ātis f = nimia
   audācia
continuus -a -um = sine
   intervāllō

nūptiae -ārum f (< nū-
   bere) = mātrimōnium
in diēs -ior = cotīdiē -ior
senectūs -ūtis f = aetās
   senis
spectāre : spectat
con-quiēscere = quiēscere
patī : patitur
grātuītus -a -um = sine
   mercēde factus
parricīdium -ī n (< parri-
   cīda) = nex parentis
   /cognātī
"nōn mihi dēfuit marītus
   cum quō... serviēbam"

ac-cingere = cingere;
   accingī = sē armāre

dī Penātēs et... et nōmen
   T. tē rēgem creat
rēgālis -e = rēgius

frūstrārī = falsā spē
   ēlūdere
facessere = abīre

149

īnstīgāre -āvisse -ātum
/īnstīnctum = incitāre

furor -ōris *m* < furere
īnstīnctus = īnstīgātus
: circum*it*, concili*at*,
admon*et*, repet*it*
admonēre + *gen* = a. dē
grātiam re-petere=petere
ut grātia referātur
rēgis crīminibus : rēgem
accūsandō
crēscere (: crēsc*it*) : opēs
eius crēscunt

praecō -ōnis *m* = vir quī
nūntiōs pūblicōs prō-
clāmat

prae-parāre
dē Serviō āctum *esse*: rem
Serviī āctam esse

: Serviō male dīcere ōrsus
est

interrēgnum in-ītur : i. fit

suffrāgium -ī *n* = populī
sententia comitiīs dē-
clārāta

fautor -ōris *m* = quī favet

sordidissimus quisque =
quisque ut sordidissi-
mus est, omnēs sordidī
(: indignī)

aliīsque increpandō iuvenem īnstīgat, nec conquiēscere
ipsa potest, sī — cum Tanaquīl, peregrīna mulier, duo
continua rēgna virō ac deinceps generō dedisset — ipsa, 4
rēgiō sanguine orta, nec dare nec adimere rēgnum posset. Hōc muliebrī furōre īnstīnctus Tarquinius circumīre et conciliāre sibi patrēs. Admonēre Tarquiniī Prīscī
beneficiī ac prō eō grātiam repetere. Allicere dōnīs iuvenēs. Cum ingentia pollicendō, tum rēgis crīminibus, 4(
omnibus locīs crēscere.

Postrēmō, ut iam agendae reī tempus vīsum est,
cīnctus agmine armātōrum in forum irrūpit. Inde,
omnibus perculsīs pavōre, in rēgiā sēde prō Cūriā
sedēns patrēs in Cūriam per praecōnem 'ad rēgem 4?
Tarquinium' cōgī iussit. Convēnēre extemplō, aliī iam
ante ad hoc praeparātī, aliī metū coāctī et iam dē Serviō
āctum ratī.

Ibi Tarquinius Serviō maledīcere ōrsus: 'Servum ser-
vāque nātum post mortem indignam parentis suī, nōn 41
interrēgnō (ut anteā) initō, nōn comitiīs habitīs, nōn per
suffrāgium populī, nōn auctōribus patribus, muliebrī
dōnō rēgnum occupāvisse. Ita nātum, ita creātum rēgem, fautōrem īnfimī generis hominum, ex quō ipse sit,
agrum prīmōribus ēreptum sordidissimō cuique dīvī- 42
sisse...'

Huic ōrātiōnī cum Servius intervēnisset ā trepidō 4
nūntiō excitātus, extemplō ā vestibulō Cūriae magnā
vōce "Quid hoc" inquit, "Tarquinī, reī est? Quā tū

25 audāciā, mē vīvō, vocāre ausus es patrēs aut in sēde
cōnsīdere meā?"

Cum ille ferōciter ad haec — 'sē patris suī tenēre
sēdem: fīlium rēgis multō potiōrem rēgnī hērēdem esse
quam servum; illum satis diū per licentiam illūsisse
30 dominīs' — clāmor ab utrīusque fautōribus oritur et
concursus populī fīēbat in Cūriam. Tum Tarquinius,
necessitāte iam et ipsā cōgente ultima audēre, multō et
aetāte et vīribus validior, medium arripit Servium
ēlātumque ē Cūriā in īnferiōrem partem per gradūs
35 dēiēcit! Inde ad cōgendum senātum in Cūriam rediit.

Fit fuga rēgis comitum. Ipse prope exsanguis, cum
sine rēgiō comitātū domum sē reciperet, ab iīs quī missī
ab Tarquiniō fugientem cōnsecūtī erant interficitur.
Crēditur — quia nōn abhorret ā cēterō scelere — admo-
440 nitū Tulliae id factum. Carpentō certē (id quod satis
cōnstat) in forum invecta ēvocāvit virum ē Cūriā 'rēgem'que prīma appellāvit. Ex tantō tumultū cum sē
domum reciperet pervēnissetque ad summum Cyprium
vīcum, restitit pavidus is quī iūmenta agēbat iacentem-
445 que dominae Servium trucīdātum ostendit! Foedum in-
hūmānumque inde trāditur scelus: Tullia per patris corpus carpentum ēgisse fertur, partemque sanguinis ac
caedis paternae cruentō vehiculō tulisse ad Penātēs suōs
virīque suī!

450 Servius Tullius rēgnāvit annōs quattuor et quadrāgintā. Cum illō simul iūsta ac lēgitima rēgna occidērunt.

ad haec *respondēret*

potior -ius = melior, rēctior
licentia -ae *f* (< licēre) = nimia lībertās

: cum iam et ipsa neces- sitās cōgeret *eum*
ar-ripere -uisse -reptum (< ad + rapere) = ap- prehendere

gradūs

comitātus -ūs *m* = comi- tum numerus

ab-horrēre ab ↔ con- venīre ad
admonitū *abl* < ad- monēre; a. Tulliae = admonente Tulliā

vīcus Cyprius ā forō Rōmānō ad Ēsquiliās versus dūcit
iūmentum -ī *n* = bēstia quae vehit, equus

trāditur = fertur = nārrātur

caedis : carnis
paternus -a -um < pater
vehiculum -ī *n* = currus
Penātēs : domus

annōs XLIV: 578–534 a.C.

lēgitimus -a -um = lēge īnstitūtus

151

FILIA IMPIA

[*Ovidius: Fāstī. Ex librō VI*]

mercēde : praemiō	Tullia, coniugiō (sceleris mercēde) perāctō, *58?*
solēre solitum esse ex-stimulāre = stimulāre *nōs* esse parēs — tē *mihi*... mēque *tibi* *nōbīs* placet	hīs solita est dictīs exstimulāre virum: *455* "Quid iuvat esse parēs — tē nostrae caede sorōris, mēque tuī frātris — sī pia vīta placet? *590*
vir meus: Arrūns tua coniūnx: Tullia minor ausūrī (*part fut* < audēre) erāmus socerō necātō	Vīvere dēbuerant et vir meus et tua coniūnx, sī nūllum ausūrī māius erāmus opus. Rēgia rēs scelus est: socerō cape rēgna necātō! *595*
nostrās manūs tingere = ūmidum facere in altō soliō prīvātus : nōn rēx sīdere sēdisse = cōnsīdere	et nostrās patriō sanguine tinge manūs!" Tālibus īnstīnctus, soliō prīvātus in altō sēderat; attonitum vulgus ad arma ruit.
hinc : ex hāc rē īnfīrma aetās : senex īnfīrmus scēpt*rum* socerō rapt*um* gener S. habet	Hinc cruor et caedēs; īnfīrmaque vincitur aetās: scēptra gener socerō rapta Superbus habet. *600*
sanguinulentus -a -um = sanguineus, cruentus in-īre Penātēs = intrāre domum per mediās viās	Ipse sub Ēsquiliīs, ubi erat sua rēgia, caesus concidit in dūrā sanguinulentus humō. Fīlia, carpentō patriōs initūra Penātēs, ībat per mediās alta ferōxque viās.
pro-fundere=effundere	Corpus ut aspexit, lacrimīs aurīga profūsīs 470
corripere = reprehendere	restitit; hunc tālī corripit illa sonō:
pietās -ātis *f* < pius amārus -a -um = acerbus per ipsa *patris* ōra (: ōs, vultum)	"Vādis? an exspectās pretium pietātis amārum? Dūc, inquam, invītās ipsa per ōra rotās!"

PENSVM A

Dē adverbiīs

Tullus lēgātōs Albānōs bland– ac benign– recēpit. Rēx Albānus lēgātīs Rōmānīs superb– ac ferōc– respondit. Horātiī et Cūriātiī nōn timid–, sed fort– pugnāvērunt. Duo Horātiī cit– (celer–) occīsī sunt, trēs Cūriātiī vulnerātī, duo magis aut min– grav–, tertius lev–. Subit– Horātius, quī fēlīc– incolumis erat, fugere coepit. Albānī nōn aequ– vēlōc– sequī potuērunt: quī levissim– vulnerātus erat, vēlōcissim– currēbat et continu– occīsus est, cum long– abesset ā cēterīs; quī gravissim– vulnerātus erat, postrēm– occīsus est. Cert– Horātius fort– ac prūdent– pugnāvit quam cēterī: is omnium fortissim– ac prūdentissim– pugnāvit; sed postquam ita glōriōs– patriam servāvit, sorōrem suam, quae Cūriātium flēbil– nōmināverat, crūdēl– interfēcit!

Posteā Tullus ēgregi– cum hostibus pugnāvit, etsī Albānī sociōs Rōmānōs turp– (foed–) dēseruerant. Tullus ducem Albānōrum sevēr– atque atrōc– pūnīvit. Nēmō Rōmānus hostem sevēr– aut atrōc– pūnīvit quam Tullus.

Numa iūst– et prūdent– rēgnāvit deōsque dīligent– coluit. Rōmulus et Tatius commūn– rēgnāvērunt, nec Rōmulus mortem Tatiī molest– (aegr–) tulit.

Malus discipulus, quī mal– ac prāv– scrībit, rār– laudātur; bonus discipulus, quī b– ac rēct– scrībit nōn sōlum Graec–, sed etiam Latīn–, frequent– laudātur.

PENSVM B

Ancus iūs — scrīpsit quō bellum indīcitur. Latīnīs bellum indictum est, postquam lēgātus deōs — est populum Latīnum adversus populum Rōmānum — [= male fēcisse] et plērīque senātōrēs — [= in eandem sententiam iērunt]. Latīnīs victīs, Ancus ingentem praedam Rōmam —; nec vērō Medulliam expugnāre potuit propter fīrmās — [< mūnīre]. Iāniculō adiectō urbem — [= ampliōrem fēcit].

Patre mortuō, Lucumō, vir — [= impiger], omnium bonō-

senectūs
parricīdium
furor
praecō
suffrāgium
fautor
licentia
comitātus
iūmentum
vehiculum
pietās
rota
fētiālis
compos
terrestris
īnfernus
ferrātus
clandestīnus
aptus
strēnuus
māternus
perītus
cōnspicuus
cōmis
lapideus
praecipuus
sēcrētus
exsanguis
probātus
senior
iūnior
immūnis
pedestris
inclutus
continuus
grātuītus
rēgālis
paternus
lēgitimus
sanguinulentus
amārus
exposcere
ingredī
testārī
persolvere
cōnsentīre
cōnscīscere
dēlinquere
dēmandāre
fīrmāre
amplificāre
commigrāre
honōrāre

rum — factus est. Cum Etrūscī eum spernerent ut — ortum, uxor Tanaquīl, quae virum — [= decorātum] vidēre cupiēbat, eī persuāsit ut Rōmam — cum omnibus — [= fortūnīs] suīs. Aquila eī — abstulit et — [= dīvīnē] in capite reposuit. Hoc — Tanaquīl, mulier rērum caelestium — , laeta accēpit. Rōmae L. Tarquinius, quem dīvitiae — faciēbant, cīvēs sibi conciliābat — [= benignē] invītandō. Multīs cīvīlibus officiīs — coepit, et postrēmō — līberīs rēgis factus est.

Equitātū auctō, rēx Tarquinius cum Sabīnīs —. Eō proeliō — fuit glōria equitum, quī ab lateribus — ac Sabīnōs fūdērunt. Haec — [= ferē] est fōrmula —: "Dēditisne vōs, urbem, agrōs, aquam, —, — [= fāna], dīvīna hūmānaque omnia in populī Rōmānī —?" "Dēdimus."

Servius Tullius, quī — [= ancillā] nātus esse dīcitur, magnā cūrā — [= docēbātur]. In vestibulō rēgiae duo pāstōrēs — simulant; vocātī ad rēgem alter rem ex — ōrdītur, alter secūrim in caput rēgis —. Rēgīna, — [=testibus] ēiectīs, Servium — [= celeriter] — [= arcessīvit]. Populō nūntiat 'rēgem nōn mortuum, sed — esse subitō — ; interim Servium rēgis officiīs — esse.' Ita cēlātā morte opēs Serviī — [< fīrmus]. Servius rēx populum ex — [< cēnsēre] in v classēs — [= discrīpsit]; singulae classēs ex — et — cōnstant. Quamquam Servius magnō — [< cōnsentīre] populī rēx — [< lēx] dēclārātus erat, L. Tarquinius rēgnum — nōn dēstitit; Tullia, quācum — [< nūbere] iūnctus erat, eum — [= incitābat]. Postrēmō senātum per — in Cūriam coēgit ibique turpissimīs — Serviō — ōrsus est. Huic ōrātiōnī Servius — cum — [< favēre] suīs, sed Tarquinius eum — atque per gradūs —! Tullia currum suum per corpus patris — [= cruentum] ēgisse fertur, neque id ā cēterō scelere —.

Māne hominēs ē somnō —. Senēs māiōrēs — sunt quam iuvenēs. Mōtus membrōrum vinculīs —. — est mīles captus. Discordia cīvīlis — dīcitur. Hominēs ferās — nōn possunt. Quī sōlus esse vult, locum — petit. Caput ārdēns glōriam futūram — putābātur. Fabius Pictor est rērum gestārum — antīquus. Servius cum prīmōribus Latīnōrum — [< hospes] iūnctus erat. — est — [= currus] quod duās — habet; bēstia quae currum vehit — dīcitur.

Synōnyma: uxor fīliī et —; dolus malus et —; īnsānia et —; clam factus et —; idōneus et —; illūstris et —; rēgius et —; acerbus et —; ēlūdere et —; quōmodo et quō —.

Contrāria: vetustās et —; iuventūs et —; ēgredī et —; pūblicē et —.

PENSVM C

Quōmodo fētiālis bellum indīcēbat?

Quārē carcerem aedificāre necesse fuit?

Cūr Lucumō domī honōrem adipīscī nōn poterat?

Quī rēgēs peregrīnī Rōmae rēgnāvērunt?

Quot equitēs tum in exercitū Rōmānō erant?

Quibus condiciōnibus pāx cum Sabīnīs facta est?

Quāle prōdigium in rēgiā vīsum est?

Quid caput Serviī ārdēns portendere putābātur?

Quōmodo rēx Tarquinius occīsus est?

Quārē Tanaquīl mortem rēgis cēlāvit?

Quōs collēs Servius urbī Rōmae adiēcit?

Quālēs erant fīliae Serviī?

Quōmodo Servius rēgnō pulsus est?

āmigrāre
volitāre
compōnere
accīre
fungī
revehere
intervenīre
cōnflīgere
impedīre
incurrere
domāre
expergīscī
ērudīre
dēligere
coercēre
dēicere
portendere
sōpīre
exsulāre
distribuere
perpellere
affectāre
conquiēscere
accingere
frūstrārī
facessere
īnstīgāre
praeparāre
maledīcere
arripere
abhorrēre
exstimulāre
tingere
sīdere
profundere
nātū
fermē
quō pactō
dīvīnitus
ex compositō
properē
virītim
prīvātim
admonitū

L. Iūnius Brūtus,
līberātor populī
Rōmānī

ROMA LIBERATA

[*Ex T. Līviī 'Ab urbe conditā' librō I.49–60,*

o-mittere = praeter-
mittere

nōnnūllīs mūtātīs et omissīs]

Tarquinius Superbus

Inde L. Tarquinius rēgnāre coepit, cui 'Superbō' cog- 49

prohibēre = vetāre

nōmen datum est, quia socerum suum sepelīrī prohi-

dictitāre = dīcere
identidem
favēre fāvisse fautum

buit, 'Rōmulum quoque īnsepultum periisse' dictitāns,

prīmōrēsque patrum, quōs Serviī rēbus fāvisse crēdē- 5

bat, interfēcit. Cūstōdibus armātīs corpus saepsit, ne-

quic-quam = quidquam

que enim ad iūs rēgnī quicquam praeter vim habēbat,

ut quī rēgnāret = cum
rēgnāret

ut quī neque populī iussū neque auctōribus patribus

rēgnāret. Ut plūribus metum iniceret, iūdicia per sē

iūdicium exercēre =
iūdicium facere
exsilium -ī *n* < exsul
suspectus = quī male
fēcisse putātur
invīsus -a -um ↔ dīlēctus

sōlus exercēbat, perque eam causam occīdere aut in 10

exsilium agere poterat nōn suspectōs modo aut invīsōs,

sed etiam eōs unde nihil aliud quam praedam spērāre

im-minuere = minuere

posset. Praecipuē ita patrum numerō imminūtō, statuit

paucitās -ātis *f* < paucī

nūllōs in patrēs legere, ut paucitāte ipsā senātus con-

5 tēmptior esset. Hic enim rēgum prīmus trāditum ā priōribus mōrem dē omnibus rēbus senātum cōnsulendī solvit, domesticīs cōnsiliīs rem pūblicam administrāvit,
bellum, pācem, foedera, societātēs per sē ipse, cum quibus voluit, iniussū populī ac senātūs, fēcit rūpitque.

10 Latīnōrum sibi māximē gentem conciliābat, ut pere-
grīnīs quoque opibus tūtior inter cīvēs esset; hospitia
cum prīmōribus eōrum iungēbat, atque Octāviō Mami-
liō Tūsculānō (is longē prīnceps Latīnī nōminis erat)
fīliam nūptum dat, perque eās nūptiās multōs sibi cog-
15 nātōs amīcōsque eius conciliat.

Turnus Herdōnius

50 Iam magna Tarquiniī auctōritās inter Latīnōrum prīmōrēs erat, cum iīs indīcit ut diē certā ad lūcum Ferentīnae conveniant: 'sē dē rēbus commūnibus cum iīs
30 agere velle.' Conveniunt frequentēs prīmā lūce — ipse
Tarquinius paulō antequam sōl occideret vēnit!

Multa ibi tōtō diē in conciliō variīs sermōnibus iactāta
erant. Turnus Herdōnius ab Arīciā ferōciter in absentem Tarquinium erat invectus: 'Haud mīrum esse eī
35 'Superbō' Rōmae datum cognōmen — an quicquam superbius esse quam ēlūdere sīc omne nōmen Latīnum?
Prīncipibus longē ab domō excītīs, ipsum quī concilium
indīxerit nōn adesse! Cui nōn appārēre eum affectāre
imperium in Latīnōs? Cum cīvēs Rōmānī aliī super
40 aliōs trucīdentur, exsulātum eant, bona āmittant, quid

contēmptus -a -um
= contemnendus
trāditum... mōrem...
senātum cōnsulendī
solvit (: rūpit)
ad-ministrāre = regere

sibi conciliābat

nūptum *sup* < nūbere; n.
dare = in mātrimōnium
dare

auctōritās -ātis *f* = iūs
imperandī, potentia
indīcere = imperāre
Ferentīna -ae *f*: dea
Latīnōrum

agere = colloquī (dē rē
pūblicā)

iactāre = dictitāre

in-vehī in (+*acc*) = verbīs
oppugnāre, maledīcere
an (= num) quicquam
esse? : nihil enim esse

appāret = plānum est

157

quid speī (*gen*) : quam
    spem
"sī *mē* audītis, domum
    omnēs *hinc* abībimus"

īnsolēns -entis = audāx et
    superbus
āversī *sunt* = sē
    āvertērunt

id temporis = eō tempore

eō-dem = in eundem
    locum
minae -ārum *f* = dicta
    minantia; minās iactāre
    in = minārī

māchinārī = clam ex-
    cōgitāre (dolum)

īnsōns -ontis = quī nōn
    dēlīquit
corrumpere (eum) = mer-
    cēde persuādēre (eī)
hospitium = domus
    hospitis

salūtī esse = salūtem ferre

"gladiōrum ingēns nume-
    rus ad eum convec*tus*
    esse dī*citur*"
con-vehere = cōnferre

"rogō *vōs* ut *hinc mē* cum ad
    T. veni*ātis*"

ventum est : vēnērunt

speī meliōris Latīnīs portendī? Sī sē audiant, domum omnēs inde abitūrōs!'

Haec atque alia similia cum homō īnsolēns iactāret, intervēnit Tarquinius. Is fīnis ōrātiōnī fuit. Āversī om- nēs ad Tarquinium salūtandum. Quī, silentiō factō, prī- mum sē pūrgāvit quod id temporis vēnisset: 'iūdiciī causā' ait 'sē morātum esse'; deinde Latīnōs posterō diē eōdem convenīre iussit.

Turnus vērō minās in rēgem Rōmānum iactāns ex concilio abiit. Quam rem Tarquinius aegrē ferēns cōn- festim Turnō necem māchinātur, ut eundem terrōrem quō cīvium animōs domī oppresserat Latīnīs iniceret. Et quia tam potentem virum palam interficere nōn pote- rat, allātō falsō crīmine virum īnsontem oppressit: Ser- vum Turnī aurō corrūpit, ut in hospitium eius vim magnam gladiōrum īnferrī clam sineret. Ea cum ūnā nocte perfecta essent, Tarquinius paulō ante lūcem accī- tīs ad sē prīncipibus Latīnōrum 'moram suam hester- nam velut dīvīnitus' ait 'salūtī sibi atque illīs fuisse: ab Turnō enim sibi et prīmōribus Latīnōrum parārī ne- cem, ut Latīnōrum sōlus imperium teneat; gladiōrum ingentem numerum ad eum convectum esse dīcī; id vērumne an falsum sit, extemplō scīrī posse: sē rogāre eōs ut inde sēcum ad Turnum veniant.'

Turnum suspectum fēcit et ingenium ferōx et ōrātiō hesterna. Eunt omnēs, ut fidem eius experiantur. Ubi eō ventum est, Turnum ex somnō excitātum circumsistunt cūstōdēs; comprehēnsīsque servīs, quī cāritāte dominī vim parābant, cum gladiī abditī ex omnibus locīs aedium prōtraherentur, enimvērō manifēsta rēs vīsa est, iniectaeque Turnō catēnae. Et cōnfestim Latīnōrum concilium magnō cum tumultū advocātur. Ibi tam atrōx invidia in Turnum orta est, gladiīs in mediō positīs, ut sine iūdiciō — novō genere suppliciī — dēiectus in aquam, crāte super iniectā, mergerētur.

Revocātīs deinde ad concilium Latīnīs, Tarquinius prīmum eōs collaudāvit 'quod Turnum prō manifēstō scelere meritā poenā affēcissent', deinde cum iīs ēgit dē renovandō foedere inter Rōmānōs Latīnōsque. Haud difficulter persuāsit Latīnīs, quamquam in eō foedere superior Rōmāna rēs erat; cēterum et capita nōminis Latīnī cōnsentīre cum rēge vidēbant, et Turnī suppliciō terrēbantur. Ita renovātum foedus, indictumque iūniōribus Latīnōrum 'ut diē certā ad lūcum Ferentīnae armātī frequentēs adessent.' Quī ubi ex omnibus populīs Latīnīs convēnēre, Tarquinius miscuit manipulōs ex Latīnīs Rōmānīsque, ut ex bīnīs singulōs faceret bīnōsque ex singulīs. Ita gemīnātīs manipulīs centuriōnēs praeposuit.

Gabiī dolō captī

Tarquinius autem, etsī iniūstus in pāce rēx, tamen dux bellī haud prāvus fuit, quīn etiam eā arte aequābat superiōrēs rēgēs. Is prīmus Volscīs bellum mōvit, Sues-

cāritās -ātis f (< cārus) = amor, grātia

prō-trahere
enim-vērō = profectō
manifēstus -a -um
↔ dubius
in-iectae *sunt*

invidia -ae f (< invidēre) = īra et odium
in mediō pōnere = palam ostendere

crātis -is f

col-laudāre = laudāre (multōs)

difficulter *adv* < difficilis

capita : prīncipēs

renovātum *est*
indictum *est*

legiō: X cohortēs
cohors: III manipulī
manipulus: II centuriae

singulīs manipulīs bīnī
centuriōnēs praefectī
sunt

Gabiī -ōrum *m*: oppidum Latiī

aequāre = aequus esse (atque)
bellum movēre = bellum īnferre

159

talentum: Graecōrum pondus statūtum māximum [*26 kg*]

lentius spē : lentius quam spērāverat
: postquam eam nēquīquam vī adortus est

bellum pōnere = bellum fīnīre
intentus +*dat:* intentus reī = intentus in rem
trāns-fugere = ad hostem fugere
saevitia -ae *f* < saevus
tolerāre = ferre, patī

īnsidiās : necem
nē quem = nē quemquam

usquam = ūllō locō
tūtum *esse*
quod sī = sī autem
per-errāre terram = errāre per terram
pererrātūrum *esse*
petītūrum *esse*

prō-tegere = tuērī

Gabīnus -a -um < Gabiī;
pl cīvēs
mīrārī sī... = m. quod...

"*nōbīs* vērō grāt*us* adventus *tuus est*, nam *tē* adiuvante bellum trānsfer*ētur*"
futūrum *esse* ut bellum trānsferātur = bellum trānslātum īrī

samque Pōmētiam ex iīs vī cēpit. Ubi cum vēndendā praedā quadrāgintā talenta argentī fēcisset, eam pecūniam omnem ad aedificandum Iovis templum servāvit.

Suscēpit deinde lentius spē bellum, quō Gabiōs, propinquam urbem, nēquīquam vī adortus, postrēmō (minimē arte Rōmānā!) fraude ac dolō aggressus est. Nam cum, velut positō bellō, fundāmentīs templī iaciendīs aliīsque urbānīs operibus intentus sē esse simulāret, Sextus, fīlius eius quī minimus ex tribus erat, trānsfūgit ex compositō Gabiōs patris in sē saevitiam nōn tolerandam querēns: 'rēgem iam ab aliēnīs in suōs vertisse superbiam et līberīs quoque īnsidiās parāre, nē quem hērēdem rēgnī relinquat; sē quidem inter tēla et gladiōs patris ēlāpsum nihil usquam sibi tūtum nisi apud hostēs L. Tarquiniī crēdidisse; quod sī apud eōs supplicibus locus nōn sit, pererrātūrum sē omne Latium, Volscōsque sē inde et Aequōs et Hernicōs petītūrum, dōnec ad eōs perveniat quī ā patrum crūdēlibus atque impiīs suppliciīs prōtegere līberōs sciant, et forsitan parātī sint ad bellum gerendum adversus superbissimum rēgem ac ferōcissimum populum!'

Fīlius rēgis benignē ab Gabīnīs excipitur. Nōn mīrantur sī Tarquinius, quālis in cīvēs, quālis in sociōs, tālis ad ultimum in līberōs esset; 'sibi vērō grātum adventum eius esse' āiunt, 'nam illō adiuvante brevī futūrum ut ā portīs Gabīnīs sub Rōmāna moenia bellum trānsferātur!'

Inde Sex. Tarquinius cōnsiliīs pūblicīs interesse coepit. Ibi, cum 'dē aliīs rēbus assentīre sē veteribus Gabīnīs' dīceret, identidem bellī auctor esse et in eō sibi praecipuam prūdentiam assūmere 'quod utrīusque populī vīrēs nōvisset scīretque invīsam profectō superbiam rēgiam cīvibus esse.' Ita cum sēnsim ad rebellandum prīmōrēs Gabīnōrum incitāret et ipse cum prōmptissimīs iuvenum praedātum īret, dictīs factīsque omnibus ad fallendum aptīs, ad ultimum dux bellī legitur!

Ibi cum — īnsciā multitūdine quid agerētur — proelia parva inter Rōmam Gabiōsque fierent, quibus plērumque Gabīna rēs superior esset, tum ūniversī Gabīnī Sex. Tarquinium dīvīnitus sibi missum ducem crēdere. Apud mīlitēs vērō, cum pariter perīcula obīret ac labōrēs tolerāret praedamque benignē largīrētur, tantā cāritāte esse ut nōn pater Tarquinius potentior Rōmae quam fīlius Gabiīs esset.

Tum ex suīs ūnum Rōmam ad patrem mittit scīscitātum 'quidnam sē facere vellet?' Huic nūntiō — quia, crēdō, dubiae fideī vidēbātur — nihil vōce respōnsum est. Rēx velut dēlīberāns in hortum aedium trānsit, sequente nūntiō fīliī. Ibi inambulāns tacitus summa papāverum capita dīcitur baculō dēcussisse. Interrogandō exspectandōque respōnsum nūntius fessus, ut rē imperfectā, redit Gabiōs. Quae dīxerit ipse quaeque vīderit, Sextō refert: 'rēgem seu īrā seu odiō seu superbiā nūllam vōcem ēmīsisse!'

Sex. = Sextus (praenōmen)
as-sentīre (< ad-) eī = cōnsentīre cum eō
auctor esse (bellī) = suādēre (bellum)
prūdentia-ae f < prūdēns; sibi p. am as-sūmere (< ad-) = sē prūdentem esse affirmāre
re-bellāre = bellum renovāre
prōmptus -a -um = parātus, ācer
praedārī = praedam capere

ibi : in eō bellō
īnsciā multitūdine : dum multitūdō nescit

missum esse
crēdere : crēdēbant
ob-īre = ad-īre

tantā cāritāte esse = tam cārus esse
esse : erat

scīscitārī = interrogāre, quaerere
"quidnam mē facere vīs?"

dubiae fideī : haud fīdus, suspectus
dēlīberāre = cōgitāre, reputāre
in-ambulāre = hūc illūc ambulāre
dē-cutere -cussisse -ssum = percutiendō dēicere
im-perfectā

papāver -eris n

161

prae-cipere = faciendum
esse dīcere, imperāre

in crīmen vocāre
= accūsāre
interfectī *sunt*
fuga patuit : fugere licuit

Tūscī -ōrum *m* = Etrūscī

mōns Tarpēius = mōns
Capitōlīnus

pecūniā pūblicā

operārius - ī *m* = vir quī
manibus suīs opus facit
indignārī = indignum
putāre

sors
-rtis *f*

ōrāculum - ī *n* = locus ubi
fātum dīvīnitus prae-
dīcitur sortibus
portentum - ī *n* = prō-
digium quō fātum
portenditur
ānxius -a -um = trepidus,
timidus
Delphī -ōrum *m*

lēgātōs mittere
sortēs : ōrāculum

Sextus, ubi quid vellet parēns quidve tacitus praeci-
peret intellēxit, prīmōrēs cīvitātis interēmit! Multī palam, quīdam, quī in crīmen vocārī nōn poterant, clam 1
interfectī. Patuit quibusdam fuga, aliī in exsilium āctī
sunt, bonaque absentium pariter atque interēmptōrum
populō dīvīsa sunt — dōnec Gabīna rēs rēgī Rōmānō
sine ūllā dīmicātiōne in manum trāditur!

Gabiīs receptīs Tarquinius pācem cum Aequōrum
gente fēcit, foedus cum Tūscīs renovāvit. Inde ad negōtia urbāna animum convertit; quōrum erat prīmum ut
Iovis templum in monte Tarpēiō monumentum rēgnī
suī nōminisque relinqueret.

Intentus perficiendō templō, fabrīs undique ex Etrūriā accītīs, nōn pecūniā sōlum ad id pūblicā est ūsus,
sed operāriīs etiam ex plēbe. Quī labor cum mīlitiae
adderētur, minus tamen plēbs indignābātur sē templa
deōrum aedificāre manibus suīs, quam postquam ad
alia opera speciē minōra, sed labōris aliquantō māiōris 1
trādūcēbātur, velut ad forōs in circō faciendōs cloācam-
que Māximam sub terrā agendam.

Respōnsum ōrāculī

Dum rēx haec agit, portentum terribile vīsum: anguis
ex columnā ligneā ēlāpsus, cum terrōrem fugamque in 1
rēgiā fēcisset, ipsīus rēgis pectus ānxiīs implēvit cūrīs.
Itaque Delphōs, ad māximē inclutum in terrīs ōrāculum, mittere statuit. Neque respōnsa sortium ūllī aliī

committere ausus, duōs fīliōs per ignōtās eā tempestāte

5 terrās, ignōtiōra maria, in Graeciam mīsit.

Titus et Arrūns profectī. Comes iīs additus L. Iūnius Brūtus, Tarquiniā, sorōre rēgis, nātus. Is cum frātrem suum ab avunculō interfectum audīvisset, nihil in animō suō rēgī timendum relinquere statuit. Ergō stul-

10 titiam simulāvit, neque 'Brūtī' cognōmen recūsāvit, ut sub eō cognōmine līberātor ille populī Rōmānī animus latēns opperīrētur tempora sua. Is tum ab Tarquiniīs Delphōs ductus est, lūdibrium vērius quam comes.

Quō postquam ventum est, perfectīs patris mandātīs,

15 cupīdō incessit animōs iuvenum scīscitandī 'ad quem eōrum rēgnum Rōmānum esset ventūrum?' Ex īnfimō specū vōcem redditam ferunt: "Imperium summum Rōmae habēbit quī vestrum prīmus, ō iuvenēs, ōsculum mātrī tulerit." Tarquiniī, ut Sextus, quī Rōmae

20 relictus fuerat, ignārus respōnsī expersque imperiī esset, rem summā ope tacērī iubent; ipsī sortī permittunt, uter prior, cum Rōmam rediisset, mātrī ōsculum daret. Brūtus, aliō ratus spectāre dīvīnam vōcem, velut sī prōlāpsus cecidisset, terram ōsculō tetigit — scīlicet

25 quod ea commūnis 'māter' omnium mortālium esset!

Uxor castissima

Reditum inde Rōmam, ubi adversus Rutulōs bellum summā vī parābātur.

57 Ardeam Rutulī habēbant, gēns — ut in eā regiōne et

---

eā tempestāte = eō tempore
Titus, Arrūns, Sextus: rēgis fīliī
profectī *sunt*
additus *est*

interfectum *esse*

stultitia -ae *f* < stultus

brūtus -a -um = stultus

līberātor animus = animus quī līberat
tempora : occāsiōnem
lūdibrium -ī *n* = id quod ēlūditur
vērius : potius

cupīdō scīscitandī "ad quem *nostrum* rēgnum R. ventūrum *est?*"

specus -ūs *m* = spēlunca
redditam *esse* ferunt
(: nārrant)

ōsculum ferre = ō. dare
relictus *erat*
ex-pers -rtis (+ *gen*) = cui pars (reī) nōn est, sine (rē)
rem tacēre = dē rē t.
permittere = committere
aliō *adv* = ad aliud;
a. spectāre = aliud significāre
prō-lābī -lāpsum

castus -a -um = *pudīcus* -a -um: uxor casta/pudīca = quae marītum sōlum amat
reditum est (ab iīs) = rediērunt

163

prae-potēns -entis = prae
aliīs potēns, potentissi-
mus
dītāre=dīvitem facere;
pass dīves fierī
magnificentia -ae *f*
< magnificus
lēnīre = mītigāre

habitōs *esse*

parum prōcessit : fierī
nōn potuit
ob-sidēre -sēdisse
-sessum = exercitū
inclūsum tenēre
tempus terere = t. cōn-
sūmere

in-cidere = accidere, fierī
mentiō -ōnis *f*: m. fit/in-
cidit dē aliquō = aliquis
memorātur
laud*āre* : laud*at*
"nōn opus est verbīs"

prae-stāre -stitisse (+ *dat*/
acc)= melior esse(quam)
iuventa -ae *f* = iuventūs

in-vīsere = īnspicere

in-calēscere -luisse
= calidus fierī
inquiunt omnēs
ā-volāre

aequālis -is *m/f* = homō
eiusdem aetātis

sērus -a -um = tardus
dēditus = intentus
lāna : opus lānae

penes *praep* = apud

exceptī *sunt*

libīdō -inis *f* (< libēre)
= cupīdō
stuprāre = violāre, vī
comprimere

in eā aetāte — dīvitiīs praepotēns; eaque ipsa causa bellī
fuit, quod rēx Rōmānus cum ipse dītārī volēbat (ex-
haustō aerāriō magnificentiā pūblicōrum operum), tum
praedā lēnīre populārium animōs studēbat, quī sē in
servīlī opere tam diū habitōs ab rēge indignābantur.

Temptāta rēs est sī prīmō impetū capī Ardea posset;
ubi id parum prōcessit, Rōmānī urbem obsidēre coepērunt, castrīs sub moenibus positīs. In hīs statīvīs rēgiī
iuvenēs interdum convīviīs ōtium terēbant. Forte pō-
tantibus hīs apud Sex. Tarquinium, ubi et Tarquinius
Collātīnus, Egeriī fīlius, cēnābat, incidit dē uxōribus
mentiō. Suam quisque laudāre mīrīs modīs. Inde certāmine accēnsō, Collātīnus negat verbīs opus esse: 'paucīs
id quidem hōrīs posse scīrī quantum cēterīs praestet
Lucrētia sua!' "Quīn, sī vigor iuventae inest, cōnscendi-
mus equōs invīsimusque praesentēs nostrārum ingenia?"

Incaluerant vīnō. "Age sānē!" omnēs. Citātīs equīs
āvolant Rōmam. Quō cum prīmīs tenebrīs pervēnis-
sent, rēgiās nurūs in convīviō luxūque cum aequālibus
vīdērunt tempus terentēs. Pergunt inde Collātiam, ubi
Lucrētiam nocte sērā dēditam lānae inter ancillās in mediō aedium sedentem inveniunt. Muliebris certāminis
laus penes Lucrētiam fuit.

Adveniēns vir Tarquiniīque exceptī benignē. Victor
marītus cōmiter invītat rēgiōs iuvenēs. Ibi Sex. Tarquinium mala libīdō Lucrētiae per vim stuprandae capit;

cum fōrma tum spectāta castitās incitat. Et tum quidem ab nocturnō iuvenālī lūdō in castra redeunt.

fōrma = pulchritūdō
castitās -ātis *f* < castus
iuvenālis -e < iuvenis

Lucrētia violāta

8 Paucīs interiectīs diēbus Sex. Tarquinius, īnsciō Collātīnō, cum comite ūnō Collātiam vēnit. Ubi exceptus benignē ab ignārīs cōnsiliī, cum post cēnam in hospitāle cubiculum dēductus esset, amōre ārdēns, postquam satis tūta circā sōpītīque omnēs vidēbantur, strictō gladiō
5 ad dormientem Lucrētiam vēnit, sinistrāque manū mulieris pectore oppressō, "Tacē, Lucrētia!" inquit, "Sextus Tarquinius sum. Ferrum in manū est. Moriēre, sī ēmīseris vōcem!"

paucīs inter-iectīs diēbus
= paucīs diēbus post

hospitālis -e < hospes

satis tūta *omnia*
sōpītus = dormiēns

op-primere = premere

-ēre = -ēris (*pass*
2 pers sing fut)

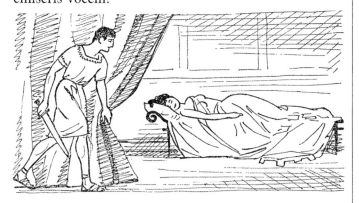

Cum pavida ex somnō mulier nūllam opem, prope
40 mortem imminentem vidēret, tum Tarquinius fatērī amōrem, ōrāre, miscēre precibus minās, versāre in omnēs partēs muliebrem animum. Ubi obstinātam vidēbat et nē mortis quidem metū inclīnārī, addit ad metum dēdecus: 'cum mortuā iugulātum servum nūdum posi-

im-minēre = impendēre
: fat*ētur*, ōr*at*, misc*et*,
vers*at*
obstinātus -a -um =
firmus, cōnstāns
inclīnāre = vertere in
aliam partem
dē-decus -oris *n* ↔ decus
iugulāre = trucīdāre
sē positūrum *esse*

165

adulterium -ī n = facinus
coniugiī violandī
pudīcitia -ae f < pudīcus
cum libīdō (velut victrīx:
nōn vērē v.) vīcisset...
victor m; victrīx -īcis f

eundem nūntium

fidēlis -e = fīdus

mātūrāre = properāre
factō/mātūrātō opus est =
facere/mātūrāre opus est

Sp. Lucrētius *Tricipitīnus*
P. Valerius *Pūblicola*

aliquem convenīre = cum
aliquō c.

ob-orīrī = orīrī
obortae *sunt*
satin' salvē? = satis-ne
salvē *est tibi?*

dextera = dextra
eī impūne est = is nōn
pūnītur
adulter -erī m = quī
adulterium fēcit
pestifer -era -erum: mihi
p.um = quod *pestem*
(= mortem) mihi fert
abstulit : ēripuit
aeger animī = aeger
animō, maesta
noxa -ae f = culpa
dēlictum -ī n = male-
ficium
peccāre = dēlinquere
inde culpam abesse

inquit *Lucrētia*
vīderitis : videātis
(: reputētis)
peccātum -ī n = dēlictum
im-pudīcus -a -um
↔ pudīcus

tūrum' ait, 'ut in sordidō adulteriō necāta dīcātur!' 2

Quō terrōre cum vīcisset obstinātam pudīcitiam (velut 'victrīx') libīdō profectusque inde Tarquinius ferōx expugnātō decore muliebrī esset, Lucrētia maesta tantō malō nūntium Rōmam eundem ad patrem Ardeamque ad virum mittit, 'ut cum singulīs fidēlibus amī- 2 cīs veniant; ita factō mātūrātōque opus esse: rem atrōcem incidisse.'

Sp. Lucrētius cum P. Valeriō, Volesī fīliō, Collātīnus cum L. Iūniō Brūtō vēnit, cum quō forte Rōmam redi- ēns ab nūntiō uxōris erat conventus. Lucrētiam seden- 2 tem maestam in cubiculō inveniunt. Adventū suōrum lacrimae obortae, quaerentīque virō "Satin' salvē?" "Minimē!" inquit, "Quid enim salvī est mulierī āmissā pudīcitiā? Vestīgia virī aliēnī, Collātīne, in lectō sunt tuō. Cēterum corpus est tantum violātum, animus īn- 2 sōns — mors testis erit. Sed date dexterās fidemque haud impūne adulterō fore! Sextus est Tarquinius quī hostis prō hospite priōre nocte vī armātus mihi (sibique, sī vōs virī estis!) pestiferum hinc abstulit gaudium."

Dant ōrdine omnēs fidem. Cōnsōlantur aegram animī 26 āvertendō noxam ab coāctā in auctōrem dēlictī: 'mentem peccāre, nōn corpus, et unde cōnsilium āfuerit, culpam abesse.'

"Vōs" inquit "vīderitis quid illī dēbeātur! Ego mē etsī peccātō absolvō, suppliciō nōn līberō. Nec ūlla deinde 27 impudīca Lucrētiae exemplō vīvet!"

Cultrum, quem sub veste abditum habēbat, eum in corde dēfīgit, prōlāpsaque in vulnus moribunda cecidit.

Rēgēs exāctī

9 Conclāmat vir paterque. Brūtus, illīs lūctū occupātīs, cultrum ex vulnere Lucrētiae extractum mānantem cruōre prae sē tenēns "Per hunc" inquit "castissimum ante rēgiam iniūriam sanguinem iūrō, vōsque, dī, testēs faciō, 'mē Lūcium Tarquinium Superbum cum scele-

30 rātā coniuge et omnī līberōrum stirpe ferrō, ignī, quācumque vī possim, exsecūtūrum, nec illōs nec alium quemquam rēgnāre Rōmae passūrum!'"

Cultrum deinde Collātīnō trādit, inde Lucrētiō ac Valeriō, stupentibus mīrāculō reī, unde novum in Brūtī

35 pectore ingenium. Ut praeceptum erat, iūrant; tōtīque ab lūctū versī in īram, Brūtum iam inde ad expugnandum rēgnum vocantem sequuntur ducem.

Ēlātum domō Lucrētiae corpus in forum dēferunt, concientque mīrāculō (ut fit) reī novae atque indignitāte

90 hominēs. Prō sē quisque scelus rēgium ac vim queruntur. Movet cum patris maestitia, tum Brūtus castīgātor lacrimārum atque inertium querēllārum auctorque ('quod virōs, quod Rōmānōs decēret!') arma capiendī 'adversus hostīlia ausōs!'

95 Ferōcissimus quisque iuvenum cum armīs voluntārius adest; sequitur et cētera iuventūs. Inde praesidiō relictō Collātiae, nē quis eum mōtum rēgibus nūntiāret,

---

ex-igere -ēgisse -āctum
(< -agere) = expellere
lūctū occupātus : lūgēns

ex-trahere
mānāre = fluere; culter
cruōre mānat = dē
cultrō cruor mānat
iūrāre = dīs testibus
affirmāre

ignī *abl* = igne

ex-sequī = persequī

mīrāculō reī : rē mīrābilī
unde *esset*
pectore : mente

inde : ab eō tempore
Brūtum vocantem

con-ciēre -cīvisse -citum
= concitāre
ut fit = ut fierī solet

movet *eōs*
castīgātor -ōris *m* < castī-
gāre = reprehendere
: castīgāns lacrimās...
in-ers -rtis = sēgnis
auctor arma capiendī :
suādēns ut a. capiant
hostīlia ausōs: eōs quī h.
(agere) ausī sunt
voluntārius -a -um
↔ coāctus

167

profectī *sunt*

quā-cumque = ubi-
cumque

simul *atque*
tribūnus -ī *m*: t. Celerum
equitibus praeerat
magistrātus -ūs *m* = officium pūblicum

habita *est*
pectus : mēns
simulātum *erat* (ab eō)

stuprum -ī *n* = scelus
fēminae stuprandae
orbitās -ātis *f* < orbus
morte indignior = indig-
nior quam mors
addita *est*
miseria -ae *f* < miser

opifex -icis *m* = operārius
bellātor -ōris *m* (< bellāre) = mīles
indigna caedēs memorāta
est
fīlia invecta corporī (= in
corpus) patris
invocātī *sunt*
ultor parentum = quī
parentēs ulcīscitur

ab-rogāre = iussū populī
adimere

ultrō *adv* = suā sponte

ad concitandum ... exer-
citum

praefectus -ī *m* = is quī
praefectus est
(aliquem) īnstituere
= creāre, legere

---

cēterī armātī duce Brūtō Rōmam profectī.

Ubi eō ventum est, quācumque incēdit armāta multitūdō, pavōrem ac tumultum facit. Nec minōrem mōtum 3▪
animōrum Rōmae tam atrōx rēs facit quam Collātiae
fēcerat. Ergō ex omnibus locīs urbis in forum curritur.
Quō simul ventum est, praecō 'ad tribūnum Celerum'
(in quō tum magistrātū forte Brūtus erat) populum advocāvit.   3(

Ibi ōrātiō habita nēquāquam eius pectoris ingeniīque
quod simulātum ad eam diem fuerat, dē vī ac libīdine
Sex. Tarquiniī, de stuprō īnfandō Lucrētiae et miserā-
bilī caede, dē orbitate Tricipitīnī 'cui morte fīliae causa
mortis indignior ac miserābilior esset!' Addita superbia 3▪
ipsīus rēgis miseriaeque et labōrēs plēbis in fossās cloā-
cāsque exhauriendās dēmersae: 'Rōmānōs hominēs,
victōrēs omnium circā populōrum, opificēs prō bellātō-
ribus factōs!' Indigna Serviī Tulliī rēgis memorāta caedēs et invecta corporī patris nefandō vehiculō fīlia, in- 31
vocātīque ultōrēs parentum dī.

Hīs atrōciōribusque (crēdō) aliīs memorātīs, incēnsam multitūdinem perpulit ut imperium rēgī abrogāret
exsulēsque esse iubēret L. Tarquinium cum coniuge ac
līberīs. Ipse iūniōribus quī ultrō nōmina dabant lēctīs 32(
armātīsque, ad concitandum inde adversus rēgem exercitum Ardeam in castra est profectus. Imperium in urbe
Lucrētiō (praefectō urbis iam ante ab rēge īnstitūtō)
relinquit. Inter hunc tumultum Tullia domō profūgit,

25 exsecrantibus quācumque incēdēbat invocantibusque parentum Furiās virīs mulieribusque.

50 Hārum rērum nūntiīs in castra perlātīs, cum rē novā trepidus rēx pergeret Rōmam ad comprimendōs mōtūs, flexit viam Brūtus — sēnserat enim adventum — nē 30 obvius fieret. Eōdemque ferē tempore, dīversīs itineribus, Brūtus Ardeam, Tarquinius Rōmam vēnērunt. Tarquiniō clausae portae exsiliumque indictum; līberātōrem urbis laeta castra accēpēre, exāctīque inde līberī rēgis. Duo patrem secūtī sunt, quī exsulātum Caere in 35 Etrūscōs iērunt. Sex. Tarquinius Gabiōs tamquam in suum rēgnum profectus ab ultōribus veterum simultātum, quās sibi ipse caedibus rapīnīsque concīverat, est interfectus.

L. Tarquinius Superbus rēgnāvit annōs quīnque et 40 vīgintī. Rēgnātum Rōmae ab conditā urbe ad līberātam annōs ducentōs quadrāgintā quattuor. Duo cōnsulēs inde comitiīs centuriātīs creātī sunt, L. Iūnius Brūtus et L. Tarquinius Collātīnus.

ex-secrārī (eam) = poenās deōrum optāre (eī)
: dum virī mulierēsque exsecrantur eam invocantque parentum Furiās
(: ultrīcēs parentum F.)

com-primere = opprimere, sēdāre

clausae *sunt*
indictum *est*
exāctī *sunt*

simultās -ātis *f* ↔ amīcitia

annōs XXV: 534–509 a. C.

rēgnātum *est*

annōs CCXLIV: 753–509 a. C.

comitia centuriāta = comitia quibus populus suffrāgiō per centuriās cōnsulēs creat

```
                         Dēmarātus
                             |
          +------------------+------------------+
          |                  |                  |
      Servius         L.Tarquinius Prīscus    Arrūns
      Tullius                ∞
          |              Tanaquīl
          |                  |
          |      +-----------+-----------+
          |      |                       |
    Tullia ∞ L.Tarquinius          Tarquinia   Egerius   Sp.Lucrētius
             Superbus                   |          |       Tricipitīnus
          |                             |          |          |
   +------+------+------+               |          |          |
   |      |      |      |               |          |          |
 Titus  Arrūns Sextus  L.Iūnius   L.Tarquinius  ∞ Lucrētia
Tarquinius Tarquinius Tarquinius  Brūtus      Collātīnus
```

HOSTIS PRO HOSPITE

[*Ovidius: Fāstī. Ex librō II versūs 785–852*]

aerātus -a -um = aere
  opertus; ae.ā portā
iuvenem: Sextum T.

Accipit aerātā iuvenem Collātia portā,

condere = abdere
vultūs : vult*um*

condere iam vultūs sōle parante suōs.

penetrālia -ium *n* =
  domus interior

Hostis ut hospes init penetrālia Collātīnī,

sanguine iūnctus
  = cognātus
error : falsa sententia

cōmiter excipitur: sanguine iūnctus erat.

Quantum animīs errōris inest! Parat īnscia rērum   3

epulae -ārum *f* = cēna

īnfēlīx epulās hostibus illa suīs.   7

fungī = dēfungī
sua : somnī
in tōtā domō

Fūnctus erat dapibus; poscunt sua tempora somnum.

Nox erat, et tōtā lūmina nūlla domō.

vagīnā līberat : ēdūcit,
  stringit
thalamōs : thalam*um*
nūpta = uxor

Surgit, et aurātā vāgīnā līberat ēnsem,

et venit in thalamōs, nūpta pudīca, tuōs.   3

Utque torum pressit, "Ferrum, Lucrētia, mēcum est"

nātus = fīlius

nātus ait rēgis, "Tarquiniusque vocor."

nihil *dīcit*

Illa nihil, neque enim vōcem vīrēsque loquendī

aliquid mentis *in* tōtō
  pectore
dē-prēndere/-prehendere
  -disse -ēnsum = prehen-
  dere
cum parva agna iacet

aut aliquid tōtō pectore mentis habet,

sed tremit, ut quondam stabulīs dēprēnsa relictīs   36

parva sub īnfēstō cum iacet agna lupō.   80

Quid faciat? Pugnet? — Vincētur fēmina pugnāns.

ēnsis quī vetat

Clāmet? — At in dextrā, quī vetat, ēnsis erat.

urgēre = premere
palma -ae *f* = manus
tācta externā (: aliēnā)
  manū
pretiō : prōmissīs

Effugiat? — Positīs urgentur pectora palmīs,

tunc prīmum externā pectora tācta manū.   36

Īnstat amāns hostis precibus pretiōque minīsque,

prece = precibus

nec prece nec pretiō nec movet ille minīs.

ēripiam *tibi* vītam

"Nīl agis: ēripiam" dīxit "per crīmina vītam:

falsus adulteriī testis adulter erō:

dēprēnsa *esse* ferēris
  (= dīcēris)

Interimam famulum, cum quō dēprēnsa ferēris!"   37

*0 Succubuit fāmae victa puella metū.	victa metū *malae* fāmae
Quid 'victor' gaudēs? Haec tē 'victōria' perdet!	
Heu, quantō rēgnīs nox stetit ūna tuīs!	quantō *pretiō* rēgnīs : rēgnō *(dat)* stāre = cōnstāre (pretiō)
Iamque erat orta diēs. Passīs sedet illa capillīs,	
75 ut solet ad nātī māter itūra rogum;	rogus : fūnus
grandaevumque patrem fīdō cum coniuge castrīs	grandaevus -a -um = senex *ē* castrīs
ēvocat, et positā vēnit uterque morā.	positā morā = sine morā
Utque vident habitum, 'quae lūctūs causa?' requīrunt,	habitum *lūgentis*
'cui paret exsequiās, quōve sit icta malō?'	exsequiae -ārum *f* = fūnus re-ticēre = tacēre
80 Illa diū reticet pudibundaque cēlat amictū	pudibundus -a -um = pudōre affectus
20 ōra, fluunt lacrimae mōre perennis aquae.	mōre aquae : ut aqua perennis -e = semper fluēns
Hinc pater, hinc coniūnx lacrimās sōlantur et ōrant	lacrimās: lacrimantem *ut* indicet (*factum*)
'indicet', et caecō flentque paventque metū.	pavēre = pavidus esse quārtō *adv*
Ter cōnāta loquī, ter dēstitit, ausaque quārtō	
85 nōn oculōs ad eōs sustulit illa suōs.	oculōs suōs
"Hoc quoque Tarquiniō dēbēbimus? Ēloquar" inquit,	ē-loquī
"ēloquar, īnfēlīx, dēdecus ipsa meum?"	
Quaeque potest, nārrat; restābant ultima: flēvit,	
et mātrōnālēs ērubuēre genae.	mātrōnālis -e < mātrōna ē-rubēscere -rubuisse
390 Dant veniam factō genitor coniūnxque coāctō.	factō coāctō (: quia ad factum coācta esset) *mihi* negō
330 "Quam" dīxit "veniam vōs datis, ipsa negō!"	nec mora − ac sine morā fīgere = trānsfīgere pectora : pect*us*
Nec mora: cēlātō fīgit sua pectora cultrō,	
et cadit in patriōs sanguinulenta pedēs.	
(Tunc quoque iam moriēns, nē nōn prōcumbat honestē	nē nōn = ut honestus -a -um < honōs
395 respicit — haec etiam cūra cadentis erat.)	
Ecce super corpus, commūnia damna gementēs,	damnum -ī *n* = rēs āmissa, iactūra
oblītī decoris virque paterque iacent.	

171

nōmina fallit : nōmen falsum esse dēmōnstrat
sēmi-animis -e = nec
vīvus nec mortuus
tēlum fīxum in s. c.
stīllāre=mānāre paulātim
generōsus -a -um
= nōbilis nātū
im-pavidus -a -um
"per hunc...cruōrem ego
tibi iūrō..."

cum profugā stirpe poe-
nās datūrum esse
satis diū dissimulāta est

vīsa est
con-cutere -cussisse
-cussum = quatere
mātrōna animī virīlis =
cui animus virīlis est

inānis -e = vacuus
patet : appāret, ostenditur

prōlēs -is f = stirps
annuus -a -um = quī
annum manet
annua iūra : annuum
imperium

Brūtus adest, tandemque animō sua nōmina fallit,

fīxaque sēmianimī corpore tēla rapit,

stīllantemque tenēns generōsō sanguine cultrum

ēdidit impavidōs ōre minante sonōs:

"Per tibi ego hunc iūrō fortem castumque cruōrem

perque tuōs Mānēs, quī mihi nūmen erunt:

Tarquinium profugā poenās cum stirpe datūrum!

Iam satis est virtūs dissimulāta diū."

Illa iacēns ad verba oculōs sine lūmine mōvit

vīsaque concussā dicta probāre comā.

Fertur in exsequiās animī mātrōna virīlis

et sēcum lacrimās invidiamque trahit.

Vulnus ināne patet. Brūtus clāmōre Quirītēs   4

concitat, et rēgis facta nefanda refert.   8.

Tarquinius cum prōle fugit. Capit annua cōnsul

iūra. Diēs rēgnīs illa suprēma fuit.

culter
sanguine
stīllat

PENSVM A

Dē prōnōminibus

Qu– fuit rēx ill– ferōx qu– Rōmā exāctus est? Tarquinius fuit, qu– Rōmānī 'Superbum' appellāvērunt. Is enim e– cīvēs qu– timēbat aut qu– dīvitiās cupiēbat necāvit. Ill– tempore nēm– Rōmae tūtus erat. Cum Lucrētia, uxor c–dam Collātīnī, ā fīliō ill– rēgis stuprāta esset, Brūtus, c– frāter ab e–dem rēge necātus erat, h– modō iūrāvit: "Per h– sanguinem iūrō: m– qu–cumque vī possim L. Tarquinium exsecūtūrum nec ill– nec ali– qu–quam rēgnāre Rōmae passūrum!" Tum rēgem ips– et līberōs e– exēgit.

Ōrāculum ill– Delphicum c– ips– deus Apollō praeest clārius est quam ūll– ali– ōrāculum neque rēx Tarquinius ūll– ali– ōrāculō crēdēbat.

Sextus qu–dam nūntium ad rēgem mīsit, nec vērō rēx h– nūntiō cōnfīdēbat. Sextus ab e– quaesīvit: "Qu– rēx t– respondit cum t– recēpisset?" Nūntius: "In hortum exiit m– sequente nec qu–quam m– respondit." Nūntius dīxit 'rēgem n– s– respondisse.'

Rōmulō mortuō patrēs inter s– certābant qu– e– Rōmae rēgnāret. Omnibus placēbat aliqu– caput cīvitātis esse, nec vērō qu–quam alter– concēdere volēbat. E– tempore Numa Curibus habitābat; e– populus Rōmānus rēgem creāvit, ac patrēs, cum nēmin– ill– virō praeferre audērent, e– rēgnum trādidērunt. Tum augur h– verba locūtus est: "Iuppiter pater, sī est fās h– Numam Pompilium, c– e– caput teneō, rēgem Rōmae esse, uti t– signa n– certa dēclārēs inter e– fīnēs qu– fēcī!"

PENSVM B

Tarquinius Superbus prīmōrēs suspectōs et — [↔ dīlēctōs] occīdit aut in — ēgit; ita senātōrum numerō — [= minūtō], senātus — potestātis [= sine potestāte] erat, et rēx ipse per sē rem pūblicam —.

Cum Turnus — in rēgem Rōmānum iactāvisset, rēx allātō

manifēstus
prōmptus
imperfectus
ānxius
brūtus
expers
castus
praepotēns
sērus
iuvenālis
obstinātus
fidēlis
pestifer
impudīcus
iners
voluntārius
centuriātus
aerātus
grandaevus
pudibundus
perennis
mātrōnālis
honestus
sēmianimis
generōsus
impavidus
pudīcus
inānis
dictitāre
imminuere
administrāre
māchinārī
convehere
prōtrahere
collaudāre
· aequāre
trānsfugere
tolerāre
pererrāre
prōtegere
assentīre
assūmere
rebellāre
praedārī
obīre
scīscitārī
dēlīberāre
inambulāre
dēcutere
praecipere
indignārī
prōlābī
dītāre

falsō crīmine virum — [= sine culpā] oppressit: gladiōs mul-tōs ad eum — [= cōnferrī] iussit, quibus inventīs — [↔ dubia] rēs vīsa est.

Rēx praedam largiendō animōs cīvium — [= mītigāre] stu-dēbat, quī sē — [= operāriōs] prō — [< bellāre] factōs esse — [= indignum putābant]; sed cum Ardeam vī capere nōn posset, urbem — coepit. Ibi cum dē uxōribus — facta esset, Collātīnus dīxit 'Lucrētiam suam — [= castissimam] esse'; iuvenēs Rōmam properāvērunt, ubi uxōrēs suās in — [= cēnā] et luxū tempus — invēnērunt; Lucrētia vērō nocte — inter ancillās labōrābat. Postquam Sextus Tarquinius Lucrē-tiam — [= violāvit], Brūtus per sanguinem Lucrētiae — 'sē rēgem cum coniuge et — [= stirpe] Rōmā — esse.' Ōrātiōne habitā dē vī ac — [= cupīdine] Sex. Tarquiniī, dē — Lucrē-tiae nefandō, dē — [< saevus] rēgis nōn — [= ferendā] ac dē plēbis — [< miser], Brūtus haud — [↔ facile] Rōmānīs persuāsit ut imperium rēgī —.

Hostis — [= audāx et superbus] semper — [= parātus] est ad — [= bellum renovandum]. Cohors cōnstat ex III —. — est locus ubi fātum dīvīnitus praedīcitur —. Vir — [< honor] nōn — [= dēlinquit].

Synōnyma: potentia et —; iuventūs et —; pudīcitia et —; culpa et —; peccātum et —; fūnus et —; iactūra et —; fīdus et —; vacuus et —; tuērī et —; interrogāre et —; cōgitāre et —; trucīdāre et —; properāre et —; fluere et —; premere et —; cōnsentīre cum aliquō et — alicui; in eundem locum et —; profectō et —; ūllō locō et —; apud et —; suā sponte et —.

Contrāria: stultitia et —; decus et —; amīcitia et —; coāc-tus et —; pudīcus et —.

PENSVM C

Cūr ultimus rēx 'Superbus' appellābātur?
Quid Tarquinius Latīnīs indīxit?
Num Latīnī rēgem patienter exspectābant?
Quōmodo Tarquinius Turnum suspectum fēcit?

Quārē Sextus Tarquinius Gabiōs trānsfūgit?
Quid Tarquinius nūntiō fīliī respondit?
Quōmodo Gabiī rēgī Rōmānō trāditī sunt?
Quod portentum in rēgiā vīsum est?
Quōs Tarquinius Delphōs ad ōrāculum mīsit?
Quārē Brūtus stultitiam simulābat?
Cūr Brūtus terram ōsculātus est?
Quam ob rem Tarquinius Ardeam oppugnāvit?
Aerāriumne plēnum erat pecūniae?
Quōmodo iuvenēs rēgiī in castrīs tempus terēbant?
Quō iuvenēs rēgiī ex castrīs profectī sunt?
Quōmodo uxōrēs eōrum tempus terēbant?
Quae fuit uxor castissima?
Cūr Lucrētia sē ipsa interfēcit?
Quid Brūtus per sanguinem Lucrētiae iūrāvit?
Quī prīmī cōnsulēs fuērunt?

lēnīre
obsidēre
terere
incidere
invīsere
incalēscere
āvolāre
stuprāre
inclīnāre
iugulāre
mātūrāre
oborīrī
peccāre
exigere
extrahere
mānāre
iūrāre
conciēre
abrogāre
exsecrārī
urgēre
reticēre
pavēre
ēloquī
stīllāre
eōdem
enimvērō
difficulter
usquam
aliō
penes
quācumque
ultrō

175

Dictātor
ab arātrō
arcessitur

POST REGES EXACTOS

[Ex Eutropiī Breviāriō ab urbe conditā I.9–III.6]

Eutropius vīxit saeculō
IV p. C.
breviārium -ī n = liber
brevis

hinc : ab hōc annō (245
a. u. c. = *ducentēsimō
quadrāgēsimō quīntō ab
urbe conditā*)
placuit ut/nē = dēcrētum
est ut/nē
diūturnitās -ātis *f*
< *diūturnus*
reddere = facere
cīvīlis = quī cīvibus
placet
prīvātus : sine magistrātū

ēgerat ut : effēcerat ut

tollere : adimere
dignitās = magistrātus

patrimōnium -ī n = bona
patris familiae

Cōnsulēs et dictātōrēs   *I*

Hinc cōnsulēs coepēre, prō ūnō rēge duo, hāc causā 9
creātī ut, sī ūnus malus esse voluisset, alter eum habēns
potestātem similem coercēret. Et placuit nē imperium
longius quam annuum habērent, nē per diūturnitātem 5
potestātis īnsolentiōrēs redderentur, sed cīvīlēs semper
essent, quī sē post annum scīrent futūrōs esse prīvātōs.

Fuērunt igitur annō prīmō ab expulsīs rēgibus cōnsulēs L. Iūnius Brūtus, quī māximē ēgerat ut Tarquinius
pellerētur, et Tarquinius Collātīnus, marītus Lucrētiae. 10
Sed Tarquiniō Collātīnō statim sublāta est dignitās; placuerat enim 'nē quisquam in urbe manēret quī Tarquinius vocārētur.' Ergō acceptō omnī patrimōniō suō ex
urbe migrāvit, et locō ipsīus factus est P. Valerius Pūblicola cōnsul.   15

Commōvit tamen bellum urbī Rōmae rēx Tarqui-
nius, quī fuerat expulsus, et collēctīs multīs gentibus, ut
0 in rēgnum posset restituī, dīmicāvit. In prīmā pugnā
Brūtus cōnsul et Arrūns, Tarquiniī fīlius, invicem sē
20 occīdērunt, Rōmānī tamen ex eā pugnā victōrēs recessērunt. Brūtum mātrōnae Rōmānae, dēfēnsōrem pudīci-
tiae suae, quasi commūnem patrem per annum lūxē-
runt.

Valerius Pūblicola Sp. Lucrētium Tricipitīnum collē-
25 gam sibi fēcit, Lucrētiae patrem; quō morbō mortuō
iterum M. Horātium Pulvillum collēgam sibi sūmpsit.
Ita prīmus annus quīnque cōnsulēs habuit, cum Tarquinius Collātīnus propter nōmen urbe cessisset, Brūtus in proeliō periisset, Sp. Lucrētius morbō mortuus
30 esset.

11 Secundō quoque annō iterum Tarquinius, ut recipe-
rētur in rēgnum, bellum Rōmānīs intulit, auxilium eī
ferente Porsennā, Tūsciae rēge, et Rōmam paene cēpit.
Vērum tum quoque victus est.

35 Tertiō annō post rēgēs exāctōs Tarquinius, cum susci-
cipī nŏn posset in rēgnum neque eī Porsenna, quī pācem cum Rōmānīs fēcerat, praestāret auxilium, Tūsculum sē contulit, quae cīvitās nōn longē ab urbe est,
atque ibi per quattuordecim annōs prīvātus cum uxōre
40 cōnsenuit.

12 Nōnō annō post rēgēs exāctōs, cum gener Tarquiniī
ad iniūriam socerī vindicandam ingentem collēgisset

---

bellum commovēre = b.
movēre (= īnferre)
expulsus *erat*

re-stituere = rūrsus īn-
stituere
in-vicem = alter alterum
(Brūtus Arruntem et
Arrūns Brūtum occīdit)

lūgēre lūxisse

collēga -ae *m*: cōnsul alterīus cōnsulis collēga est
quō morbō mortuō =
postquam is morbō
mortuus est

urbe : ex urbe
cēdere cessisse

Tūscia -ae *f* = Etrūria

sus-cipere = recipere

praestāre = praebēre,
dare

cōn-senēscere -nuisse
= senēscere

vindicāre = ulcīscī

177

dictātūra -ae f = dignitās
dictātōris
cōnsulātus -ūs m = dignitās cōnsulis
magister equitum est ā
dictātōre secundus
ob-sequī = pārēre

miliārium

tamquam = tamquam sī

premere = opprimere
tribūnī plēbis dēnī quotannīs creantur quī annuam potestātem habent

re-parāre

Coriolī -ōrum m

perdere = āmittere

octāvus decimus = duodē-vīcēsimus
Cn. Mārcius *Coriolānus*

con-tendere -disse
= properāre

mīliārium -ī n: mīliāria
sunt lapidēs iūxtā viās
positī M passibus interiectīs
repudiāre = recūsāre,
dīmittere

dēprecātiō -ōnis f < *dēprecārī* = precārī (nē
quid fīat)

[annō 479 a. C.]
K. = Kaesō/Caesō -ōnis
(praenōmen)
(Fabia) familia = gēns

exercitum, nova Rōmae dignitās est creāta, quae dictātūra appellātur, māior quam cōnsulātus. Eōdem annō etiam magister equitum factus est, quī dictātōrī obse- 4 querētur. Dictātor autem Rōmae prīmus fuit T. Lārcius, magister equitum prīmus Sp. Cassius.

Sextō decimō annō post rēgēs exāctōs sēditiōnem po- 1. pulus Rōmae fēcit, tamquam ā senātū atque cōnsulibus premerētur. Tum et ipse sibi tribūnōs plēbis, quasi 5 propriōs iūdicēs et dēfēnsōrēs, creāvit, per quōs contrā senātum et cōnsulēs tūtus esse posset.

Sequentī annō Volscī contrā Rōmānōs bellum reparā- 1 vērunt, et victī aciē etiam Coriolōs, cīvitātem quam habēbant optimam, perdidērunt. 5

Octāvō decimō annō postquam rēgēs ēiectī erant ex- 1 pulsus ex urbe Cn. Mārcius, dux Rōmānus, quī Coriolōs cēperat, Volscōrum cīvitātem, ad ipsōs Volscōs contendit īrātus et auxilia contrā Rōmānōs accēpit. Rōmānōs saepe vīcit, ūsque ad quīntum mīliārium urbis ac- 6(cessit, oppugnātūrus etiam patriam suam (lēgātīs quī pācem petēbant repudiātīs), nisi ad eum māter Veturia et uxor Volumnia ex urbe vēnissent, quārum flētū et dēprecātiōne superātus remōvit exercitum. Atque hic secundus post Tarquinium fuit quī dux contrā patriam 65 suam esset.

K. Fabiō et T. Vergīniō cōnsulibus, trecentī nōbilēs 16 hominēs, quī ex Fabiā familiā erant, contrā Vēientēs bellum sōlī suscēpērunt, prōmittentēs senātuī et populō

178

70 'per sē omne certāmen implendum.' Itaque profectī, omnēs nōbilēs et quī singulī magnōrum exercituum ducēs esse dēbērent, in proeliō concidērunt. Ūnus omnīnō superfuit ex tantā familiā, quī propter aetātem puerīlem dūcī nōn potuerat ad pugnam.

75 Post haec cēnsus in urbe habitus est, et inventa sunt cīvium capita centum septendecim mīlia trecenta ūndēvīgintī.

17 Sequentī annō, cum in Algidō monte ab urbe duodecimō fermē mīliāriō Rōmānus obsidērētur exercitus, L.

80 Quīnctius Cincinnātus dictātor est factus, quī agrum quattuor iūgerum possidēns manibus suīs colēbat. Is cum in opere et arāns esset inventus, sūdōre dētersō togam praetextam accēpit, et caesīs hostibus līberāvit exercitum.

18 Annō trecentēsimō et alterō ab urbe conditā imperium cōnsulāre cessāvit et prō duōbus cōnsulibus decem factī sunt quī summam potestātem habērent, 'decemvirī' nōminātī. Sed cum prīmō annō bene ēgissent, secundō ūnus ex iīs, Ap. Claudius, Vergīniī cuius-

90 dam (quī honestīs iam stipendiīs contrā Latīnōs in monte Algidō mīlitāverat) fīliam virginem corrumpere voluit; quam pater occīdit, nē stuprum ā decemvirō sustinēret, et regressus ad mīlitēs mōvit tumultum. Sublāta est decemvirīs potestās, ipsīque damnātī sunt.

19 Annō trecentēsimō et quīntō decimō ab urbe conditā Fidēnātēs contrā Rōmānōs rebellāvērunt. Auxilium hīs

implendum *esse* : implē-
tum īrī (: perāctum īrī)

proeliō: ad fluvium
Cremeram
omnīnō : ex omnibus

iūgerum

cīvium capita : cīvēs
117 319

sūdor
-ōris *m*

iūgerum -ī *n, pl gen* -um:
ager pedēs CCXL longus,
CXX lātus [*2523 m²*]
dē-tergēre -sisse -sum
(toga) praetexta: toga
purpurā ōrnāta quam
cōnsulēs et dictātōrēs
gerunt
trecentēsimus -a -um
= CCC (300.)
cōnsulāris -e < cōnsul

x-virī *lēgibus scrībendīs*
(= ad lēgēs scrībendās)
XII tabulās lēgum scrīpsērunt
Ap. = Appius (prae-
nōmen)
stipendium = mīlitia
annua
corrumpere : violāre

sustinēre : patī
re-gredī -gressum = red-
īre (↔ prōgredī)
damnāre = condemnāre

179

praestābant Vēientēs et rēx Vēientium Tolumnius.
Quae ambae cīvitātēs tam vīcīnae urbī sunt ut Fidēnae
sextō, Vēiī octāvō decimō mīliāriō absint. Coniūnxērunt
sē hīs et Volscī. Sed Māmercō Aemiliō dictātōre et L.
Quīnctiō Cincinnātō magistrō equitum victī etiam rēgem perdidērunt. Fidēnae captae et excīsae.

Post vīgintī deinde annōs Vēientēs rebellāvērunt.
Dictātor contrā ipsōs missus est Fūrius Camillus, quī
prīmum eōs vīcit aciē, mox etiam cīvitātem diū obsi-
dēns cēpit, antīquissimam Italiae atque dītissimam.
Post eam cēpit et Faleriōs, nōn minus nōbilem cīvitātem. Sed commōta est eī invidia, quasi praedam male
dīvīsisset, damnātusque ob eam causam et expulsus cīvitāte.

Statim Gallī Senonēs ad urbem vēnērunt et victōs
Rōmānōs ūndecimō mīliāriō ā Rōmā apud flūmen
Alliam secūtī etiam urbem occupāvērunt! Neque dē-
fendī quicquam nisi Capitōlium potuit; quod cum diū
obsēdissent et iam Rōmānī fame labōrārent, acceptō
aurō, nē Capitōlium obsidērent, recessērunt. Sed ā Ca-
millō, quī in vīcīnā cīvitāte exsulābat, Gallīs superven-
tum est gravissimēque victī sunt. Posteā tamen etiam
secūtus eōs Camillus ita cecīdit ut et aurum quod iīs
datum fuerat et omnia quae cēperant mīlitāria signa revocāret. Ita tertiō triumphāns urbem ingressus est et appellātus 'secundus Rōmulus', quasi et ipse patriae conditor.

ambō -ae -ō (*m f n*)

A. Cornēlius Cossus
occīsō Tolumniō rēge
opīma spolia II rettulit
ex-cīdere -disse -sum =
dēlēre

ipsōs : eōs

dītissimus = dīvitissimus

Faleriī -ōrum *m*

quasi = velut sī

ex cīvitāte

Senonēs -um *m* : Gallī quī
in Italiam migrāverant

[annō 390 a. C.]
Capitōlium dēfendit *M.*
Mānlius (posteā rēgnum
affectāvisse damnātus)
labōrāre = patī, premī

super-venīre (+ *dat*) =
subitō adorīrī (Camil-
lus Gallīs supervēnit)

datum *erat*
revocāret : reciperāret
tertiō *adv* = tertium

secundus : alter

Post urbem captam

Annō trecentēsimō sexāgēsimō quīntō ab urbe conditā, post captam autem prīmō, dignitātēs mūtātae sunt et prō duōbus cōnsulibus factī 'tribūnī mīlitārēs cōnsulārī potestāte.' Hinc iam coepit Rōmāna rēs crēscere. Nam Camillus eō annō Volscōrum cīvitātem, quae per septuāgintā annōs bellum gesserat, vīcit, et Aequōrum urbem et Sūtrīnōrum, atque omnēs — dēlētīs eārundem exercitibus — occupāvit, et trēs simul triumphōs ēgit.

T. etiam Quīnctius Cincinnātus Praenestīnōs, quī ūsque ad urbis Rōmae portās cum bellō vēnerant, persecūtus ad flūmen Alliam vīcit, octō cīvitātēs, quae sub ipsīs agēbant, Rōmānīs adiūnxit, ipsum Praeneste aggressus in dēditiōnem accēpit. Quae omnia ab eō gesta sunt vīgintī diēbus, triumphusque ipsī dēcrētus.

Vērum dignitās tribūnōrum mīlitārium nōn diū persevērāvit. Nam post aliquantum nūllōs placuit fierī, et quadriennium in urbe ita flūxit ut potestātēs ibi māiōrēs nōn essent. Praesūmpsērunt tamen tribūnī mīlitārēs cōnsulārī potestāte iterum dignitātem, et triennium persevērāvērunt. Rūrsus cōnsulēs factī.

L. Genūciō et Q. Servīliō cōnsulibus mortuus est Camillus. Honor eī post Rōmulum secundus dēlātus est.

T. Quīnctius dictātor adversus Gallōs, quī ad Italiam vēnerant, missus est. Hī ab urbe quārtō mīliāriō trāns Aniēnem fluvium cōnsēderant. Ibi nōbilissimus dē senātōribus iuvenis T. Mānlius prōvocantem Gallum ad

---

sexāgēsimus -a -um = LX (60.)
post *urbem* captam

Sūtrīnī -ōrum *m*
< Sūtrium -ī *n*,
cīvitās Etrūriae

Praenestīnī -ōrum *m*
< Praeneste -is *n*,
cīvitās Latiī

sub ipsīs (: iīs) agēbant :
sub eōrum imperiō
erant

ipsī : eī (Cincinnātō)

per-sevērāre = firmē
stāre, cōnstāns manēre
(↔ cessāre)
quadriennium -ī *n*
= quattuor annī
fluere flūxit; flūxit : *rēs*
flūxit ↔ cōnstitit
prae-sūmere = prae aliīs
sūmere
triennium -ī *n* = trēs annī

Q. = Quīntus

honor -ōris *m* = honōs;
honōrem dēferre = h.
praebēre

prō-vocāre = ad pugnam
ēvocāre

181

singulāris -e: certāmen
s.e = c. inter singulōs
torquātus -a -um =
torque ōrnātus

torquis
-is m

C. Mārcius *Rutilus*, dictātor annō 356 a. C.

sub-igere -ēgisse -āctum
= sub imperium cōgere
tīrō -ōnis m = novus mīles
modus = certus nume-
rus, magnitūdō
amplius = plūs

corvus
-ī m

unguis
-is m

tribūnī mīlitum sēnī (VI)
singulīs legiōnibus
praefectī sunt

rēctum aspicere = in
rēctum prōspicere

meritum -ī n = factum
quō laus merētur
annōrum XXIII : XXIII
annōs nātus

ex-igere = postulāre

per-domāre
[annō 331 a. C.]

182

singulāre certāmen prōgressus occīdit, et sublātō torque
aureō collōque suō impositō, in perpetuum 'Torquātī'
et sibi et posterīs nōmen accēpit. Gallī fugātī sunt, mox
per C. Sulpicium dictātōrem etiam victī. Nōn multō
post ā C. Mārciō Tūscī victī sunt et octō mīlia captīvō- 1
rum ex iīs in triumphum ducta.

Cēnsus iterum habitus est. Et cum Latīnī, quī ā Rōmānīs subāctī erant, mīlitēs praestāre nōllent, ex Rōmānīs tantum tīrōnēs lēctī sunt, factaeque legiōnēs decem;
quī modus sexāgintā vel amplius armātōrum mīlia effi- 1
ciēbat. (Parvīs adhūc Rōmānīs rēbus tanta tamen in rē
mīlitārī virtūs erat.) Quae cum profectae essent adversum Gallōs duce L. Fūriō, quīdam ex Gallīs ūnum ex
Rōmānīs, 'quī esset optimus', prōvocāvit. Tum sē M.
Valerius tribūnus mīlitum obtulit, et cum prōcessisset 1
armātus, corvus eī suprā dextrum bracchium sēdit.
Mox commissā adversum Gallum pugnā, īdem corvus
ālīs et unguibus Gallī oculōs verberāvit, nē rēctum posset aspicere. Ita ā tribūnō Valeriō interfectus. Corvus
nōn sōlum victōriam eī, sed etiam nōmen dedit, nam 17
posteā īdem 'Corvīnus' est dictus. Ac propter hoc meritum annōrum trium et vīgintī cōnsul est factus.

Latīnī, quī nōluerant mīlitēs dare, hoc quoque ā Rōmānīs exigere coepērunt ut ūnus cōnsul ex eōrum, alter
ex Rōmānōrum populō creārētur. Quod cum esset ne- 17
gātum, bellum contrā eōs susceptum est et ingentī
pugnā superātī sunt; ac dē iīs perdomitīs triumphātum

est. Statuae cōnsulibus ob meritum victōriae in Rōstrīs positae sunt. — Eō annō etiam Alexandrīa ab Alexandrō Macedone condita est.

Samnītēs

8   Iam Rōmānī potentēs esse coepērunt. Bellum enim in centēsimō et trīcēsimō ferē mīliāriō ab urbe apud Samnītas gerēbātur, quī mediī sunt inter Pīcēnum, Campāniam, Āpūliam. L. Papīrius Cursor cum honōre dictātōris ad id bellum profectus est. Quī cum Rōmam redīret, Q. Fabiō Māximō magistrō equitum, quem apud exercitum relīquit, praecēpit 'nē sē absente pugnāret.' Ille, occāsiōne repertā, fēlīcissimē dīmicāvit et Samnītas dēlēvit. Ob quam rem ā dictātōre capitis damnātus 'quod sē vetante pugnāsset', ingentī favōre mīlitum et populī līberātus est, tantā Papīriō sēditiōne commōtā ut paene ipse interficerētur.

9   Posteā Samnītēs Rōmānōs, T. Veturiō et Sp. Postumiō cōnsulibus, ingentī dēdecore vīcērunt et sub iugum mīsērunt. Pāx tamen ā senātū et populō solūta

183

Trebia
Padus
Appenninus Mons
Ariminum
Facsulae
Senones
Metaurus
Arnus
Illyricum
Cortona
Tiberis
Etruria
Lacus
Trasumennus
Umbria
Picenum
Mare Superum
Tarquinii
Sutrium
Falerii
Veii
Corsica
Roma
Praeneste
Paeligni
Marsi
Samnium
Latium
Arpinum
Larinum
Ostia
Fregellae
Aufidus
Caieta
Casilinum
Beneventum
Cannae
Campania
Capua
Canusium
Sardinia
Caudium
Apulia
Cumae
Nola
Venusia
Neapolis
Brundisium
Tarentum
Lucania
Sallentini
Mare Inferum
Aeolia
Bruttii
Insulae Aegates
Lilybaeum
Aetna
Tauromenium
Sicilia
Catina
Utica
Carthago
Agrigentum
Syracusae
Clypea
Africa
Hadrumetum
Melita

est, quae cum ipsīs propter necessitātem facta fuerat.
Posteā Samnītēs victī sunt ā L. Papīriō cōnsule, septem
mīlia eōrum sub iugum missa. Papīrius prīmus dē Samnītibus triumphāvit. — Eō tempore Ap. Claudius cēnsor aquam Appiam indūxit et viam Appiam strāvit.

Samnītēs, reparātō bellō, Q. Fabium Māximum vīcērunt, tribus mīlibus hominum occīsīs. Posteā, cum pater eī, Fabius Māximus, lēgātus datus fuisset, et Samnītas vīcit et plūrima ipsōrum oppida cēpit. Deinde P.
Cornēlius Rūfīnus M'. Curius Dentātus, ambō cōnsulēs, contrā Samnītas missī ingentibus proeliīs eōs cōnfē-
cēre. Tum bellum cum Samnītibus per annōs quadrāgintā novem āctum sustulērunt. Neque ūllus hostis fuit
intrā Italiam quī Rōmānam virtūtem magis fatīgāverit.

Interiectīs aliquot annīs iterum sē Gallōrum cōpiae
contrā Rōmānōs Tūscīs Samnītibusque iūnxērunt, sed
cum Rōmam tenderent, ā Cn. Cornēliō Dolābellā cōnsule dēlētae sunt.

ipsīs : iīs
facta erat

[annō 312 a. C.]
cēnsor -ōris *m* = vir quī
  cēnsuī praeest
viam sternere = viam
  mūnīre/facere

lēgātus -ī *m* = praefectus
  mīlitum quī imperātō-
  rem adiuvat
datus *esset*
M'. = Mānius (prae-
  nōmen)
[annō 290 a. C.]
(hostēs) cōnficere
  = absūmere
quadrāgintā novem = ūn-
  dē-quīnquāgintā
bellum tollere = b. fīnīre

tendere = īre
[annō 283 a. C.]

Pyrrhus,
rēx Ēpīrī

215 *Pyrrhus*

11   Eōdem tempore Tarentīnīs, quī iam in ultimā Italiā
sunt, bellum indictum est, quia lēgātīs Rōmānōrum

Tarentīnī -ōrum *m*
< Tarentum -ī *n*

185

elephantus -ī *m*

trāns-marīnus -a -um =
quī trāns mare est
[annō 280 a. C.]
explōrātor -ōris *m* = mīles
quī hostium mōtūs
explōrat

quae-cumque = omnia
quae

in-cognitus -a -um
= ignōtus
ex-pavēscere -pāvisse =
pavidus fierī; rem e. =
rē exterrērī

tractāre = afficere
(vulnus) adversum : in
pectore acceptum
trux -ucis = ferōx

mihi contingit = mihi
accidit, mihi datur
Lūcānī -ōrum *m*: incolae
Lūcāniae
Bruttiī -ōrum *m*
pergere perrēxisse

honōrificus -a -um = quī
honōre afficit; h. ē =
cum honōre
C. Fabricium *Luscinum*

iniūriam fēcissent. Hī Pyrrhum, Ēpīrī rēgem, contrā
Rōmānōs in auxilium poposcērunt, quī ex genere Achillis orīginem trahēbat. Is mox ad Italiam vēnit, tumque 2
prīmum Rōmānī cum trānsmarīnō hoste dīmicāvērunt.
Missus est contrā eum cōnsul P. Valerius Laevīnus, quī
cum explōrātōrēs Pyrrhī cēpisset, iussit eōs per castra
dūcī, ostendī omnem exercitum tumque dīmittī, ut renūntiārent Pyrrhō quaecumque ā Rōmānīs agerentur. 2
Commissā mox pugnā, cum iam Pyrrhus fugeret, elephantōrum auxiliō vīcit, quōs incognitōs Rōmānī expāvērunt. Sed nox proeliō fīnem dedit. Laevīnus tamen
per noctem fūgit, Pyrrhus Rōmānōs mīlle octingentōs
cēpit et eōs summō honōre tractāvit, occīsōs sepelīvit. 2:
Quōs cum adversō vulnere et trucī vultū etiam mortuōs
iacēre vīdisset, tulisse ad caelum manūs dīcitur cum hāc
vōce: 'sē tōtīus orbis dominum esse potuisse, sī tālēs
sibi mīlitēs contigissent.'

Posteā Pyrrhus, coniūnctīs sibi Samnītibus, Lūcānīs, *I*
Bruttiīs, Rōmam perrēxit, omnia ferrō ignīque vāstāvit,
Campāniam populātus est, atque ad Praeneste vēnit,
mīliāriō ab urbe octāvō decimō. Mox terrōre exercitūs
quī eum cum cōnsule sequēbātur in Campāniam sē recēpit.   24

Lēgātī ad Pyrrhum dē redimendīs captīvīs missī ab eō
honōrificē susceptī sunt; captīvōs sine pretiō Rōmam
mīsit. Ūnum ex lēgātīs Rōmānōrum, Fabricium, sīc admīrātus est, cum eum pauperem esse cognōvisset, ut

5 quārtā parte rēgnī prōmissā sollicitāre voluerit ut ad sē
trānsīret — contēmptusque est ā Fabriciō. Quārē cum
Pyrrhus Rōmānōrum ingentī admīrātiōne tenērētur, lēgātum mīsit quī pācem aequīs condiciōnibus peteret,
praecipuum virum Cineam nōmine, ita ut Pyrrhus par-
0 tem Italiae quam iam armīs occupāverat obtinēret.

3 Pāx displicuit, remandātumque Pyrrhō est ā senātū
'eum cum Rōmānīs, nisi ex Italiā recessisset, pācem
habēre nōn posse.' Tum Rōmānī iussērunt captīvōs
omnēs quōs Pyrrhus reddiderat īnfāmēs habērī, 'quod
55 armātī capī potuissent, nec ante eōs ad veterem statum
revertī quam sī bīnōrum hostium occīsōrum spolia rettulissent.' Ita lēgātus Pyrrhī reversus est. Ā quō cum
quaereret Pyrrhus 'quālem Rōmam comperisset?' Cineās dīxit 'rēgum sē patriam vīdisse: scīlicet tālēs illīc
60 ferē omnēs esse quālis ūnus Pyrrhus apud Ēpīrum et
reliquam Graeciam putārētur!'

Missī sunt contrā Pyrrhum ducēs P. Sulpicius et P.
Decius Mūs cōnsulēs. Certāmine commissō, Pyrrhus
vulnerātus est, elephantī interfectī, vīgintī mīlia caesa
65 hostium, et ex Rōmānīs tantum quīnque mīlia. Pyrrhus
Tarentum fugātus.

14 Interiectō annō contrā Pyrrhum Fabricius est missus
(quī prius inter lēgātōs sollicitārī nōn potuerat quārtā
rēgnī parte prōmissā). Tum, cum vīcīna castra ipse et
70 rēx habērent, medicus Pyrrhī nocte ad eum vēnit prō-
mittēns venēnō sē Pyrrhum occīsūrum sī sibi aliquid

sollicitāre = incitāre, persuādēre
contemnere -tēmpsisse -tēmptum
eōrum admīrātiōne tenērī = eōs admīrārī
aequus = omnibus aequē probandus, iūstus
Cineās -ae *m*
ob-tinēre = tenēre in suā potestāte
re-mandāre = renūntiāre

īn-fāmis -e = sine bonā fāmā, indignus
veterem statum : dignitātem cīvīlem
re-ferre ret-tulisse re-lātum

com-perīre -risse -rtum = cognōscere

apud Ēpīrum = in Ēpīrō

[annō 279 a. C.]

Mūs Mūris *m*

mūs mūris *m*

venēnum -ī *n* = cibus vel pōtiō quae mortem affert

187

caput : vīta

honestās -ātis *f*
< honestus

[annō 275 a. C.]

eā diē = eō diē

et C. Claudiō
[annō 273 a. C.]
quadringentēsimus -a
-um = CCCC (400.)
Alexandrīnus -a -um
< Alexandrīa
Ptolomaeus -ī *m*: rēx
Aegyptī
obtinēre = adipīscī
[annō 269 a. C.]
Pīcentēs -ium *m*
< Pīcēnum

triumphātum est = tri-
umphus āctus est

Gallia: regiō Gallōrum
Senonum
[annō 267 a. C.]
Libō -ōnis *m*
Sallentīnī -ōrum *m*: gēns
Āpūliae
Brundisīnī -ōrum *m*
< Brundisium

pollicērētur. Quem Fabricius vīnctum redūcī iussit ad dominum Pyrrhōque dīcī quae contrā caput eius medicus spopondisset. Tum rēx admīrātus eum dīxisse fertur: "Ille est Fabricius quī difficilius ab honestāte quam sōl ā cursū suō āvertī potest!" Tum rēx ad Siciliam profectus est. Fabricius victīs Lūcānīs et Samnītibus triumphāvit.

Cōnsulēs deinde M'. Curius Dentātus et Cornēlius Lentulus adversum Pyrrhum missī sunt. Curius contrā eum pugnāvit, exercitum eius cecīdit, ipsum Tarentum fugāvit, castra cēpit. Eā diē caesa hostium vīgintī tria mīlia. Curius in cōnsulātū triumphāvit. Prīmus Rōmam elephantōs quattuor dūxit. Pyrrhus etiam ā Tarentō mox recessit et apud Argōs, Graeciae cīvitātem, occīsus est.

C. Fabiō Licinō C. Claudiō Canīnā cōnsulibus, annō urbis conditae quadringentēsimō octōgēsimō prīmō, lēgātī Alexandrīnī ā Ptolomaeō missī Rōmam vēnēre et ā Rōmānīs amīcitiam quam petīverant obtinuērunt.

Q. Ogulniō C. Fabiō Pictōre cōnsulibus Pīcentēs bellum commōvēre, et ab īnsequentibus cōnsulibus P. Semprōniō Ap. Claudiō victī sunt; et dē iīs triumphātum est. Conditae ā Rōmānīs cīvitātēs Arīminum in Galliā et Beneventum in Samniō.

M. Atīliō Rēgulō L. Iūliō Libōne cōnsulibus Sallentīnīs in Āpūliā bellum indictum est, captīque sunt cum cīvitāte simul Brundisīnī, et dē iīs triumphātum est.

188

Annō quadringentēsimō septuāgēsimō septimō, cum iam clārum urbis Rōmae nōmen esset, arma tamen extrā Italiam mōta nōn fuerant. Ut igitur cognōscerētur quae cōpiae Rōmānōrum essent, cēnsus est habitus. Tum inventa sunt cīvium capita ducenta nōnāgintā duo mīlia trecenta trīgintā quattuor, quamquam ā conditā urbe numquam bella cessāssent.

septuāgēsimus -a -um = LXX (70.)

mōta nōn *erant*

cōpiae = opēs

292 334

-āssent = -ā*vi*ssent

proelium nāvāle

Bellum Pūnicum prīmum

Et contrā Āfrōs bellum susceptum est prīmum Ap. Claudiō M. Fulviō cōnsulibus. In Siciliā contrā eōs pugnātum est, et Ap. Claudius dē Āfrīs et rēge Siciliae Hierōne triumphāvit.

Īnsequentī annō, M'. Valeriō et Otāciliō Crassō cōnsulibus, in Siciliā ā Rōmānīs rēs magnae gestae sunt. Tauromenītānī, Catinēnsēs et praetereā quīnquāgintā cīvitātēs in fidem acceptae.

Tertiō annō in Siciliā contrā Hierōnem, rēgem Siculōrum, bellum parātum est. Is cum omnī nōbilitāte Syrācūsānōrum pācem ā Rōmānīs impetrāvit deditque argentī ducenta talenta. Āfrī in Siciliā victī sunt et dē iīs secundō Rōmae triumphātum est.

Āfrī -ōrum *m*: incolae Āfricae (: Poenī vel Karthāginiēnsēs) Ap. Claudius *Caudex* (-icis), M. Fulvius *Flaccus*: cōnsulēs annō 264 a. C.

Tauromenītānī -ōrum *m* < Tauromenium -ī *n* Catinēnsēs -ium *m* < Catina -ae *f* in fidem accipere = in dēditiōnem a. Hierō -ōnis *m* Siculī -ōrum *m*: incolae Siciliae omnis nōbilitās = omnēs nōbilēs Syrācūsānī -ōrum *m* < Syrācūsae -ārum *f*

secundō *adv* = iterum

189

[annō 260 a. C.]

rōstrātus -a -um = rōstrō
mūnītus
dē-cipere -cēpisse
-ceptum = fallere
Carthāginiēnsis =
Karthāginiēnsis

posse = potestātem
habēre
[annō 259 a. C.]
Scīpiō -ōnis *m*
L. *Cornēlius* Scīpiō

[annō 256 a. C.]
Vulsō -ōnis *m*
Hamilcar -aris *m*

retrō = eō unde vēnerat

Carthāgō = Karthāgō
castellum -ī *n* = locus
mūnītus

decem et octō = duo-dē-
vīgintī

Quīntō annō Pūnicī bellī, quod contrā Āfrōs gerēbātur, prīmum Rōmānī, C. Duīliō et Cn. Cornēliō Asinā
cōnsulibus, in marī dīmicāvērunt parātīs nāvibus rōs-
trātīs. Cōnsul Cornēlius fraude dēceptus est. Duīlius
commissō proeliō Carthāginiēnsium ducem vīcit, trīgintā et ūnam nāvēs cēpit, quattuordecim mersit, sep- 3
tem mīlia hostium cēpit, tria mīlia occīdit. Neque ūlla
victōria Rōmānīs grātior fuit, quod invictī terrā iam
etiam marī plūrimum possent.

C. Aquīliō Flōrō L. Scīpiōne cōnsulibus, Scīpiō Cor-
sicam et Sardiniam vāstāvit, multa mīlia inde captīvō- 3
rum abdūxit, triumphum ēgit.

L. Mānliō Vulsōne M. Atīliō Rēgulō cōnsulibus, bellum in Āfricam trānslātum est. Contrā Hamilcarem,
Carthāginiēnsium ducem, in marī pugnātum, victusque
est; nam perditīs sexāgintā quattuor nāvibus, retrō sē 3
recēpit. Rōmānī vīgintī duās āmīsērunt. Sed cum in
Āfricam trānsiissent, prīmam Clypeam, Āfricae cīvitātem, in dēditiōnem accēpērunt. Cōnsulēs ūsque ad
Carthāginem prōcessērunt, multīsque castellīs vāstātīs,
Mānlius victor Rōmam rediit et vīgintī septem mīlia 34
captīvōrum redūxit, Atīlius Rēgulus in Āfricā remānsit.
Is contrā Āfrōs aciem īnstrūxit. Contrā trēs Carthāginiēnsium ducēs dīmicāns victor fuit, decem et octō
mīlia hostium cecīdit, quīnque mīlia cum decem et octō
elephantīs cēpit, septuāgintā quattuor cīvitātēs in fidem 34
accēpit. Tum victī Carthāginiēnsēs pācem ā Rōmānīs

190

petīvērunt. Quam cum Rēgulus nōllet nisi dūrissimīs
condiciōnibus dare, Āfrī auxilium ā Lacedaemoniīs petīvērunt. Et duce Xanthippō, quī ā Lacedaemoniīs missus fuerat, Rōmānōrum dux Rēgulus victus est ultimā
perniciē. Nam duo mīlia tantum ex omnī Rōmānō exercitū refūgērunt, quīngentī cum imperātōre Rēgulō captī
sunt, trīgintā mīlia occīsa. Rēgulus ipse in catēnās con-
iectus.

M. Aemiliō Paulō Ser. Fulviō Nōbiliōre cōnsulibus,
ambō Rōmānī cōnsulēs ad Āfricam profectī sunt cum
trecentārum nāvium classe. Prīmum Āfrōs nāvālī certāmine superant. Aemilius cōnsul centum et quattuor nāvēs hostium dēmersit, trīgintā cum pugnātōribus cēpit,
quīndecim mīlia hostium aut occīdit aut cēpit, mīlitem
suum ingentī praedā dītāvit. Et subācta Āfrica tunc
fuisset, nisi quod tanta famēs erat ut diūtius exercitus
exspectāre nōn posset. Cōnsulēs cum victrīcī classe redeuntēs circā Siciliam naufragium passī sunt. Et tanta
tempestās fuit ut ex quadringentīs sexāgintā quattuor
nāvibus octōgintā tantum servārī potuerint; neque ūllō
tempore tanta maritima tempestās audīta est. Rōmānī
tamen statim ducentās nāvēs reparāvērunt, neque in
aliquō animus hīs īnfrāctus fuit.

Cn. Servīlius Caepiō C. Semprōnius Blaesus cōnsulēs
cum ducentīs sexāgintā nāvibus ad Āfricam profectī
sunt. Aliquot cīvitātēs cēpērunt. Praedam ingentem re-
dūcentēs naufragium passī sunt. Itaque cum continuae

dūrus = sevērus

Lacedaemoniī -ōrum *m*
  < Lacedaemō -onis *f*
  = Sparta

missus *erat*

perniciēs -ēī *f* = caedēs,
  strāgēs
re-fugere = retrō fugere

in catēnās conicere =
  vīnctum in carcerem
  mittere

[annō 255 a. C.]
Ser. = Servius (prae-
  nōmen)
Nōbilior -ōris *m*
nāvālis -e < nāvis

dē-mergere = sub-
  mergere
pugnātor -ōris *m* = quī
  pugnat
mīlitem : mīlitēs

subācta *esset*

naufragium -ī *n* < nāvis
  + frangere

naufragium

in aliquō : in ūllō
īn-fringere -frēgisse
  -frāctum = frangere
īnfrāctus *est*
[annō 253 a. C.]
Caepiō -ōnis *m*

calamitās -ātis f = mala fortūna, clādēs

ad praesidium Italiae : ad dēfendendam Italiam [annō 251 a. C.]

Numidae -ārum m: incolae Numidiae
pompa -ae f = agmen hominum fēstō diē prōcēdentium
iter = via

Rēgulum petīvērunt = ā Rēgulō p.

permūtātiō -ōnis f < per-mūtāre = inter sē mūtāre

illā diē = illō diē

complexus -ūs m < complectī

cāsus = quod forte accidit, calamitās
tantī : tantī pretiī

captī erant

negāvit sē mānsūrum esse = dīxit sē mānsūrum nōn esse
-ierat = -īverat

supplicium = cruciātus māximus

---

calamitātēs Rōmānīs displicērent, dēcrēvit senātus ut ā maritimīs proeliīs recēderētur et tantum sexāgintā nāvēs ad praesidium Italiae salvae essent.

L. Caeciliō Metellō C. Fūriō Pacilō cōnsulibus, Metellus in Siciliā Āfrōrum ducem cum centum trīgintā elephantīs et magnīs cōpiīs venientem superāvit, vīgintī mīlia hostium cecīdit, sex et vīgintī elephantōs cēpit, reliquōs errantēs per Numidās, quōs in auxilium habēbat, collēgit et Rōmam dēdūxit ingentī pompā, cum elephantōrum numerus omnia itinera implērent.

Post haec mala Carthāginiēnsēs Rēgulum ducem, quem cēperant, petīvērunt ut Rōmam proficīscerētur et pācem ā Rōmānīs obtinēret ac permūtātiōnem captīvōrum faceret. Ille Rōmam cum vēnisset, inductus in senātum nihil quasi Rōmānus ēgit dīxitque 'sē ex illā diē quā in potestātem Āfrōrum vēnisset, Rōmānum esse dēsiisse.' Itaque et uxōrem ā complexū remōvit et senātuī suāsit nē pāx cum Poenīs fieret: 'illōs enim frāctōs tot cāsibus spem nūllam habēre; sē tantī nōn esse ut tot mīlia captīvōrum propter ūnum sē et senem et paucōs quī ex Rōmānīs captī fuerant redderentur.' Itaque obtinuit. Nam Āfrōs pācem petentēs nūllus admīsit. Ipse Carthāginem rediit, offerentibusque Rōmānīs ut eum Rōmae tenērent negāvit 'sē in eā urbe mānsūrum in quā, postquam Āfrīs servierat, dignitātem honestī cīvis habēre nōn posset.' Regressus igitur ad Āfricam omnibus suppliciīs exstīnctus est.

P. Claudiō Pulchrō L. Iūniō cōnsulibus, Claudius contrā auspicia pugnāvit et ā Carthāginiēnsibus victus est. Nam ex ducentīs et vīgintī nāvibus cum trīgintā fūgit, nōnāgintā cum pugnātōribus captae sunt, dēmersae cēterae. Alius quoque cōnsul naufragiō classem āmīsit, exercitum tamen salvum habuit quia vīcīna lītora erant.

C. Lutātiō Catulō A. Postumiō Albīnō cōnsulibus, annō bellī Pūnicī vīcēsimō et tertiō, Catulō bellum contrā Āfrōs commissum est. Profectus est cum trecentīs nāvibus in Siciliam; Āfrī contrā ipsum quadringentās parāvērunt. Numquam in marī tantīs cōpiīs pugnātum est. Lutātius Catulus nāvem aeger ascendit, vulnerātus enim in pugnā superiōre fuerat. Contrā Lilybaeum, cīvitātem Siciliae, pugnātum est ingentī virtūte Rōmānōrum. Nam sexāgintā trēs Carthāginiēnsium nāvēs captae sunt, centum vīgintī quīnque dēmersae, trīgintā duo mīlia hostium capta, trēdecim mīlia occīsa, īnfīnītum aurī, argentī, praedae in potestātem Rōmānōrum redāctum. Ex classe Rōmānā duodecim nāvēs dēmersae. Pugnātum est sextō īdūs Mārtiās.

Statim pācem Carthāginiēnsēs petīvērunt, tribūtaque est iīs pāx. Captīvī Rōmānōrum quī tenēbantur ā Carthāginiēnsibus redditī sunt. Etiam Carthāginiēnsēs petīvērunt ut redimī eōs captīvōs licēret quōs ex Āfrīs Rōmānī tenēbant. Senātus iussit 'sine pretiō darī eōs quī in pūblicā cūstōdiā essent; quī autem ā prīvātīs tenērentur,

ut : senātus dēcrēvit ut

fiscus -ī *m* = aerārium
magis (/potius) quam
: neque

ut pretiō dominīs redditō Carthāginem redīrent, atque id pretium ex fiscō magis quam ā Carthāginiēnsibus solverētur.'

Iānus iterum clausus

[annō 241 a. C.]

trahere = prōdūcere

modius
-ī *m*
[8,75 *l*]

trāns-igere -ēgisse -āctum
= peragere
trānsācta *erat*

trīticum -ī *n* = frūmentī
genus ex quō pānis albus
fit

Fīnītō igitur Pūnicō bellō, quod per vīgintī trēs annōs tractum est, Rōmānī iam clārissimā glōriā nōtī lēgātōs ad Ptolomaeum, Aegyptī rēgem, mīsērunt auxilia prōmittentēs, quia rēx Syriae Antiochus bellum eī intulerat. Ille grātiās Rōmānīs ēgit, auxilia nōn accēpit; iam enim fuerat pugna trānsācta. Eōdem tempore potentissimus rēx Siciliae Hierō Rōmam vēnit ad lūdōs spectandōs et ducenta mīlia modiōrum trīticī populō dōnum praebuit.

[annō 237 a. C.]

quibus (cōnsulibus) : quō
annō
Ligurēs -um *m*: gēns
Italiae (in *Liguriā*)

Sardiniēnsēs -ium *m* =
Sardī -ōrum *m*: incolae
Sardiniae
im-pellere = perpellere

L. Cornēliō Lentulō Q. Fulviō Flaccō cōnsulibus, quibus Hierō Rōmam vēnerat, etiam contrā Ligurēs intrā Italiam bellum gestum est et dē iīs triumphātum.

Carthāginiēnsēs tamen bellum reparāre temptābant, Sardiniēnsēs, quī ex condiciōnibus pācis Rōmānīs pārēre dēbēbant, ad rebellandum impellentēs. Vēnit tamen Rōmam lēgātiō Carthāginiēnsium et pācem impetrāvit.

[annō 235 a. C.]

eō annō Iānus iterum
clausus est

contingere = accidere

T. Mānliō Torquātō C. Atīliō Bulbō cōnsulibus dē Sardīs triumphātum est, et pāce omnibus locīs factā Rōmānī nūllum bellum habuērunt, quod iīs post Rōmam conditam semel tantum, Numā Pompiliō rēgnante, contigerat.

194

L. Postumius Albīnus Cn. Fulvius Centumalus cōnsulēs bellum contrā Illyriōs gessērunt et multīs cīvitātibus captīs etiam rēgēs in dēditiōnem accēpērunt. Ac tum prīmum ex Illyriīs triumphātum est.

L. Aemiliō cōnsule ingentēs Gallōrum cōpiae Alpēs trānsiērunt. Sed prō Rōmānīs tōta Italia cōnsēnsit, trāditumque est ā Fabiō historicō, quī eī bellō interfuit, octingenta mīlia hominum parāta ad id bellum fuisse. Sed rēs per cōnsulem tantum prosperē gesta est. Quadrāgintā mīlia hostium interfecta sunt et triumphus Aemiliō dēcrētus.

Aliquot deinde annīs post contrā Gallōs intrā Italiam pugnātum est, fīnītumque bellum M. Claudiō Mārcellō et Cn. Cornēliō Scīpiōne cōnsulibus. Tum Mārcellus cum parvā manū equitum dīmicāvit et rēgem Gallōrum, Viridomārum nōmine, manū suā occīdit. Posteā cum collēgā ingentēs cōpiās Gallōrum perēmit, Mediolānum expugnāvit, grandem praedam Rōmam pertulit. Ac triumphāns Mārcellus spolia Gallī stīpitī imposita umerīs suīs vēxit.

SPOLIA OPIMA TERTIA

[Anchīsēs apud Īnferōs:]

"Aspice ut īnsignis spoliīs Mārcellus opīmīs
ingreditur victorque virōs superēminet omnēs!"

[Vergilius: Aenēis VI.855-856]

[annō 229 a. C.]

Illyriī -ōrum m: incolae Illyricī

Bellum Gallicum
[annō 225 a. C.]
L. Aemiliō Papō

Q. Fabiō Pictōre
historicus -ī m = scrīptor rērum gestārum

Gallōs: Īnsubrēs -um m: gēns Gallōrum ultrā Padum; cīvitās eōrum: Mediolānum -ī n
Padus -ī m: flūmen Italiae māximum

[annō 222 a. C.]

per-imere -ēmisse -ēmptum = interimere, perdere
grandis -e = magnus

spolia: s. opīma III
stīpes -itis m = arbor sine rāmīs, baculum crassum

īnsignis -e = cōnspicuus (prae cēterīs)
ingredī = gradī
super-ēminēre

195

PENSVM A

Dē numerīs

Līvius scrīpsit — — — [CXLII] librōs 'Ab urbe conditā', quōrum — — [XXXV] tantum cōnservātī sunt, — et — [CVII] periērunt.

Tarquinius, — [VII] rēx Rōmānus, ā Brūtō expulsus est annō ab urbe conditā — — — [CCXLV], et prō — [I] rēge — [II] cōnsulēs creātī sunt. Ex eō tempore quotannīs — [II...] cōnsulēs creābantur.

Annō ab urbe conditā — — [CCCCXC] bellum Pūnicum — [I] ortum est. Annō — — [XXIII] eius bellī Poenī proeliō nāvālī dēvictī sunt: — — [LXIII] nāvēs eōrum captae sunt, — — — [CXXV] dēmersae, — — [XXXII] mīlia hostium capta, — [XIII] mīlia occīsa; ex classe Rōmānā — [XII] nāvēs dēmersae. Pugnātum est ante diem — [VI] īdūs Mārtiās, id est diē — [X] mēnsis Mārtiī.

Legiōnēs Rōmānae in — [X...] cohortēs dīviduntur, cohortēs in — [III...] manipulōs, manipulī in — [II...] centuriās. In — [I...] legiōnibus sunt — [IV...] vel — [V...] mīlia hominum, quibus — [VI...] tribūnī mīlitum praefectī sunt.

— bīna [2×2] sunt —. — — [3×6] sunt —. — — [4×5] sunt —. — — [5×10] sunt —.

PENSVM B

Tarquinius Collātīnus, L. Brūtī —, cum omnī — suō Rōmā migrāvit. Brūtus et Arrūns — sē occīdērunt. Coriolānus ad quīntum — ab urbe prōcessit, sed mātris et uxōris flētū superātus — [= eō unde vēnerat] sē recēpit. Cincinnātus, quī agrum IV — possidēbat, ab arātrō dictātor factus est (— est dignitās māior quam —); ergō — dētersō togam — accēpit. M. Valeriō adversus Gallum prōcēdentī — super bracchium sēdit atque oculōs Gallī ālīs et — verberāvit. Ap. Claudius — [< cēnsēre] viam Appiam strāvit. Samnītēs Rōmānōs victōs sub — mīsērunt.

Pyrrhus captīvōs Rōmānōs — [= magnō honōre] —, sed

196

senātus eōs — habērī iussit. Fabricius medicum, quī sē Pyrrhum — occīsūrum prōmīserat, — [= dīmīsit]; rēx cum hoc — [= cognōvisset], — [< honestus] Fabriciī valdē admīrātus est.

Cōnsulēs Rōmānī Poenōs proeliō — [< nāvis] vīcērunt, sed cum — classe redeuntēs — passī sunt; nec tamen animī Rōmānōrum hāc — īnfrāctī sunt. Bellō Pūnicō — [= perāctō], rēx Hierō ducenta mīlia — trīticī populō Rōmānō — [= praebuit].

— est novus mīles. Pānis albus ex — efficitur.

Synōnyma: III annī et —; IV annī et —; ferōx et —; immēnsus et —; magnus et —; cōnspicuus et —; senēscere et —; ulcīscī et —; pārēre et —; condemnāre et —; fallere et —.

Contrāria: prōgredī et —; cessāre et —.

PENSVM C

Quid ēgit Tarquinius Rōmā exāctus?
Quōmodo periit L. Brūtus?
Quid trecentīs Fabiīs accidit?
Ubi senātōrēs Cincinnātum invēnērunt?
Cūr decemvirīs potestās sublāta est?
Tōtamne urbem Rōmam Gallī occupāvērunt?
Quōmodo Mānlius 'Torquātī' cognōmen accēpit?
Quid Ap. Claudius Caecus cēnsor fēcit?
Ā quibus Rōmānī sub iugum missī sunt?
Cūr Pyrrhus Rōmānōs admīrābātur?
Quid medicus Pyrrhī prōmīsit?
Quid ēgit Rēgulus postquam Rōmam remissus est?
Ubi Carthāginiēnsēs dēvictī sunt?
Quandō Iānus iterum clausus est?
Quis spolia opīma tertia cēpit?

īnfīnītus
grandis
īnsignis
trecentēsimus
quadringentēsimus
sexāgēsimus
septuāgēsimus
restituere
cōnsenēscere
vindicāre
obsequī
reparāre
repudiāre
dēprecārī
regredī
damnāre
excīdere
supervenīre
persevērāre
praesūmere
subigere
perdomāre
expavēscere
tractāre
sollicitāre
obtinēre
remandāre
comperīre
dēcipere
dēmergere
īnfringere
redigere
tribuere
trānsigere
impellere
perimere
superēminēre
invicem
tertiō
secundō
amplius
retrō

RES GRAECAE	SCRIPTORES GRAECI	annō a.C.	SCRIPTORES ROMANI	RES ROMANAE
		750		Rōma condita 753 Rōmulus rēx 753–715
		700		Numa rēx 715–672
	Archilochus poēta	650		Tullus Hostīlius rēx 672–640 Ancus Mārcius rēx 640–616
Solō Athēniēnsium prīnceps	*Sapphō* poēta *Solō* Athēniēnsibus lēgēs scrīpsit	600		Tarquinius Prīscus rēx 616–578
Pīsistratus tyrannus 560–527		550		Servius Tullius rēx 578–534
Hippiās & Hipparchus tyrannī 527 Nex Hipparchī 514 Bella Persica: Marathōn 490 Salamīs 480	*Pȳthagorās* philosophus *Aeschylus* tragicus	500		Tarquinius Superbus rēx 534–509 Rēgēs exāctī 509 Coriolānus 491 Cremera 477
	Empedoclēs philos. *Sophoclēs* tragicus	450	Lēgēs XII tabulārum	Xvirī lēgibus scrībundīs 451
Periclēs 443-429 Bellum Peloponnēsiacum 431–404	*Euripidēs* tragicus *Hippocratēs* medicus *Sōcratēs* philosophus *Thūcȳdidēs* historicus			
XXX tyrannī	*Dēmocritus* philos. *Platō* philosophus *Eudoxus* astrologus	400		Rōma capta 390
Leuctra 371 Philippus II rēx Macedoniae 359 Chaerōnēa 338 Alexander Magnus rēx 336–323	*Dēmosthenēs* ōrātor *Aristotelēs* philosophus	350		Lēx Licinia 367 Bellum Samnīticum 328–304
	Menander cōmicus *Epicūrus* philosophus *Zēnō* philosophus	300		
	Callimachus poēta			Bellum Tarentīnum 280–278
		250		Bellum Pūnicum I 264–241
			Līvius poēta *Naevius* poēta *Plautus* cōmicus *Ennius* poēta	Bellum Pūnicum II 218–201
		200	*Caecilius* cōmicus *Pācuvius* tragicus *Terentius* cōmicus *Catō* ōrātor & hist.	
	Carneadēs philosophus		*Lūcīlius* poēta *Accius* tragicus	

198

Sōcratēs,
philosophus
Graecus

GRAECI ET ROMANI

[*Ex Aulī Gelliī 'Noctium Atticārum' librō XVII*

capitulum XXI]

Quibus temporibus post Rōmam conditam Graecī Rōmānī-
que illūstrēs virī flōruerint ante secundum bellum Carthāgi-
niēnsium.

Ut cōnspectum quendam aetātum antīquissimārum,

5 item virōrum illūstrium quī in hīs aetātibus nātī fuis-

sent, habērēmus, nē in sermōnibus forte incōnspectum

aliquid super aetāte atque vītā clārōrum hominum te-

mere dīcerēmus, excerpēbāmus ex librīs quī 'chronicī'

appellantur, quibus temporibus flōruissent Graecī si-

10 mul atque Rōmānī virī quī vel ingeniō vel imperiō nōbi-

lēs īnsignēsque post conditam Rōmam fuissent ante se-

cundum bellum Carthāginiēnsium. Satis autem vīsum

est in hōc commentāriō dē temporibus paucōrum homi-

Noctēs Atticae: librī xx
quibus A. Gellius, quī
vīxit saeculō II p. C.,
variās rēs ex aliīs librīs
sūmptās collēgit

flōrēre -uisse = in flōre
esse; (aetāte) f. =
iuvenis esse
bellum Carthāginiēn-
sium: b. Pūnicum II
[annō 218-201 a. C.]

nātī essent

in-cōnspectus -a -um
= parum īnspectus
temere = temerāriō
modō (↔ cautē)
ex-cerpere -psisse -ptum
< ex + carpere
chronicus-a-um: (librī)
chronicī rēs singulīs
annīs gestās continent

mihi vīsum est = ex-
īstimāvī
commentārius -ī m =
liber reminīscendī
causā scrīptus

199

coniectūram facere =
intellegere id quod
nōn palam dīcitur

Homērus et Hēsiodus:
poētae Graecī antīquis-
simī
inter omnēs cōnstat /cōn-
stitit = inter omnēs
convenit

L. Cassius historicus
Annālēs scrīpsit sae-
culō II a. C.
annālis -e < annus; (librī)
annālēs = chronicī

Cornēlius Nepōs (-ōtis)
III librōs *Chronicōs*
scrīpsit saeculō I a. C.

accipere : audīre, discere
numerus sapientium: VII
sapientēs (virī sapientis-
simī)
[annō 594 a. C.]

id : Pīsistratum tyrannum
fore
Pȳthagorās -ae *m*: philosophus Graecus
Samius -a -um < Samos
-ī *f*, īnsula Graeca
cognōmentum -ī *n*
= cognōmen
[annō 514 a. C.]
Aristogītōn -onis *m*
Hipparchus -ī et Hippiās
-ae *m*: tyrannī
Archilochus -ī *m*: poēta
Graecus
poēma -atis *n*, *pl abl* -atīs
= opus versibus scrīp-
tum, carmen
[annō 490 a. C.]

num dīcere, ex quōrum aetātibus dē plūribus quoque,
quōs nōn nōminārēmus, haud difficilis coniectūra fierī
posset.

Incipiēmus igitur ā Solōne clārō — quoniam dē Homērō et Hēsiodō inter omnēs ferē scrīptōrēs cōnstitit
aetātem eōs ēgisse vel iīsdem ferē temporibus vel Homērum aliquantō antīquiōrem, utrumque tamen ante 2
Rōmam conditam vīxisse, Silviīs Albae rēgnantibus,
annīs post bellum Trōiānum (ut Cassius in prīmō *Annā-
lium* dē Homērō atque Hēsiodō scrīptum relīquit) plūs
centum atque sexāgintā, ante Rōmam autem conditam
(ut Cornēlius Nepōs in prīmō *Chronicōrum* dē Homērō 2
dīxit) annīs circiter centum et sexāgintā.

Solōnem ergō accēpimus, ūnum ex illō nōbilī numerō
sapientium, lēgēs scrīpsisse Athēniēnsium Tarquiniō
Prīscō Rōmae rēgnante, annō rēgnī eius trīcēsimō tertiō. Serviō autem Tulliō rēgnante, Pīsistratus Athēnīs 30
tyrannus fuit, Solōne ante in exsilium voluntārium profectō, quoniam id eī praedīcentī nōn crēditum est.

Posteā Pȳthagorās Samius in Italiam vēnit, Tarquiniī
fīliō rēgnum obtinente, cui cognōmentum Superbus
fuit; iīsdemque temporibus occīsus est Athēnīs ab Har- 35
modiō et Aristogītone Hipparchus, Pīsistratī fīlius,
Hippiae tyrannī frāter. Archilochum autem Nepōs Cornēlius trādit, Tullō Hostīliō Rōmae rēgnante, iam tunc
fuisse poēmatīs clārum et nōbilem.

Ducentēsimō deinde et sexāgēsimō annō post Rō- 40

mam conditam, aut nōn longē amplius, victōs esse ab
Athēniēnsibus Persās memoriae trāditum est — pugnam illam inclutam Marathōniam, Miltiade duce; quī
post eam victōriam damnātus ā populō Athēniēnsī in
5 vinculīs pūblicīs mortem obiit. Tum Aeschylus Athēnīs
tragoediārum poēta celebris fuit. Rōmae autem istīs
fermē temporibus tribūnōs tum prīmum per sēditiōnem
sibi plēbēs creāvit, ac nōn diū post Cn. Mārcius Coriolānus, exagitātus vexātusque ā tribūnīs plēbis, ad Vols-
50 cōs, quī tum hostēs erant, ā rē pūblicā dēscīvit bellumque populō Rōmānō fēcit.

Post deinde paucīs annīs Xerxēs rēx ab Athēniēnsibus et plērāque Graeciā, Themistocle duce, nāvālī proeliō quod ad Salamīna factum est victus fugātusque est.
55 Inde annō ferē quārtō, T. Menēniō Agrippā C. Horātiō
Pulvillō cōnsulibus, bellō Vēientī apud fluvium Cremeram Fabiī sex et trecentī patriciī cum familiīs suīs ūniversī ab hostibus circumventī periērunt.

Iūxtā ea tempora Empedoclēs Agrigentīnus in philo-
60 sophiae nātūrālis studiō flōruit. Rōmae autem per eās
tempestātēs decemvirōs lēgibus scrībundīs creātōs cōnstitit tabulāsque ab hīs prīmō decem cōnscrīptās, mox
aliās duās additās.

Bellum deinde in terrā Graeciā māximum Peloponnē-
65 siacum, quod Thūcȳdidēs memoriae mandāvit, coeptum est circā annum ferē post conditam Rōmam trecentēsimum vīcēsimum tertium. Quā tempestāte Ōlus Pos-

---

Persae -ārum m: gēns
  Asiae
memoriae trādere =
  scrīptum relinquere
Marathōnius -a -um
  < Marathōn -ōnis f,
  oppidum Atticae
Miltiadēs -is m
ob-īre mortem/diem
  (mortis) = morī
tragoedia -ae f
  ↔ cōmoedia
celebris = celeber

plēbēs -is f = plēbs
ex-agitāre = īrātum
  facere, incitāre
vexāre = male tractāre
dē-scīscere -īvisse (ab/ad)
  = dēficere

Xerxēs -is m: rēx
  Persārum
plēra-que Graecia =
  plērīque Graecī
Themistoclēs -is m
[annō 480 a. C.]
Salamīs -īnos f (acc -īna):
  īnsula Graeca

[annō 477 a. C.]

Empedoclēs -is m
Agrigentīnus -a -um
  < Agrigentum -ī n,
  oppidum Siciliae
philosophia nātūrālis = id
  quod docētur dē rērum
  nātūrā
scrībundīs = -endīs
creātōs esse cōnstitit
  (: cōnstat)
cōn-scrībere = scrībere

Peloponnēsiacus -a -um
  < Peloponnēsus
Thūcȳdidēs -is m: histo-
  ricus Graecus
memoriae mandāre =
  memoriae trādere
[annō 431 a. C.]
circā annum CCC = annō
  circiter CCC
Ōlus = Aulus

dictum : imperium

Sophoclēs -is m
Eurīpidēs -is m
tragicus -a -um = quī tragoediās scrībit
Hippocratēs -is m
philosophus -ī m = vir sapiēns quī philosophiam docet
Sōcratēs -is m: philosophus Athēniēnsis

ad annum CCC = circā annum CCC
[annō 407 a. C.]

superior : prior
tyrannis -idis f = imperium tyrannī

[annō 399 a. C.]

[annō 396 a. C.]

Senonicus -a -um < Senonēs (Gallī)
[annō 390 a. C.]

astrologus -ī m = quī astrīs studet
nōbilitāre = nōbilem facere
Phormiō -ōnis m
obsidiō -ōnis f < obsidēre
ob-rēpere = clam ascendere
dē-pellere -pulisse
con-vincere = noxium iūdicāre, damnāre
praecipitem dare = praecipitāre
M. *Terentius* Varrō -ōnis: Rōmānus doctissimus saeculī I a. C.

tumius Tūbertus dictātor Rōmae fuit, quī fīlium suum, quod contrā suum dictum pugnāverat, secūrī necāvit. Hostēs tum populī Rōmānī fuērunt Fidēnātēs atque Aequī. Inter haec tempora nōbilēs celebrēsque erant Sophoclēs ac deinde Eurīpidēs, tragicī poētae, et Hippocratēs medicus, et philosophus Dēmocritus, quibus Sōcratēs Athēniēnsis nātū quidem posterior fuit, sed quibusdam temporibus iīsdem vīxērunt. 7

Iam deinde, tribūnīs mīlitāribus cōnsulārī imperiō rem pūblicam Rōmae regentibus, ad annum ferē conditae urbis trecentēsimum quadrāgēsimum septimum, trīgintā illī tyrannī praepositī sunt ā Lacedaemoniīs Athēniēnsibus, et in Siciliā Dionȳsius superior tyran- 8(nidem tenuit; paucīsque annīs post Sōcratēs Athēnīs capitis damnātus est et in carcere venēnō necātus. Eā ferē tempestāte Rōmae M. Fūrius Camillus dictātor fuit et Vēiōs cēpit; ac post nōn longō tempore bellum Senonicum fuit, cum Gallī Rōmam praeter Capitōlium cēpē- 85 runt.

Neque multō posteā Eudoxus astrologus in terrā Graeciā nōbilitātus est, Lacedaemoniīque ab Athēniēnsibus apud Corinthum superātī duce Phormiōne; et M. Mānlius Rōmae, quī Gallōs in obsidiōne Capitōliī obrē- 90 pentēs per ardua dēpulerat, convictus est cōnsilium dē rēgnō occupandō iniisse damnātusque capitis ē saxō Tarpēiō, ut M. Varrō ait, praeceps datus (ut Cornēlius autem Nepōs scrīptum relīquit, verberandō necātus

5 est). Eōque ipsō annō, quī erat post reciperātam urbem septimus, Aristotelem philosophum nātum esse memoriae mandātum est.

Aliquot deinde annīs post bellum Senonicum Thēbānī Lacedaemoniōs, duce Epamīnōndā, apud Leuctra
10 superāvērunt, ac brevī post tempore in urbe Rōmā lēge Liciniī Stolōnis cōnsulēs creārī etiam ex plēbe coeptī, cum anteā iūs nōn esset nisi ex patriciīs gentibus fierī cōnsulem.

Circā annum deinde urbis conditae quadringentēsi-
15 mum Philippus, Amyntae fīlius, Alexandrī pater, rēgnum Macedoniae adeptus est, inque eō tempore Alexander nātus est, paucīsque inde annīs post Platō philosophus ad Dionȳsium, Siciliae tyrannum posteriōrem, profectus est. Post deinde aliquantō tempore Philippus
10 apud Chaerōnēam proeliō magnō Athēniēnsēs vīcit. Posteā Philippus ex īnsidiīs occīditur; et Alexander rēgnum adeptus ad subigendōs Persās in Asiam atque in Orientem trānsgressus est; plēraque parte orientālī subāctā, cum annōs ūndecim rēgnāvisset, obiit mortis
15 diem. Neque ita longē post Aristotelēs philosophus et post aliquantō Dēmosthenēs vītā fūnctī sunt; iīsdemque fermē tempestātibus populus Rōmānus gravī ac diūtinō Samnītium bellō cōnflīctātus est, cōnsulēsque Tiberius Veturius et Spurius Postumius, in locīs inīquīs apud
20 Caudium ā Samnītibus circumvāllātī ac sub iugum missī, turpī foedere factō discessērunt, ob eamque

---

[annō 384 a. C.]

Aristotelēs -is *m*

Thēbānī -ōrum *m*
  < Thēbae -ārum *f*,
  caput Boeōtiae
Epamīnōndās -ae *m*
[annō 371 a. C.]
Leuctra -ōrum *n*: oppidum Boeōtiae
[annō 367 a. C.]
C. Licinius Stolō -ōnis:
  tribūnus plēbis
cōnsulēs ex plēbe creārī
  coeptī *sunt* (: coepērunt)

Philippus *II*
Amyntās -ae *m*

Platō -ōnis *m*: philosophus Graecus illūstrissimus

[annō 338 a. C.]

Chaerōnēa -ae *f*: oppidum Boeōtiae

trāns-gredī -gressum
  = trānsīre
plēraque pars = māior p.
orientālis -e < oriēns

Dēmosthenēs -is *m*: ōrātor Athēniēnsis
vītā fungī = morī
diūtinus -a -um = diūturnus
cōnflīctāre = perturbāre
[annō 321 a. C.]
T. Veturius

circum-vāllāre = circumdare (vāllō, exercitū)
turpis = indignus

203

Zēnō -ōnis *m*
Citiēnsis -e < Citium,
  oppidum Cyprī

cēnsōrēs ad nōmen senā-
  tōris quī ob mōrēs indig-
  nōs (dē) senātū moven-
  dus est *notam* appōnunt
  et causam *sub-scrībunt*
  argentum factum : ex
  quō vāsa facta sunt
  pondō *abl* < pondus
  (= pondere)
  lībra -ae *f*: pondus statūtum [*327 g*]
  [annō 264 a. C.]

caudex -icis *m* = stīpes

Cȳrēnēnsis -e < Cȳrēnae
  -ārum *f*, oppidum
    Libyae
  celebrāre = celebrem
    facere, nōbilitāre

[annō 240 a. C.]
Centhō -ōnis *m*

L. Līvius *Andronīcus*
  fābulās docēre = fābulās
    populō dare in theātrō

Menander -drī *m*: poēta
  cōmicus (↔ tragicus)
  Graecus quī c cōmoe-
  diās scrīpsit
  quibus *cōnsulibus* : quō
  annō [239 a. C.]

causam populī iussū Samnītibus per fētiālēs dēditī receptī nōn sunt.

Post annum deinde urbis conditae quadringentēsi-
mum ferē et septuāgēsimum bellum cum rēge Pyrrhō 1
sūmptum est. Eā tempestāte Epicūrus Athēniēnsis et
Zēnō Citiēnsis philosophī celebrēs erant, eōdemque
tempore C. Fabricius Luscinus et Q. Aemilius Papus
cēnsōrēs Rōmae fuērunt et P. Cornēlium Rūfīnum, quī
bis cōnsul et dictātor fuerat, senātū mōvērunt: causam- 1.
que istī notae subscrīpsērunt 'quod eum comperissent
argentī factī cēnae grātiā decem pondō lībrās habēre.'

Annō deinde post Rōmam conditam quadringentēsimō fermē et nōnāgēsimō, cōnsulibus Appiō Claudiō
(cui cognōmentum Caudex fuit) et Mārcō Fulviō 1?
Flaccō, bellum adversum Poenōs prīmum coeptum est,
neque diū post Callimachus, poēta Cȳrēnēnsis, Alexan-
drīae apud Ptolomaeum rēgem celebrātus est.

Annīs deinde posteā paulō plūribus quam vīgintī,
pāce cum Poenīs factā, cōnsulibus C. Claudiō Centhōne 14
(Appiī Caecī fīliō) et M. Semprōniō Tuditānō, prīmus
omnium L. Līvius poēta fābulās docēre Rōmae coepit
post Sophoclis et Eurīpidis mortem annīs plūs ferē centum et sexāgintā, post Menandrī annīs circiter quīnquāgintā duōbus. Claudium et Tuditānum cōnsulēs se- 14?
quuntur Q. Valerius et C. Mamilius, quibus nātum esse
Q. Ennium poētam M. Varrō in prīmō *Dē poētīs* librō
scrīpsit (eumque, cum septimum et sexāgēsimum

annum ageret, duodecimum *Annālem* scrīpsisse idque
50 ipsum Ennium in eōdem librō dīcere).

Annō deinde post Rōmam conditam quīngentēsimō
ūndēvīcēsimō Sp. Carvilius Rūga prīmus Rōmae dē
amīcōrum sententiā dīvortium cum uxōre fēcit, quod
sterilis esset iūrāssetque apud cēnsōrēs 'uxōrem sē lībe-
55 rum quaerundōrum causā habēre'; eōdemque annō Cn.
Naevius poēta fābulās apud populum dedit.

Ac deinde annīs ferē post quīndecim bellum adversum Poenōs sūmptum est, atque nōn nimium longē
post M. Catō ōrātor in cīvitāte et Plautus poēta in scaenā
60 flōruērunt. Neque magnō intervāllō posteā Q. Ennius,
et iūxtā Caecilius et Terentius, et subinde Pācuvius et,
Pācuviō iam sene, Accius, clāriorque tunc in poēmatīs
eōrum obtrectandīs Lūcīlius fuit.

Sed prōgressī longius sumus, cum fīnem prōposueri-
65 mus adnotātiunculīs istīs bellum Poenōrum secundum.

LIBRI SIBYLLINI

[Ex A. Gelliī 'Noctium Atticārum' I, cap. XIX]

*Historia super librīs Sibyllīnīs ac dē Tarquiniō Superbō
rēge.*

70 In antīquīs annālibus memoria super librīs Sibyllīnīs
haec prōdita est:

Anus hospita atque incognita ad Tarquinium Superbum rēgem adiit novem librōs ferēns quōs esse dīcēbat

---

Q. Ennius XVIII librōs
Annālēs versibus hexa-
metrīs scrīpsit

quīngentēsimus -a -um
= D (500.)
dīvortium -ī *n*: d. facere
= uxōrem dīmittere (ē
mātrimōniō)
sterilis -e ↔ fertilis;
(mulier) s. = quae
parere nōn potest
līber*um* = -*ōrum*
quaer*und*- = quaer*end*-

[annō 218 a. C.]
bellum *Pūnicum*

M. *Porcius* Catō -ōnis
Plautus, Caecilius, Terentius: poētae cōmicī Rō-
mānī
iūxtā = paulō post
sub-inde = continuō
Pācuvius, Accius: poētae
tragicī Rōmānī
ob-trectāre = verbīs male
tractāre/vexāre
Lūcīlius aliōs poētās versibus obtrectāvit
longius = nimis longē
prō-pōnere
adnotātiuncula -ae *f* =
commentārius brevis

Sibyllīnus -a -um
< Sibylla, vātēs

historia -ae *f* = fābula
scrīpta

memoria = fābula
antīqua
prōdere = trādere
(nārrandō)
hospes -itis *m*/hospita
-ae *f* = advena

sē velle
vēnun-dare = vēndere
percontārī = interrogāre

dē-sipere ↔ sapere
foculus -ī m = parvus
focus quī portātur
de-ūrere = igne cōn-
sūmere
ec-quid = num

multō magis
dubium -ī n: procul/sine
dubiō = certē
dēlīrāre = dēmēns esse
ex-ūrere = deūrere

foculus

cōnstantia/cōnfīdentia -ae
ƒ < cōnstāns/cōnfīdēns
īn-super habēre = dē-
spicere, contemnere
mercārī = emere
nihilō minor = nūllō
modō minor

nusquam (locī)
vīsam esse
sacrārium -ī n = locus
sacer
condere = dēpōnere
appellātī sunt
quīndecim-virī: XV virī
quī negōtium pūblicum
cūrant

iūs iūrandum = iūrandī
fōrmula, id quod iūrātur

scrīptum -ī n = quod
scrīptum est, liber
dē-iūrāre = iūrare

dīvīna ōrācula: 'eōs velle vēnundare'. Tarquinius pre- tium percontātus est. Mulier nimium atque immēnsum poposcit. Rēx, quasi anus aetāte dēsiperet, dērīsit. 1

Tum illa foculum cōram cum ignī appōnit, trēs librōs ex novem deūrit, et 'ecquid reliquōs sex eōdem pretiō emere vellet?' rēgem interrogāvit. Sed enim Tarquinius id multō rīsit magis dīxitque 'anum iam procul dubiō dēlīrāre!' 18

Mulier ibīdem statim trēs aliōs librōs exussit, atque id ipsum dēnuō placidē rogat ut trēs reliquōs eōdem illō pretiō emat.

Tarquinius ōre iam sēriō atque attentiōre animō fit, eam cōnstantiam cōnfīdentiamque nōn īnsuper haben- dam intellegit: librōs trēs reliquōs mercātur nihilō mi- nōre pretiō quam quod erat petītum prō omnibus. Sed eam mulierem tunc ā Tarquiniō dīgressam posteā nus- quam locī vīsam cōnstitit. 18

Librī trēs, in sacrārium conditī, 'Sibyllīnī' appellātī. Ad eōs quasi ad ōrāculum quīndecimvirī adeunt, cum dī immortālēs pūblicē cōnsulendī sunt. 19

DE IVRE IVRANDO

[Ex A. Gelliī 'Noctium Atticārum' XI, cap. VI] 19

Quod mulierēs Rōmae per Herculem nōn iūrāverint neque virī per Castorem.

In veteribus scrīptīs neque mulierēs Rōmānae per Her- culem dēiūrant neque virī per Castorem. Sed cūr illae

0 nōn iūrāverint Herculem, nōn obscūrum est, nam Herculāneō sacrificiō abstinent. Cūr autem virī Castorem iūrantēs nōn appellāverint, nōn facile dictū est. Nusquam igitur scrīptum invenīre est (apud idōneōs quidem scrīptōrēs) aut 'mehercle' fēminam dīcere aut 'me-
05 castor' virum; 'edepol' autem, quod iūs iūrandum per Pollūcem est, et virō et fēminae commūne est.

per Herculem

Herculāneus -a -um
  < Herculēs
invenīre est = invenīrī
  potest
idōneōs : bonōs
me-herc(u)le! = per Herculem!
me-castor! = per Castorem!
edepol! = per Pollūcem!

PENSVM A
Dē modīs verbōrum et participiīs
Porsenna, rēx Etrūscōrum, cum Iāniculum — [capere], virtūte Horātiī Coclitis — [prohibēre] est nē Tiberim — [trānsīre]. Quī, cum aliīs — [imperāre] ut pontem — [rescindere], ipse prō ponte — [stāre] sōlus Etrūscōs — [sustinēre], et ponte — [rumpere] in flūmen sē — [mittere] ut ad suōs — [natāre]. Ob hoc factum statua eī in Comitiō — [pōnere] est.
  Cum Porsenna rēx urbem — [obsidēre], C. Mūcius senātum — [adīre] et patribus — [pollicērī] est 'sē rēgem — [occīdere] esse'. Cum ad hostēs — [trānsfugere] et in castra rēgis — [intrāre] ut prōmissum — [solvere], alium virum prō rēge — [occīdere]. Ā cūstōdibus — [apprehendere] et ad rēgem — [trahere] dextram ignī — [impōnere] — [exūrere]; ita manum — [pūnīre] quae (: cum) in caede — [peccāre]. Hāc virī cōnstantiā rēx ita — [permovēre] est ut Mūcium — [līberāre] et lēgātōs Rōmam — [mittere] quī (: ut) pācem — [compōnere]. Patrēs Mūciō virtūtis causā trāns Tiberim agrum — [dare].

Horātius Cocles -itis *m*

PENSVM B
In hōc — A. Gellius collēgit ea quae — ex librīs — [= chronicīs] dē temporibus quibus — Graecī Rōmānīque illūstrēs.
  Ad annum — — [= CCLX] a.u.c. Aeschylus Athēnīs —

Vocābula nova:
commentārius
coniectūra
cognōmentum
poēma
tragoedia
philosophia
philosophus
tyrannis
astrologus
obsidiō
lībra
dīvortium
adnotātiuncula
historia
hospita
foculus
dubium
cōnstantia
cōnfīdentia

sacrārium
quīndecimvirī
iūs iūrandum
scrīptum
incōnspectus
chronicus
annālis
nātūrālis
tragicus
orientālis
diūtinus
cōmicus
factus
sterilis
ducentēsimus
quīngentēsimus
ūndēvīcēsimus
flōrēre
excerpere
mortem obīre
exagitāre
vexāre
dēscīscere
nōbilitāre
obrēpere
dēpellere
convincere
trānsgredī
cōnflīctāre
circumvāllāre
subscrībere
celebrāre
obtrectāre
prōpōnere
vēnundare
percontārī
dēsipere
deūrere
dēlīrāre
exūrere
mercārī
dēiūrāre
temere
plērusque
subinde
pondō
ecquid
īnsuper
nihilō
mehercle
mecastor
edepol

scrībere coepit et — [= nōbilitātus] est; eōdem tempore Coriolānus, ā tribūnīs plēbis — [= male tractātus] ad Volscōs ā
Rōmānīs —. M. Mānlius Gallōs in — [< obsidēre] Capitōliī
obrēpentēs —, sed posteā rēgnum affectāvisse — est.

Alexander in Asiam — est [= trānsiit] et — [= māiōre]
parte Orientis subāctā mortem —.

Cēnsōrēs ad nōmen P. Cornēliī Rūfīnī — apposuērunt et
causam — 'quod argentī factī x pondō — habēret.' Annō —
— [DXIX] a.u.c. Sp. Carvilius Rūga prīmus Rōmae — cum
uxōre fēcit. Lūcīlius aliōs poētās — in — suīs.

Anus, postquam trēs librōs — [= deussit], rēgem — est
'num reliquōs eōdem pretiō — [= emere] vellet?' Rēx, quī
prīmō anum — [= furere] dīxerat, iam — [< cōnstāns] et —
[< cōnfīdēns] eius admīrābātur.

'Mehercule' est — — per Herculem.

Synōnyma: diūturnus et —; vēndere et —; certē et sine —.

Contrāria: cōmicus et —; fertilis et —; sapere et —;
cautē et —.

PENSVM C

Ā quō incipit A. Gellius?
Cūr nōn ab Homērō incipit?
Quandō Solō lēgēs Athēniēnsibus scrīpsit?
Quid Tarquiniō Superbō rēgnante factum est Athēnīs?
Quō duce Persae ad Marathōnem victī sunt?
Ubi Athēniēnsēs classem Persārum vīcērunt?
Quot tabulās lēgum decemvirī scrīpsērunt?
Quōmodo Sōcratēs mortem obiit?
Cūr M. Mānlius capitis damnātus est?
Platō et Aristotelēs quī fuērunt?
Quō Alexander trānsgressus est et quid ēgit?
Cūr P. Cornēlius Rūfinus senātū mōtus est?
Quid scrīpsit Menander?
Quis Rōmae prīmus dīvortium fēcit et quārē?
Plautus quis fuit et quandō flōruit?

208

Hannibal ā patre Hamil-
care Barcā iūre iūrandō
adigitur

BELLVM PVNICVM SECVNDVM

[Ex T. Līviī 'Ab urbe conditā' librīs XXI-XXX]

Iūs iūrandum Hannibalis

[Ex librō XXI:]

1 Bellum māximē omnium memorābile quae umquam
gesta sunt scrīptūrus sum, quod Hannibale duce Car-
5 thāginiēnsēs cum populō Rōmānō gessēre. Nam neque
validiōrēs opibus ūllae inter sē cīvitātēs gentēsque contulērunt arma, neque hīs ipsīs tantum umquam vīrium
aut rōboris fuit. Odiīs etiam prope māiōribus certāvē-
runt quam vīribus, Rōmānīs indignantibus quod victō-
10 ribus victī ultrō īnferrent arma, Poenīs quod superbē
avārēque crēderent imperitātum victīs esse.

    Fāma est etiam Hannibalem annōrum fermē novem,
puerīliter blandientem patrī Hamilcarī ut dūcerētur in
Hispāniam, cum — perfectō Āfricō bellō — exercitum
15 eō trāiectūrus sacrificāret, altāribus admōtum tāctīs

memorābilis -e = memo-
randus
Hannibal -alis *m*

arma cōnferre (inter sē) :
cōnflīgere
rōbur -oris *n* = vīs
resistendī
: cum Rōmānī indignā-
rentur quod..., Poenī
quod...
ultrō = sine causā

fāma est = narrātur
fābula...
blandīrī (+*dat*) = blandīs
verbīs suādēre
Hamilcarī *Barcae*
Āfricus -a -um
trā-icere -iēcisse -iectum
= trādūcere

209

ad-igere -ēgisse -āctum =
cōgere; iūre iūrandō a.
= ad iūs iūrandum a.
dif-ferre dis-tulisse dī-
lātum: rem d. = moram
facere reī
Hasdrubal -alis *m*: Hamilcaris Barcae gener

Barcīnus -a -um = quī
Barcae gentī favet
opēs = potentia

nihilō tūtior = nūllō
modō tūtior

Hibērus -ī *m*
Saguntīnī -ōrum *m* < Sa-
guntum -ī *n*, cīvitās
Hispāniae

quī-nam = quis-nam

succēdere = in locum
alicuius sequī
praetōrium -ī *n* = locus in
castrīs ubi dux habitat
assēnsus -ūs *m* < assentīre

vix-dum = vix adhūc

ācta *erat*
nītī = labōrāre, studēre,
operam dare
ad-suēscere (+ *dat*) = ūsū
nōscere et mōrem sibi
facere
tenendum *esse*

magistrātus -ūs *m* = vir
quī magistrātū fungitur

ex-suscitāre = excitāre
optimus quisque = bonī
omnēs
assentīrī = assentīre

sacrīs iūre iūrandō adāctum 'sē, cum prīmum posset, hostem fore populō Rōmānō!'

Mors Hamilcaris et pueritia Hannibalis distulērunt bellum. Medius Hasdrubal inter patrem ac fīlium octō fermē annōs imperium obtinuit — quia gener erat, fac- 2 tiōnis Barcīnae opibus in imperiō positus. Is magis conciliandīs novīs gentibus quam bellō aut armīs rem Carthāginiēnsem auxit. Cēterum nihilō eī pāx tūtior fuit: barbarus eum quīdam palam obtruncāvit. Cum hōc Hasdrubale foedus renovāverat populus Rōmānus: 'ut 2 fīnis utrīusque imperiī esset amnis Hibērus Saguntīnīsque mediīs inter imperia duōrum populōrum lībertās servārētur.'

In Hasdrubalis locum haud dubia rēs fuit quīnam successūrus esset, quia extemplō iuvenis Hannibal in 3 praetōrium dēlātus 'imperātor'que ingentī omnium clāmōre atque assēnsū appellātus erat.

— Hunc vixdum pūberem Hasdrubal litterīs ad sē arcessīverat, āctaque rēs etiam in senātū fuerat: Barcīnīs nītentibus 'ut adsuēsceret mīlitiae Hannibal atque in 3 paternās succēderet opēs', Hannō, alterīus factiōnis prīnceps, "Ego" inquit "istum iuvenem domī tenendum sub lēgibus, sub magistrātibus, docendum vīvere aequō iūre cum cēterīs cēnseō, nē quandō parvus hic ignis incendium ingēns exsuscitet!" Paucī ac fermē optimus quisque Hannōnī assentiēbantur; sed, ut plērumque fit, māior pars meliōrem vīcit. —

Missus Hannibal in Hispāniam prīmō statim adventū
omnem exercitum in sē convertit. Hamilcarem iuvenem
5 redditum sibi veterēs mīlitēs crēdere: eundem vigōrem
in vultū vimque in oculīs intuērī. Numquam ingenium
idem ad rēs dīversissimās, pārendum atque imperan-
dum, habilius fuit. Itaque haud facile discernerēs
utrum imperātōrī an exercituī cārior esset: neque Has-
50 drubal alium quemquam praeficere mālle, ubi quid fortiter ac strēnuē agendum esset, neque mīlitēs aliō duce
plus cōnfīdere aut audēre. Nūllō labōre aut corpus fatī-
gārī aut animus vincī poterat. Equitum peditumque
īdem longē prīmus erat. Prīnceps in proelium ībat, ulti-
55 mus proeliō excēdēbat. Hās tantās virī virtūtēs ingentia
vitia aequābant: inhūmāna crūdēlitās, perfidia plūs
quam Pūnica, nihil vērī, nihil sānctī, nūllus deum
metus, nūllum iūs iūrandum, nūlla religiō.

Cum hāc indole virtūtum atque vitiōrum trienniō sub
60 Hasdrubale imperātōre meruit, nūllā rē quae agenda
magnō futūrō ducī esset praetermissā.

5 Cēterum ex quō diē dux est dēclārātus, velut Italia eī
prōvincia dēcrēta bellumque Rōmānum mandātum
esset, Saguntīnīs īnferre bellum statuit. Quibus oppug-
65 nandīs quia haud dubiē Rōmāna arma movēbantur, in
Olcadum prius fīnēs indūxit exercitum, ut nōn petiisse
Saguntīnōs, sed fīnitimīs domitīs gentibus tractus ad id
bellum vidērī posset. Cartalam, urbem opulentam,
caput gentis eius, expugnat dīripitque. Victor exercitus

---

in sē convertit = sibi
conciliāvit
: crēdēbant

: intuēbantur

habilis -e = aptus
discernerēs : discernī
poterat

mālle : mālēbat
quid : aliquid

: cōnfīdēbant aut
audēbant

vitium -ī n ↔ virtūs
perfidia Pūnica: Rōmānī
Poenōs perfidiae accū-
sābant
deum = deōrum

trienniō = -um

merēre = stipendia
merēre
praetermittere = nōn
agere, neglegere
velut = velut sī

prōvincia = regiō
administranda
quibus oppugnandīs
quia... : quia hīs op-
pugnandīs (= hōs op-
pugnandō)...
petiisse = petīvisse

tractus : necessitāte
adductus

dī-ripere -uisse -reptum
(< dis- + rapere) =
populārī

211

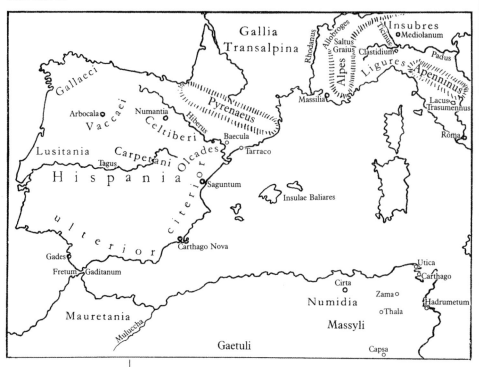

(castra) hīberna = castra
ubi mīlitēs hieme
tenentur

prō-movēre ↔ removēre
prōmōtum *est*
captae *sunt*

oppidānī -ōrum *m* = cīvēs
oppidī

procul *ā* Tagō
Tagus -ī *m*
grave praedā : onerātum
praedā

trā-icere = trānsīre

impedītus = cuius mōtus
impedītur

opulentusque praedā Carthāginem Novam in hīberna 7·
est dēductus.

Vēre prīmō in Vaccaeōs prōmōtum bellum. Herman-
dica et Arbocala, eōrum urbēs, vī captae. Arbocala et
virtūte et multitūdine oppidānōrum diū dēfēnsa. Ab
Hermandicā profugī concitant Carpētānōs, adortīque 7:
Hannibalem regressum ex Vaccaeīs haud procul Tagō
flūmine agmen grave praedā turbāvēre. Hannibal proeliō abstinuit, castrīsque super rīpam positīs, cum prīma
quiēs silentiumque ab hostibus fuit, amnem vadō trāiēcit, hostēsque invādere trānseuntēs statuit. Equitibus 80
praecēpit 'ut, cum ingressōs aquam vidērent, adorīren-
tur impedītum agmen.' In rīpā elephantōs (quadrāgintā

212

autem erant) dispōnit. Carpētānī, clāmōre sublātō, passim sine ūllīus imperiō in amnem ruunt, mediōque
5 alveō haudquāquam parī certāmine concursum. Pars
magna flūmine absūmpta. Hannibal agmine quadrātō
amnem ingressus fugam ex rīpā fēcit; vāstātīsque agrīs,
intrā paucōs diēs Carpētānōs quoque in dēditiōnem accēpit. Et iam omnia trāns Hibērum praeter Saguntīnōs
10 Carthāginiēnsium erant.

dis-pōnere = variīs locīs
  pōnere
(flūminis) alveus = spa-
  tium inter rīpās
haud-quāquam = nē-
  quāquam
concursum *est* : con-
  currērunt

Saguntum exscissum

6 Lēgātī ā Saguntīnīs Rōmam missī auxilium ad bellum
iam haud dubiē imminēns ōrantēs. Cōnsulēs tunc Rōmae erant P. Cornēlius Scīpiō et Ti. Semprōnius Lon-
95 gus. Quī cum, lēgātīs in senātum intrōductīs, dē rē pūblicā rettulissent, placuissetque 'mittī lēgātōs in Hispāniam ad rēs sociōrum īnspiciendās, quibus sī vidērētur digna causa, et Hannibalī dēnūntiārent ut ab Saguntīnīs, sociīs populī Rōmānī, abstinēret' — hāc lēgātiōne
100 dēcrētā necdum missā, omnium spē celerius 'Saguntum
oppugnārī' allātum est! Tunc relāta dē integrō rēs ad
senātum est. Aliī 'terrā marīque rem gerendam' cēnsēbant, aliī 'nōn temere movendam rem tantam exspec-
tandōsque ex Hispāniā lēgātōs.' Haec sententia, quae
105 tūtissima vidēbātur, vīcit, lēgātīque missī Saguntum ad
Hannibalem.

7 Dum ea Rōmānī parant cōnsultantque, iam Saguntum summā vī oppugnābātur. Cīvitās ea longē opulen-

ex-scindere -scidisse
  -scissum = dēlēre
missī *sunt*

[annō 218 a. C.]

Ti./Tib. = Tiberius
  (praenōmen)
intrō-dūcere = indūcere
dē rē referre (ad senātum)
  = rem ad senātum
  referre
quibus sī vidērētur = quī,
  sī iīs vidērētur
dē-nūntiāre (ut) = impe-
  rāre, ēdīcere

nec-/neque-dum = et
  nōndum, nec adhūc
allātum : nūntiātum

rem gerendam (: bellum
  gerendum) *esse*
movendam *esse*

missī *sunt*

cōnsultāre = cōnsulere
  (inter sē), dē cōnsiliō
  agere

213

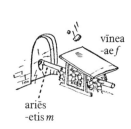

vīnea
-ae *f*

ariēs
-etis *m*

angulus
-ī *m*

per-vāstāre = funditus
vāstāre

(locus) plānus = aequus
vergere (in partem) =
spectāre, vertī
īnstituere = incipere

ē-mūnīre = fīrmē mūnīre

ob-sistere = resistere
missile -is *n* = tēlum
sub-movēre = removēre

tumultuārius -a -um
< tumultus

in-cautus -a -um
= temerārius
trāgula -ae *f* = iaculum
nōn multum abest quīn
fīat = paene fit
opera -um *n* = opera ob-
sidiōnis, mūnītiōnēs
oppugnātiō -ōnis *f*
< oppugnāre

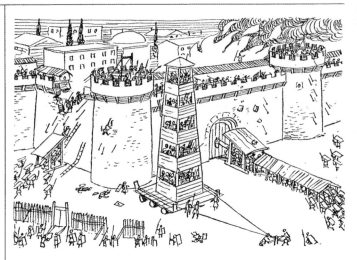

tissima ultrā Hibērum fuit, sita passūs mīlle fermē ā marī. Hannibal īnfēstō exercitū ingressus fīnēs, per- 11 vāstātīs passim agrīs, urbem aggreditur. Angulus mūrī erat in plāniōrem patentiōremque vallem vergēns; ad- versus eum vīneās agere īnstituit, per quās ariēs moeni- bus admovērī posset. Sed et turris ingēns imminēbat, et mūrus, ut in suspectō locō, ēmūnītus erat, et iuventūs 11 dēlēcta ubi plūrimum perīculī ac timōris ostendēbātur ibi vī māiōre obsistēbat. Ac prīmō missilibus submō- vēre hostem, deinde ad ērumpendum etiam animus erat. Quibus tumultuāriīs certāminibus haud fermē plū- rēs Saguntīnī cadēbant quam Poenī. Ut vērō Hannibal 12 ipse, dum mūrum incautius subit, trāgulā graviter ictus cecidit, tanta circā fuga ac trepidātiō fuit ut nōn multum abesset quīn opera ac vīneae dēsererentur.

Obsidiō deinde per paucōs diēs magis quam oppug- ᷄ nātiō fuit, dum vulnus ducis cūrārētur; per quod tem- 125 pus ab apparātū operum ac mūnītiōnum nihil cessātum. Itaque ācrius dē integrō coortum est bellum. Iam feriēbantur arietibus mūrī quassātaeque multae partēs erant. Trēs deinceps turrēs quantumque inter eās mūrī erat

30 cum fragōre ingentī prōcidērunt. Captum oppidum eā ruīnā crēdidērunt Poenī. Utrimque in pugnam prōcur-

9 sum est; hinc spēs, hinc dēspērātiō animōs irrītat. Cum diū anceps fuisset certāmen, et Saguntīnīs, quia praeter spem resisterent, crēvissent animī, clāmōrem repente

35 oppidānī tollunt hostemque in ruīnās mūrī expellunt, postrēmō fūsum fugātumque in castra redigunt.

Interim 'ab Rōmā lēgātōs vēnisse' nūntiātum est; quibus obviam ad mare missī ab Hannibale quī dīcerent 'nec tūtō eōs aditūrōs inter tot arma nec Hannibalī in

40 tantō discrīmine rērum operae esse lēgātiōnēs audīre!' Appārēbat nōn admissōs prōtinus Carthāginem itūrōs. Litterās igitur nūntiōsque ad prīncipēs factiōnis Barcīnae praemittit 'ut praepararent suōrum animōs, nē quid

10 pars altera grātificārī populō Rōmānō posset.' Itaque ea
145 quoque vāna lēgātiō fuit.

Hannō ūnus adversus senātum causam foederis, nōn cum assēnsū audientium, ēgit: "Iuvenem flagrantem cupīdine rēgnī viamque ūnam ad id cernentem sī succīnctus armīs legiōnibusque vīvat, ad exercitūs mīsistis.

150 Aluistis ergō hoc incendium quō nunc ārdētis! Saguntum vestrī circumsedent exercitūs, unde arcentur foedere — mox Carthāginem circumsedēbunt Rōmānae le-

apparātus -ūs m
< apparāre
cessāre ab = neglegere
nihil (adv = nōn) cessā-
tum est
quassāre = valdē quatere,
paene effringere

prō-cidere -cidisse
< -cadere

dēspērātiō -ōnis f
< dēspērāre
irrītāre = (ad īram) incitāre, īnstīgāre
anceps = dubius
praeter spem = contrā
spem

red-igere (< -agere)
= retrō agere

missī sunt (nūntiī)

tūtō adv = sine perīculō

nōn operae est (mihi) =
nōn tempus est, nōlō
appārēbat (= plānum
erat) lēgātōs...itūrōs esse

pars : factiō
grātificārī + dat = grātum
facere, placēre

causam alicuius agere =
ōrātiōne dēfendere
aliquem

suc-cingere = cingere

alere aluisse altum

circum-sedēre = ob-
sidēre

215

vōs *ipsōs*

iūsgentium = iūsomni-
  busgentibusservandum
  sustulit : rūpit

dē-poscere = dēdī ex-
  poscere

mittendōs *esse*

per-ōrāre = ōrātiōnis
  fīnem facere
  -āsset = -a*v*isset

lēgātiōnibus mittendīs =
  lēgātiōnēs mittendō
  mīlitem : mīlitēs

oppugnātiō atrōcior eōs
  adorta est = atrōcius
  oppugnārī coeptī sunt

minor in diēs = cotīdiē
  minor
omnium : o. rērum

exspectātiō -ōnis *f*
  < exspectāre
ūnicus -a -um = ūnus et
  sōlus

giōnēs! Utrum hostem an vōs an fortūnam utrīusque populī ignōrātis? Lēgātōs ab sociīs et prō sociīs venien- tēs bonus imperātor vester in castra nōn admīsit; iūs 1 gentium sustulit. Hī tamen pulsī ad vōs vēnērunt. Rēs ex foedere repetuntur. Auctōrem culpae dēposcunt. 'Dēdēmus ergō Hannibalem?' dīcet aliquis. Ego ita cēn- seō: lēgātōs extemplō mittendōs quī Hannibalī nūntient 'ut exercitum ab Saguntō abdūcat' ipsumque Hanniba- 16 lem Rōmānīs dēdant!"

Cum Hannō perōrāsset, nēminī omnium certāre ōrā- 1 tiōne cum eō necesse fuit, adeō prope omnis senātus Hannibalis erat. Respōnsum inde lēgātīs Rōmānīs est 'bellum ortum ab Saguntīnīs nōn ab Hannibale esse!' 16

Dum Rōmānī tempus terunt lēgātiōnibus mittendīs, Hannibal, quia fessum mīlitem proeliīs operibusque ha- bēbat, paucōrum iīs diērum quiētem dedit. Interim ani- mōs eōrum nunc īrā in hostēs stimulandō, nunc spē praemiōrum accendit. 17(

Saguntīnī nōn nocte nōn diē umquam cessāverant ab opere, ut novum mūrum ab eā parte quā patefactum oppidum ruīnīs erat reficerent. Inde oppugnātiō eōs ali- quantō atrōcior quam ante adorta est. Utrimque summā vī et mūniunt et pugnant, sed minōrem in diēs urbem 175 Saguntīnī faciunt. Simul crēscit inopia omnium longā obsidiōne, et minuitur exspectātiō externae opis, cum tam procul Rōma, ūnica spēs, circā omnia hostium es- sent...

2   Temptāta deinde est exigua pācis spēs per Alorcum Hispānum. Trāditō palam tēlō cūstōdibus hostium, ad praetōrem Saguntīnum est dēductus. Quō cum extemplō concursus omnis generis hominum esset factus, submōtā cēterā multitūdine senātus Alorcō datus est,

3   cuius tālis ōrātiō fuit: "Postquam nec ab Rōmānīs vōbīs ūlla est spēs, nec vestra vōs iam aut arma aut moenia satis dēfendunt, pācem afferō ad vōs magis necessāriam quam aequam: victor Hannibal urbem vōbīs adimit, locum assignātūrus in quō novum oppidum aedificētis;

90   aurum et argentum omne, pūblicum prīvātumque, ad sē iubet dēferrī; corpora vestra, coniugum ac līberōrum vestrōrum servat inviolāta, sī inermēs cum bīnīs vestīmentīs velītis ab Saguntō exīre. Haec victor hostis imperat. Haec, quamquam sunt gravia atque acerba,

95   fortūna vestra vōbīs suādet. Equidem vel haec patienda cēnseō potius quam trucīdārī corpora vestra, rapī trahīque ante ōra vestra coniugēs ac līberōs bellī iūre sinātis!"

14   Ad haec audienda cum permixtum senātuī esset po-

100 pulī concilium, repente prīmōrēs, priusquam respōnsum darētur, argentum aurumque omne ex pūblicō prīvātōque in forum collātum in ignem conicientēs eōdem plērīque sēmet ipsī praecipitāvērunt! Cum ex eō pavor ac trepidātiō tōtam urbem pervāsisset, alius īnsuper tu-

105 multus ex arce audītur. Turris diū quassāta prōciderat perque ruīnam eius cohors Poenōrum impetū factō,

---

Hispānus -ī *m* = incola Hispāniae
praetor -ōris *m* = praefectus urbis

senātum alicui dare = aliquem in senātum admissum audīre

magis necessāriam quam aequam = nōn aequam sed necessāriam

as-signāre (< ad-) = tribuere (suam cuique partem), ūtendum trādere

in-violātus -a -um = incolumis

acerbus -a -um = molestus, dūrus
vel = etiam
patienda : *vōbīs* patienda *esse*

ante ōra : ante oculōs

per-miscēre -uisse -mixtum = miscēre

prīvātum -ī *n* = pecūnia prīvāta (↔ pūblicum)

sē-met = sē

per-vādere
īn-super = praetereā

217

statiō -ōnis *f* = mīlitēs quī
 locum cūstōdiunt
solitus -a -um = quī solet
 esse/fierī
sibi cūnctandum *esse*

mōmentum -ī *n* (tempo-
 ris) = tempus brevis-
 simum

sub idem tempus = eō-
 dem ferē tempore

excidium -ī *n* < ex-
 scindere
maerōr -ōris *m* < maerēre
maeror patrēs cēpit

summa -ae *f* ↔ pars; s.
 rērum = ūniversae rēs
cōnsulere = inter sē cōn-
 sulere, cōnsultāre

sortīrī = sortibus ūtī
 (prōvinciae cōnsulibus
 mandantur sortibus)
ēvēnit : mandāta est
VI legiōnēs dēcrētae *sunt*:
 VI legiōnēs facere dē-
 crētum est

(nāvis) quīnque-rēmis =
 nāvis longa quae quīnōs
 rēmōs habet
iūstus = rēctus, plēnus

com-parāre = parāre
 atque colligere
L. Aemilium *Paulum*
 (cōnsul annō 219 a. C.
 cum M. Līviō)

cum signum imperātōrī dedisset 'nūdātam statiōnibus cūstōdiīsque solitīs hostium esse urbem', nōn cūnctandum in tālī occāsiōne ratus Hannibal tōtīs vīribus aggressus urbem mōmentō cēpit, signō datō ut omnēs pūberēs interficerentur!

Sub idem ferē tempus et lēgātī quī redierant ab Carthāgine Rōmam rettulērunt 'omnia hostīlia esse', et Saguntī excidium nūntiātum est. Tantusque simul maeror patrēs et pudor nōn lātī auxiliī et īra in Carthāginiēnsēs metusque dē summā rērum cēpit — velut sī iam ad portās hostis esset — ut trepidārent magis quam cōnsulerent.

Bellum Carthāginiēnsibus indictum

Nōminātae iam anteā cōnsulibus prōvinciae erant; tum sortīrī iussī. Cornēliō Hispānia, Semprōniō Āfrica cum Siciliā ēvēnit. Sex in eum annum dēcrētae legiōnēs et classis quanta parārī posset. Inter cōnsulēs ita cōpiae dīvīsae: Semprōniō datae legiōnēs duae et sociōrum sēdecim mīlia peditum, equitēs mīlle octingentī, nāvēs longae centum sexāgintā. Cum hīs terrestribus maritimīsque cōpiīs Ti. Semprōnius missus in Siciliam. Cornēliō sexāgintā quīnquerēmēs datae et duae Rōmānae legiōnēs cum suō iūstō equitātū et quattuordecim mīlibus sociōrum peditum, equitibus mīlle sescentīs.

Hīs ita comparātīs, lēgātōs māiōrēs nātū, Q. Fabium, M. Līvium, L. Aemilium, C. Licinium, Q. Baebium in

Āfricam mittunt ad percontandōs Carthāginiēnsēs 'pūblicōne cōnsiliō Hannibal Saguntum oppugnāsset?' et,
sī (id quod factūrī vidēbantur) fatērentur ac dēfenderent
pūblicō cōnsiliō factum, ut indīcerent populō Carthāginiēnsī bellum.

Rōmānī postquam Carthāginem vēnērunt, cum senātus datus esset et Q. Fabius nihil ultrā quam ūnum
quod mandātum erat percontātus esset, tum ex Carthāginiēnsibus ūnus: "Ego nōn 'prīvātō pūblicōne cōnsiliō
Saguntum oppugnātum sit?' quaerendum cēnseam, sed
'utrum iūre an iniūriā?' Sī vōs nōn tenent foedera vestra
nisi ex auctōritāte aut iussū vestrō icta, nē nōs quidem
Hasdrubalis foedus, quod nōbīs īnsciīs īcit, obligāre potuit. Proinde omittite Saguntī atque Hibērī mentiōnem
facere, et quod diū parturit animus vester, aliquandō
pariat!" Tum Rōmānus, sinū ex togā factō, "Hīc" inquit
"vōbīs bellum et pācem portāmus: utrum placet, sūmi-
te!" Sub hanc vōcem haud minus ferōciter 'daret utrum
vellet!' succlāmātum est. Et cum is, iterum sinū effūsō,
'bellum dare' dīxisset, 'accipere sē' omnēs respondē-
runt, 'et quibus acciperent animīs iīsdem sē gestūrōs!'

Iter Hannibalis in Italiam

Hannibal, Saguntō captō, Carthāginem Novam in hīberna concesserat. Per tōtum tempus hiemis quiēs inter
labōrēs renovāvit corpora animōsque ad omnia dē integrō patienda.

-āsset = -āvisset

(*id*) factum *esse*

iīs datus esset
nihil ultrā : nihil aliud

ego nōn quaerendum *esse*
cēnseō...
prīvātō pūblicō-ne =
prīvātō-ne *an* pūblicō

ex auctōritāte vestrā =
vōbīs auctōribus
ob-ligāre = officiō tenēre

o-mitte (+ *īnf*) = nōlī
mentiōnem facere reī
(*gen*) = rem memorāre
parturīre = paritūrus esse
(< parere)

sub : respondēns ad
"dā utrum vīs!"
suc-clāmāre (< sub-) =
clāmāre respōnsum
effūsō: solūtō, apertō
bellum *sē* dare
"accipimus, et iīsdem animīs quibus accipimus
gerēmus (bellum)!"

219

[annō 218 a. C.]

Pȳrēnaeus -ī *m*
cōpiās flūmen trādūcere
= c. trāns f. dūcere
periocha -ae *f* = breviārium; *Periochae* Līviī
sunt incertī auctōris
(montem) superāre
: trānsgredī
labōriōsus-a-um = magnī
labōris
trānsitus -ūs *m* < trānsīre
equester -tris -tre < equus
Tīcīnus -ī *m*

nōmen 'Āfricānī' =
nōmen 'Āfricānus'

Āpennīnus -ī *m*

Cn. Cornēlius Scīpiō: cōnsul annō 222 a. C., frāter
cōnsulis P. Cornēliī
Scīpiōnis

vigiliae -ārum *f*
↔ somnus
[annō 217 a. C.]
cōs. = cōnsul

circum-venīre = hostīli-
ter circumdare

quod agrī est = id agrī
quod est

nāta : apta

per-angustus = valdē
angustus
patēscere = patēre in-
cipere, patēns fierī

Inde profectus ad Hibērum per maritimam ōram dūcit. Nōnāgintā mīlia peditum, duodecim mīlia equitum
Hibērum trādūxit. Inde Pȳrēnaeum trānsgreditur.

[*Ex Periochā librī XXI:*]

Hannibal, superātō Pȳrēnaeō saltū, per Galliam ad
Alpēs vēnit, et labōriōsō per eās trānsitū dēscendit in
Italiam, et ad Tīcīnum flūmen Rōmānōs equestrī proeliō fūdit; in quō vulnerātum P. Cornēlium Scīpiōnem
prōtēxit fīlius, quī 'Āfricānī' posteā nōmen accēpit. Iterumque exercitū Rōmānō ad flūmen Trebiam fūsō,
Hannibal Āpennīnum quoque trānsiit.

Cn. Cornēlius Scīpiō in Hispāniā contrā Poenōs prosperē pugnāvit.

Lacus Trasumennus

[*Ex Periochā librī XXII:*]

Hannibal, per continuās vigiliās in palūdibus oculō
āmissō, in Etrūriam vēnit. C. Flāminius cōs., homō
temerārius, contrā auspicia profectus īnsidiīs ab Hannibale circumventus ad Trasumennum lacum cum exercitū caesus est.

[*Ex librō XXII:*]

Hannibal quod agrī est inter Cortōnam urbem Trasu-
mennumque lacum omnī clāde bellī pervāstat. Et iam
pervēnerat ad loca nāta īnsidiīs, ubi māximē montēs
Cortōnēnsēs Trasumennus subit. Via tantum interest
perangusta, deinde paulō lātior patēscit campus, inde

colles assurgunt. Ibi castra in apertō locat, ubi ipse cum Āfrīs modo Hispānīsque cōnsīderet; Baliārēs cēteramque levem armātūram post montēs circumdūcit; equitēs ad ipsās faucēs saltūs — tumulīs aptē tegentibus — locat, ut, ubi intrāssent Rōmānī, obiectō equitātū clausa omnia lacū ac montibus essent.

as-surgere = surgere

Baliārēs (-ium *m*) īnsulās Baliārēs incolunt
levis armātūra -ae *f* = mīlitēs leviter armātī
faucēs -ium *f* = locus in monte angustus
ob-icere -iēcisse -iectum = oppōnere

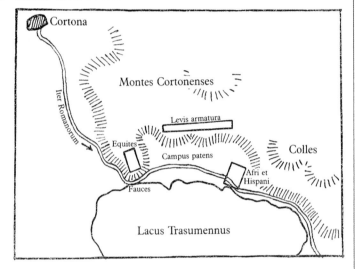

Cortona

Montes Cortonenses

Iter Rōmānōrum

Levis armatura

Equites

Campus patens

Colles

Afri et Hispani

Fauces

Lacus Trasumennus

Flāminius, cum prīdiē sōlis occāsū ad lacum pervēnisset, inexplōrātō posterō diē vixdum satis certā lūce angustiīs superātīs, postquam in patentiōrem campum pandı agmen coepit, id tantum hostium quod ex adversō erat cōnspexit: ab tergō ac super caput dēcēpēre īnsidiae.

in-explōrātō *adv* = locīs nōn explōrātīs
angustiae -ārum *f* (< angustus) = faucēs
id hostium = eōs hostēs ex adversō (= ā fronte) : ante sē
dēcēpēre *eum* īnsidiae : īnsidiīs dēceptus est

Poenus, ubi (id quod petierat) clausum lacū ac montibus et circumfūsum suīs cōpiīs habuit hostem, signum omnibus dat simul invādendī. Quī ubi dēcucurrērunt, eō magis Rōmānīs subita atque imprōvīsa rēs fuit, quod

Poenus : Hannibal

circum-fundere = circum-sistere
currere cucurrisse

im-prōvīsus -a -um = inexspectātus

221

nebula (in) campō sēderat
: nebula campum operi-
ēbat

: pugnārī *coepit*
expedīre (↔ impedīre)
= parātum facere

terrōre perculsīs

terrae mōtus

adhortātor -ōris = quī
adhortātur
factus *est*

ut nēmō pugnantium
eum mōtum terrae
sēnserit...
prō-sternere = humī
prōicere, dēlēre

rōbora virōrum = virī
validissimī

*eum*que īnsignem

Īnsubrēs: *sg* -ber -bris

nōscitāre = agnōscere

dē-populārī = populārī
victima -ae *f* = hostia

orta ex lacū nebula campō quam montibus dēnsior sēderat. Rōmānus clāmōre undique ortō sē circumventum esse sēnsit, et ante in frontem lateraque pugnārī
coeptum est quam satis īnstruerētur aciēs aut expedīrī
arma stringīque gladiī possent.

Cōnsul, perculsīs omnibus ipse satis impavidus, tur-
bātōs ōrdinēs īnstruit, ut tempus locusque patitur, et
quācumque adīre audīrīque potest, adhortātur ac stāre
ac pugnāre iubet. Cēterum prae strepitū ac tumultū nec
cōnsilium nec imperium accipī poterat. Deinde, ubi ab 3
lateribus montēs ac lacus, ā fronte et ab tergō hostium
aciēs claudēbat appāruitque nūllam nisi in dexterā ferrōque salūtis spem esse, tum sibi quisque dux adhortā-
torque factus ad rem gerendam, et nova dē integrō
exorta pugna est. Tantusque fuit ārdor animōrum, adeō 3
intentus pugnae animus, ut eum mōtum terrae quī multārum urbium Italiae magnās partēs prōstrāvit āvertit-
que cursū rapidōs amnēs, nēmō pugnantium sēnserit!

Trēs fermē hōrās pugnātum est et ubīque atrōciter. 6
Circā cōnsulem tamen ācrior īnfēstiorque pugna est. 3
Eum et rōbora virōrum sequēbantur, et ipse, quācumque
in parte premī ac labōrāre sēnserat suōs, impigrē ferēbat
opem, īnsignemque armīs et hostēs summā vī petēbant
et tuēbantur cīvēs — dōnec Īnsuber eques faciē quoque
nōscitāns cōnsulem "Ēn" inquit "hic est" populāribus 32
suīs "quī legiōnēs nostrās cecīdit agrōsque et urbem est
dēpopulātus! Iam ego hanc victimam Mānibus perēmp-

tōrum foedē cīvium dabō!" subditīsque calcāribus equō
per cōnfertissimam hostium turbam impetum facit cōn-
sulemque lanceā trānsfīxit!

Magnae partis fuga inde prīmum coepit, et iam nec
lacus nec montēs pavōrī obstābant: per omnia velut
caecī ēvādunt, armaque et virī super alium aliī praecipi-
tantur. Pars magna, ubi locus fugae deest, in aquam
prōgressī aut hauriēbantur gurgitibus aut ab ingressīs
aquam hostium equitibus passim trucīdābantur.

Haec est nōbilis ad Trasumennum pugna atque inter
paucās memorāta populī Rōmānī clādēs. Quīndecim
mīlia Rōmānōrum in aciē caesa sunt, decem mīlia
sparsā fugā per omnem Etrūriam dīversīs itineribus urbem petiēre. Duo mīlia quīngentī hostium in aciē, multī
posteā ex vulneribus periēre.

Rōmae ad prīmum nūntium clādis eius cum ingentī
terrōre ac tumultū concursus in forum populī est factus.
Mātrōnae vagae per viās 'quae repēns clādēs allāta
quaeve fortūna exercitūs esset?' obviōs percontantur. Et
cum frequentis cōntiōnis modō turba in Comitium et
Cūriam versa magistrātūs vocāret, tandem haud multō
ante sōlis occāsum M. Pompōnius praetor "Pugnā" inquit "magnā victī sumus." Et quamquam nihil certius
ex eō audītum est, tamen alius ab aliō implētī rūmōri-
bus domōs referunt: 'cōnsulem cum magnā parte cōpiārum caesum; superesse paucōs aut fugā passim per
Etrūriam sparsōs aut captōs ab hoste.' Quot cāsūs exer-

---

sub-dere (< -dare): s.
  calcāria equō = equum
  calcāribus incitāre
cōnfertus -a -um
  = dēnsus
lancea -ae f = hasta
  Gallōrum

pavōrī : pavidīs

calcar
-āris n

haurīrī = mergī
gurgitēs : aqua turbida,
  flūctūs

petiēre = petīvēre

vagus -a -um = errāns
repēns -entis = repen-
  tīnus

cōntiō frequēns = c.
  multōrum, c. celebris
magistrātūs: cōnsulēs,
  cēnsōrēs, tribūnī plēbis,
  praetōrēs, cēt.
praetor = magistrātus
  quī iūdiciīs praeest

alius ab aliō : aliī ab aliīs

domōs = in domōs,
  domum

quot cāsūs fuerant : quot
  mīlitēs ceciderant

propinquus -ī *m* = cognātus
ignōrantium : cum ignōrārent
certum habēre = certō scīre

circumfundī eī = circumsistere eum
ā-vellere = abripere

in-quīrere -sīvisse/-siisse -sītum = quaerere
variōs vultūs cernerēs : variī vultūs cernī poterant

redeuntibus circumfūsōs = quī redeuntibus circumfundēbantur

sōspes -itis = salvus
fīliō offerrī = fīliō appārēre/obviam īre
-āsse = -ā*vi*sse

ex-animārī = exspīrāre

prō-praetor = magistrātus quī annō postquam praetor fuit prōvinciam administrat vel exercituī imperat

citūs victī fuerant, tot in cūrās distractī animī eōrum 3: erant quōrum propinquī sub C. Flāminiō cōnsule meruerant, ignōrantium quae cuiusque suōrum fortūna esset; nec quisquam satis certum habet quid aut spēret aut timeat.

Posterō ac deinceps aliquot diēbus ad portās māior 36 prope mulierum quam virōrum multitūdō stetit, aut suōrum aliquem aut nūntiōs dē iīs opperiēns; circumfundēbanturque obviīs scīscitantēs, neque āvellī, priusquam ōrdine omnia inquīsiissent, poterant. Inde variōs vultūs dīgredientium ab nūntiīs cernerēs, ut cuique 36 laeta aut trīstia nūntiābantur, grātulantēsque aut cōnsōlantēs redeuntibus domōs circumfūsōs.

Fēminārum praecipuē et gaudia īnsignia erant et lūctūs. Ūnam in ipsā portā sōspitī fīliō repente oblātam in complexū eius exspīrāsse ferunt; alteram, cui mors fīliī 37(falsō nūntiāta erat, maestam sedentem domī, ad prīmum cōnspectum redeuntis fīliī gaudiō nimiō exanimātam.

Senātum praetōrēs per diēs aliquot ab ortō ūsque ad occidentem sōlem in Cūriā retinent, cōnsultantēs quō- 375 nam duce aut quibus cōpiīs resistī victōribus Poenīs posset.

Priusquam satis certa cōnsilia essent, repēns alia nūn- 8 tiātur clādēs: quattuor mīlia equitum, cum C. Centēniō prōpraetōre missa ad collēgam ab Servīliō cōnsule, in 380 Umbriā ab Hannibale circumventa.

Itaque dictātōrem populus creāvit Q. Fabium Māximum et magistrum equitum M. Minucium Rūfum, iīsque negōtium ab senātū datum 'ut mūrōs turrēsque
85 urbis firmārent, et praesidia dispōnerent quibus locīs vidērētur, pontēsque rescinderent flūminum: prō urbe dīmicandum esse ac Penātibus, quandō Italiam tuērī nequiissent.'

iīs locīs quibus *iīs* vidērētur
re-scindere = dēstruere, abrumpere
quandō = quoniam

ne-quīre -īvisse/-iisse = nōn posse

Q. Fabius Māximus Cūnctātor
90 [*Ex Periochā librī XXII:*]

cūnctātor -ōris *m* = quī cūnctātur

Cum deinde Q. Fabius Māximus dictātor adversus Hannibalem missus nōllet aciē cum eō cōnflīgere, M. Minucius, magister equitum, ferōx et temerārius, crīminandō dictātōrem tamquam sēgnem et timidum effē-
395 cit ut populī iussū aequārētur eī cum dictātōre imperium; dīvīsōque exercitū, cum inīquō locō cōnflīxisset et in magnō discrīmine legiōnēs eius essent, superveniente cum exercitū Fabiō Māximō discrīmine līberātus est. Quō beneficiō victus castra cum eō iūnxit et 'pa-
400 trem' eum salūtāvit idemque facere mīlitēs iussit.

crīminārī (< crīmen) = accūsāre

aequāre = aequum facere

Hannibal, vāstātā Campāniā, inter Casilīnum oppidum et Calliculam montem ā Fabiō clausus, sarmentīs ad cornua boum alligātīs et incēnsīs, praesidium Rōmānōrum, quod Calliculam īnsidēbat, fugāvit, et sīc trāns-
405 gressus est saltum.

claudere = inclūdere
sarmentum -ī *n* = rāmus tenuis, virga
al-ligāre < ad-ligāre

īn-sidēre = occupātum tenēre

Ūnus homō nōbīs cūnctandō restituit rem.

rem : rem pūblicam
[*Ennius: Annālēs 370*]

Cannae

[*Ex Eutropiī Breviāriī librō III:*]

[annō 216 a. C.]

alicui succēdere = in
locum alicuius s.
callidus -a -um = prūdēns
ac perītus

impatientia -ae *f* < im-
patiēns
contrā-dīcere
vīcus -ī *m* = parvum
oppidum

Poenum : Poenōs

ventum est : vēnērunt
bīna (II) castra
com-mūnīre = mūnīre
af-fluere < ad-
aditus -ūs *m* < adīre
aquātor -ōris *m* = quī
aquātur (= aquam petit)

līberius : facilius
aquārī = aquam petere

Numidae: equitēs ex
Numidiā

(turba) incondita : nōn
īnstrūcta
cum *Numidae... fugāvis-
sent*

ē-vehere

Rōmānīs vīsum *est*
auxiliō : auxiliīs
: summa imperiī eō diē
penes Paulum fuit: ea
modo ūna causa tenuit
(: prohibuit) R. nē...

Quīngentēsimō et quadrāgēsimō annō ā conditā urbe *1*
L. Aemilius Paulus C. Terentius Varrō contrā Hanni- *4*
balem mittuntur Fabiōque succēdunt; quī abiēns ambōs cōnsulēs monuit ut Hannibalem, callidum et impa-
tientem ducem, nōn aliter vincerent quam proelium dif-
ferendō. Vērum cum impatientiā Varrōnis cōnsulis —
contrādīcente alterō cōnsule — apud vīcum quī Cannae 41
appellātur in Āpūliā pugnātum esset, ambō cōnsulēs ab
Hannibale vincuntur.

[*Ex Līviī librō XXII:*]

Cōnsulēs satis explōrātīs itineribus sequentēs Poe- *44*
num, ut ventum ad Cannās est et in cōnspectū Poenum *42*
habēbant, bīna castra commūniunt. Aufidus amnis,
utrīsque castrīs affluēns, aditum aquātōribus haud sine
certāmine dabat; ex minōribus tamen castrīs, quae posita trāns Aufidum erant, līberius aquābantur Rōmānī,
quia rīpa ulterior nūllum habēbat hostium praesidium. 425

Hannibal Numidās ad invādendōs ex minōribus cas- *45*
trīs Rōmānōrum aquātōrēs trāns flūmen mittit. Quam
inconditam turbam cum vixdum in rīpam ēgressī clāmōre ac tumultū fugāssent, in statiōnem quoque prō
vāllō locātam atque ipsās prope portās ēvectī sunt. Id 430
vērō adeō indignum vīsum ab tumultuāriō auxiliō iam
etiam castra Rōmāna terrērī, ut ea modo ūna causa, nē
extemplō trānsīrent flūmen dīrigerentque aciem, tenue-

rit Rōmānōs: quod summa imperiī eō diē penes Paulum

5 fuit.

Itaque posterō diē Varrō, nihil cōnsultō collegā, īnstrūctās cōpiās flūmen trādūxit, sequente Paulō, quia
magis nōn probāre quam nōn adiuvāre cōnsilium poterat. Trānsgressī flūmen eās quoque quās in castrīs mi-
40 nōribus habuerant cōpiās suīs adiungunt, atque ita īn-
struunt aciem: in dextrō cornū — id erat flūminī propius — Rōmānōs equitēs locant, deinde peditēs; laevum cornū extrēmī equitēs sociōrum, intrā peditēs, ad
medium iūnctī legiōnibus Rōmānīs, tenuērunt. Ex cēte-
45 rīs levium armōrum auxiliīs prīma aciēs facta. Cōnsulēs
cornua tenuērunt, Terentius laevum, Aemilius dextrum; Geminō Servīliō media pugna tuenda data.

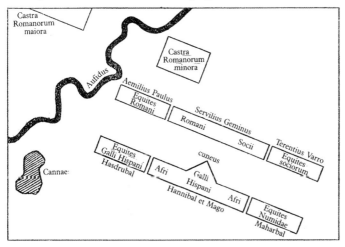

46 Hannibal lūce prīmā Baliāribus levīque aliā armātūrā
praemissā trānsgressus flūmen, ut quōsque trādūxerat
450 ita in aciē locābat: Gallōs Hispānōsque equitēs prope

---

summa imperiī = ūni-
versum imperium

cōnsilium nōn probāre
magis quam (: nec vērō)
nōn adiuvāre poterat

eās cōpiās quās...

extrēmī : in extrēmā parte
locātī

prīma aciēs = prīma aciēī
pars

media pugna : media aciēs
Cn. Servīlius Geminus
(cōs. annō 217 a. C.)

proelium Cannēnse

utraque cornua = utrum-
que cornū
inter-pōnere hīs (*dat*)
= inter hōs pōnere

Maharbal -alis *m*

Māgō -ōnis *m*

prōcursum *est* ab auxiliīs
= auxilia prōcurrērunt

cuneus
-ī *m*

claudēbant : obstābant

dē-trahere

magnā (ex) parte
ācrius quam diūtius =
ācriter magis quam diū
(: nōn diū, sed ācriter)

cuneus · sinus

cōn-stāre = firmē stāre
im-pellere = pellere

prō-minēre = ēminēre

frōns = prīma aciēs

dedit : fēcit

ir-ruere < in-ruere

āla = cornū

hinc : hāc dē causā, itaque

rīpam laevō in cornū adversus Rōmānum equitātum; dextrum cornū Numidīs equitibus datum; media aciēs peditibus firmāta ita ut Āfrōrum utraque cornua essent, interpōnerentur hīs mediī Gallī atque Hispānī. Numerus omnium peditum quī tum stetēre in aciē mīlium fuit 4 quadrāgintā, decem equitum. Ducēs cornibus praeerant, sinistrō Hasdrubal, dextrō Maharbal; mediam aciem Hannibal ipse cum frātre Māgōne tenuit.

Clāmōre sublātō prōcursum ab auxiliīs et pugna levibus prīmum armīs commissa. Deinde equitum Gallōrum Hispānōrumque laevum cornū cum dextrō Rōmānō concurrit, minimē equestris mōre pugnae: frontibus enim adversīs concurrendum erat, quia hinc amnis, hinc peditum aciēs claudēbant. Stantibus postrēmō equīs vir virum amplexus dētrahēbat equō! Pedestre magnā iam ex parte certāmen factum erat; ācrius tamen quam diūtius pugnātum est, pulsīque Rōmānī equitēs terga vertunt.

Sub equestris fīnem certāminis coorta est peditum pugna, prīmō et vīribus et animīs pār, dum cōnstābant ōrdinēs Gallīs Hispānīsque. Tandem Rōmānī impulēre hostium cuneum ā cēterā prōminentem aciē. Quī cuneus ut pulsus aequāvit frontem prīmum, dein cēdendō etiam sinum in mediō dedit, Āfrī circā iam cornua fēcerant irruentibusque incautē in medium Rōmānīs circumdedēre ālās, mox cornua extendendō clausēre et ab tergō hostēs. Hinc Rōmānī, dēfūnctī nēquīquam proe-

liō ūnō, omissīs Gallīs Hispānīsque, quōrum terga cecī-
derant, adversus Āfrōs integram pugnam ineunt, nōn
80 tantum eō inīquam quod inclūsī adversus circumfūsōs,
sed etiam quod fessī cum recentibus pugnābant.

79 Paulus, quamquam prīmō statim proeliō fundā graviter ictus fuerat, tamen et occurrit saepe Hannibalī et
aliquot locīs proelium restituit, prōtegentibus eum
85 equitibus Rōmānīs, omissīs postrēmō equīs, quia cōnsulem et ad regendum equum vīrēs dēficiēbant. Equitum pedestre proelium — iam haud dubiā hostium victōriā — fuit, cum victī morī in vestīgiō māllent quam
fugere, victōrēs trucīdārent quōs pellere nōn poterant.
90 Pepulērunt tamen iam paucōs superantēs et labōre ac
vulneribus fessōs.

Cn. Lentulus tribūnus mīlitum, cum praetervehēns
equō sedentem in saxō cruōre opplētum cōnsulem vīdisset, "L. Aemilī" inquit, "quem ūnum īnsontem cul-
495 pae clādis hodiernae deī respicere dēbent, cape hunc
equum, dum et tibi vīrium aliquid superest et comes
ego tē tollere possum ac prōtegere. Nē fūnestam hanc
pugnam morte cōnsulis fēceris! Etiam sine hoc lacrima-
rum satis lūctūsque est." Ad ea cōnsul: "Tū quidem,
500 Cn. Cornēlī, macte virtūte estō! Sed cavē frūstrā mise-
randō exiguum tempus ē manibus hostium ēvādendī
absūmās! Abī, nūntiā patribus 'urbem Rōmānam mūniant ac, priusquam victor hostis adveniat, praesidiīs fīr-
ment!' Mē in hāc strāge mīlitum meōrum patere exspī-

omissīs : relictīs

in-īquus = impār

recēns -entis = novus
   atque integer
prīmō proeliō = initiō
   proeliī

funda
-ae f

(vīrēs) eum dēficiunt
   = eī dēsunt

in vestīgiō : in locō
   ubi stābant
quōs : eōs quōs

superāre = superesse

Cn. Cornēlius Lentulus
praeter-vehēns =
   praeter-vectus
op-plēre -ēvisse -ētum =
   complēre et operīre
īnsōns culpae (gen)
   = sine culpā

fūnestus -a -um (< fūnus)
   = trīstissimus

satis lacrimārum

macte virtūte estō! = grātulor tibi dē virtūte,
   bene facis
cavē tempus absūmās =
   cavē nē t. absūmās
   (: nōlī t. absūmere)
ut urbem mūniant

patere mē exspīrāre! =
   sine mē exspīrāre!

229

ob-ruere -uisse -utum =
operīre (rē suprā in-
iectā)

rāre!" Haec eōs agentēs prius turba fugientium cīvium, 5
deinde hostēs oppressēre. Cōnsulem ignōrantēs quis
esset obruēre tēlīs; Lentulum in tumultū abripuit
equus. Tum undique effūsē fugiunt.

mūnīmentum -ī n = mū-
nītiō (mūrus, vāllum)
cōnsul alter : Varrō

Septem mīlia hominum in minōra castra, decem in
māiōra, duo fermē in vīcum ipsum Cannās perfūgērunt, 5
quī extemplō ab equitibus, nūllō mūnīmentō tegente
vīcum, circumventī sunt. Cōnsul alter cum quīnquāgintā ferē equitibus Venusiam perfūgit.

quaestor -ōris m = ma-
gistrātus quī in bellō
ducem adiuvat
cōnsulāris -is m = quī
cōnsul fuit
praetōrius -ī m = quī
praetor fuit

Quadrāgintā quīnque mīlia quīngentī peditēs, duo
mīlia septingentī equitēs caesī dīcuntur; in hīs ambō 51
cōnsulum quaestōrēs et ūndētrīgintā tribūnī mīlitum,
cōnsulārēs quīdam praetōriīque (inter eōs Cn. Servīlium Geminum et M. Minucium numerant, quī magister equitum priōre annō fuerat), octōgintā praetereā
senātōrēs. Capta eō proeliō tria mīlia peditum et equitēs 52
mīlle et quīngentī dīcuntur.

Cannēnsis -e < Cannae
Alliēnsis -e < Allia (ad
eum fluvium Rōmānī ā
Gallīs victī sunt annō
390 a. C.)

Haec est pugna Cannēnsis, Alliēnsī clādī nōbilitāte 50
pār, cēterum strāge exercitūs gravior foediorque. Fuga
namque ad Alliam exercitum servāvit — ad Cannās fugientem cōnsulem vix quīnquāgintā secūtī sunt, alterīus 52
morientis prope tōtus exercitus fuit.

per-fungī = dēfungī

Hannibalī victōrī cum cēterī circumfūsī grātulārentur 51
suādērentque ut, tantō perfūnctus bellō, quiētem et ipse
sibi sūmeret et fessīs daret mīlitibus, Maharbal, prae-

cessandum esse

fectus equitum, minimē cessandum ratus, "Immō, ut 530
quid hāc pugnā sit āctum sciās: diē quīntō" inquit "vic-

tor in Capitōliō epulāberis! Sequere! Cum equite — ut prius vēnisse quam ventūrum sciant — praecēdam." Hannibalī nimis laeta rēs est vīsa māiorque quam ut
35 eam statim capere animō posset. Itaque 'voluntātem sē laudāre Maharbalis' ait, 'ad cōnsilium pēnsandum temporis opus esse.' Tum Maharbal: "Nōn omnia nīmīrum eīdem dī dedēre. Vincere scīs, Hannibal — victōriā ūtī nescīs!"
40 Mora eius diēī satis crēditur salūtī fuisse urbī atque imperiō.

Posterō diē ubi prīmum illūxit, ad spolia legenda foedamque etiam hostibus spectandam strāgem exeunt.
52 Spoliīs ad multum diēī lēctīs, Hannibal ad minōra dūcit
45 castra oppugnanda, et omnium prīmum ā flūmine eōs exclūdit. Cēterum — omnibus labōre, vigiliīs, vulneribus etiam fessīs — mātūrior ipsīus spē dēditiō est facta: in castra hostēs accēpērunt trāditīque in cūstōdiam omnēs sunt.
550 Dum ibi tempus teritur, intereā cum ex māiōribus castrīs ad quattuor mīlia hominum et ducentī equitēs — aliī agmine, aliī pālātī per agrōs — Canusium perfūgissent, castra ipsa ab sauciīs timidīsque trādita hostī.

Eōs quī Canusium perfūgerant mulier Āpula nōmine
555 Būsa, genere clāra ac dīvitiīs, frūmentō, veste, viāticō
53 etiam iūvit. Cēterum cum ibi tribūnī mīlitum quattuor essent, Fabius Māximus dē legiōne prīmā (cuius pater priōre annō dictātor fuerat) et dē legiōne secundā L.

epulārī(< epulae) = cēnāre
equite : equitibus
tē vēnisse
prae-cēdere ↔ sequī

animō capere = intellegere
pēnsāre = reputāre
temporis opus est = tempore opus est

salūtī esse = salūtem afferre

ad multum diēī = ad hōram sēram
legere = colligere

ex-clūdere < -claudere
mātūrus -a -um = quī prīmō/sine morā/ante tempus fit; ↔ sērus
mātūrior ipsīus spē: mātūrior quam ipse spērāverat

ad IV = circiter IV
pālārī = errāre

Āpulus -a -um = ex Āpūliā
viāticum -ī n = pecūnia ad viam (: iter) necessāria

Q. Fabius Māximus (cōs. annō 213 a.C.)

231

aedīlis -is *m* = magistrātus quī viās, aedificia pūblica ac lūdōs cūrat

dē-ferre = mandāre

Pūblicius Bibulus et P. Cornēlius Scīpiō et dē legiōne tertiā Ap. Claudius Pulcher (quī proximē aedīlis fue- 5⸱ rat), omnium cōnsēnsū ad P. Scīpiōnem admodum adulēscentem et ad Ap. Claudium summa imperiī dēlāta est.

Eō tempore quō haec Canusiī agēbantur, Venusiam 5⸱ ad cōnsulem ad quattuor mīlia et quīngentī peditēs 5⸱ equitēsque, quī sparsī fugā per agrōs fuerant, pervēnēre. Varrō Canusium cōpiās trādūxit. Et iam aliqua

speciēs exercitūs : quod vidētur exercitus esse reliquiae -ārum *f* = quod reliquum est

speciēs cōnsulāris exercitūs erat.

tantum pavōris = tantus pavor

Rōmam nē hās quidem reliquiās superesse cīvium sociōrumque, sed 'dēlētās omnēs cōpiās' allātum fuerat. 57⸱ Numquam — salvā urbe — tantum pavōris tumultūsque intrā moenia Rōmāna fuit. Cōnsule exercitūque ad Trasumennum priōre annō āmissō, 'cum duōbus cōn-

āmissī *esse*

sulibus duo cōnsulārēs exercitūs āmissī' nūntiābantur 'nec ūlla iam castra Rōmāna nec ducem nec mīlitem 57⸱ esse! Hannibalis Āpūliam, Samnium ac iam prope tōtam Italiam factam.' Nūlla profectō alia gēns tantā

ob-ruere : opprimere

mōle clādis nōn obruta esset!

P. Fūrius Philus (cōs. annō 223 a. C.)

P. Fūrius Philus et M. Pompōnius praetōrēs senātum 55⸱ in cūriam Hostīliam vocāvērunt, ut dē urbis cūstōdiā 58⸱ cōnsulerent; neque enim dubitābant, dēlētīs exercitibus, hostem ad oppugnandam Rōmam ventūrum.

C. Terentiō *Varrōne*

Tum dēmum litterae ā C. Terentiō cōnsule allātae 56 sunt: 'L. Aemilium cōnsulem exercitumque caesum; sēsē Canusiī esse, reliquiās tantae clādis velut ex naufra- 585 giō colligentem; ad decem mīlia mīlitum fermē esse; Poenum sedēre ad Cannās.'

Litterīs cōnsulis lēctīs cēnsuēre patrēs 'praetōrem M. Claudium, quī classī ad Ōstiam stantī praeesset, Canusium ad exercitum mittendum scrībendumque cōnsulī ut, cum praetōrī exercitum trādidisset, Rōmam venīret.'

M. Claudium *Mārcellum*

mittendum *esse*

Māgō nūntius victōriae

[*Ex librō XXIII*]

Hannibal post Cannēnsem pugnam cōnfestim ex Āpūliā in Samnium mōverat. Māgōnem regiōnis eius urbēs dēficientēs ab Rōmānīs accipere iubet, ipse per agrum Campānum mare Īnferum petit, oppugnātūrus Neāpolim, ut urbem maritimam habēret. Ab urbe oppugnandā Poenum absterruēre cōnspecta moenia.

movēre : castra movēre

Neāpolis -is *f* (*acc* -im, *abl* -ī)
abs-terrēre = dēterrēre

Inde Capuam flectit iter...

Lēgātī ad Hannibalem vēnērunt pācemque cum eō condiciōnibus fēcērunt 'ut suae lēgēs, suī magistrātūs Capuae essent.'

hīs condiciōnibus
suae : propriae

Hannibal ingressus urbem senātum extemplō postulat; precantibus inde prīmōribus Campānōrum 'nē quid eō diē sēriae reī gereret, diemque ut ipse, adventū suō fēstum, laetus ac libēns celebrāret', vīsendā urbe magnam partem diēī cōnsūmpsit. Posterō diē senātus frequēns datus Hannibalī; ubi prīma eius ōrātiō perblanda ac benigna fuit, quā grātiās ēgit Campānīs 'quod amīci-

Campānī -ōrum *m*: cīvēs
Capuae

libēns -entis (< libēre)
↔ invītus
(diem) celebrāre =
fēstum habēre
vīsendā urbe : in v. u.
prīma ōrātiō = prīma
pars ōrātiōnis
per-blandus -a -um

233

praepōnere = praeferre

pollicitus *est*

Āpulī -ōrum *m*: incolae Āpūliae

expōnere = nārrāre

suprā : plūrēs quam

duōs : Flāminium et Paulum; alterum, alterum: P. Scīpiōnem, Varrōnem

acervus
-ī *m*

vērum esse = rēctum esse, oportēre
grātēs*f plac c* = grātiās

ad fidem rērum : ut rēbus cōnfīderent (rēs vērās esse crēderent)
mētīrī = modum statuere numerandō
dīmidium = dīmidia pars
ex-plēre -ēvisse -ētum
auctor esse = trādere
ānulus aureus est īnsigne equitis Rōmānī

aciēs : proelia

supplēmentum -ī *n* = mīlitēs ad numerum supplendum

---

tiam suam Rōmānae societātī praeposuissent', et inter cētera magnifica prōmissa pollicitus 'brevī caput Italiae omnī Capuam fore!'

Dum haec in Italiā geruntur, nūntius victōriae ad *1* Cannās Carthāginem vēnerat Māgō, Hamilcaris fīlius, nōn ex ipsā aciē ā frātre missus, sed retentus aliquot diēs in recipiendīs cīvitātibus Bruttiōrum Āpulōrumque quae dēficiēbant. Is, cum eī senātus datus esset, rēs gestās in Italiā ā frātre expōnit: 'Cum sex imperātōribus 6. eum aciē cōnflīxisse; occīdisse suprā ducenta mīlia hostium, suprā quīnquāgintā mīlia cēpisse. Ex quattuor cōnsulibus duōs occīdisse, ex duōbus saucium alterum, alterum tōtō āmissō exercitū vix cum quīnquāgintā hominibus effūgisse. Bruttiōs Āpulōsque, partem Samnī- 62 tium ac Lūcānōrum dēfēcisse ad Poenōs. Capuam Hannibalī sē trādidisse. Prō hīs tantīs totque victōriīs vērum esse grātēs deīs immortālibus agī habērīque!'

Ad fidem deinde tam laetārum rērum effundī in vesti- 1. bulō cūriae iussit ānulōs aureōs, quī tantus acervus fuit 63 ut mētientibus dīmidium suprā trēs modiōs explēvisse sint quīdam auctōrēs. Adiēcit deinde verbīs 'nēminem nisi equitem id gerere īnsigne'. Summa fuit ōrātiōnis: 'omnī ope iuvandum Hannibalem esse, procul enim ab domō mīlitiam esse in mediā hostium terrā; magnam 63: vim frūmentī pecūniaeque absūmī, et tot aciēs victōris etiam cōpiās parte aliquā minuisse; mittendum igitur supplēmentum esse, mittendam in stipendium pecū-

niam frūmentumque tam bene meritīs dē nōmine Pūnicō mīlitibus.'

Secundum haec dicta Māgōnis laetīs omnibus, Himilcō, vir factiōnis Barcīnae, locum Hannōnis incre-
pandī esse ratus, "Quid est, Hannō?" inquit, "Etiam
nunc paenitet tē bellī susceptī adversus Rōmānōs? Iubē
dēdī Hannibalem! Vetā in tam prosperīs rēbus grātēs
deīs immortālibus agī! Audiāmus Rōmānum senātōrem
in Carthāginiēnsium cūriā!"

Tum Hannō "Respondeam" inquit "Himilcōnī nōn
dēsiisse paenitēre mē bellī neque dēsitūrum ante invic-
tum vestrum imperātōrem incūsāre quam fīnītum aliquā tolerābilī condiciōne bellum vīderō. Itaque ista
quae modo Māgō iactāvit Himilcōnī cēterīsque Hannibalis satellitibus iam laeta sunt — mihi possunt laeta
esse, quia rēs bellō bene gestae, sī volumus fortūnā ūtī,
pācem nōbīs aequiōrem dabunt; nam sī praetermitti-
mus hoc tempus, quō magis dare quam accipere possumus vidērī pācem, vereor nē haec quoque laetitia vāna
ēvādat. Quae tamen nunc quoque quālis est? 'Occīdī
exercitūs hostium: mittite mīlitēs mihi!' Quid aliud ro-
gārēs, sī essēs victus? 'Hostium cēpī bīna castra — praedae vidēlicet plēna et commeātuum —: frūmentum et
pecūniam date!' Quid aliud, sī spoliātus, sī exūtus castrīs essēs, peterēs? Et nē omnia ipse mīrer (mihi quoque
enim, quoniam respondī Himilcōnī, interrogāre iūs
fāsque est), velim seu Himilcō seu Māgō respondeat,

---

nōmen Pūnicum = popu-
lus Carthāginiēnsis

locus : occāsiō

respondeam = respon-
dēbō sī licet
nōn dēsiit paenitēre mē
bellī = adhūc paenitet
mē bellī
mē dēsitūrum *esse*
ante quam... vīderō
tolerābilis -e = tolerandus

satelles -itis *m* = comes
perpetuus et dēfēnsor

quae : haec laetitia
'Occīdī...': Hannō Hanni-
balem loquentem facit

vidē-licet (< vidēre
+ licet) = scīlicet
commeātus -ūs *m* = frū-
mentum, cibus
ex-uere -uisse -ūtum: aliquem rē e. = alicui rem
adimere

velim = volō sī licet
ut H. seu M. respondeat

235

ec-quis = num quis/quī

homō ex xxxv tribubus :
cīvis Rōmānus

quid animōrum : quōs
animōs
sē nescīre
facile scītū est = facile
scīrī potest
ec-quōs = num quōs

ec-quam = num quam

quā diē = quō diē (: eō
diē quō)

senātūs cōnsultum -ī *n* =
quod in senātū dēcrē-
tum est

Cn. et P. Scīpiōnēs: Cn.
Scīpiō et P. Scīpiō,
frātrēs
Hasdrubal: frāter Hanni-
balis
[annō 215 a. C.]

M. Claudius Mārcellus

Philippus , rēx Macedo-
niae (annīs 221–179
a. C.)

prīmum: ecquis Latīnī nōminis populus dēfēcerit ad nōs? deinde: ecquis homō ex quīnque et trīgintā tribubus ad Hannibalem trānsfūgerit?" Cum utrumque Māgō negāsset, "Hostium quidem ergō" inquit "adhūc nimis multum superest. Sed multitūdō ea quid animō- 6 rum quidve speī habeat, scīre velim." Cum id nescīre *1* Māgō dīceret, "Nihil facilius scītū est" inquit, "Ecquōs lēgātōs ad Hannibalem Rōmānī mīsērunt dē pāce? Ecquam dēnique mentiōnem pācis Rōmae factam esse allātum ad vōs est?" Cum id quoque negāsset, "Bellum 6 igitur" inquit "tam integrum habēmus quam habuimus quā diē Hannibal in Italiam est trānsgressus!"

Haud multōs mōvit Hannōnis ōrātiō. Itaque ingentī cōnsēnsū fit senātūs cōnsultum ut Hannibalī quattuor mīlia Numidārum in supplēmentum mitterentur et qua- 6 drāgintā elephantī et argentī talenta quīngenta.

Mārcellus et Scīpiō

[*Ex Periochā librī XXIII:*]

Cn. et P. Scīpiōnēs in Hispāniā Hasdrubalem vīcērunt et Hispāniam suam fēcērunt. 68

Tib. Semprōnius Gracchus cōs. Campānōs cecīdit.

Claudius Mārcellus praetor Hannibalis exercitum ad Nōlam proeliō fūdit et vīcit, prīmusque tot clādibus fessīs Rōmānīs meliōrem spem bellī dedit.

Inter Philippum, Macedoniae rēgem, et Hannibalem 69 societās iūncta est.

Exercitus Hannibalis per hīberna ita luxuriātus est ut corporis animīque vīribus ēnervārētur.

[*Ex Periochā librī XXIV:*]

5 Tib. Semprōnius Gracchus prōcōnsul prosperē adversus Poenōs ad Beneventum pugnāvit servōrum māximē operā, quōs līberōs esse iussit.

Claudius Mārcellus cōs. in Siciliā, quae prope tōta ad Poenōs dēfēcerat, Syrācūsās obsēdit.

10 Philippō Macedonum rēgī bellum indictum est, quī ad Apollōniam nocturnō bellō oppressus fugātusque in Macedoniam cum prope inermī exercitū profūgit.

[*Ex Periochā librī XXV:*]

P. Cornēlius Scīpiō, posteā Āfricānus, ante annōs 15 aedīlis factus.

Capua obsessa est ā Q. Fulviō et Ap. Claudiō cōss.

Claudius Mārcellus Syrācūsās expugnāvit tertiō annō et ingentem virum gessit. In eō tumultū captae urbis Archimēdēs, intentus fōrmīs quās in pulvere dēscrīpserat, interfectus est.

P. et Cn. Scīpiōnēs in Hispāniā tot rērum fēlīciter gestārum trīstem exitum tulērunt, prope cum tōtīs exercitibus caesī annō octāvō quam in Hispāniam iērunt.

[*Ex Periochā librī XXVI:*]

15 Hannibal ad tertium lapidem ab urbe Rōmā super Aniēnem castra posuit. Ipse cum duōbus mīlibus equitum ūsque ad ipsam Capēnam portam, ut situm urbis explōrāret, obequitāvit.

luxuriārī = in luxū vīvere

ē-nervāre = invalidum facere

prō-cōnsul -is *m* = quī annō post cōnsulātum prōvinciam administrat vel exercituī imperat

[annō 214 a. C.]

dē-ficere -fēcisse -fectum

Bellum Macedonicum I

Apollōnia -ae *f*: oppidum Illyricī

annōs : aetātem lēgitimam (XXXVI annōs)

cōs., *pl* cōss.
[annō 212 a. C.]

[annō 211 a. C.]
gerere = agere, sē ostendere
Archimēdēs -is *m*: Syrācūsānus doctissimus
dē-scrībere

quam : postquam

lapis : mīliārium

ob-equitāre = equō vehī (ad)

237

prōcōs. = prōcōnsul,
pl prōcōss.
mortem sibi cōnscīscere
= sē interficere

pālus -ī *m* = stīpes
secūrī ferīre : capite
pūnīre
Campānīs parcere

lēge : secundum lēgem

Hispāniae: Hispānia
citerior et ulterior
imperium =iūs imperā-
tōris

pro-fitērī -fessum
(<-fatērī) = pūblicē
dīcere, prōmittere

[annō 209 a. C.]

[annō 208 a. C.]

speculārī = explōrāre

Baecula -ae *f*: cīvitās
Hispāniae

trān-scendere -disse =
scandendō trānsīre

caesus: ad *Metaurum*
flūmen annō 207 a.C.
ductus -ūs *m* < dūcere

pālus -ī *m*

Capua capta est ā Q. Fulviō et Appiō Claudiō prōcōss. Prīncipēs Campānōrum venēnō sibi mortem cōn- 7.
scīvērunt. Cum senātus Campānōrum alligātus esset ad
pālōs ut secūrī ferīrētur, Q. Fulvius prōcōs. litterās ā
senātū missās, quibus iubēbātur parcere, antequam le-
geret in sinū posuit, et lēge agī iussit et supplicium
perēgit.   7.

Cum comitiīs apud populum quaererētur 'cui mandārētur Hispāniārum imperium?' nūllō id volente suscipere, P. Scīpiō, P. fīlius eius quī in Hispāniā ceciderat,
professus est 'sē itūrum', et suffrāgiō populī cōnsēnsū-
que omnium missus Novam Carthāginem expugnāvit, 7:
cum habēret annōs vīgintī quattuor.

[*Ex Periochā librī XXVII:*]

M. Claudius Mārcellus T. Quīnctius Crispīnus cōss.
speculandī causā prōgressī ē castrīs īnsidiīs ab Hannibale circumventī sunt; Mārcellus occīsus, Crispīnus 7:
fūgit.

In Hispāniā ad Baeculam Scīpiō cum Hasdrubale
cōnflīxit et vīcit.

Hasdrubal, quī cum exercitū novō Alpēs trānscende-
rat, ut sē Hannibalī iungeret, cum mīlibus hominum 74
quīnquāgintā sex caesus est M. Līviī cōs. ductū, sed
nōn minōre operā Claudiī Nerōnis cōs., quī, cum Hannibalī oppositus esset, relictīs castrīs ita ut hostem falle-
ret, cum ēlēctā manū profectus Hasdrubalem circum-
vēnerat.   74

[*Ex Periochā librī XXVIII:*]

P. Scīpiō in Hispāniā cum Poenīs dēbellāvit quārtō decimō annō eius bellī; et ā Tarracōne in Āfricam ad Syphācem, rēgem Massȳlōrum, trānsvectus, foedus cum eō iūnxit. Et amīcitiā factā cum Masinissā, rēge Numidārum (quī illī auxilium 'sī in Āfricam trāiēcisset' pollicēbātur), Rōmam reversus cōnsulque creātus.

[*Ex Periochā librī XXIX*]

Scīpiō in Āfricam trāiēcit.

Syphāx, acceptā in mātrimōnium fīliā Hasdrubalis Gisgōnis, amīcitiam quam cum Scīpiōne iūnxerat renūntiāvit.

Scīpiō adventū Hasdrubalis et Syphācis, quī prope cum centum mīlibus armātōrum vēnerant, ab obsidiōne Uticae dēpulsus hīberna commūniit.

Lūstrum ā cēnsōribus conditum est: cēnsa sunt cīvium capita ducenta quattuordecim mīlia.

[*Ex Periochā librī XXX:*]

Scīpiō in Āfricā Carthāginiēnsēs et Syphācem, Numidiae rēgem, Hasdrubalemque plūribus proeliīs vīcit, adiuvante Masinissā; bīna hostium castra expugnāvit, in quibus quadrāgintā mīlia hominum ferrō ignīque cōnsūmpta sunt. Syphācem per C. Laelium et Masinissam cēpit. Masinissa Sophonisbam, uxōrem Syphācis, fīliam Hasdrubalis, captam statim adamāvit, et nūptiīs factīs uxōrem habuit; castīgātus ā Scīpiōne, venēnum eī mīsit, quō illa haustō dēcessit. Effectumque est multīs

---

[annō 206 a. C.]
dē-bellāre = bellandī fīnem facere
Tarracō-ōnis *f:* cīvitās Hispāniae
Syphāx -ācis *m*
trāns-vehere

reversus *est* = revertit

[annō 204 a. C.]

Hasdrubal, Gisgōnis fīlius: dux Carthāginiēnsium
re-nūntiāre = revocāre, tollere

Utica -ae *f:* cīvitās Āfricae maritima
-*i*it = -*īv*it

CCXIV (214 000)

[annō 203 a. C.]

Numidia -ae *f:* terra Numidārum

(C. Laelius: cōs. annō 190 a. C.)

ad-amāre = amāre incipere
castīgāre = reprehendere

haurīre -sisse -stum = bibere

239

Scīpiōnis victōriīs ut Carthāginiēnsēs in dēspērātiōnem āctī Hannibalem revocārent.

Māgō, bellō quō in agrō Īnsubrum cum Rōmānīs cōnflīxerat vulnerātus, dum in Āfricam per lēgātōs revocātus revertitur, ex vulnere mortuus est.

reditus -ūs *m* < redīre

nihil reī : nūlla rēs, nihil

frendere = dentēs movēre (ob īram)
(*ā* lacrimīs) temperāre = abstinēre
(mandātum) ē-dere = ēloquī, nūntiāre

obtrectātiō -ōnis *f* < obtrectāre
dēfōrmitās -ātis *f* = foeditās
ex-sultāre = ovāre
sē efferre = superbus fierī
domum : gentem

ferunt = nārrant

ex-secrātum *esse* (= poenās deōrum optāvisse)

Scīpiōnem ausum *esse*

Reditus Hannibalis atque clādēs
[*Ex librō XXX:*]

Nihil ultrā reī in Italiā ab Hannibale gestum. Nam ad eum quoque lēgātī ab Carthāgine revocantēs in Āfricam iīs forte diēbus quibus ad Māgōnem vēnērunt. Frendēns gemēnsque ac vix lacrimīs temperāns dīcitur lēgātōrum verba audiisse. Postquam ēdita sunt mandāta "Vīcit ergō Hannibalem" inquit "nōn populus Rōmānus totiēs caesus fugātusque, sed senātus Carthāginiēnsis obtrectātiōne atque invidiā. Neque hāc dēfōrmitāte reditūs meī tam P. Scīpiō exsultābit atque efferet sēsē quam Hannō, quī domum nostram, quandō aliā rē nōn potuit, ruīnā Carthāginis oppressit!"

Rārō quemquam alium patriam exsiliī causā relinquentem tam maestum abiisse ferunt quam Hannibalem hostium terrā excēdentem; respexisse saepe Italiae lītora, et deōs hominēsque accūsantem in sē quoque ac suum ipsīus caput exsecrātum, quod nōn cruentum ab Cannēnsī victōriā mīlitem Rōmam dūxisset: 'Scīpiōnem īre ad Carthāginem ausum, quī cōnsul hostem Poenum in Italiā nōn vīdisset — sē, centum mīlibus armātōrum

ad Trasumennum, ad Cannās caesīs, circā Casilīnum
Cūmāsque et Nōlam cōnsenuisse!' Haec accūsāns que-
rēnsque ex diūtinā possessiōne Italiae est dētractus.

[*Ex Periochā librī XXX:*]

Annō sextō decimō Italiā dēcēdēns in Āfricam trāiēcit, temptāvitque per colloquium pācem cum Scīpiōne
compōnere, et cum dē condiciōnibus pācis nōn convē-
nisset, aciē victus est.

[*Ex librō XXX:*]

Carthāginiēnsium sociōrumque caesa eō diē suprā vīgintī mīlia; pār fermē numerus captus cum signīs mīlitāribus centum trīgintā duōbus, elephantīs ūndecim.
Victōrēs ad mīlle et quīngentī cecidēre.

Hannibal cum paucīs equitibus inter tumultum ēlāpsus Hadrūmētum perfūgit, omnia et ante aciem et in
proeliō, priusquam excēderet pugnā, expertus. Accītus-
que inde Carthāginem sextō ac trīcēsimō post annō
quam puer inde profectus erat, fassus in cūriā est 'nōn
proeliō modo sē, sed bellō victum, nec spem salūtis
alibī quam in pāce impetrandā esse.'

Tum lēgātī trīgintā ab Carthāgine ad Scīpiōnem vēnērunt. In cōnsiliō, quamquam iūsta īra omnēs ad dēlen-
dam stimulābat Carthāginem, tamen — cum et quanta
rēs esset et quam longī temporis obsidiō tam mūnītae et
tam validae urbis reputārent — ad pācem omnium animī versī sunt. Posterō diē revocātīs lēgātīs condiciōnēs
pācis dictae, ut līberī lēgibus suīs vīverent: 'quās urbēs

possessiō -ōnis *f*
< possidēre

pācem compōnere = ex
compositō p. facere

victus est: apud *Zamam*
oppidum annō 202 a. C.

aciem : proelium
omnia expertus (= cōnā-
tus)

'sē nōn modo proeliō, sed
etiam bellō victum *esse*'

al-ibī = aliō locō

cōnsilium (mīlitāre) =
concilium in quō dē rē
mīlitārī cōnsulitur
quanta : quam difficilis

quās urbēs : eās urbēs
quās

241

perfuga -ae *m* = mīles quī
ad hostēs perfūgit/trāns-
fūgit
servōs fugitīvōs
(nāvis) tri-rēmis = quae
ternōs rēmōs habet

talent*um* = -*ōrum*

pēnsiō -ōnis *f* = pecūnia
solvenda
obses -idis *m/f* = homō
nōbilis quī victōrī hostī
pignus trāditur nē pāx
violētur
dis-serere = variās sen-
tentiās dīcere

indūtiae -ārum *f* = tempus
quō bellō abstinētur

aliō *adv* = in alium locum

quibus condiciōnibus
= iīs condiciōnibus
quibus

lēgēs = condiciōnēs

Scīpiō iussit

quīdam : quīdam
scrīptōrēs
lūgubris -e (< lūgēre)
= fūnestus

quōsque agrōs ante bellum tenuissent, tenērent; perfugās fugitīvōsque et captīvōs omnēs redderent Rōmānīs,
et nāvēs rōstrātās praeter decem trirēmēs trāderent ele-
phantōsque quōs habērent domitōs neque domārent
aliōs; bellum nēve in Āfricā nēve extrā Āfricam iniussū 8
populī Rōmānī gererent; Masinissae rēs redderent foe-
dusque cum eō facerent; decem mīlia talentum argentī
discrīpta pēnsiōnibus aequīs in annōs quīnquāgintā sol-
verent; obsidēs centum darent.'

Hās condiciōnēs lēgātī cum domum referre iussī in 8
cōntiōne ēderent, Hannibal dē pāce multīs verbīs disseruit, 'quam nec inīqua et necessāria esset.'

Postquam rediērunt ad Scīpiōnem lēgātī, indūtiae Carthāginiēnsibus datae in trēs mēnsēs. Additum 'nē per
indūtiārum tempus aliō usquam quam Rōmam mitte- 8
rent lēgātōs.'

Lēgātī ex Āfricā Rōmānī simul Carthāginiēnsēsque
cum vēnissent Rōmam, senātus dēcrēvit 'ut P. Scīpiō
pācem cum populō Carthāginiēnsī quibus condiciōni-
bus eī vidērētur faceret.'   8

Dīmissī ab Rōmā Carthāginiēnsēs, cum in Āfricam
vēnissent ad Scīpiōnem, quibus ante dictum est lēgibus
pācem fēcērunt. Nāvēs longās, elephantōs, perfugās,
fugitīvōs, captīvōrum quattuor mīlia trādidērunt. Nāvēs prōvectās in altum incendī iussit; quīngentās fuisse 8
omnis generis quae rēmīs agerentur, quīdam trādunt,
quārum cōnspectum repente incendium 'tam lūgubre

fuisse Poenīs quam sī ipsa Carthāgō ārdēret.'

Annīs ante quadrāgintā pāx cum Carthāginiēnsibus postrēmō facta est, Q. Lutātiō A. Mānliō cōnsulibus. [annō 241 a. C.]

Bellum initum annīs post tribus et vīgintī, P. Cornēliō Ti. Semprōniō cōnsulibus, fīnītum est septimō decimō annō, Cn. Cornēliō P. Aeliō cōnsulibus.

P. Cornēliō *Scīpiōne*

[annō 201 a. C.]
Cn. Cornēliō *Lentulō*
P. Aeliō *Paetō*

Scīpiō, pāce terrā marīque partā, exercitū in nāvēs impositō, in Siciliam Lilybaeum trāiēcit. Inde per laetam pāce nōn minus quam victōriā Italiam Rōmam pervēnit, triumphōque omnium clārissimō urbem est invectus. Argentī tulit in aerārium pondō centum vīgintī tria mīlia. Prīmus hic imperātor nōmine victae ab sē gentis est nōbilitātus.

per Italiam laetam pāce

urbem : *in* urbem

pondō *lībrārum* CXXIII
mīlia

Scīpiōnī 'Āfricānī' cognōmen datum est

GRAMMATICA LATINA
Verbī themata

Thema dīcitur ea vocābulī pars, ut *oppid-*, *scrīb-*, cui in dēclīnandō adiciuntur variae litterae.

thema -atis *n*

Verbī themata sunt tria:

(1) thema praesentis, ut *amā-*, *monē-*, *leg-*, *audī-*;
(2) thema perfectī, ut *amāv-*, *monu-*, *lēg-*, *audīv-*;
(3) thema supīnī, ut *amāt-*, *monit-*, *lēct-*, *audīt-*.

Vocābula nova:
praetōrium
assēnsus
vitium
hīberna
oppidānī
angulus
ariēs
missile
trāgula
oppugnātiō
apparātus
dēspērātiō
exspectātiō
praetor
statiō
mōmentum
excidium
maeror
summa
quīnquerēmis
trānsitus
vigiliae
armātūra
faucēs
angustiae
adhortātor
victima
calcar
lancea
prōpraetor
sarmentum
impatientia
aditus
aquātor
cuneus
funda
mūnīmentum
quaestor
cōnsulāris
praetōrius
viāticum
aedīlis
reliquiae
grātēs
acervus
dīmidium
supplēmentum
satelles

PENSVM A

Supplenda sunt themata quae dēsunt:

tegere –isse –um	colligere –isse –um
cingere –isse –um	ex-igere –isse –um
cōnflīgere –isse	cōgere –isse –um
ex-stinguere –isse –um	fundere –isse –um
stringere –isse –um	re-linquere –isse –um
pingere –isse –um	con-tingere –isse –um
ē-rigere –isse –um	incendere –isse –um
augēre –isse –um	tribuere –isse –um
dē-struere –isse –um	con-currere –isse –um
laedere –isse –um	pandere –isse –um
in-vādere –isse –um	comperīre –isse –um
ē-lūdere –isse –um	ex-pellere –isse –um
sentīre –isse –um	re-sistere –isse
suādēre –isse	parere –isse –um
ex-cēdere –isse	fallere –isse –um
haerēre –isse	ē-dere –isse –um
haurīre –isse –um	dēlēre –isse –um
manēre –isse	com-plēre –isse –um
op-primere –isse –um	dē-cernere –isse –um
dē-tergēre –isse –um	crēscere –isse
re-ficere –isse –um	colere –isse –um
ad-icere –isse –um	cōnsulere –isse –um
re-cipere –isse –um	cor-ripere –isse –um
ad-imere –isse –um	torrēre –isse –um
gignere –isse –um	fungī –um
ac-cumbere –isse –um	patī –um
pallēscere –isse	ē-gredī –um
sonāre –isse	complectī –um
domāre –isse –um	orīrī –um
in-crepāre –isse	experīrī –um
cōn-scīscere –isse –um	ulcīscī –um
in-quīrere –isse –um	adipīscī –um
sepelīre –isse –um	rērī –um

244

PENSVM B

Hannibal puer, cum patrī — ut sē dūceret in Hispāniam, iūre
iūrandō — est 'sē semper hostem fore Rōmānīs'. Patre mortuō Hannibal — [= vix adhūc] pūbēs in Hispāniam missus
est, ut mīlitiae — et in locum patris —. Omnium — [<
assentīre] dux dēclārātus prīmum aliās gentēs domuit, tum
Saguntum — [=obsidēre] et oppugnāre coepit. Iam mūrī —
feriēbantur, sed — [= cīvēs oppidī] fortiter — [= resistēbant]
hostēsque — [= remōvērunt]. Per paucōs diēs obsidiō magis
quam — fuit, nec vērō ab — [< appārāre] mūnītiōnum cessā-
vērunt. Pugnā renovātā, mūrī et turrēs — sunt et cum fragōre
ingentī —; utrimque prōcursum est, Poenōs spēs, Saguntīnōs
— incitābat; oppidānīs minuēbātur — [< exspectāre] opis,
cum tam procul Rōma, — spēs, esset. Audītīs pācis
condiciōnibus, prīmōrēs in ignem — [= sē] ipsī praecipitāvērunt; inde cum pavor tōtam urbem — ac mūrī sine — cūstōdiīsque — [< solēre] essent, Poenī per ruīnam mūrī impetū
factō urbem — temporis cēpērunt.

Post — Saguntī tantus — [< maerēre] et metus dē —
rērum Rōmānōs cēpit ut trepidārent magis quam — [= cōn-
sulerent]. Māximīs cōpiīs —, bellum Poenīs indictum est.
Vēre Hannibal exercitum ex — ēdūxit atque Alpēs — [=
trānsiit]. Post — [< trānsīre] — [= magnī labōris] Rōmānōs
— [< equus] proeliō vīcit. Ad Trasumennum Hannibal,
equitibus ad — [= angustiās] locātīs et levī — post montēs
circumductā, Rōmānōs — [= circumdedit] antequam aciem
īnstruere et arma — possent. Rōmae cum turba — [= quae-
reret] 'quae — [= repentīna] clādēs allāta esset?' M. Pompōnius — "Pugnā magnā" inquit "victī sumus." Duae mātrēs,
cum praeter spem fīliōs — [= salvōs] vīdissent, gaudiō —
sunt [= exspīrāvērunt]. Fabiō Māximō dictātōrī mandātum
est ut praesidia certīs locīs — et pontēs —. Fabius novīs
cōnsulibus suāsit ut proelium —, quia sciēbat Hannibalem,
ducem — , aliter vincī — [= nōn posse]. Sed ob — Varrōnis
cōnsulis proeliō commissō, Rōmānī — [= temere] in medium

commeātus
cōnsultum
pālus
reditus
obtrectātiō
dēfōrmitās
possessiō
perfuga
trirēmis
pēnsiō
obses
indūtiae
memorābilis
habilis
impedītus
tumultuārius
incautus
ūnicus
solitus
labōriōsus
equestris
perangustus
imprōvīsus
cōnfertus
vagus
repēns
sōspes
callidus
recēns
fūnestus
libēns
tolerābilis
lūgubris
omittere
blandīrī
trāicere
adigere
differre
nītī
adsuēscere
exsuscitāre
dīripere
prōmovēre
dispōnere
exscindere
intrōdūcere
dēnūntiāre
cōnsultāre
pervāstāre
vergere
ēmūnīre
obsistere
submovēre

quassāre
prōcidere
irrītāre
grātificārī
succingere
circumsedēre
dēposcere
perōrāre
assignāre
permiscēre
pervādere
sortīrī
comparāre
obligāre
parturīre
succlāmāre
circumvenīre
patēscere
assurgere
circumfundere
expedīre
prōsternere
nōscitāre
dēpopulārī
subdere
āvellere
inquīrere
exanimāre
rescindere
nequīre
crīminārī
alligāre
īnsidēre
contrādīcere
commūnīre
affluere
aquārī
ēvehere
interpōnere
dētrahere
prōminēre
irruere
praetervehere
opplēre
obruere
perfungī
epulārī
praecēdere
pēnsāre
exclūdere
pālārī
absterrēre
mētīrī

irruentēs inclūsī et victī sunt. Alter cōnsul, quī prīmō proeliō — ictus erat, postrēmō tēlīs — est. — [< reliquus] exercitūs Canusium perfūgērunt.

Māgō in senātū Carthāginiēnsī dīxit 'prō victōriīs dīs — [= grātiās] agendās esse et — [< supplēre], pecūniam, — Hannibalī mittendum'; sed Hannō eī — et Hannibalem — est [= incūsāvit].

Hannibal revocātus dīxit 'sē — atque invidiā senātūs Carthāginiēnsis victum esse' et sīc Hannōnem — [= reprehendit]: "Nec hāc — [= foeditāte] — [< redīre] meī tam P. Scīpiō — [= ovābit] quam Hannō..."

Carthāginiēnsibus dēvictīs — in trēs mēnsēs datae sunt. Pāx facta est hīs lēgibus: ut — fugitīvōsque et captīvōs redderent; nāvēs longās praeter decem — trāderent; x mīlia talentum argentī et c — darent.

Quod senātus dēcrēvit senātūs — dīcitur. — est quī cōnsul fuit, quī praetor fuit —. — est magistrātus quī viās, aedēs, lūdōs cūrat. Novī cōnsulēs dē prōvinciīs — [< sors]. Eques properāns equō — —. Difficile est longitūdinem flūminis —.

Synōnyma: hostia et —; virga et —; mūnītiō et —; stīpes et —; memorandus et —; dēnsus et —; errāns et —; lūgubris et —; tolerandus et —; operam dare et —; indūcere et —; ēminēre et —; dēfungī et —; cēnāre et —; dēterrēre et —; explōrāre et —; nēquāquam et —; sine perīculō et —; nec adhūc et —; scīlicet et —; num quis et —; aliō locō et —.

Contrāria: virtūs et —; somnus et —; invītus et —; removēre et —; sequī et —.

PENSVM C
Quid Hannibal puer iūrāvit?
Cūr Rōmānī Poenīs bellum indīxērunt?
Quōs montēs Hannibal trānscendit ut in Italiam pervenīret?
Quid factum est ad lacum Trasumennum?
Quōmodo Rōmānī nūntium clādis accēpērunt?
Quōmodo Q. Fabius Māximus Hannibalī resistēbat?

Ubi Paulus et Varrō cum Hannibale cōnflīxērunt?

Cūr peditēs Rōmānī, quī Gallōs Hispānōsque impulerant,
   Āfrīs resistere nōn potuērunt?

Uter cōnsul eō proeliō occīsus est?

Quot equitēs cōnsulem fugientem secūtī sunt?

Num Hannibal inde exercitum dūxit Rōmam?

Quis nūntium victōriae Carthāginem tulit?

Quid Māgō ā senātū Carthāginiēnsī petīvit?

Num omnis senātus Māgōnī assentiēbat?

Quis prīmum Hannibalem vīcit in Italiā?

Cūr Masinissa Sophonisbae uxōrī venēnum mīsit?

Quandō Hannibal ex Italiā revocātus est?

Ā quō Hannibal victus est in Āfricā?

Quid Hannibal in senātū Carthāginiēnsī fassus est?

Quibus condiciōnibus pāx composita est?

Quō cognōmine nōbilitātus est Scīpiō?

explēre
exuere
luxuriārī
ēnervāre
dēscrībere
profitērī
speculārī
trānscendere
trānsvehere
adamāre
castīgāre
frendere
exsultāre
disserere
vixdum
haudquāquam
necdum
tūtō
sēmet
inexplōrātō
macte
vidēlicet
ecquis
alibī

247

Hannibal

excellēns -entis
= ēgregius
exter -a -um = externus,
peregrīnus

ut populus R. superāverit:
populum Rōmānum su-
perāvisse (: superiōrem
esse)
īnfitiārī = negāre
(↔ fatērī)

ante-cēdere = praestāre,
melior esse (quam)
nātiō -ōnis f = gēns
quotiēs-cumque
con-gredī -gressum
= cōnflīgere
quod nisi = nisi autem
dēbilitāre = dēbilem fa-
cere; ↔ fīrmāre

hērēditās -ātis f = quod
hērēdī lēgātur

animam/vītam dēpōnere
= morī

HANNIBAL

[Ex Cornēliī Nepōtis librō 'Dē excellentibus

ducibus exterārum gentium']

Hannibal, Hamilcaris filius, Karthāginiēnsis.   1

Sī vērum est — quod nēmō dubitat — ut populus Rō-

mānus omnēs gentēs virtūte superārit, nōn est īnfitian-

dum Hannibalem tantō praestitisse cēterōs imperātōrēs

prūdentiā quantō populus Rōmānus antecēdat fortitū-   5

dine cūnctās nātiōnēs. Nam quotiēscumque cum eō

congressus est in Italiā, semper discessit superior. Quod

nisi domī cīvium suōrum invidiā dēbilitātus esset, Rō-

mānōs vidētur superāre potuisse. Sed multōrum obtrec-

tātiō dēvīcit ūnīus virtūtem.   10

Hic autem, velut hērēditāte relictum, odium pater-

num ergā Rōmānōs sīc cōnservāvit ut prius animam

quam id dēposuerit — quī quidem, cum patriā pulsus

esset et aliēnārum opum indigēret, numquam dēstiterit
animō bellāre cum Rōmānīs. Nam — ut omittam Philippum, quem absēns hostem reddidit Rōmānīs — omnium iīs temporibus potentissimus rēx Antiochus fuit.
Hunc tantā cupiditāte incendit bellandī ut ūsque ā Ru-
brō marī arma cōnātus sit īnferre Italiae. Ad quem cum
lēgātī vēnissent Rōmānī, quī dē eius voluntāte explōrā-
rent darentque operam cōnsiliīs clandestīnīs ut Hannibalem in suspīciōnem rēgī addūcerent, neque id frūstrā
fēcissent, idque Hannibal comperisset, tempore datō
adiit ad rēgem, eīque cum multa dē fidē suā et odiō in
Rōmānōs commemorāsset, hoc adiūnxit: "Pater meus"
inquit "Hamilcar, puerulō mē, utpote nōn amplius novem annōs nātō, in Hispāniam imperātor proficīscēns
Karthāgine Iovī Optimō Māximō hostiās immolāvit.
Quae dīvīna rēs dum cōnficiēbātur, quaesīvit ā mē 'vel-
lemne sēcum in castra proficīscī?' Id cum libenter accē-
pissem atque ab eō petere coepissem nē dubitāret dūcere, tum ille "Faciam" inquit, "sī mihi fidem quam
postulō dederis." Simul mē ad āram addūxit apud quam
sacrificāre īnstituerat, eamque — cēterīs remōtīs —
tenentem iūrāre iussit 'numquam mē in amīcitiā cum
Rōmānīs fore!' Id ego iūs iūrandum patrī datum ūsque
ad hanc aetātem ita cōnservāvī ut nēminī dubium esse
dēbeat quīn reliquō tempore eādem mente sim futūrus.
Quārē, sī quid amīcē dē Rōmānīs cōgitābis, nōn imprū-
denter fēceris sī mē cēlāris; cum quidem bellum parā-

Marginal glosses:

indigēre (+ *gen/abl*)
= egēre

reddere = facere

Antiochus *III*: rēx Syriae
(annīs 223–187 a. C.)

mare Rubrum: mare
circum Arabiam

operam dare = labōrāre,
cūrāre
suspīciō -ōnis *f* ↔ fidēs;
in s.em addūcere =
suspectum facere

puerulus -ī *m* = parvus
puer
utpote = scīlicet

nōn dubitāre (+ *īnf*)
= nōn cūnctārī
fidēs = prōmissum

mē iūrāre iussit

dubium est *num*...
dubium nōn est/nēminī
dubium est *quīn*...
im-prūdēns -entis:
adv -enter
sī *id* mē cēlāveris
rem cēlāre aliquem = rem
nōn patefacere alicui

obitus -ūs *m* (< obīre)
= mors
suf-ficere -fēcisse -fectum
= locō alicuius facere/
creāre
ad eum dētulit : eī mandāvit
dēlātum : nūntiātum
com-probāre = probāre
minor XXV annīs nātus =
minor quam XXV annōs
nātus

foederātus -a -um =
foedere iūnctus

īnfāns rēpit

posteā-quam = post-
quam
sē-iungere = disiungere,
dīvidere

Alpicī -ōrum *m*: incolae
Alpium
prohibēre trānsitū = p.
eum trānsīre
con-cīdere -disse -sum
= caedere
eā = eā viā, ibi
rēpere -psisse = manibus
et genibus īre
hāc = hāc viā, hīc

Rhodanus -ī *m*: flūmen
Galliae
Clastidium -ī *n*: oppidum
Ligurum
·(armīs) dēcernere
= pugnāre

bis, tē ipsum frūstrāberis sī nōn mē in eō prīncipem posueris."

Hāc igitur quā dīximus aetāte cum patre in Hispāniam profectus est, cuius post obitum, Hasdrubale imperātōre suffectō, equitātuī omnī praefuit. Hōc quoque 4 interfectō, exercitus summam imperiī ad eum dētulit. Id Karthāginem dēlātum pūblicē comprobātum est.

Sīc Hannibal, minor quīnque et vīgintī annīs nātus imperātor factus, proximō trienniō omnēs gentēs Hispāniae bellō subēgit, Saguntum, foederātam cīvitātem, 5 vī expugnāvit, trēs exercitūs māximōs comparāvit. Ex hīs ūnum in Āfricam mīsit, alterum cum Hasdrubale frātre in Hispāniā relīquit, tertium in Italiam sēcum dūxit.

Saltum Pȳrēnaeum trānsiit. Quācumque iter fēcit, 5? cum omnibus incolīs cōnflīxit, nēminem nisi victum dīmīsit. Ad Alpēs posteāquam vēnit, quae Italiam ab Galliā sēiungunt, quās nēmō umquam cum exercitū ante eum — praeter Herculem Grāium — trānsierat (quō factō is hodiē saltus 'Grāius' appellātur), Alpicōs 60 cōnantēs prohibēre trānsitū concīdit, loca patefēcit, itinera mūnīvit, effēcit ut eā elephantus ōrnātus īre posset quā anteā ūnus homō inermis vix poterat rēpere. Hāc cōpiās trādūxit in Italiamque pervēnit.

Cōnflīxerat apud Rhodanum cum P. Cornēliō Scī- 4 piōne cōnsule eumque pepulerat. Cum hōc eōdem Clastidiī apud Padum dēcernit sauciumque inde ac fugātum

dīmittit. Tertiō īdem Scīpiō cum collēgā Ti. Longō
apud Trebiam adversus eum vēnit. Cum hīs manum
cōnseruit, utrōsque prōflīgāvit.

Inde per Ligurēs Appennīnum trānsiit petēns Etrūriam. Hōc itinere adeō gravī morbō afficitur oculōrum
ut posteā numquam dextrō aequē bene ūsus sit. Quā
valētūdine cum etiamnunc premerētur lectīcāque ferrē-
5 tur, C. Flāminium cōnsulem apud Trasumennum cum
exercitū īnsidiīs circumventum occīdit, neque multō
post C. Centēnium praetōrem cum dēlēctā manū saltūs
occupantem.

Hinc in Āpūliam pervēnit. Ibi obviam eī vēnērunt
0 duo cōnsulēs, C. Terentius et L. Aemilius. Utrīusque
exercitūs ūnō proeliō fugāvit, Paulum cōnsulem occīdit
et aliquot praetereā cōnsulārēs, in hīs Cn. Servīlium
Geminum quī superiōre annō fuerat cōnsul.

5 Hāc pugnā pugnātā Rōmam profectus est nūllō resis-
85 tente. In propinquīs urbī montibus morātus est. Cum
aliquot ibi diēs castra habuisset et Capuam reverterētur,
Q. Fabius Māximus, dictātor Rōmānus, in agrō Falernō
eī sē obiēcit. Hic, clausus locōrum angustiīs, noctū sine
ūllō dētrīmentō exercitūs sē expedīvit, Fabiōque, calli-
90 dissimō imperātōrī, dedit verba. Namque obductā
nocte sarmenta in cornibus iuvencōrum dēligāta incendit eiusque generis multitūdinem magnam dispālātam
immīsit. Quō repentīnō obiectō vīsū tantum terrōrem
iniēcit exercituī Rōmānōrum ut ēgredī extrā vāllum

Margin notes:

cōn-serere -uisse -rtum:
manum c. = proelium
committere
prō-flīgāre = dēvincere
Appennīnus = Āpen-
nīnus

aequē bene *ac sinistrō*
(oculō)
valētūdine : malā v.

*prō*praetōrem

occupāre = occupātum
tenēre

rēs quae nārrantur versi-
bus 87–97 ante proelium
Cannēnse gesta sunt

dētrīmentum -ī *n*
= damnum
expedīre = līberāre
verba dare = illūdere
ob-dūcere: obductā nocte
= obscūrā n.
dē-ligāre = alligāre
dis-pālārī = passim pālārī

visus -ūs *m* = vīsum

251

non ita multī = satis
  paucī, aliquot
parī ac dictātōrem impe-
  riō : quī pār imperium
  habēbat ac dictātor
prō-dūcere

sustulit : occīdit

longum est : nimis
  longum est
ē-numerāre = ōrdine
  memorāre

quam-diū = tam-diū
  quam

patriam dēfēnsum (su-
  pīnum) = ut patriam
  dēfenderet

-ārat = -āverat
facultās -ātis f (< facilis) =
  potestās; pl opēs
impraesentiārum = in
  praesēns tempus
(bellum) compōnere =
  ex compositō fīnīre
quō valentior = ut eō
  (: tantō) valentior

bīduum -ī n = duo diēs

īnsidiārī = īnsidiās parāre

dīlēctus -ūs m < dī-/dē-
  ligere (mīlitēs) = cōn-
  scrībere
contrahere = colligere

---

nēmō sit ausus. Hanc post rem gestam nōn ita multīs
diēbus M. Minucium Rūfum, magistrum equitum parī
ac dictātōrem imperiō, dolō prōductum in proelium fugāvit. Tiberium Semprōnium Gracchum, iterum cōnsulem, in Lūcānīs absēns in īnsidiās inductum sustulit.
M. Claudium Mārcellum, quīnquiēs cōnsulem, apud
Venusiam parī modō interfēcit.

Longum est omnia ēnumerāre proelia. Quārē hoc
ūnum satis erit dictum, ex quō intellegī possit quantus
ille fuerit: quamdiū in Italiā fuit, nēmō eī in aciē restitit,
nēmō adversus eum post Cannēnsem pugnam in campō
castra posuit.

Hinc invictus patriam dēfēnsum revocātus bellum
gessit adversus P. Scīpiōnem, fīlium eius quem ipse
prīmō apud Rhodanum, iterum apud Padum, tertiō
apud Trebiam fugārat. Cum hōc — exhaustīs iam patriae facultātibus — cupīvit impraesentiārum bellum
compōnere, quō valentior posteā congrederētur. In
colloquium convēnit, condiciōnēs nōn convēnērunt.

Post id factum paucīs diēbus apud Zamam cum
eōdem cōnflīxit. Pulsus (incrēdibile dictū!) bīduō et duābus noctibus Hadrūmētum pervēnit, quod abest ab
Zamā circiter mīlia passuum trecenta. In hāc fugā Numidae, quī simul cum eō ex aciē excesserant, īnsidiātī
sunt eī; quōs nōn sōlum effūgit, sed etiam ipsōs oppressit. Hadrūmētī reliquōs ē fugā collēgit, novīs dīlēctibus
paucīs diēbus multōs contrāxit.

7   Cum in apparandō ācerrimē esset occupātus, Karthāginiēnsēs bellum cum Rōmānīs composuērunt. Ille
nihilō sētius exercituī posteā praefuit rēsque in Āfricā
5 gessit ūsque ad P. Sulpicium C. Aurēlium cōnsulēs. Hīs
enim magistrātibus lēgātī Karthāginiēnsēs Rōmam
vēnērunt, quī senātuī populōque Rōmānō grātiās
agerent quod cum iīs pācem fēcissent, ob eamque rem
corōnā aureā eōs dōnārent simulque peterent ut obsidēs
10 eōrum Fregellīs essent captīvīque redderentur. Hīs ex
senātūs cōnsultō respōnsum est: 'mūnus eōrum grātum
acceptumque esse; obsidēs quō locō rogārent futūrōs;
captīvōs nōn remissūrōs, quod Hannibalem, cuius
operā susceptum bellum foret, inimīcissimum nōminī
35 Rōmānō, etiamnunc cum imperiō apud exercitum habērent.'

Hōc respōnsō Karthāginiēnsēs cognitō, Hannibalem
domum revocārunt. Hūc ut rediit, 'rēx' factus est, postquam imperātor fuerat annō secundō et vīcēsimō. (Ut
40 enim Rōmae cōnsulēs, sīc Karthāgine quotannīs annuī
bīnī 'rēgēs' creābantur.) In eō magistrātū parī dīligentiā
sē Hannibal praebuit ac fuerat in bellō. Namque effēcit
ex novīs vectīgālibus nōn sōlum ut esset pecūnia quae
Rōmānīs ex foedere penderētur, sed etiam superesset
45 quae in aerāriō repōnerētur.

Deinde annō post, M. Claudiō L. Fūriō cōnsulibus,
Rōmā lēgātī Karthāginem vēnērunt. Hōs Hannibal ratus suī exposcendī grātiā missōs, priusquam iīs senātus

---

sētius = minus: nihilō
   minus/sētius = tamen
[annum 200 a. C.]

corōna
-ae *f*

aliquem rē dōnāre =
  alicui rem dōnāre
Fregellae -ārum *f*: cīvitās
  Latiī
"mūnus *vestrum* grātum
  ...*est*; obsidēs quō locō
  rog*ātis erunt*"
: *sē* (Rōmānōs) nōn re
  missūrōs *esse*
"captīvōs nōn remittē
  mus, quod Hannibalem,
  cuius operā susceptum
  bellum *est*, ... apud ex
  ercitum hab*ētis*"

-ārunt = -āv*ē*runt

annō XXII postquam im
  perātor fuerat (: factus
  est)

('rēgēs' Pūnicē dīcuntur
  sūfētēs)
sē praebēre = sē osten
  dere, agere
vectīgal -ālis *n* = pecūnia
  reī pūblicae solvenda
(pecūniam) pendere
  = solvere

[annō 196 a. C.]
M. Claudiō *Mārcellō* fīliō

suī exposcendī grātiā
  (=causā): ut sē (Han
  nibalem) exposcerent

253

palam facere = pate-
facere

pūblicāre = pūblicum
facere
dis-icere = dīruere

Thermopylae -ārum f:
angustiae in mediā
Graeciā ubi Antiochus
ā Rōmānīs victus est
annō 191 a. C.

Rhodiī -ōrum m: Rhodī
incolae

adversārius -ī m = quī
adversus est, hostis
suī (ipsīus) mīlitēs
quō cornū : eō cornū quō

potestātem facere =
occāsiōnem dare
suī gen : sē capiendī
cōnsīderāre = reputāre
Gortÿniī -ōrum m
< Gortÿna
prō-vidēre = praeparāre
avāritia -ae f < avārus

amphora
-ae f

plumbum -ī n = metal-
lum grave ac vīle quod
facile mollītur

fortūnae : bona

aēneus -a -um = aereus

prōpatulum -ī n = locus
patēns ante domum

daretur, nāvem ascendit clam atque in Syriam ad Antiochum profūgit. Hāc rē palam factā, Poenī nāvēs duās, 1⋮
quae eum comprehenderent sī possent cōnsequī, mīsērunt, bona eius pūblicārunt, domum ā fundāmentīs
disiēcērunt, ipsum exsulem iūdicārunt.

Antiochus autem, sī tam in agendō bellō cōnsiliīs eius
pārēre voluisset quam in suscipiendō īnstituerat, pro- 1⋮
pius Tiberī quam Thermopylīs dē summā imperiī dīmicāsset. Quem etsī multa stultē cōnārī vidēbat, tamen
nūllā dēseruit in rē. Praefuit paucīs nāvibus quās ex
Syriā iussus erat in Asiam dūcere, iīsque adversus Rhodiōrum classem in Pamphÿliō marī cōnflīxit. Quō proe- 16⋅
liō cum multitūdine adversāriōrum suī superārentur,
ipse quō cornū rem gessit fuit superior.

Antiochō fugātō, verēns nē dēderētur (quod sine
dubiō accidisset sī suī fēcisset potestātem), Crētam ad
Gortÿniōs vēnit, ut ibi quō sē cōnferret cōnsīderāret. 16⋮
Vīdit autem vir omnium callidissimus in magnō sē fore
perīculō, nisi quid prōvīdisset, propter avāritiam Crē-
tēnsium: magnam enim sēcum pecūniam portābat, dē
quā sciēbat exīsse fāmam. Itaque capit tāle cōnsilium:
Amphorās complūrēs complet plumbō, summās operit 170
aurō et argentō. Hās, praesentibus prīncipibus, dēpōnit
in templō Diānae, simulāns sē suās fortūnās illōrum
fideī crēdere. Hīs in errōrem inductīs, statuās aēneās,
quās sēcum portābat, omnēs suā pecūniā complet,
eāsque in prōpatulō domī abicit. Gortÿniī templum 175

magnā cūrā cūstōdiunt, nōn tam ā cēterīs quam ab Hannibale, nē ille īnscientibus iīs tolleret sēcumque dūceret.

10
80 Sīc cōnservātīs rēbus suīs, Poenus, illūsīs Crētēnsibus omnibus, ad Prūsiam in Pontum pervēnit. Apud
quem eōdem animō fuit ergā Italiam neque aliud quicquam ēgit quam rēgem armāvit et exercuit adversus
Rōmānōs. Quem cum vidēret domesticīs opibus minus
esse rōbustum, conciliābat cēterōs rēgēs, adiungēbat
85 bellicōsās nātiōnēs. Dissidēbat ab eō Pergamēnus rēx
Eumenēs, Rōmānīs amīcissimus, bellumque inter eōs
gerēbātur et marī et terrā; sed utrobīque Eumenēs plūs
valēbat propter Rōmānōrum societātem. Quō magis cupiēbat eum Hannibal opprimī: quem sī remōvisset, faci-

īn-sciēns -entis = īnscius

aliquem illūdere = alicui
    illūdere
Prūsiās -ae *m*: rēx
    Bithȳniae
Pontus -ī *m*: (1) mare quō
    Dānuvius īnfluit; (2)
    terra in ōrā Pontī sita,
    Bithȳnia

rōbustus -a -um (< rōbur)
    = fīrmus, validus
dis-sidēre = dissentīre
Pergamēnus -a -um < *Per-*
    gamum -ī *n*: cīvitās Asiae
Eumenēs -is *m*
utrobīque = utrōque
    locō, utrāque parte

(Hannibal:) "sī eum re-
    mōverō, faciliōra *mihi*
    cētera *erunt*"

255

-*undum* = -*endum*

vāsa fictilia

venēnātus -a -um =
  venēnum gerēns
serpēns -entis *f* = anguis
fictilis -e = ē terrā tōstā
  /coctā factus

classiāriī -ōrum *m* =
  mīlitēs nāvālēs
ut omnēs concurrant
"*sī* eum aut cē*peritis* aut
  interfē*ceritis*, magnō
  praemiō *vōbīs erit* (=
  magnum praemium
  accipiētis)"
cohortātiō -ōnis *f* < *co-
  hortārī* = hortārī
  (multōs)
praeceptum -ī *n* = quod
  praeceptum est, impe-
  rium

rīsum concitāre = r. ex-
  citāre

potius *comp*
potissimum *sup*

nauticus -a -um = nāvālis
cōnsilium = prūdentia
aliās *adv* = aliō tempore

T. Quīnctius Flāminīnus:
  cōs. annō 198 a. C.

liōra sibi cētera fore arbitrābātur. Ad hunc interficiun- 1⁹
dum tālem iniit ratiōnem:

Classe paucīs diēbus erant dēcrētūrī. Superābātur nāvium multitūdine: dolō erat pugnandum, cum pār nōn
esset armīs. Imperāvit quam plūrimās venēnātās ser-
pentēs vīvās colligī eāsque in vāsa fictilia conicī. Hārum 1⁹
cum effēcisset magnam multitūdinem, diē ipsō quō factūrus erat nāvāle proelium, classiāriōs convocat iīsque
praecipit 'omnēs ut in ūnam Eumenis rēgis concurrant
nāvem; quem sī aut cēpissent aut interfēcissent, magnō
iīs' pollicētur 'praemiō fore.' Tālī cohortātiōne mīlitum ⱼ
factā, classis ab utrīsque in proelium dēdūcitur. Hōrum
in concursū Bithȳniī Hannibalis praeceptō ūniversī
nāvem Eumenis adoriuntur. Quōrum vim rēx cum sustinēre nōn posset, fugā salūtem petit. Reliquae Perga-
mēnae nāvēs cum adversāriōs premerent ācrius, repente 2(
in eās vāsa fictilia, dē quibus suprā mentiōnem fēcimus,
conicī coepta sunt. Quae iacta initiō rīsum pugnantibus
concitārunt, neque quārē id fieret poterat intellegī.
Postquam autem nāvēs suās opplētās cōnspexērunt ser-
pentibus, novā rē perterritī, cum quid potissimum vītā- 21
rent nōn vidērent, puppēs vertērunt sēque ad sua castra
nautica rettulērunt. Sīc Hannibal cōnsiliō arma Perga-
mēnōrum superāvit, neque tum sōlum, sed saepe aliās
pedestribus cōpiīs parī prūdentiā pepulit adversāriōs.

Quae dum in Asiā geruntur, accidit cāsū ut lēgātī 1ⱼ
Prūsiae Rōmae apud T. Quīnctium Flāminīnum cōnsu-

lārem cēnārent, atque ibi dē Hannibale mentiōne factā
ex iīs ūnus dīceret 'eum in Prūsiae rēgnō esse.' Id posterō diē Flāminīnus senātuī dētulit. Patrēs cōnscrīptī,
20 quī Hannibale vīvō numquam sē sine īnsidiīs futūrōs
exīstimārent, lēgātōs in Bithȳniam mīsērunt, in hīs Flāminīnum, quī ab rēge peterent 'nē inimīcissimum suum
sēcum habēret, sibique dēderet.' Hīs Prūsiās negāre
ausus nōn est; illud recūsāvit nē id ā sē fierī postulārent
25 quod adversus iūs hospitiī esset: 'ipsī, sī possent, comprehenderent; locum ubi esset facile inventūrōs.'

Hannibal enim ūnō locō sē tenēbat, in castellō quod
eī ā rēge datum erat mūnerī, idque sīc aedificārat ut in
omnibus partibus aedificiī exitūs habēret, scīlicet ve-
30 rēns nē ūsū venīret quod accidit. Hūc cum lēgātī Rōmānōrum vēnissent ac multitūdine domum eius circumde-
dissent, puer ab iānuā prōspiciēns Hannibalī dīxit 'plūrēs praeter cōnsuētūdinem armātōs appārēre.' Quī imperāvit eī 'ut omnēs forēs aedificiī circumīret ac properē
35 sibi nūntiāret num eōdem modō undique obsidērētur.'
Puer cum celeriter quid esset renūntiāsset 'omnēsque
exitūs occupātōs' ostendisset, sēnsit id nōn fortuītō factum, sed sē petī, neque sibi diūtius vītam esse retinen-
dam. Quam nē aliēnō arbitriō dīmitteret, memor prīsti-
240 nārum virtūtum, venēnum quod semper sēcum habēre
cōnsuērat sūmpsit.

13   Sīc vir fortissimus, multīs variīsque perfūnctus labōribus, annō acquiēvit septuāgēsimō. Quibus cōnsulibus

'patrēs cōnscrīptī' ap-
pellantur senātōrēs
Rōmānī

suum : Rōmānōrum
sibi : Rōmānīs
ut eum dēderet
"nōlī inimīcissimum
nostrum tēcum habēre!
nōbīs dēd*e* (eum)!"
"ipsī,sī pot*estis*, compre-
hend*ite eum!* locum ubi
est facile inveni*ētis*"

mūnerī dare = dōnō
dare, dōnāre
-ārat = -ā*ve*rat

ūsū venīre = ēvenīre
id quod accidit

puer : servus

cōnsuētūdō-inis*f* = quod
fierī solet, mōs; plūrēs
praeter c.em : plūrēs
quam solērent

fortuītō *adv* = forte,
sine cōnsiliō

quam nē : nē vītam
arbitrium -*ī n* = iūdi-
cium, imperium
dī-mittere = āmittere
prīstinus -a -um
= antīquus
cōn-suēscere-ēvisse = ad-
suēscere; -suēvisse = so-
lēre; -suē*ve*rat = solēbat
ac-quiēscere -ēvisse
= quiētus fierī

T. Pompōnius Atticus:
amīcus Cicerōnis
[annō 183 a. C.]
eum mortuum *esse*
Polybius: historicus
Graecus, Rōmae vīxit
[annō 182 a. C.]

districtus -a -um = oc-
cupātus (negōtiīs);
↔ ōtiōsus
nōn-nihil = haud pau-
lum, aliquid
sermōne : linguā
bellī (*loc*) = in bellō
gesta = rēs gestae
memoriae prōdere =
memoriae trādere

doctor -ōris *m* = quī
docet, magister
tempus est nōs (: mē)
fīnem facere

con-cipere = accipere
(in sē, in animum)
ex-imere -ēmisse
-ēmptum = adimere

in-numerābilis -e = quī
numerārī nōn potest

per-agrāre = pererrāre
Scīpiōnī quaerentī
castra mētārī = fīnēs
castrīs dēsignāre,
castra locāre
ad hoc = praetereā

interierit, nōn convenit. Namque Atticus M. Claudiō Mārcellō Q. Fabiō Labeōne cōnsulibus mortuum in *An-* nālī suō scrīptum relīquit, at Polybius L. Aemiliō Paulō Cn. Baebiō Tamphilō.

Atque hic tantus vir tantīsque bellīs districtus nōnnihil temporis tribuit litterīs. Namque aliquot eius librī sunt, Graecō sermōne cōnfectī. Huius bellī gesta multī memoriae prōdidērunt, sed ex hīs duo quī cum eō in castrīs fuērunt simulque vīxērunt quamdiū fortūna passa est, Silēnus et Sōsilus Lacedaemonius. Atque hōc Sōsilō Hannibal litterārum Graecārum ūsus est doctōre.

Sed nōs tempus est huius librī facere fīnem.

SCIPIO ET HANNIBAL

[Ex T. Līviī librī XXXV Periochā]

P. Scīpiō Āfricānus, lēgātus ad Antiochum missus, Ephesī cum Hannibale, quī sē Antiochō adiūnxerat, collocūtus est, ut (sī fierī posset) metum eī, quem ex populō Rōmānō concēperat, eximeret.

Inter alia cum quaereret ab Hannibale 'quem fuisse māximum imperātōrem crēderet?' Hannibal respondit 'Alexandrum Macedonum rēgem, quod parvā manū innumerābilēs exercitūs fūdisset, quodque ultimās ōrās, quās vīsere suprā spem hūmānam esset, peragrāsset.'

Quaerentī deinde 'quem secundum pōneret?' 'Pyrrhum' inquit, 'castra mētārī prīmum docuisse, ad hoc

'0 nēminem loca ēlegantius cēpisse, praesidia disposuisse.'

Exsequentī 'quem tertium dūceret?' 'sēmet ipsum' dīxit.

Rīdēns Scīpiō "Quidnam tū dīcerēs" inquit "sī mē vīcissēs?"

"Tunc vērō mē" inquit "et ante Alexandrum et ante
75 Pyrrhum et ante aliōs posuissem!"

GRAMMATICA LATINA
Dē verbīs contractīs
Ex themate perfectī nōnnumquam excidit -*v*|- ante -*is*- et -*er*-/
-*ēr*-.

80 (1) -*āv*|*is*- contrahitur in -*ās*-; -*īv*|*is*- in -*iis*- et -*īs*-; -*ōv*|*is*- in
-*ōs*-; -*ēv*|*is*- in -*ēs*-:

am*ā*sse = am*āvi*sse	aud*ii*sse/-*ī*sse = aud*īvi*sse	
am*ā*stī = am*āvi*stī	aud*ii*stī/-*ī*stī = aud*īvi*stī	
am*ā*sset = am*āvi*sset	aud*ii*sset/-*ī*sset = aud*īvi*sset	
85	n*ō*sse = n*ōvi*sse	cōnsu*ē*sse = cōnsu*ēvi*sse	
n*ō*stī = n*ōvi*stī	cōnsu*ē*stī = cōnsu*ēvi*stī	
n*ō*sset = n*ōvi*sset	cōnsu*ē*sset = cōnsu*ēvi*sset	

(2) -*āv*|*er*-/-*āv*|*ēr*- contrahitur in -*ār*-; -*īv*|*er*- in -*ier*-; -*īv*|*ēr*- in
-*iēr*-; -*ōv*|*er*-/-*ōv*|*ēr*- in -*ōr*-; -*ēv*|*er*-/-*ēv*|*ēr*- in -*ēr*-:

90 | | | |
|---|---|---|
| am*ā*rat = am*āve*rat | aud*ie*rat = aud*īve*rat | |
| am*ā*rit = am*āve*rit | aud*ie*rit = aud*īve*rit | |
| am*ā*runt = am*āvē*runt | aud*iē*runt = aud*īve*runt | |
| n*ō*rat = n*ōve*rat | cōnsu*ē*rat = cōnsu*ēve*rat | |
| n*ō*rit = n*ōve*rit | cōnsu*ē*rit = cōnsu*ēve*rit | |
95 | n*ō*runt = n*ōvē*runt | cōnsu*ē*runt = cōnsu*ēvē*runt | |

PENSVM A
Dē praepositiōnibus
Annō ab urb– condit– CCLXI, post rēg– exāct– XVII, Coriolī
oppidum Volscōrum captum est ā Cn. Mārci–, quī cum mī-

ēlegāns -antis = quī arte
urbānā placet, decēns
ex-sequī = pergere
dūcere = exīstimāre

ex-cidere < ex + cadere

-āvis- > -ās-
-īvis- > -iis-/-īs-
-ōvis- > -ōs-
-ēvis- > -ēs-

-āvĕr- > -ār-
-īver- > -ier-
-īvēr- > -iēr-
-ōvĕr- > -ōr-
-ēvĕr- > -ēr-

Vocābula nova:
nātiō
hērēditās
suspīciō
puerulus
obitus
dētrīmentum
vīsus
facultās
bīduum
dīlēctus
corōna
vectīgal
adversārius
avāritia
amphora
plumbum
prōpatulum
serpēns
classiārius
cohortātiō
praeceptum
patrēs cōnscrīptī
cōnsuētūdō
arbitrium
doctor
excellēns
exter
imprūdēns
foederātus
aēneus
īnsciēns
rōbustus
venēnātus
fictilis
nauticus
prīstinus

lit– dēlēct– per patent– port– in oppid– irrūpit et propter h–
fact– Coriolānus vocātus est. Ille vērō, etsī bene prō patri–
pugnāverat, ā cīv– in exsili– pulsus ad ips– Volsc– cōnfūgit
eōsque contrā Rōmān– concitāvit. Exercitum adversus patri–
dūxit et castra posuit prope Rōm– iūxtā vi– Appi–. Lēgātī ad
e– Rōm– (ex urb– Rōm–) dē pāc– missī sine respōns– rever-
tērunt. Postrēmō māter et uxor eius, quae Rōm– relictae
erant, cum duōbus parv– fīli– ad castr– vēnērunt. Coriolānus, cum mātrem suam inter uxōr– et fīli– stantem cōnspexis-
set, intrā vāll– eōs recēpit. Ob amōr– ergā mātr– et coniug– et
līber– su– Coriolānus īram in patri– oblītus est; nēmō praeter
mulier– animum virī frangere potuit.

Contrāria: ex urb– et — urb–; ā vīll– et — vīll–; cum equ–
et — equ–; ante templ– et — templ–; contrā patri– et —
patri–; extrā moen– et — moen–; procul — oppid– et —
oppid–; suprā cael– et — cael–; citrā fluvi– et — fluvi–; super
terr– et — terr–.

PENSVM B

In librō suō dē — ducibus — gentium Cornēlius Nepōs dīcit
'populum Rōmānum cēterās — [= gentēs] fortitūdine —.'

Hannibal, — [= postquam] expugnāvit Saguntum, cīvitātem — [< foedus], Alpēs, quae Galliam ab Italiā —, trānsiit
et identidem cum Rōmānīs manum — eōsque — [= dēvīcit].
Nihilō — ā Scīpiōne victus est, cum patriae — [= opēs]
exhaustae essent. Domī Hannibal novīs — pecūniam comparāvit, quae Rōmānīs — [= solvenda] erat. Cum dēposcerē-
tur, in Syriam profūgit, atque bona eius — sunt. Inde in
Crētam vēnit, ut — [= reputāret] quid ageret. Crētēnsibus
avārīs sīc — dedit: — fictilēs — complēvit, summīs aurō
opertīs, et aurum suum in statuās — [= aereās] abdidit. Tum
ad Prūsiam vēnit, quī — [= dissentiēbat] ā rēge Eumene et
saepe cum eō — erat et marī et terrā; sed — Eumenēs — [=
validior] erat. Hannibal eum dolō vīcit, cum venēnātās — in
vāsa — abditās in nāvēs eius coniēcisset. Nec tum sōlum, sed

saepe — Hannibal — [= hostēs] pepulit. Dēnique ā Rōmānīs circumventus venēnum, quod semper sēcum ferre — [= solēbat], sūmpsit, nē — Rōmānōrum perīret.

Senātōrēs 'patrēs —' vocantur. — est quod hērēdī lēgātur. Īnfāns quī nōndum ambulāre didicit manibus et genibus —. Stēllae — sunt [= numerārī nōn possunt]. Ovidius est poēta — et urbānus.

Synōnyma: mors et —; damnum et —; duo diēs et —; imperium et —; mōs et —; magister et —; antīquus et —; negāre et —; egēre et —; īnsidiās parāre et —; ēvenīre et — venīre; adimere et —; pererrāre et —; forte et —; haud paulum et —.

Contrāria: fidēs et —; sciēns et —; ōtiōsus et —; fīrmāre et —.

PENSVM C
Quam ob rem Hannibal victus est?
Quō Hannibal ex patriā profūgit?
Quā poenā Poenī eum profugum affēcērunt?
Quid Hannibal rēgī Antiochō suādēbat?
Num Antiochus cōnsiliīs eius pāruit?
Quārē Hannibal ē Syriā in Crētam vēnit?
Quōmodo pecūniam suam ā Crētēnsibus cōnservāvit?
Quō Hannibal ē Crētā sē contulit?
Quōcum rēx Prūsiās bellum gerēbat?
Quōmodo Hannibal classem Eumenis pepulit?
Quōmodo Rōmānī Hannibalem in Bīthȳniā repperērunt?
Num Prūsiās Hannibalem Rōmānīs dēdidit?
Quāle erat castellum Hannibalis?
Quōmodo Hannibal comperit sē ā Rōmānīs petī?
Num Hannibal vīvus captus est ā Flāminīnō?
Quem Hannibal māximum imperātōrem dūcēbat?

districtus
innumerābilis
ēlegāns
īnfitiārī
antecēdere
congredī
dēbilitāre
indigēre
sufficere
comprobāre
sēiungere
concīdere
rēpere
cōnserere
prōflīgāre
verba dare
obdūcere
dēligāre
dispālārī
ēnumerāre
īnsidiārī
pendere
pūblicāre
cōnsīderāre
prōvidēre
dissidēre
ūsū venīre
cōnsuēscere
acquiēscere
concipere
eximere
peragrāre
mētārī
excidere
quotiēscumque
utpote
posteāquam
eā
hāc
impraesentiārum
setius
utrobīque
potissimum
aliās
fortuītō
nōnnihil

261

Philippus V, rēx
Macedoniae

GRAECIA LIBERATA

[*Ex T. Līviī 'Ab urbe conditā' librīs XXXI–XLV*]

Philippus

[*Ex librō XXXI:*]

5 Annō quīngentēsimō quīnquāgēsimō prīmō ab urbe conditā, P. Sulpiciō Galbā C. Aurēliō cōnsulibus, bel- 5 lum cum rēge Philippō initum est, paucīs mēnsibus post pācem Carthāginiēnsibus datam.

quīnquāgēsimus -a -um
= L (50.)
[annō 200 a. C.]

[*Ex Periochā librī XXXI:*]

Id bellum P. Sulpiciō cōs. mandātum est, quī exerci- tū in Macedoniam ductō equestribus proeliīs prosperē 10 cum Philippō pugnavit.

[*Ex Periochā librī XXXII:*]

T. Quīnctius Flāminīnus cōs. adversus Philippum fē- līciter pugnāvit in faucibus Ēpīrī fugātumque coēgit in rēgnum revertī. Thessaliam, quae est vīcīna Macedo- 15 niae, sociīs Aetōlīs, vexāvit. Achaeī in amīcitiam receptī sunt.

[annō 198 a. C.]

Aetōlī -ōrum *n*: incolae
Aetōliae
vexāre = identidem
aggredī, vāstāre
Achaeī -ōrum *m*: incolae
Achāiae

263

[anno 197 a. C.]

Cynoscephalae -ārum *f*:
collēs in Thessaliā

signa cōn-ferre = proe-
lium committere

in diēs v : v diērum
supplicātiō -ōnis *f*: diēs
fēstus quō populus ad
omnia templa dīs grā-
tiās agit

Bellōna -ae *f*: Mārtis
soror, dea bellī, cuius
aedēs in campō Mārtiō
(: extrā pōmērium) sita
est

mōre = ex mōre
māiōrēs -um *m* ↔ posterī

hībernāre = in hībernīs
esse
Elatēa: cīvitās in mediā
Graeciā sita
in hās lēgēs = hīs lēgibus
(: condiciōnibus)

Isthmia -ōrum *n*: lūdī quī
alterō quōque annō in
Isthmō celebrantur
trāns-fuga -ae *m*
= perfuga

[*Ex Periochā librī XXXIII*:]

T. Quīnctius Flāminīnus prōcōs. cum Philippō ad
Cynoscephalās in Thessaliā aciē victō dēbellāvit.

[*Ex librō XXXIII*:] 2(

Exitū fermē annī litterae ā T. Quīnctiō vēnērunt 'sē 2ˊ
signīs collātīs cum rēge Philippō in Thessaliā pugnāsse,
hostium exercitum fūsum fugātumque.' Hae litterae
prius in senātū ā M. Sergiō praetōre, deinde ex auctōritāte patrum in cōntiōne sunt recitātae, et ob rēs pros- 25
perē gestās in diēs quīnque supplicātiōnēs dēcrētae.

Brevī post lēgātī et ab T. Quīnctiō et ab rēge Philippō
vēnērunt. Macedonēs dēductī extrā urbem in vīllam
pūblicam ibique iīs ad aedem Bellōnae senātus datus.
Ibi haud multa verba facta, cum Macedonēs 'quodcum- 30
que senātus cēnsuisset id rēgem factūrum esse' dīcerent. Decem lēgātī mōre māiōrum, quōrum ex cōnsiliō
T. Quīnctius imperātor lēgēs pācis Philippō daret, dē-
crētī.

Hībernābat eō tempore Elatēae T. Quīnctius. Eō de- 27
cem lēgātī ab Rōmā vēnērunt, quōrum ex cōnsiliō pāx 30
data Philippō in hās lēgēs est: 'ut omnēs Graecōrum
cīvitātēs, quae in Eurōpā quaeque in Asiā essent, lībertātem ac suās habērent lēgēs; quae eārum sub diciōne
Philippī fuissent, praesidia ex iīs Philippus dēdūceret 40
vacuāsque trāderet Rōmānīs ante Isthmiōrum tempus;
captīvōs trānsfugāsque redderet Rōmānīs, et nāvēs omnēs tēctās trāderet praeter quīnque; nē plūs quīnque

mīlia armātōrum habēret nēve elephantum ūllum; bel-
5 lum extrā Macedoniae fīnēs nē iniussū senātūs gereret;
mīlle talenta daret populō Rōmānō.' In haec obsidēs
acceptī, inter quōs Dēmētrius, Philippī fīlius.

*1   Ab Elatēā profectus Quīnctius Anticyram cum decem
*2 lēgātīs, inde Corinthum trāiēcit. Isthmiōrum lūdicrum
*0 aderat, semper frequēns cum propter spectāculī stu-
dium, tum quia Graeciae is mercātus erat; tum vērō nōn
ad solitōs modo ūsūs undique convēnerant, sed exspectātiōne ērēctī, quī deinde status futūrus Graeciae, quae
sua fortūna esset?

55   Ad spectāculum cōnsēderant, et praecō cum tubi-
cine, ut mōs est, in mediam āream prōcessit et tubā
silentiō factō ita prōnūntiat: "Senātus Rōmānus et T.
Quīnctius imperātor, Philippō rēge Macedonibusque
dēvictīs, līberōs, immūnēs, suīs lēgibus esse iubet Co-
60 rinthiōs, Phōcēnsēs, Locrēnsēsque omnēs et īnsulam
Euboeam et Magnētas, Thessalōs, Perrhaebōs, Achaeōs
Phthīōtās." Percēnsuerat omnēs gentēs quae sub diciōne Philippī rēgis fuerant.

    Audītā vōce praecōnis māius gaudium fuit quam
65 quod ūniversum hominēs acciperent. Vix satis crēdere
sē quisque audīsse, et aliī aliōs intuērī mīrābundī velut
ad somnī vānam speciem. Revocātus praecō, cum ūnus-
quisque nōn audīre modo, sed vidēre lībertātis suae
nūntium avēret, iterum prōnūntiāvit eadem. Tum ab
70 certō iam gaudiō tantus cum clāmōre plausus est ortus

in haec : ut haec (hae
  condiciōnēs) servā-
  rentur

[annō 196 a. C.]

mercātus -ūs *m* = locus
  quō mercātōrēs con-
  veniunt
exspectātiōne ērēctī: cu-
  pidē exspectantēs
quī status Graeciae futū-
  rus *esset*, quae sua fortūna *futūra* esset

ārea -ae *f* = spatium
  apertum
prō-nūntiāre = pūblicē
  nūntiāre

immūnis = vectīgālibus
  immūnis
Phōcēnsēs, Locrēnsēs,
  Magnētēs (*acc* -as),
  Phthīōtae < Phōcis,
  Locris, Magnēsia,
  Phthīōtis
per-cēnsēre = ēnumerāre

acciperent : animīs
  capere possent
vix crēd*it* quisque sē satis
  (bene) aud*īsse*
intu*ērī* : intu*entur*
mīrābundus -a -um
  = mīrāns
ūnus-quisque (: singulī)

avēre = valdē cupere

265

re-petere = iterāre

raptim = celeriter

prae-occupāre
sēnsus -ūs *m* < sentīre
voluptās -ātis *f* = quod
dēlectat, rēs iūcunda
(↔ dolor)
tend*ere* : tend*unt*
ita ut... haud procul *ā*
perīculō fuerit
turbā *hominum*... cupi-
entium
tantum-modo = tantum

laetitiam effundere
: valdē laetārī

impēnsa -ae *f* = pecūnia
quae penditur

vīcīnitās -ātis *f* < vīcīnus;
propinquae v. is : vīcīnus
nē quod = nē ūllum

ut ubīque

[annō 195 a. C.]

pācāre = ad pācem cōgere,
subigere

Nabis -idis *m*

-*iit* = -*īv*it

---

totiēsque repetītus, ut facile appārēret nihil omnium
bonōrum multitūdinī grātius quam lībertātem esse. Lūdicrum deinde ita raptim perāctum est ut nūllīus nec
animī nec oculī spectāculō intentī essent — adeō ūnum
gaudium praeoccupāverat omnium aliārum sēnsum vo- 7
luptātum.

Lūdīs vērō dīmissīs cursū prope omnēs tendere ad 3
imperātōrem Rōmānum, ut, ruente turbā in ūnum
adīre contingere dextram cupientium, corōnās iacien-
tium, haud procul perīculō fuerit! Nec praesēns tan- 8
tummodo effūsa est laetitia, sed per multōs diēs grātīs et
cōgitātiōnibus et sermōnibus renovāta: 'esse aliquam in
terrīs gentem quae suā impēnsā, suō labōre ac perīculō
bella gerat prō lībertāte aliōrum! nec hoc fīnitimīs aut
propinquae vīcīnitātis hominibus aut terrīs continenti- 85
bus iūnctīs praestet, sed maria trāiciat, nē quod tōtō
orbe terrārum iniūstum imperium sit, ubīque iūs, fās,
lēx potentissima sint! Ūnā vōce praecōnis līberātās omnēs Graeciae atque Asiae urbēs!'

Hunc fīnem bellum cum Philippō habuit. 35

[*Ex Periochā librī XXXIV:*]

M. Porcius Catō, in Hispāniam profectus, bellō cite-
riōrem Hispāniam pācāvit.

T. Quīnctius Flāminīnus bellum adversus Lacedaemoniōs et tyrannum eōrum Nabidem prosperē gestum, 95
datā hīs pāce līberātīsque Argīs, quī sub diciōne tyrannī
erant, fīniit.

Triumphus Flāminīnī

[*Ex librō XXXIV*:]

8 Vēris initiō Corinthum, conventū ēdictō, vēnit. Ibi omnium cīvitātum lēgātiōnēs in cōntiōnis modum circumfūsās est allocūtus, ōrsus ab initā prīmum Rōmānīs amīcitiā cum Graecōrum gente et imperātōrum quī ante sē in Macedoniā fuissent suīsque rēbus gestīs. Subiēcit

45 'proficīscī sibi in Italiam atque omnem exercitum dēportāre in animō esse.'

50 Nōndum conventus dīmissus erat, cum respiciunt praesidium ab Acrocorinthō dēscendēns prōtinus dūcī ad portam atque abīre. Quōrum agmen imperātor secū-

10 tus — prōsequentibus cūnctīs 'servātōrem' 'līberātōrem'que acclāmantibus — eādem quā vēnerat viā Elatē-

52 am rediit. Per Ēpīrum Ōricum, unde erat trāiectūrus, vēnit. Ab Ōricō cōpiae omnēs Brundisium trānsportātae. Inde per tōtam Italiam ad urbem prope triumphan-

15 tēs vēnērunt. Postquam Rōmam ventum est, senātus extrā urbem Quīnctiō ad rēs gestās ēdisserendās datus est, triumphusque meritus ab libentibus dēcrētus.

Trīduum triumphāvit. Diē prīmō arma, tēla signaque aerea et marmorea trānstulit; secundō aurum argentum-

20 que factum īnfectumque et signātum (aurī pondō fuit tria mīlia septingenta quattuordecim). Tertiō diē corōnae aureae, dōna cīvitātum, trālātae centum quattuordecim; et hostiae ductae et ante currum multī nōbilēs captīvī obsidēsque, inter quōs Dēmētrius, rēgis Philippī

[annō 194 a. C.]
conventus -ūs *m* (< convenīre) = concilium

et *ab* rēbus gestīs imperātōrum...
sub-icere = adicere

sibi in animō esse...

dē-portāre = abdūcere (Rōmam)

Acrocorinthus -ī *f*: arx Corinthī

prō-sequī = sequī (proficīscentem)
servātor -ōris *m* = quī servat
ac-clāmāre < ad-
Ōricum -ī *n*: cīvitās Ēpīrī maritima
trāns-portāre = trāicere

extrā urbem: imperātōrī nōn licet urbem intrāre ante triumphum
ē-disserere = expōnere, nārrāre

trīduum -ī *n* = trēs diēs

trāns-ferre = in triumphō ferre
īn-fectum ↔ factum
signāre = signō imprimere; s. ātum : ex quō nummī factī sunt
trāns-ferre -tulisse trāns-/trā-lātum

267

Armenēs -is *m*

ut exercitū dēportātō :
quia exercitus dēpor-
tātus erat

[annō 192 a. C.]

Chalcis -idis *f*: caput
Euboeae

Chalcidēnsis -e < Chalcis

(tempus) trādūcere =
cōnsūmere, terere
[annō 191 a. C.]

Lārīsa -ae *f*, Crannōn
-ōnis *f*: cīvitātēs
Thessaliae

porrō ↔ retrō

Aetōlī convēnissent

---

fīlius, fuit et Armenēs, Nabidis tyrannī fīlius, Lacedae- 1
monius. Ipse deinde Quīnctius in urbem est invectus.
Secūtī currum mīlitēs frequentēs, ut exercitū omnī ex
prōvinciā dēportātō.

Antiochus

[*Ex Periochā librī XXXV*:]   1?

Aetōlī ab amīcitiā populī Rōmānī dēfēcērunt. Cum
quibus societāte iūnctā, Antiochus, Syriae rēx, cum bellum Graeciae intulisset, complūrēs urbēs occupāvit, inter quās Chalcidem et tōtam Euboeam.

[*Ex librō XXXVI*:]   13

Rēx Chalcidem profectus, amōre captus virginis Chal- 1.
cidēnsis, tamquam in mediā pāce nūptiās celebrābat, et
reliquum hiemis, omissā omnium rērum cūrā, in convīviīs et vīnum sequentibus voluptātibus trādūxit.

Prīncipiō vēris M'. Acīlius cōnsul, cum vīgintī mīli- 14
bus peditum, duōbus mīlibus equitum, quīndecim elephantīs marī trāiectō, Lārīsam est profectus. Paucōs Lā-
rīsae morātus diēs, Crannōnem est prōgressus. Dūcere
tum porrō in sinum Māliacum coepit.

Cum haec agēbantur, Chalcide erat Antiochus. Tum 15
nūntiōs in Aetōliam mīsit 'ut omnī contractā iuventūte
convenīrent Lamiam', et ipse eō decem mīlia ferē peditum et equitēs quīngentōs dūxit. Quō cum aliquantō
pauciōrēs quam umquam anteā convēnissent, intrā saltum Thermopylārum sēsē recēpit.   150

Id iugum, sīcut Appennīnī dorsō Italia dīviditur, ita mediam Graeciam dirimit. Ante saltum Thermopylārum in septentriōnem versa Ēpīrus et Perrhaebia et Magnēsia et Thessalia est et Phthīōtae Achaeī et sinus

5 Māliacus. Intrā faucēs ad merīdiem vergunt Aetōliae pars māior et Acarnānia et cum Locride Phōcis et Boeōtia adiūnctaque īnsula Euboea et, excurrente in altum velut prōmunturiō, Attica terra et sita ab tergō Peloponnēsus. Extrēmōs ad orientem montēs Oetam vocant,

10 quōrum quod altissimum est Callidromon appellātur, in cuius valle ad Māliacum sinum vergente iter est nōn lātius quam sexāgintā passūs. Haec ūna mīlitāris via est quā trādūcī exercitūs, sī nōn prohibeantur, possint. Ideō 'Pylae', et ab aliīs, quia calidae aquae in ipsīs fauci-

15 bus sunt, 'Thermopylae' locus appellātur, nōbilis Lacedaemoniōrum adversus Persās morte magis memorābilī quam pugnā.

16 Haudquāquam parī tum animō Antiochus, intrā 'portās' locī eius castrīs positīs, cum duplicī vāllō fossāque

70 et mūrō etiam permūniisset omnia, satis fīdēns numquam eā viam Rōmānum exercitum factūrum, Aetōlōs ad Hēraclēam praesidiō obtinendam (quae ante ipsās faucēs posita est) mittit. Cōnsul in ipsīs faucibus prope fontēs calidārum aquārum adversus rēgem posuit cas-

75 tra.

Antiochum timor incessit nē quās per imminentia iuga callēs invenīret ad trānsitum Rōmānus; nam Lace-

---

(montis) iugum/dorsum = mōns longus
dir-imere -ēmisse -ēmptum = dīvidere
septentriō -ōnis m = septentriōnēs

Locris -idis f
Phōcis -idis f
excurrente : ēminente

Callidromon -ī n

iter : via

pýlai Graecē = porta
thermós Graecē = calidus
CCC Lacedaemoniī ad Thermopylās relictī, dum Persīs fortiter resistunt, dolō circumventī caesī sunt annō 480 a. C.
parī (: similī) animō (ac Lacedaemoniī)

per-mūnīre = bene mūnīre

viam facere : iter facere

Hēraclēa -ae f: oppidum

posita = sita

fōns fontis m = aqua ē terrā ērumpēns

nē quās (: aliquās) callēs

callis -is f = via angusta difficilis

269

circu-īre = circumīre

vertex -icis *m* = pars summa, culmen
nē quā = nē quā (aliquā) viā
īn-sīdere -sēdisse -sessum: (locum) ī. = occupāre

(cōss. annō 195 a. C.)

paucīs *verbīs*

arma tēla*que*

artus -a -um = cōnfertus, angustus

Macedonēs: mīlitēs Macedonum modō īnstrūctī
aditum temptāre = adīre temptāre
vīs = multitūdō

locō = *ē* locō

nī = nisi
M. Porcius *Catō*

crēd*ere* : crēd*unt*
subsidium -ī *n*=mīlitēs quī auxiliō veniunt, auxilium; subsidiō (*dat*) = ad subsidium

---

daemoniōs quondam ita ā Persīs circuitōs fāma erat. Itaque nūntium Hēraclēam ad Aetōlōs mittit 'ut verticēs circā montium occupārent obsidērentque, nē quā trānsīre Rōmānī possent.'

Cōnsul, postquam īnsessa superiōra loca ab Aetōlīs vīdit, M. Porcium Catōnem et L. Valerium Flaccum, cōnsulārēs lēgātōs, ad castella Aetōlōrum mittit. Ipse, priusquam ad hostēs cōpiās admovēret, vocātōs in cōn- tiōnem mīlitēs paucīs est allocūtus. Ab hāc cōntiōne dīmissī mīlitēs, priusquam corpora cūrārent, arma tēla parant. Lūce prīmā īnstruit aciem cōnsul, artā fronte, ad nātūram et angustiās locī. Rēx, postquam signa hostium cōnspexit, et ipse cōpiās ēdūcit.

Macedonēs prō vāllō locātī prīmō facile sustinēbant Rōmānōs temptantēs ab omnī parte aditūs; deinde, ut māior nec iam toleranda vīs hostium īnferēbat sē, pulsī locō intrā mūnīmenta concessērunt. Inde ex vāllō prope alterum vāllum, hastīs prae sē obiectīs, fēcērunt. Multī temere subeuntēs vāllum trānsfīxī sunt, et aut recessissent aut plūrēs cecidissent, nī M. Porcius ab iugō Callidromī, dēiectīs inde Aetōlīs et magnā ex parte caesīs (incautōs enim et plērōsque sōpītōs oppresserat), super imminentem castrīs collem appāruisset. Macedonēs quīque aliī in castrīs rēgiīs erant prīmō, dum procul nihil aliud quam turba et agmen appārēbat, Aetōlōs crēdere subsidiō venīre; cēterum, ut prīmum signa et arma ex propinquō cognita errōrem aperuērunt, tantus repente pavor omnēs cēpit ut abiectīs armīs fugerent!

Rēx cum perexiguā manū sēmiermium mīlitum Chalcidem sē recēpit; sub adventum cōnsulis ā Chalcide profectus Ephesum trānsmīsit. Cōnsulī Chalcidem venientī portae patuērunt. Et cēterae urbēs in Euboeā sine certāmine trāditae, paucōsque post diēs exercitus Thermopylās reductus. Inde cōnsul M. Catōnem, per quem quae gesta essent senātus populusque Rōmānus haud dubiō auctōre scīret, Rōmam mīsit.

Acīlius cōnsul castra ab Thermopylīs ad Hēraclēam mōvit, eōque ipsō diē, ut situm nōsceret urbis, ab omnī parte equō moenia est circumvectus. Hēraclēa sita est in rādīcibus Oetae montis, ipsa in campō, arcem imminentem locō altō et undique praecipitī habet. Contemplātus omnia quae nōscenda erant, quattuor simul locīs aggredī urbem cōnstituit.

Et Rōmānī quidem operibus magis quam armīs urbem oppugnābant. Aetōlī contrā armīs sē tuēbantur; nam armātī frequentēs ērumpēbant. Hoc prīmīs diēbus, dum integrae vīrēs erant, et frequentēs et impigrē fēcērunt, in diēs deinde pauciōrēs et sēgnius. Per quattuor et vīgintī diēs, ita ut nūllum tempus vacuum dīmicātiōne esset, adversus quattuor ē partibus simul oppugnantem hostem nocturnus diurnō continuātus labor est.

Cum fatīgātōs iam Aetōlōs scīret cōnsul, tāle cōnsilium init: cum nocte mediā intermīsisset oppugnātiōnem, quārtā vigiliā rūrsus ab tribus partibus summā vī

per-exiguus -a -um
sēmi-ermis -e = nec armātus nec inermis

trāns-mittere = trāicere

ad Thermopylās

per quem...scīret = ut per eum...scīret

rādīx
-īcis *f*

rādīx montis: īnfimus mōns
(locus) praeceps = arduus
contemplārī = intuērī, īnspicere

diurnus -a -um
↔ nocturnus
continuāre = continuum facere; nocturnus labor diurnō *labōrī* c.ātus est
= diēs noctēsque labor c.ātus est
inter-mittere ↔ continuāre
IV vigilia : IX hōra noctis

271

ūnā : quārtā parte
Ti. Semprōnium *Longum* lēgātum (cōs. annō 194 a. C.)

aggressus, ab ūnā Ti. Semprōnium tenēre intentōs mīlitēs signumque exspectāre iussit. Aetōlī ad strepitum pugnantium in tenebrīs currunt. Pars ūna neque dēfenditur neque oppugnātur — sed quī oppugnārent intentī signum exspectābant; dēfēnsor nēmō aderat. Iam dīlūcēscēbat, cum signum cōnsul dedit — et sine ūllō certāmine scālīs integrōs mūrōs trānscendēre! Undique Aetōlī, dēsertīs statiōnibus, in arcem fugiunt.

quī oppugnārent : quī oppugnātūrī erant
dī-lūcēscere = illūcēscere

scālae -ārum *f pl*

Nōn tulēre quī in arce erant Aetōlī impetum ab urbe Rōmānōrum, frāctīs iam animīs et nūllā ibi praeparātā rē ad obsidiōnem diūtius tolerandam. Itaque ad prīmum impetum abiectīs armīs dēdidērunt sēsē.

Hēraclēa capta frēgit tandem animōs Aetōlōrum, et paucōs post diēs pācis petendae ōrātōrēs ad cōnsulem mīsērunt.

pācis petendae ōrātōrēs = ōrātōrēs quī pācem peterent

Bellum quod cum Antiochō rēge in Graeciā gestum est ā M'. Acīliō cōnsule hunc fīnem habuit.

Exitū annī comitia Rōmae habita, quibus creātī sunt cōnsulēs L. Cornēlius Scīpiō et C. Laelius.

[*Ex Periochā librī XXXVII*:]

[annō 190 a. C.]

L. Cornēlius Scīpiō cōs. — lēgātō P. Scīpiōne Āfricānō frātre — profectus ad bellum adversus Antiochum rēgem gerendum, prīmus omnium Rōmānōrum ducum in Asiam trāiēcit.

L. Aemilius Rēgillus

Rēgillus adversus rēgiam classem Antiochī fēlīciter pugnāvit ad Myonnēsum, Rhodiīs iuvantibus.

Myonnēsus -ī *m*: prōmunturium Asiae

Victō deinde Antiochō ab L. Cornēliō Scīpiōne —

adiuvante Eumene, rēge Pergamī — pāx data est eā
condiciōne 'ut omnibus prōvinciīs citrā Taurum montem cēderet.' L. Cornēlius Scīpiō, quī cum Antiochō
dēbellāverat, cognōmine frātrī exaequātus 'Asiāticus'
appellātus. Eumenis, quō iuvante Antiochus victus
erat, rēgnum ampliātum. Rhodiīs quoque, quī et ipsī
iūverant, quaedam cīvitātēs concessae.

L. Aemilius Rēgillus, quī praefectōs classis Antiochī
nāvālī proeliō dēvīcerat, nāvālem triumphum dēdūxit.
M'. Acīlius Glabriō dē Antiochō, quem Graeciā expule-
rat, et dē Aetōlīs triumphāvit.

[*Ex Periochā librī XXXVIII*]

L. Scīpiō Asiāticus, frāter Āfricānī, peculātūs accūsātus damnātusque cum in vincula et carcerem dūcerētur,
Tib. Semprōnius Gracchus tr. pl., quī anteā Scīpiōni-
bus inimīcus fuerat, intercessit, et ob id beneficium
Āfricānī fīliam dūxit.

Perseus victus

[*Ex Periochā librī XL:*]

Rēgnum Macedoniae, mortuō Philippō, ad Perseum
vēnit.

[*Ex Periochā librī XLII:*]

Eumenēs, Asiae rēx, in senātū dē Perseō, Macedoniae rēge, questus est, cuius iniūriae in populum Rōmānum referuntur. Ob quās bellō eī indictō, P. Licinius
Crassus cōs., cui mandātum erat, in Macedoniam

ex omnibus prōvinciīs

ex-aequāre = aequāre

ampliāre = amplificāre

(rem alicui) con-cēdere =
(sponte) dare, tribuere
(id quod poscitur)

peculātus -ūs *m* = fūrtum
pecūniae pūblicae

tr. pl. = tribūnus plēbis
(quī lēgī/iūdiciō *inter-
cēdere* potest)
inter-cēdere = vetāre
(lēgem/iūdicium)
uxōrem dūxit
fīliam: *Cornēliam*

Perseus -ī *m*, Philippī
fīlius, rēx Macedoniae
annīs 179–168 a. C.

querī questum

referuntur (: nārrantur)
in Līviī librō XLII
[annō 171 a. C.]

273

expedītiō -ōnis *f* = bellum in hostium fīnēs illātum
Cotys -yis *m* (*acc* -ym)
ēventus -ūs *m* = exitus

līs lītis *f* = certāmen dē iūre

continet *Līviū liber XLIII*

[annō 169 a. C.]
in-vius -a -um = sine viā, difficilis trānsitū

[annō 168 a. C.]

vīcit : ad *Pydnam* oppidum

quam : postquam
Amphipolis -is *f* (*acc* -im)
Q. Fabiō *Māximō Aemiliānō* (cōs. annō 145 a. C.)
Q. *Caeciliō* Metellō (cōs. annō 143 a. C.)

deinceps = deinde

Perseus -i *m*, *acc* -a

trānsiit, levibusque expedītiōnibus, equestribus proeliīs, in Thessaliā cum Perseō, quem Cotys, rēx Thrāciae, adiuvābat, parum prosperō ēventū pugnāvit.

Inter Masinissam et Carthāginiēnsēs dē agrō fuit līs.

[*Ex Periochā librī XLIII:*]

Rēs ā Perseō rēge in Thrāciā prosperē gestās continet, victīs Dardanīs et Illyricō, cuius rēx erat Gentius.

[*Ex Periochā librī XLIV:*]

Q. Mārcius Philippus per inviōs saltūs penetrāvit Macedoniam et complūrēs urbēs occupāvit.

Cum id bellum L. Aemiliō Paulō, sequentis annī cōs., mandātum esset, Paulus in Macedoniam profectus Perseum vīcit tōtamque Macedoniam in potestātem Rōmānōrum redēgit. Gentius quoque, rēx Illyriōrum, cum rebellāsset, ā L. Aniciō praetōre victus vēnit in dēditiōnem.

[*Ex librō XLIV:*]

Tertiō diē Perseus quam pugnātum erat Amphipolim vēnit. Cōnsul — nūntiīs victōriae Q. Fabiō fīliō et L. Lentulō et Q. Metellō cum litterīs Rōmam missīs — propius mare ad Pydnam castra mōvit. Beroea primum, deinde Thessalonīca et Pella et deinceps omnis fermē Macedonia intrā bīduum dēdita.

Cōnsul ā Pydnā profectus cum tōtō exercitū diē alterō Pellam pervēnit et, cum castra mīlle passūs inde posuisset, per aliquot diēs ibi statīva habuit situm urbis undique aspiciēns. Nūntiō deinde acceptō 'Persea Samo-

thrācam trāiēcisse', profectus ā Pellā cōnsul quārtīs castrīs Amphipolim pervēnit.

[*Ex librō XLV*:]

1 Victōriae nūntiī Q. Fabius et L. Lentulus et Q. Metellus celeriter Rōmam cum vēnissent, praeceptam tamen eius reī laetitiam invēnērunt: Quārtō post diē
quam cum rēge est pugnātum, cum in circō lūdī fierent,
murmur repente populī tōta spectācula pervāsit 'pugnā-
10 tum in Macedoniā et dēvictum rēgem esse'; dein fremitus incrēvit; postrēmō clāmor, plausus, velut certō nūntiō victōriae allātō, est exortus. Mīrārī magistrātūs et
quaerere auctōrem repentīnae laetitiae. Quī postquam
nūllus erat, ēvānuit quidem tamquam certae reī gau-
25 dium, ōmen tamen laetum īnsidēbat animīs. Quod postquam vērīs nūntiīs, Fabiī Lentulīque et Metellī adventū, fīrmātum est, cum victōriā ipsā, tum auguriō animōrum suōrum laetābantur.

Et altera trāditur circēnsis turbae nōn minus similis
30 vērī laetitia. Ante diem quīntum decimum kalendās Octōbrēs, lūdōrum Rōmānōrum secundō diē, C. Liciniō
cōnsulī ad quadrīgās mittendās ēscendentī tabellārius,
quī 'sē ex Macedoniā venīre' dīceret, laureātās litterās
trādidisse dīcitur. Quadrīgīs missīs cōnsul currum
35 cōnscendit et, cum per circum reveherētur ad forōs
pūblicōs, laureātās tabellās populō ostendit. Quibus
cōnspectīs repente immemor spectāculī populus in medium dēcurrit. Eō senātum cōnsul vocāvit, recitātīsque

---

quārtīs castrīs = quārtō
diē (exercitus in itinere
cotīdiē castra pōnit)

prae-cipere = ante
capere
: quārtō diē postquam

murmur -is *n* = vōx quae
vix audītur (↔ clāmor)
fremitus -ūs *m* (< fremere)
= sonus gravis continuus
in-crēscere = crēscere

mīrārī : mīr*antur*

quaer*ere* : quaer*unt*

ēvānuit : cessāvit
ōmen -inis *n* = signum
quod rem futūram
portendit
animō (*dat*) īn-sidēre =
in animō sedēre (re-
manēre)
augurium = sēnsus reī
futūrae, ōmen

vērī similis = quī vērus
esse vidētur

lūdī Rōmānī mēnse Sep-
tembrī celebrantur
C. Liciniō *Crassō*
quadrīgās mittere : cur-
sum aperīre
laureātus -a -um = laurō
ōrnātus

im-memor = oblītus

275

dē-nūntiāre = prō-
nūntiāre
L. Aemilium *Paulum*

coniugēs *et* līberōs

sociī nāvālēs = nautae
classis Rōmānae
con-iūrātī = mīlitēs vo-
luntāriī quī ducī iūs
iūrandum dedērunt
ad senātum referrētur

ingentem turbam occur-
rentium prōsequenti-
umque sēcum trahentēs

pergere perrēxisse

tantum temporis = tam
diū

forent = essent
paùcōrum mīlitum
iactūrā : paucīs
mīlitibus āmissīs
"(rēx) exīstimātur Samo-
thrācam petītūrus esse"

eum ēlābī posse

tabellīs ex auctōritāte patrum prō forīs pūblicīs dēnūn-
tiāvit populō 'L. Aemilium collēgam signīs collātīs cum 3
rēge Perseō pugnāsse; Macedonum exercitum caesum
fūsumque; rēgem cum paucīs fūgisse; cīvitātēs omnēs
Macedoniae in diciōnem populī Rōmānī vēnisse.' Hīs
audītīs clāmor cum ingentī plausū ortus. Lūdīs relictīs
domōs magna pars hominum ad coniugēs līberōs lae- 3
tum nūntium portābant. Tertius decimus diēs erat ab eō
quō in Macedoniā pugnātum est.

Posterō diē senātus in Cūriā habitus supplicātiōnēs-
que dēcrētae et senātūs cōnsultum factum est 'ut cōnsul
quōs praeter mīlitēs sociōsque nāvālēs coniūrātōs habē- 3:
ret dīmitteret; dē mīlitibus sociīsque nāvālibus dīmit-
tendīs referrētur cum lēgātī ab L. Aemiliō cōnsule, ā
quibus praemissus tabellārius esset, vēnissent.'

Ante diem sextum kalendās Octōbrēs hōrā ferē secundā lēgātī urbem ingressī sunt. Ingentem sēcum oc- 3:
currentium, quācumque ībant, prōsequentiumque trahentēs turbam in forum perrēxērunt. Senātus forte in
Cūriā erat; eō lēgātōs cōnsul intrōdūxit. Ibi tantum temporis retentī dum expōnerent quantae rēgiae cōpiae peditum equitumque fuissent, quot mīlia ex iīs caesa, quot 36
capta forent, quam paucōrum mīlitum iactūrā tanta
hostium strāgēs facta, quam pavidē rēx fūgisset. 'Exīstimārī Samothrācam petītūrum; parātam classem ad per-
sequendum esse; neque terrā neque marī ēlābī posse.'
Eadem haec paulō post in cōntiōnem trāductī exposu- 36

276

ērunt. Renovātaque laetitia, cum cōnsul ēdīxisset 'ut omnēs aedēs sacrae aperīrentur': prō sē quisque ex cōntiōne ad grātiās agendās īre dīs, ingentīque turbā nōn virōrum modo sed etiam fēminārum complērī tōtā urbe

0 deōrum immortālium templa.

Senātus revocātus in Cūriam supplicātiōnēs ob rem ēgregiē gestam ab L. Aemiliō cōnsule in quīnque diēs circā omnia pulvīnāria dēcrēvit hostiīsque māiōribus sacrificārī iussit; nāvēs quae in Tiberī parātae īnstrūc-

'5 taeque stābant, ut, sī rēs posceret, in Macedoniam mitterentur, subdūcī et in nāvālibus collocārī, sociōs nāvālēs datō annuō stipendiō dīmittī et cum iīs omnēs quī in cōnsulis verba iūrāverant.

3 Ex Illyricō duo lēgātī nūntiārunt 'exercitum Illyriō-

;0 rum caesum, Gentium rēgem captum, in diciōne populī Rōmānī Illyricum esse.' Ob eās rēs gestās ductū auspiciōque L. Aniciī praetōris senātus in trīduum supplicātiōnēs dēcrēvit.

Perseus captus

4 Paulus Aemilius cōnsul cum castra ad Sirās habēret, litterae ab rēge Perseō per ignōbilēs trēs lēgātōs eī allātae sunt. Quōs cum flentēs cerneret, et ipse illacrimāsse dīcitur sortī hūmānae, quod quī paulō ante nōn contentus rēgnō Macedoniae Dardanōs Illyriōsque oppugnās-

90 set, is tum āmissō exercitū, extorris rēgnō, in parvam īnsulam compulsus, supplex, fānī religiōne, nōn vīribus

---

īre : it

: compl*entur*

pulvīnar -āris *n* = torus in quō pōnuntur signa deōrum supplicātiōnibus hostiae māiōrēs : taurī, ovēs, suēs (nōn pullī)

nāvēs subdūcī *iussit senātus*
nāvālia -ium *n* = locus ubi nāvēs aedificantur et reficiuntur
quī in cōnsulis verba iūrāverant (: cōnsulī iūs iūrandum dederant) : coniūrātī

auspicium -ī *n* = iūs auspiciī : imperium ducis (nam dux sōlus bellī auspicium habet)

Sirae -ārum *f*: cīvitās Macedoniae

ignōbilis -e ↔ nōbilis

il-lacrimāre reī = lacrimāre ob rem
sors = fortūna
contentus -a -um: c. esse aliquā rē = aliquid satis esse putāre
ex-torris -e = exsul
fānum = locus sacer (Samothrāca īnsula sacra habētur)

277

miserātiō -ōnis *f*
< miserārī
stultitia (rēgis) fortūnam
 suam ignōrantis omnem
 miserātiōnem *eī* exēmit

: P. sēnsit nōminis *'rēgis'*
 sibi victō oblīvīscen-
 dum esse
litterae petiēre : P. litterīs
 petiit
titulus = quod suprā
 scrībitur

P. *Cornēlius* Lentulus:
 cōs. suf. annō 162 a. C.

Perseō...amplectente :
 cum Perseus... amplec-
 terētur (: retinēret)
clēmentia -ae *f* < clēmēns
tendere ut = operam dare
 /postulāre ut
Cn. Octāviī *praetōris*, quī
 praefectus classis erat

ab-aliēnāre (< aliēnus)
 ↔ conciliāre
: trāns*it*

Oroandēs -is *m*
Thrēcia = Thrācia
mercātūra -ae *f* = negō-
 tium mercātōris
lembus -ī *m* = nāvicula
 vēlōx
dē-vehere

cōn-scius -a -um: c. reī
 = quī rem scit
postīcum -ī *n* = ōstium
 posterius

---

suīs tūtus esset. Sed postquam *'rēgem* Persea cōnsulī Paulō salūtem' lēgit, miserātiōnem omnem stultitia ignōrantis fortūnam suam exēmit. Itaque, quamquam in reliquā parte litterārum minimē rēgiae precēs erant, tamen sine respōnsō ac sine litterīs ea lēgātiō dīmissa est.

Sēnsit Perseus, cuius nōminis oblīvīscendum victō esset. Itaque alterae litterae cum prīvātī nōminis titulō missae et petiēre et impetrāvēre ut aliquī ad eum mitterentur cum quibus loquī dē statū et condiciōne suae fortūnae posset. Missī sunt trēs lēgātī, P. Lentulus, A. Postumius Albīnus, A. Antōnius. Nihil eā lēgātiōne perfectum est, Perseō rēgium nōmen omnī vī amplectente, Paulō 'ut sē suaque omnia in fidem et clēmentiam populī Rōmānī permitteret' tendente.

Dum haec aguntur, classis Cn. Octāviī Samothrācam est appulsa. ...

Cēterum Perseus omnium ab sē abaliēnāvit animōs: prō sē quisque trānsīre ad Rōmānōs, fugaeque cōnsilium capere rēgem sōlum prope relictum coēgērunt. Oroandem dēnique Crētēnsem, cui nōta Thrēciae ōra erat quia mercātūrās in eā regiōne fēcerat, appellat, 'ut sē sublātum in lembum ad Cotym dēveheret.'

Dēmētrium est portus in prōmunturiō quōdam Samothrācae; ibi lembus stābat. Sub occāsum sōlis dēferuntur quae ad ūsum necessāria erant; dēfertur et pecūnia quanta clam dēferrī poterat. Rēx ipse nocte mediā cum tribus cōnsciīs fugae per postīcum aedium in pro-

pinquum cubiculō hortum atque inde, māceriam aegrē
20 trānsgressus, ad mare pervēnit.

> māceria -ae f = mūrus
> quī hortum cingit

Oroandēs tantum morātus dum pecūnia dēferrētur,
prīmīs tenebrīs solverat nāvem ac per altum Crētam
petēbat! Postquam in portū nāvis nōn inventa est, vagā-
tus Perseus aliquamdiū in lītore, postrēmō timēns lū-
25 cem iam appropinquantem, in hospitium redīre nōn
ausus, in latere templī prope angulum obscūrum dēli-
tuit.

> tantum (temporis)
> = tam diū

> dē-litēscere -tuisse
> = sē occultāre

'Puerī rēgiī' apud Macedonas vocābantur prīncipum
līberī ad ministerium ēlēctī rēgis; ea cohors persecūta
30 rēgem fugientem nē tum quidem abscēdēbat — dōnec
iussū Cn. Octāviī prōnūntiātum est per praecōnem
'rēgiōs puerōs Macedonasque aliōs quī Samothrācae
essent, sī trānsīrent ad Rōmānōs, incolumitātem lībertātemque et sua omnia servātūrōs quae aut sēcum ha-
35 bērent aut in Macedoniā relīquissent.' Ad hanc vōcem
trānsitiō omnium facta est, nōminaque dabant ad C.
Postumium tribūnum mīlitum. Līberōs quoque parvōs
rēgiōs Iōn Thessalonīcēnsis Octāviō trādidit, nec quisquam praeter Philippum, māximum nātū ex fīliīs, cum
40 rēge relictus.

> Macedonēs, *acc* -ēs/-as
> ministerium -ī n =
> officium ministrī
> persequī = sequī,
> comitārī
> abs-cēdere = abīre
> (↔ accēdere)

> incolumitās -ātis f
> < incolumis

> trānsitiō -ōnis f < trānsīre

> Iōn -ōnis m
> Thessalonīcēnsis -e <
> Thessalonīca; m cīvis

Tum sēsē fīliumque Octāviō trādidit, fortūnam deōsque quōrum in templō erat 'nūllā ope supplicem iuvan-
tēs' accūsāns. In praetōriam nāvem impōnī iussus, eōdem et pecūnia quae superfuit dēlāta est extemplōque
45 classis Amphipolim repetit. Inde Octāvius rēgem in

> nāvis praetōria = nāvis
> praefectī (: Cn. Octāviī)

279

in *suā* potestāte

Paulus, eam secundam victōriam *esse* ratus (sīcut erat), ...

Q. Aelius Tūberō -ōnis: gener Paulī

accessiō -ōnis *f* = quod accēdit (: additur)

quōs... contingēbat : quibus cognātus erat
cōnspectus -a -um = cōnspicuus
ef-fulgēre < ex-
Philippus *II*: Alexandrī Magnī pater

pullus -a -um = colōre mediō inter album et ātrum

tabernāculum -ī *n*

submōtō = hominibus submōtīs
cōn-surgere = surgere

intro-īre = intrāre
por-rigere -ēxisse -ēctum = extendere
sub-mittere = dēmittere
advocātōs : eōs quī advocātī erant

---

castra ad cōnsulem mīsit, praemissīs litterīs, ut in potestāte eum esse et addūcī scīret.

Secundam eam Paulus (sīcut erat) victōriam ratus victimās cecīdit eō nūntiō, et cōnsiliō advocātō litterās praetōris cum recitāsset, Q. Aelium Tūberōnem obviam rēgī mīsit, cēterōs manēre in praetōriō frequentēs iussit.

Nōn aliās ad ūllum spectāculum tanta multitūdō occurrit. Patrum aetāte Syphāx rēx captus in castra Rōmāna adductus erat; praeterquam quod nec suā nec gentis fāmā comparandus, tantum accessiō Pūnicī bellī fuerat, sīcut Gentius Macedonicī — Perseus caput bellī erat, nec ipsīus tantum patris avīque cēterōrumque quōs sanguine et genere contingēbat fāma cōnspectum eum efficiēbat, sed effulgēbant Philippus ac Magnus Alexander, quī summum imperium in orbe terrārum Macedonum fēcerant.

Pullō amictū cum fīliō Perseus ingressus est castra, nūllō suōrum aliō comite quī socius calamitātis miserābiliōrem eum faceret. Prōgredī prae turbā occurrentium ad spectāculum nōn poterat, dōnec ā cōnsule līctōrēs missī sunt quī submōtō iter ad praetōrium facerent. Cōnsurrēxit cōnsul, iussīs sedēre aliīs, prōgressusque paulum introeuntī rēgī dextram porrēxit submittentemque sē ad pedēs sustulit nec attingere genua passus intrōductum in tabernāculum adversus advocātōs in cōnsilium cōnsīdere iussit.

Prīma percontātiō fuit 'quā subāctus iniūriā contrā populum Rōmānum bellum tam īnfēstō animō suscēpisset, quō sē rēgnumque suum ad ultimum discrīmen addūceret?' Cum, respōnsum exspectantibus cūnctīs, terram intuēns diū tacitus flēret, rūrsus cōnsul: "Sī iuvenis rēgnum accēpissēs, minus equidem mīrārer ignōrāsse tē quam gravis aut amīcus aut inimīcus esset populus Rōmānus; nunc vērō, cum et bellō patris tuī, quod nōbīscum gessit, interfuissēs, et pācis posteā, quam cum summā fidē adversus eum coluimus, meminissēs, quod fuit cōnsilium, quōrum et vim in bellō et fidem in pāce expertus essēs, cum iīs tibi bellum esse quam pācem mālle?"

Nec interrogātus nec accūsātus cum respondēret, "Utcumque tamen haec, sīve errōre hūmānō seu cāsū seu necessitāte incidērunt, bonum animum habē! Multōrum rēgum populōrumque cāsibus cognita populī Rōmānī clēmentia nōn modo spem tibi, sed prope certam fidūciam salūtis praebet."

Haec Graecō sermōne Perseō; Latīnē deinde suīs "Exemplum īnsigne cernitis" inquit "mūtātiōnis rērum hūmānārum. Vōbīs hoc praecipuē dīcō, iuvenēs! Ideō in secundīs rēbus nihil in quemquam superbē ac violenter cōnsulere decet nec praesentī crēdere fortūnae, cum quid vesper ferat incertum sit. Is dēmum vir erit cuius animum nec prosperae rēs flātū suō efferent nec adversae īnfringent."

---

percontātiō -ōnis f
< percontārī
sub-igere -ēgisse -āctum
= cōgere

pācem colere = pācem
servāre
quod fuit cōnsilium mālle
: cūr māluistī
cum iīs quōrum...

ut-cumque = quōcumque modō

populī R. clēmentia
... cognita

fidūcia -ae f = cōnfīdentia

mūtātiō -ōnis f < mūtāre

violentus -a -um = quī vī
ūtitur, ferōx; adv -enter
nihil cōnsulere: nūllum
cōnsilium inīre

flātus -ūs m (< flāre)
= ventus (secundus)
efferre = superbum
facere

281

cūra rēgis tuendī

rēgnum Alexandrī

plērumque Eurōpae =
māior Eurōpae pars
Caranus -ī *m*: prīmus rēx
Macedonum
[annō 179 a. C.]
Q. Fulviō *Flaccō*

obscūrā fāmā esse
= ignōtus esse

super-fundere sē = ef-
fundī super rīpās

suae diciōnis facere = in
suam diciōnem redigere
Arabēs -um *m* (*acc* -as):
incolae Arabiae

[annō 323 a. C.]

·(quisque) rapiunt : rapit

Cōnsiliō dīmissō, tuendī cūra rēgis Q. Aeliō mandā- 5
tur. Eō diē et invītātus ad cōnsulem Perseus et alius
omnis eī honōs habitus est quī habērī in tālī fortūnā
poterat.

Exercitus deinde in hīberna dīmissus est. Māximam
partem cōpiārum Amphipolis, reliquās propinquae 5
urbēs accēpērunt.

Macedonia prōvincia

Hic fīnis bellī, cum quadriennium continuum bellā-
tum esset, inter Rōmānōs ac Persea fuit, īdemque fīnis
inclutī per Eurōpae plērumque atque Asiam omnem 5
rēgnī. Vīcēsimum ab Caranō, quī prīmus rēgnābat, Persea numerābant. Perseus Q. Fulviō L. Mānliō cōnsulibus rēgnum accēpit; rēgnāvit ūndecim annōs. Macedonum gēns obscūrā admodum fāmā ūsque ad Philippum,
Amyntae fīlium, fuit. Inde ac per eum crēscere cum 51
coepisset, Eurōpae sē tamen fīnibus continuit, Graeciam omnem et partem Thrēciae atque Illyricī amplexa.
Superfūdit deinde sē in Asiam et trēdecim annīs quibus
Alexander rēgnāvit prīmum omnia quā Persārum prope
immēnsō spatiō imperium fuerat suae diciōnis fēcit; 52
Arabas hinc Indiamque, quā terrārum ultimōs fīnēs
Rubrum mare amplectitur, peragrāvit. Tum māximum
in terrīs Macedonum rēgnum nōmenque. Inde morte
Alexandrī distractum in multa rēgna, dum ad sē quisque opēs rapiunt, lacerātīs vīribus ā summō culmine 525

fortūnae ad ultimum fīnem centum quīnquāgintā annōs stetit.

6 Q. Aeliō M. Iūniō cōnsulibus dē prōvinciīs referentibus, cēnsuēre patrēs 'Macedoniam Illyricumque eōs-
0 dem L. Paulum et L. Anicium obtinēre, dōnec dē sen-
7 tentiā lēgātōrum rēs bellō turbātās composuissent.' Lēgātōs deinde, quōrum dē sententiā imperātōrēs L. Paulus L. Anicius compōnerent rēs, dēcrēvērunt: decem in
8 Macedoniam, quīnque in Illyricum. Omnium prīmum
35 līberōs esse placēbat Macedonas atque Illyriōs 'ut omnibus gentibus appārēret arma populī Rōmānī nōn
līberīs servitūtem, sed contrā servientibus lībertātem
afferre.'

27 Paulus ante adventum decem lēgātōrum Q. Māxi-
40 mum fīlium ad Aeginium et Agassās dīripiendās mittit.

Autumnī ferē tempus erat; cuius temporis initiō ad
circumeundam Graeciam ūtī statuit. Praepositō castrīs
C. Sulpiciō Gallō, profectus cum haud magnō comitātū
per Thessaliam Delphōs petit, inclutum ōrāculum. Ubi
545 sacrificiō Apollīnī factō, Chalcidem ad spectāculum Eu-
rīpī Euboeaeque, tantae īnsulae ponte continentī iūnc-
tae, dēscendit. Ā Chalcide Aulidem trāicit, trium mīlium spatiō distantem, portum inclutum statiōne quondam mīlle nāvium Agamemnoniae classis, Diānaeque
550 templum vīsit, ubi nāvibus cursum ad Trōiam, fīliā vic-
timā ārīs admōtā, rēx ille rēgum petiit. Athēnās inde,
multa vīsenda habentēs: arcem, portūs, mūrōs Pīraeum

[annō 167 a. C.]
referentibus *ad senātum*

L. Paulus *et* L. Anicius

Q. *Fabium* Māximum

Aeginium -ī *n*, Agassae
-ārum *f*: cīvitātēs Thessaliae quae Rōmānīs
restiterant

C. Sulpicius Gallus
(cōs. annō 166 a.C.)

Eurīpus -ī *m*

(terra) continēns ↔ īnsula
Aulis -idis *f*
trium milium *passuum*
di-stāre = ab-esse
statiō -ōnis *f* < stāre
Agamemnonius -a -um
< Agamemnōn (is ā
Diānā iussus est *Iphige-
nīam* fīliam immolāre,
ut ventum habēret)
vīsere -sisse = adīre
spectandī causā
Pīraeus -ī *m*: portus
Athēnārum māximus

283

praeses -idis *m/f* = cūstōs

excidium: Corinthus XXI
annīs post ā Rōmānīs
dīruta est
Sicyōn -ōnis *f*
Epidaurus -ī *f*

Aesculāpius -ī *m*: deus
medicōrum

remedium -ī *n* = rēs
quae aegrōs sānat
salūtāris -e = quī salūtem
affert
remediōrum mercēs = m.
prō remediīs
disciplīna -ae *f* = quod
discendum est
Megalopolis -is *f*, *acc* -im
Olympia: ibi est Iovis
templum cum ingentī
simulācrō
secus *adv* = aliter
(amplius) solitō = quam
fierī solet

(fāma) accidit = affertur,
audītur

tribūnal -ālis *n* = locus
superior cum sēde
magistrātūs

facienda vīsa essent

Paulum iubēre (referēbat
Octāvius)

urbī iungentēs, nāvālia, monumenta magnōrum imperātōrum, simulācra deōrum hominumque.

Sacrificiō Minervae, praesidī arcis, in urbe factō, pro- :
fectus Corinthum alterō diē pervēnit. Urbs erat tunc
praeclāra ante excidium; arx quoque et Isthmus prae-
buēre spectāculum. Sicyōnem inde et Argōs, nōbilēs
urbēs, adit, inde haud parem opibus Epidaurum, sed
inclutam Aesculāpiī nōbilī templō, quod, quīnque mī- 5
libus passuum ab urbe distāns, tum dōnīs dīves erat
quae remediōrum salūtārium aegrī mercēdem sacrāve-
rant deō. Inde Lacedaemonem adit, nōn operum magnificentiā, sed disciplīnā īnstitūtīsque memorābilem.
Unde per Megalopolim Olympiam ēscendit; ubi et alia 5(
quidem spectanda eī vīsa — Iovem velut praesentem intuēns mōtus animō est. Itaque haud secus quam sī in
Capitōliō immolātūrus esset, sacrificium amplius solitō
apparārī iussit.

Ita, peragrātā Graeciā, postquam fāma accidit trāiē- 57
cisse iam mare decem lēgātōs, omnibus aliīs omissīs ad
eōs pergit. Ubi diēs vēnit quō adesse Amphipolī dēnōs 2(
prīncipēs cīvitātum iusserat et pecūniam rēgiam cōnferrī, cum decem lēgātīs, circumfūsā omnī multitūdine
Macedonum, in tribūnālī cōnsēdit. Silentiō per praecōnem factō, Paulus Latīnē, quae senātuī, quae sibi ex
cōnsiliī sententiā vīsa essent, prōnūntiāvit. Ea Cn. Octāvius praetor — nam et ipse aderat — sermōne Graecō
referēbat: 'Omnium prīmum līberōs esse iubēre Mace-

284

donas, habentēs urbēs eāsdem agrōsque, ūtentēs lēgibus suīs, annuōs creantēs magistrātūs. Tribūtum dīmidium eius quod pependissent rēgibus pendere populō Rōmānō. Deinde in quattuor regiōnēs dīvidī Macedoniam...' Nōmina deinde sunt recitāta prīncipum Macedonum, quōs cum līberīs māiōribus quam quīndecim annōs nātīs praecēdere in Italiam placēret; quī nōn pāruisset imperiō mors dēnūntiāta. Lēgēs Macedoniae dedit cum tantā cūrā ut nōn hostibus victīs, sed sociīs bene meritīs dare vidērētur.

Ab sēriīs rēbus lūdicrum magnō apparātū Amphipolī fēcit. Nam et artificum omnis generis quī lūdicram artem faciēbant ex tōtō orbe terrārum multitūdō et āthlētārum et nōbilium equōrum convēnit et lēgātiōnēs cum victimīs, et quidquid aliud deōrum hominumque causā fierī magnīs lūdīs in Graeciā solet ita factum est ut nōn magnificentiam tantum sed prūdentiam in dandīs spectāculīs, ad quae rudēs tum Rōmānī erant, admīrārentur. Epulae quoque lēgātiōnibus parātae et opulentiā et cūrā eādem. Vulgō dictum ipsīus ferēbant 'et convīvium īnstruere et lūdōs parāre eiusdem esse quī vincere bellō scīret'.

L. Aemilius Paulus
(ad Cannās occīsus)

L. Aemilius Paulus Macedonicus — Aemilia ∞ P. Cornēlius Scīpiō Āfricānus

Q. Fabius Māximus Aemiliānus — P. Cornēlius Scīpiō Aemiliānus — P. Cornēlius Scīpiō (fīlium Paulī adoptāvit)

tribūtum -ī n = pecūnia quae reī pūblicae tribuitur, vectīgal
pendere pependisse pēnsum

āthlēta -ae m

artifex -icis m = vir artis perītus
ars lūdicra = ars scaenae

opulentia -ae f < opulentus
vulgō adv = inter vulgus, passim
īnstruere = apparāre
eiusdem esse : eiusdem negōtium esse

ad-optāre = locō fīliī in familiam suam suscipere

285

Fortūna pūblica et prīvāta

[*Ex Periochā librī XLV:*]

L. Aemilius Paulus
Macedonicus

Macedoniā in prōvinciae fōrmam redāctā, Aemilius Paulus triumphāvit et Perseum cum tribus fīliīs dūxit ante currum.

[*Ex librō XLV:*]

fīliī: Q. *Fabius* Māximus *Aemiliānus* et P. *Cornēlius* Scīpiō *Aemiliānus* turmātim = in turmīs

Secūtī currum inter aliōs illūstrēs virōs fīliī duo Q. Māximus et P. Scīpiō; deinde equitēs turmātim et cohortēs peditum.

documentum -ī *n* = exemplum quō docētur aliquid

Sed nōn Perseus tantum per illōs diēs documentum hūmānōrum cāsuum fuit in catēnīs ante currum victōris ducis per urbem hostium ductus, sed etiam victor Paulus, aurō purpurāque fulgēns. Nam duōbus ē fīliīs

adoptiō-ōnis *f* < adoptāre; in a.em dare = adoptandum dare
(Paulus II fīliōs māiōrēs in adoptiōnem dedit)

(quōs, duōbus datīs in adoptiōnem, sōlōs nōminis, sacrōrum familiaeque hērēdēs retinuerat domī) minor, duodecim fermē annōs nātus, quīnque diēbus ante triumphum, māior, quattuordecim annōrum, trīduō post triumphum dēcessit. Quōs praetextātōs currū vehī cum patre, sibi ipsōs similēs dēstinantēs triumphōs, oportuerat.

praetextātus -a -um = (togā) praetextā indūtus (ut puer līber ad annum XVII)
dēstināre = statuere, dēcernere

Paucīs post diēbus, datā ā M. Antōniō tribūnō plēbis cōntiōne, cum dē suīs rēbus gestīs mōre cēterōrum imperātōrum ēdissereret, memorābilis eius ōrātiō et digna Rōmānō prīncipe fuit:

cōntiōnem dare = cōntiōnem permittere

quamquam arbitror vōs nōn ignōrāre et quā... et...
fulmina : calamitātēs

"Quamquam, et quā fēlīcitāte rem pūblicam administrāverim et quae duo fulmina domum meam per hōs diēs perculerint, nōn ignōrāre vōs, Quirītēs, arbitror,

cum spectāculō vōbīs nunc triumphus meus, nunc fūnera līberōrum meōrum fuerint, tamen paucīs quaesō
sinātis mē cum pūblicā fēlīcitāte comparāre eō quō dēbeō animō prīvātam meam fortūnam.

"Profectus ex Italiā classem ā Brundisiō sōle ortō
solvī; nōnā diēī hōrā cum omnibus meīs nāvibus Corcȳ-
ram tenuī. Inde quīntō diē Delphīs Apollinī prō mē
exercitibusque et classibus vestrīs sacrificāvī. Ā Delphīs
quīntō diē in castra pervēnī; ubi exercitū acceptō, mūtātīs quibusdam quae magna impedīmenta victōriae
erant, prōgressus, quia inexpugnābilia castra hostium
erant neque cōgī pugnāre poterat rēx, inter praesidia
eius saltum ad Petram ēvāsī et ad Pydnam rēgem aciē
vīcī. Macedoniam in potestātem populī Rōmānī redēgī,
et quod bellum per quadriennium quattuor ante mē
cōnsulēs ita gessērunt ut semper successōrī trāderent
gravius, id ego quīndecim diēbus perfēcī!

"Aliārum deinde secundārum rērum velut prōventus
secūtus: cīvitātēs omnēs Macedoniae sē dēdidērunt,
gaza rēgia in potestātem vēnit, rēx ipse — trādentibus
prope ipsīs dīs — in templō Samothrācum cum līberīs
est captus.

"Mihi quoque ipsī nimia iam fortūna vidērī eōque
suspecta esse. Maris perīcula timēre coepī in tantā pecūniā rēgiā in Italiam trāiciendā et victōre exercitū trāns-
portandō. Postquam omnia secundō nāvium cursū in
Italiam pervēnērunt neque erat quod ultrā precārer,

quaesō = ōrō (tē/vōs)
ut sinātis
eō animō quō dēbeō

(locum) tenēre = per-
venīre ad, attingere
inde quīntō diē = quīntō
diē post

impedīmentum -ī *n*
= quod impedit
in-expugnābilis -e = quī
expugnārī nōn potest

Petra -ae *f*: oppidum
Macedoniae
(locum) ēvādere = trāns-
gredī

et id bellum quod...

successor -ōris *m* = quī
succēdit

prōventus -ūs *m* =
magnae frūgēs

gaza -ae *f* = aerārium
rēgis, thēsaurus
Samothrācēs -um *m*: in-
colae Samothrācae

vidērī : vidēbātur
esse : erat
in tantā pecūniā trā-
iciendā : cum tanta
pecūnia trāicerētur

: neque *quidquam* erat
quod ultrā precārer
(: precārī possem)

287

volvī = vertī

cōnsuē*vi*sset = solēret

dēfūnctam esse : satis habēre, contentam esse

ad lūdibrium reī : ad ēlūdendam rem

māximē nōbilia = nōbilissima

rediēns ex Capitōliō alterum... invēnī
līber*um* = līber*ōrum*

prōgeniēs -ēī *f* = stirps
Aemiliī fīlius in adoptiōnem datus 'Aemiliā*nus*' nōminātur
'Paulus': quī Paulus nōminātur

cōn-fundere = turbāre, permovēre
dē-flēre: sortem d. = sortī illacrimāre

Graecia *capta*, nōn *līberāta* (ut āiunt Rōmānī!)
artēs : litterās, philosophiam, cēt.
Latiō (*dat*) : in Latium
Q. Horātius Flaccus: poēta illūstris quī aetāte Augustī vīxit

---

illud optāvī: ut, cum ex summō retrō volvī fortūna cōnsuēsset, mūtātiōnem eius domus mea potius quam rēs pūblica sentīret!

"Itaque dēfūnctam esse fortūnam pūblicam meā tam īnsignī calamitāte spērō, quod triumphus meus, velut 6 ad lūdibrium cāsuum hūmānōrum, duōbus fūneribus līberōrum meōrum est interpositus. Et cum ego et Perseus nunc nōbilia māximē sortis mortālium exempla spectēmur, ille, quī ante sē captīvōs, captīvus ipse, dūcī līberōs vīdit, incolumēs tamen eōs habet — ego, quī dē 6(illō triumphāvī, ab alterīus fūnere fīliī currum cōnscendī, alterum rediēns ex Capitōliō prope iam exspīrantem invēnī. Neque ex tantā stirpe līberum superest quī 'Aemiliī Paulī' nōmen ferat. Duōs enim tamquam ex magnā prōgeniē līberōrum in adoptiōnem datōs Cornē- 67 lia et Fabia gēns habent — 'Paulus' in domō praeter senem nēmō superest. Sed hanc clādem domūs meae vestra fēlīcitās et secunda fortūna pūblica cōnsōlātur."

Haec tantō dicta animō magis cōnfūdēre audientium 42 animōs quam sī miserābiliter orbitātem suam dēflendō 67: locūtus esset.

GRAECIA CAPTA

Graecia capta ferum victōrem cēpit, et artēs
intulit agrestī Latiō.

[Q. Horātius Flaccus: *Epistulae*, II.1.156–157] 68(

288

GRAMMATICA LATINA

Ōrātiō rēcta et oblīqua

(I) *Ōrātiō rēcta* (*"....."*)

Anna: "Cūr flēs?" Dīdō: "Fleō, quia vir quem amō *mē*
elūs*it*, etsī *mihi* fidem ded*it*; mori*ar*, sī abi*erit*!"

(II) *Ōrātiō oblīqua* (*'.....'*)

Anna sorōrem interrogāvit 'cūr flē*ret*?' Respondit Dīdō '*sē*
flē*re*, quia vir quem amā*ret sē* ēlūs*isset*, etsī *sibi* fidem ded*isset*;
sē mori*tūram esse*, sī abi*isset*!'

Accūsātīvus cum īnfīnītīvō: sē flēre, sē moritūram esse.

Coniūnctīvus (flēret, amāret, ēlūsisset, dedisset, abiisset)
post *cūr* (item *quis, quid, ubi, num, -ne*, cēt.), *quī* (*quae, quod*,
cēt.), *quia* (*quod, quoniam, dum, postquam*, cēt.), *etsī* (*quamquam*), *sī* (*nisi*). Pers. III prō I et II: flēret, amāret, sē, sibi.

PENSVM A

Verte ōrātiōnem rēctam in oblīquam:

Augustus: "Marmoream relinquō urbem quam latericiam ac-
cēp*ī*." Augustus glōriātus est '— — — — — — —.'

Nerō: "Postquam domum *mihi* aedificāv*ī*, quasi homō tandem habitāre coep*ī*!" Nerō dīxit '—, — — — —, — — — —
—.'

Horātius pater: "*Ego* fīliam *meam* iūre caesam iūdic*ō*, quod
hostium mortem lūg*ēbat*." Horātius pater prōclāmāvit '— —
— — — —, — — — —.'

Tarquinius: "*Ego nōn* rem novam pet*ō*, quia duo iam rēgēs
peregrīnī Rōmae rēgnāv*ērunt*." Tarquinius negāvit '— — —
—, — — — — — — —.'

Tullia: "Nōn *mihi* dēfu*it* vir cum quō tacita serv*iēbam*."
Tullia dīcēbat '— — — — — — — — —.'

Tarpēia: "Mercēdem postulō id quod in sinistrīs manibus
hab*ētis*." Tarpēia mercēdem ā Sabīnīs postulāverat '— — —
— — —.'

Hamilcar: "*Tē* in castra *mēcum* dūc*am*, Hannibal, sī *mihi*
fidem quam postulō ded*eris*." Hamilcar fīliō prōmīsit 'sē eum

oblīquus -a -um:
līnea oblīqua [/]
līnea rēcta [|]
ōrātiō *rēcta*: ipsa verba
loquentis ("...")
↔ ōrātiō *oblīqua* ('...')
: lēgibus grammaticīs
mūtāta (*acc + īnf* prō
nōm + ind, *coni* prō
ind, *pers 3* prō *1/2*)

Vocābula nova:
supplicātiō
māiōrēs
trānsfuga
mercātus
ārea
sēnsus
voluptās
impēnsa
vīcīnitās
conventus
servātor
trīduum
fōns
callis
vertex
subsidium
rādīx
scāla
peculātus
expedītiō
līs
ēventus
murmur
fremitus
ōmen
coniūrātī
pulvīnar

nāvālia
miserātiō
clēmentia
mercātūra
lembus
postīcum
māceria
ministerium
incolumitās
trānsitiō
accessiō
tabernāculum
percontātiō
fīdūcia
mūtātiō
flātus
continēns
praeses
disciplīna
tribūnal
tribūtum
artifex
ars lūdicra
āthlēta
opulentia
documentum
adoptiō
impedīmentum
successor
prōventus
gaza
prōgeniēs
mīrābundus
īnfectus
signātus
artus
perexiguus
sēmiermis
diurnus
invius
laureātus
immemor
ignōbilis
contentus
extorris
cōnscius
praetōrius
cōnspectus
pullus
violentus
praetextātus
inexpugnābilis
quīnquāgēsimus

— — — — —, — — — — — —.'

Macedonēs: "Quodcumque senātus cēnsu*erit*, id rē*x* fa-
ci*et.*" Macedonēs prōmīsērunt '— — —, — — — —.'

PENSVM B

Philippō victō, in v diēs — dēcrētae sunt. x lēgātī mōre — in
Graeciam missī sunt. Isthmiīs praecō in mediam — prōcessit
atque 'līberōs esse Graecōs' —. Aliī aliōs — [= mīrantēs]
intuēbantur, tum plausus ortus est. Flāminīnus in — [= con-
ciliō] Graecōrum dīxit 'sē exercitum suum ē Graeciā — esse';
cūnctī eum '—' 'līberātōrem'que —. Exercitū in Italiam —
imperātor — [= trēs diēs] triumphāvit. Antiochus, postquam
hiemem in convīviīs et vīnum sequentibus — trādūxit, intrā
saltum Thermopylārum, quī Graeciam — [= dīvidit], sē recēpit, et castra duplicī vāllō fossāque —. Aetōlīs imperāvit ut
— montium — [= occupārent], nē quās — Rōmānī invenī-
rent ad trānsitum. Cōnsul Acīlius castra posuit prope — calidārum aquārum; propter angustiās aciem — fronte īnstrūxit.
Eō proeliō Rōmānī recessissent, — [= nisi] Catō, dēiectīs
Aetōlīs, — vēnisset. Antiochō victō Acīlius Hēraclēam, quae
sita est in — Oetae montis, — est [= īnspexit]. Post oppugnātiōnem XXIV diērum Rōmānī integrōs mūrōs — trānscendērunt. L. Scīpiō, cum Antiochum in Asiā vīcisset, — accūsātus est, sed tribūnus plēbis prō eō —.

Perseus, quī nōn — rēgnō suō fīnitimōs oppugnāverat,
victus Samothrācam cōnfūgit et omnium animōs ā sē —.
Cum Cn. Octāvius Macedonibus — lībertātemque prōmīsisset, — [< trānsīre] omnium facta est. Rēx cum tribus —
fugae ad portum pervēnit nec — quō ad Cotym veherētur
invēnit. Postquam in templō —, sē Rōmānīs dēdidit et in
nāvem — impositus est. Cōnsul rēgī praetōrium — [= intran-
tī] dextram — eumque in — intrōdūxit. Perseus est — [=
exemplum] — [< mūtāre] sortis hūmānae.

— est locus quō mercātōrēs conveniunt ut — faciant. Victōria est prosperus bellī — [= exitus]. — est signum reī

futūrae. Iuppiter est — [= cūstōs] arcis Capitōlīnae. Tullus, Numae —, rēx fuit ācer et — [< vīs]. Paulus ex magnā — [= stirpe] duōs fīliōs in — dedit.

Synōnyma: perfuga et —; fidēs et —; vectīgal et —; thē-saurus et —; oblītus et —; valdē cupere et —; continuum facere et —; amplificāre et —; dēmittere et —; properē et —; tantum et —; aliter et —; inter vulgus et —.

Contrāria: clāmor et —; īnsula et —; nocturnus et —; nōbilis et —; accēdere et —; continuāre et —; retrō et —.

PENSVM C

Quis rēgem Philippum dēvīcit?

Post victōriam quid Isthmiīs prōnūntiātum est?

Quōmodo Graecī gaudium suum ostendērunt?

Quid Flāminīnus in triumphō trānstulit?

Quid rēx Antiochus Chalcide ēgit?

Ubi M'. Acīlius cum Antiochō congressus est?

Cūr Aetōlī rēgī subsidiō nōn vēnērunt?

Quōmodo Rōmānī mūrōs Hēraclēae trānscendērunt?

Cūr L. Cornēlius Scīpiō 'Asiāticus' nōminātus est?

Quis successor rēgis Philippī fuit?

Ubi et ā quō duce victus est Perseus?

Quō Perseus victus cōnfūgit?

Quōmodo victōria Aemiliī Paulī Rōmam nūntiāta est?

Quōmodo populus Rōmānus dīs grātiās ēgit?

Cūr Paulus lēgātōs Perseī sine respōnsō dīmīsit?

Cūr Perseus Rōmānīs sē dēdidit?

Quōmodo Paulus Perseum victum recēpit?

Quid fēcit Paulus ante adventum decem lēgātōrum?

Quae mala fortūna fēlīcitātem Paulī turbāvit?

Quandō rēgnum Macedoniae māximum fuit?

hībernāre
prōnūntiāre
percēnsēre
praeoccupāre
avēre
pācāre
dēportāre
prōsequī
acclāmāre
trānsportāre
ēdisserere
dirimere
permūnīre
circuīre
īnsīdere
trānsmittere
contemplārī
continuāre
intermittere
dīlūcēscere
exaequāre
ampliāre
intercēdere
incrēscere
illacrimāre
abaliēnāre
dēvehere
dēlitēscere
abscēdere
effulgēre
cōnsurgere
introīre
porrigere
submittere
superfundere
distāre
dēstināre
dēflēre
raptim
tantummodo
porrō
nī
submōtō
utcumque
plērumque
secus
vulgō
quaesō

Cn. f. = Gnaeī fīlius
L. Cornēlius Scīpiō
Barbātus: cōs. annō
298 a. C.

Cnaivōd = Gnaeō
prō-gnātus = nātus
quoius = cuius
virtūtī parissima
cōnsul aedīlis
quei = quī
vōs : Rōmānōs
Taurasiam Cisaunam
in Samniō
omnem Lūcāniam
obsidēsque abdūcit

Līviī librī integrī XLVI–
CXLII periērunt (item
XI–XX)

[annō 151 a. C.]
dīlēctūs agere = mīlitēs
cōnscrībere
struere = parāre
P. Cornēlius Scīpiō
Nāsīca: cōs. annō
162, 155 a. C.
senātuī placuit

dēprehendere = (inex-
spectātum) invenīre
per-rogāre = ōrdine in-
terrogāre (senātōrēs)

CORNELIVS·LVCIVS·SCIPIO·BARBATVS·CNAIVOD·PATRE
PROGNATVS·FORTIS·VIR·SAPIENSQVE– QVOIVS·FORMA·VIRTVTEI·PARISVMA
FVIT–CONSOL·CENSOR·AIDILIS·QVEI·FVIT·APVD·VOS–TAVRASIA·CISAVNA
SAMNIO·CEPIT – SVBIGIT·OMNE·LOVCANA – OPSIDESQVE·ABDOVCIT

SCIPIO AEMILIANVS

[Ex T. Līviī librōrum XLVIII–LXI Periochīs]

Bellum Pūnicum tertium

Gulussa, Masinissae fīlius, nūntiāvit 'Carthāgine dīlēc- 48
tūs agī, classem comparārī et haud dubiē bellum struī.'
Cum Catō suādēret ut hīs bellum indīcerētur, P. Cornēliō Nāsīcā dīcente 'nihil temere faciendum', placuit 5
decem lēgātōs mittī explōrātum.

Cum lēgātī ex Āfricā cum ōrātōribus Carthāginiēnsium et Gulussā redīssent dīcerentque 'et exercitum sē
et classem Carthāgine dēprehendisse', perrogārī sententiās placuit. Catōne et aliīs prīncipibus senātūs suāden- 10
tibus ut in Āfricam cōnfestim trānsportārētur exercitus,
quoniam Cornēlius Nāsīca dīcēbat 'nōndum sibi iūstam
causam bellī vidērī', placuit ut bellō abstinērent 'sī
Carthāginiēnsēs classem exussissent et exercitum dīmī-

5 sissent; sī minus, proximī cōnsulēs dē bellō Pūnicō re-
ferrent.'

Carthāginiēnsēs cum adversus foedus bellum Masinissae intulissent, victī ab eō annōs habente nōnāgintā
duōs īnsuper Rōmānum bellum meruērunt.

19 Inter M. Porcium Catōnem et Scīpiōnem Nāsīcam,
quōrum alter sapientissimus vir in cīvitāte habēbātur,
alter optimus vir etiam iūdicātus ā senātū erat, dīversīs
certātum sententiīs est, Catōne suādente bellum et ut
tollerētur dēlērēturque Carthāgō, Nāsīcā dissuādente.

25 Placuit tamen, 'quod contrā foedus nāvēs habērent,
quod exercitum extrā fīnēs dūxissent, quod sociō populī
Rōmānī et amīcō Masinissae arma intulissent, quod fīlium eius Gulussam (quī cum lēgātīs Rōmānīs erat) in
oppidum nōn recēpissent', bellum hīs indīcī.

30 Priusquam ūllae cōpiae in nāvēs impōnerentur, Uti-
cēnsēs lēgātī Rōmam vēnērunt sē suaque omnia dēden-
tēs. Ea lēgātiō, velut ōmen, grāta patribus, acerba Carthāginiēnsibus fuit.

Lēgātī trīgintā Rōmam vēnērunt, per quōs sē Carthā-
35 giniēnsēs dēdēbant. Catōnis sententia ēvīcit ut in dē-
crētō perstārētur et ut cōnsulēs quam prīmum ad bellum proficīscerentur. Quī ubi in Āfricam trānsiērunt,
acceptīs quōs imperāverant trecentīs obsidibus et armīs
omnibus īnstrūmentīsque bellī (sī qua Carthāgine
40 erant), cum ex auctōritāte patrum iubērent 'ut in alium
locum, dum ā marī decem mīlia passuum nec minus

sī minus = sī nōn (nisi id
fēcissent)
proximī cōnsulēs : c. īn-
sequentis annī

dis-suādēre ↔ suādēre

in oppidum : Carthā-
ginem

Uticēnsis -e < Utica;
pl cīvēs

ē-vincere = persuādēre
dēcrētum -ī n = quod
dēcrētum est
per-stāre = fīrmē stāre,
persevērāre

obsidēs imperāre = impe-
rāre ut obsidēs dentur
sī qua = sī aliqua

dum = dummodo

293

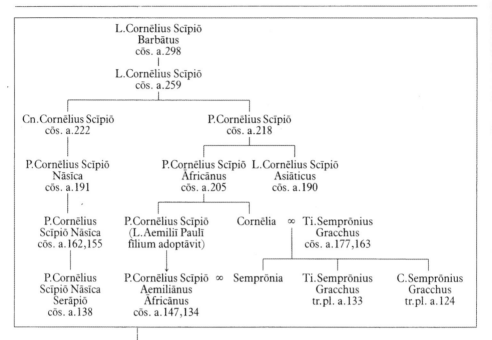

L.Cornēlius Scīpiō
Barbātus
cōs. a.298

L.Cornēlius Scīpiō
cōs. a.259

Cn.Cornēlius Scīpiō
cōs. a.222

P.Cornēlius Scīpiō
cōs. a.218

P.Cornēlius Scīpiō
Nāsīca
cōs. a.191

P.Cornēlius Scīpiō
Āfricānus
cōs. a.205

L.Cornēlius Scīpiō
Asiāticus
cōs. a.190

P.Cornēlius
Scīpiō Nāsīca
cōs. a.162,155

P.Cornēlius Scīpiō
(L.Aemiliī Paulī
fīlium adoptāvit)

Cornēlia ∞ Ti.Semprōnius
Gracchus
cōs. a.177,163

P.Cornēlius
Scīpiō Nāsīca
Serāpiō
cōs. a.138

P.Cornēlius Scīpiō ∞ Semprōnia
Aemiliānus
Āfricānus
cōs. a.147,134

Ti.Semprōnius
Gracchus
tr.pl. a.133

C.Semprōnius
Gracchus
tr.pl. a.124

remōtus -a -um = quī
abest, distāns
compellere = cōgere

[annō 149 a. C.]
Carthāgō obsidērī coepta
est ā cōnsulibus = cōn-
sulēs Carthāginem ob-
sidēre coepērunt

mūrōs irrumpere = in
mūrōs irrumpere
explicāre -uisse -itum =
expedīre, līberāre (perī-
culō)

is ipse praecipuam glō-
riam castrōrum līberā-
tōrum (: ob castra lībe-
rāta) tulit
irritus -a -um = frūstrā
factus, vānus

remōtum, oppidum facerent', indignitāte reī ad bellan-
dum Carthāginiēnsēs compulērunt.

Obsidērī oppugnārīque coepta est Carthāgō ā L.
Mārciō M'. Mānīliō cōnsulibus. In quā oppugnātiōne 45
cum neglēctōs ab ūnā parte mūrōs duo tribūnī temere
cum cohortibus suīs irrūpissent et ab oppidānīs graviter
caederentur, ā Scīpiōne Aemiliānō explicitī sunt. Per
quem et castellum Rōmānum, quod nocte expugnā-
bant, paucīs equitibus iuvantibus līberātum est, castrō- 50
rumque, quae Cathāginiēnsēs omnibus cōpiīs ab urbe
pariter ēgressī oppugnābant, līberātōrum is ipse praecipuam glōriam tulit. Praetereā, cum ab irritā oppugnātiōne Carthāginis cōnsul (alter enim Rōmam ad comitia
ierat) exercitum dūceret adversus Hasdrubalem (cum 55

amplā manū saltum inīquum īnsēderat), suāsit prīmō cōnsulī nē tam inīquō locō cōnflīgeret; victus deinde complūrium, quī et prūdentiae et virtūtī eius invidēbant, sententiīs et ipse saltum ingressus est. Cum, sīcut
50 praedīxerat, fūsus fugātusque esset Rōmānus exercitus et duae cohortēs ab hoste obsidērentur, cum paucīs equitum turmīs in saltum reversus līberāvit eās et incolumēs redūxit. Quam virtūtem eius et Catō, vir prōmptiōris ad vituperandum linguae, in senātū sīc
65 prōsecūtus est ut dīceret 'reliquōs quī in Āfricā mīlitārent umbrās volitāre, Scīpiōnem vigēre.'

Andriscus quīdam, Perseī sē rēgis fīlium ferēns et mūtātō nōmine Philippus vocātus, multīs ad falsam eius fābulam velut ad vēram coeuntibus, contractō exercitū
70 tōtam Macedoniam aut voluntāte incolentium aut armīs occupāvit. Fābulam autem tālem fīnxerat: 'Ex paelice sē et Perseō rēge ortum, traditum ēducandum Crētēnsī cuidam esse. Adramyttiī sē ēducātum ūsque ad duodecimum aetātis annum, patrem eum esse crēdentem ā
75 quō ēducārētur, ignārum generis fuisse suī. Affectō deinde eō, cum prope ad ultimum fīnem vītae esset, dētēctam tandem sibi orīginem suam.'

50 Masinissa, Numidiae rēx, māior nōnāgintā annīs dēcessit, vir īnsignis. Inter cētera iuvenālia opera quae ad
80 ultimum ēdidit, adeō etiam nervīs in senectā viguit ut post sextum et octōgēsimum annum fīlium genuerit. Inter trēs līberōs eius (māximus nātū Micipsa; Gulussa;

Scīpiō suāsit

complūrium sententiīs

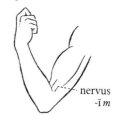
nervus -ī m

vituperāre ↔ laudāre (laudibus) prōsequī = laudāre ut umbrās volitāre vigēre = valēre, vīvus ac validus esse ferēns : nārrāns ('sē esse fīlium...')

co-īre = convenīre

incolentēs = incolae fingere fīnxisse fictum = arte efficere, excōgitāre (rem falsam) paelex -icis f = altera uxor

Adramyttium -ī n: cīvitās Asiae

morbō affectō

dē-tegere = patefacere (↔ cēlāre)

: māior quam XC annōs nātus [annō 148 a. C.]

senecta -ae f = senectūs

octōgēsimus -a -um = LXXX (80.)

295

ē-rudītus -a -um = doctus
(↔ rudis)
rēgnum dīvidere
arbiter -trī *m* = is quī dēcernit, iūdex aequus;
arbitrō Scīpiōne : ex
arbitriō Scīpiōnis
Hamilcō -ōnis *m*

M. Claudius Mārcellus:
cōs. annō 166, 155, 152
a. C.
flūctibus obruī : sub-
mergī
aedīlitās -ātis *f* = dignitās
aedīlis
per annōs: ante annum
XLII cōnsulī fierī nōn
licēbat
suffrāgārī (alicui) =
suffrāgiō favēre

Pseudo- = falsus

Q. Caecilius *Metellus:*
cōs. annō 143 a. C.
re-vincere
circu-itus -ūs *m* (< circu-
īre) = iter circum
locum, orbis
patēre = longus/lātus
esse
L. Hostīlius Mancīnus:
cōs. annō 145 a. C.
extrā sortem = nōn
sortītō
ob-struere -ūxisse
-ūctum = claudere
(rē obstante)

Nepheris -is *f (acc* -im)

[annō 146 a. C.]

Mastanabal, quī etiam Graecīs litterīs ērudītus erat) P. Scīpiō Aemiliānus, cum commūne hīs rēgnum pater relīquissèt et dīvidere eōs arbitrō Scīpiōne iussisset, 8 partēs administrandī rēgnī dīvīsit. Item Phameae Hamilcōnī, praefectō equitum Carthāginiēnsium, virō fortī et cuius praecipuā operā Poenī ūtēbantur, persuāsit ut ad Rōmānōs cum equitātū suō trānsīret. Ex tribus lēgātīs quī ad Masinissam missī erant, M. Claudius Mārcel- 9 lus coortā tempestāte flūctibus obrutus est.

P. Scīpiō Aemiliānus, cum aedīlitātem peteret, cōnsul ā populō dictus. Quoniam per annōs cōnsulī fierī nōn licēbat, cum magnō certāmine suffrāgantis plēbis et repugnantibus eī aliquamdiū patribus, lēgibus solūtus 9 et cōnsul creātus.

Pseudo-Philippus in Macedoniā, caesō cum exercitū P. Iuventiō praetōre, ab Q. Caeciliō victus captusque est, et revicta Macedonia.

Carthāgō, in circuitū vīgintī tria mīlia passuum pa- 5 tēns, magnō labōre obsessa et per partēs capta est, prīmum ā Mancīnō lēgātō, deinde ā Scīpiōne cōnsule, cui extrā sortem Āfrica prōvincia data erat. Carthāginiēnsēs, portū novō (quia vetus obstrūctus ā Scīpiōne erat) factō et contractā clam exiguō tempore amplā classe, 10 īnfēlīciter nāvālī proeliō pugnāvērunt. Hasdrubalis quoque, ducis eōrum, castra ad Nepherim oppidum locō difficilī sita cum exercitū dēlēta sunt ā Scīpiōne, quī tandem Carthāginem expugnāvit septingentēsimō annō

0 quam erat condita. Spoliōrum māior pars Siculīs, quibus ablāta erant, reddita. Ultimō urbis excidiō, cum sē
Hasdrubal Scīpiōnī dedisset, uxor eius, quae paucīs
ante diēbus dē marītō impetrāre nōn potuerat ut ad
victōrem trānsfugerent, in medium sē flagrantis urbis
15 incendium cum duōbus līberīs ex arce praecipitāvit.

Scīpiō exemplō patris suī, Aemiliī Paulī, quī Macedoniam vīcerat, lūdōs fēcit trānsfugāsque ac fugitīvōs
bēstiīs obiēcit.

Bellum Achāicum

20 Lēgātī Rōmānī ab Achaeīs pulsātī sunt Corinthī,
missī ut eās cīvitātēs quae sub diciōne Philippī fuerant
ab Achāicō conciliō sēcernerent.

52 Cum Achaeīs, quī in auxiliō Boeōtōs et Chalcidēnsēs
habēbant, Q. Caecilius Metellus ad Thermopylās bellō
25 cōnflīxit. Quibus victīs dux eōrum Critolāus mortem
sibi venēnō cōnscīvit. In cuius locum Diaeus, Achāicī
mōtūs prīmus auctor, ab Achaeīs dux creātus ad Isth-
mon ā L. Mummiō cōnsule victus est. Quī, omnī
Achāiā in dēditiōnem acceptā, Corinthon ex senātūs
30 cōnsultō dīruit, quia ibi lēgātī Rōmānī violātī erant.
Thēbae quoque et Chalcis, quae auxiliō fuerant, dīrutae. Ipse L. Mummius abstinentissimum virum ēgit,
nec quicquam ex iīs operibus ōrnāmentīsque quae
praedīves Corinthos habuit in domum eius pervēnit.
135 Q. Caecilius Metellus dē Andriscō triumphāvit, P.

spolia = praeda

ultimō excidiō : ultimō
excidiī tempore
sē dare = sē dēdere

dē marītō = ā marītō

Achāicus -a -um
< Achāia

concilium = societās;
c. Achāicum: Achaeī
et eōrum sociī
sē-cernere = sē-iungere
Boeōtī -ōrum *m*: incolae
Boeōtiae

Isthmos -ī *m* (*acc* -on)
= Isthmus

Corinthos -ī *f* (*acc* -on)
= Corinthus
Thēbae -ārum *f*: caput
Boeōtiae
auxiliō (*dat*) esse =
auxilium ferre
abstinēns -entis
↔ cupidus
agere = gerere, sē prae-
bēre/ostendere

prae-dīves = prae aliōs
dīves, dīvitissimus
Q. Caecilius Metellus
Macedonicus

297

P. Cornēlius Scīpiō Aemi-
liānus *Āfricānus*

tabula picta = imāgō
in tabulā picta

vēnātor -ōris *m* = quī
vēnātur
iūstus exercitus = e.
rēctus/plēnus

Rōmānīs intulit
exercitus cōnsulāris =
exercitus ā cōnsule
ductus

Q. Fabius *Māximus Ser-
vīliānus*: cōs. annō 142
a. C.

[annō 141 a. C.]

Numantīnus -a -um
< Numantia; *pl* cīvēs
īnfīrmāre = īnfīrmum
(: irritum) facere
lābēs -is *f* = rēs turpis,
indignitās

prōditor -ōris *m* = quī
prōdit
Q. Servīlius Caepiō: cōs.
annō 140 a. C.
com-plōrāre = dēflēre,
lūgēre

Serāpiō -ōnis *m*

[annō 138 a. C.]

Cornēlius Scīpiō Aemiliānus dē Carthāgine et Hasdrubale. L. Mummius dē Achaeīs triumphāvit; signa aerea
marmoreaque et tabulās pictās in triumphō tulit.

Hispānia pācāta

Viriāthus in Hispāniā, prīmum ex pāstōre vēnātor, ex 14
vēnātōre latrō, mox iūstī quoque exercitūs dux factus,
tōtam Lūsītāniam occupāvit, M. Vetīlium praetōrem,
fūsō eius exercitū, cēpit, post quem C. Plautius praetor
nihilō fēlīcius rem gessit. Tantumque terrōris is hostis
intulit ut adversus eum cōnsulārī opus esset et duce et 14
exercitū.

Q. Caecilius Metellus prōcōnsul Celtibērōs cecīdit, et 5
ā Q. Fabiō prōcōnsule magna pars Lūsītāniae, expugnā-
tīs aliquot urbibus, recepta est.

Q. Pompēius cōnsul in Hispāniā Termestīnōs sub- 5
ēgit. Cum iīsdem et Numantīnīs pācem — ā populō
Rōmānō īnfīrmātam — fēcit. Q. Fabius prōcōnsul rēbus in Hispāniā prosperē gestīs lābem imposuit, pāce
cum Viriāthō aequīs condiciōnibus factā.

Viriāthus ā prōditōribus, cōnsiliō Servīliī Caepiōnis, 155
interfectus est et ab exercitū suō multum complōrātus
ac nōbiliter sepultus, vir duxque magnus et per quattuordecim annōs quibus cum Rōmānīs bellum gessit
frequentius superior.

P. Cornēliō Nāsīcā, cui cognōmen Serāpiō fuit, et 55
Decimō Iūniō Brūtō cōnsulibus dīlēctum habentibus,

in cōnspectū tīrōnum rēs salūberrimī exemplī facta est:
nam C. Matiēnius accūsātus est apud tribūnōs plēbis
'quod exercitum ex Hispāniā dēseruisset' damnātusque
5 sub furcā diū virgīs caesus est et sēstertiō nummō
vēniit.

M. Popilius ā Numantīnīs, cum quibus pācem factam
irritam fierī senātus cēnsuerat, cum exercitū fūsus fugātusque est.

70 C. Hostīliō Mancīnō cōnsule sacrificante pullī ex ca-
veā ēvolāvērunt; cōnscendentī deinde nāvem, ut in Hispāniam proficīscerētur, accidit vōx: "Manē, Mancīne!"
Quae auspicia trīstia fuisse ēventū probātum est: Victus
enim ā Numantīnīs et castrīs exūtus, cum spēs nūlla
75 servandī exercitūs esset, pācem cum hīs fēcit ignōminiōsam, quam ratam esse senātus vetuit. Quadrāgintā
mīlia Rōmānōrum ab quattuor mīlibus Numantīnōrum
victa erant!

56 D. Iūnius Brūtus in Hispāniā ulteriōre fēlīciter ad-
80 versus Gallaecōs pugnāvit. Dissimilī ēventū M. Aemilius Lepidus prōcōnsul adversus Vaccaeōs rem gessit,
clādemque similem Numantīnae passus est. Ad exsolvendum foederis Numantīnī religiōne populum Mancīnus, cum huius reī auctor fuisset, dēditus Numantīnīs
85 nōn est receptus.

Cum bellum Numantīnum vitiō ducum nōn sine pudōre pūblicō dūrāret, dēlātus est ultrō Scīpiōnī Āfricānō
ā senātū populōque Rōmānō cōnsulātus. Quem cum illī

salūber -bris -bre
= salūtāris

furca
-ae f

furca: crux fōrmā Y quae
servō verberandō im-
pōnitur
servus vēn-iit

M. Popilius: cōs. annō
139 a. C.

cavea
-ae f

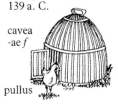

pullus

accidere = ad aurēs per-
venīre, audīrī
probāre = plānum facere

[annō 137 a. C.]

ignōminiōsus -a um =
turpis, indignus
ratus -a -um = servandus
(↔ irritus)

D. = Decimus (prae-
nōmen)

[annō 136 a. C.]

ad exsolvendum… popu-
lum : ut populus religi-
ōne (: culpā) foederis N.
violātī exsolverētur
huius reī : foederis cum
Numantīnīs factī

dūrāre = integer manēre,
trahī
ultrō : nōn petentī

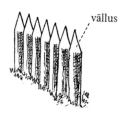

vāllus

luxuria -ae *f* = luxus

disciplīna ↔ licentia
re-cīdere = adimere
 (caedendō)
scortum -ī *n* = fēmina impudīca quae amōrem
 suum vēndit
septēnī -ae -a = VII...
vāllus -ī *m* = pālus ad
 castra mūnienda
incēdentī *mīlitī*
vāllāre = prōtegere
vītis = virga centuriōnis
 vīte facta
extrāneus -a -um
 = peregrīnus
ex-onerāre = onere
 līberāre
ēruptiō -ōnis *f* < ērumpere
Antiochus *VII*: rēx Syriae
 annīs 138–129 a. C.

prō tribūnālī = in t. (prōspiciēns ē t.)
quaestor = magistrātus
 quī aerāriō praeest
(in tabulās) referre =
 īnscrībere; in tabulās
 pūblicās r. : in aerāriō
 dēpōnere

pābulārī = pābulum pe-
 tere *'*

id quod habērent frū-
 mentī
per vicem = in-vicem
trā-icere = trānsfīgere

[annō 133 a. C.]

capere ob lēgem, quae vetābat quemquam iterum cōnsulem fierī, nōn licēret, sīcut priōre cōnsulātū lēgibus
solūtus est.

Scīpiō Āfricānus Numantiam obsēdit, et corruptum
licentiā luxuriāque exercitum ad sevērissimam mīlitiae
disciplīnam revocāvit: omnia dēliciārum īnstrūmenta
recīdit, duo mīlia scortōrum ē castrīs ēiēcit, mīlitem
cotīdiē in opere habuit et trīgintā diērum frūmentum ac
septēnōs vāllōs ferre cōgēbat. Aegrē propter onus incēdentī dīcēbat: "Cum gladiō tē vāllāre scieris, vāllum
ferre dēsinitō!" Quem mīlitem extrā ōrdinem dēprehen-
dit, sī Rōmānus esset, vītibus, sī extrāneus, virgīs cecīdit. Iūmenta omnia, nē exonerārent mīlitem, vēndidit.
Saepe adversus ēruptiōnēs hostium fēlīciter pugnāvit.

Scīpiō amplissima mūnera missa sibi ab Antiochō,
rēge Syriae, cum cēlāre aliīs imperātōribus rēgum mūnera mōs esset, prō tribūnālī 'acceptūrum sē esse' dīxit,
omniaque ea quaestōrem referre in pūblicās tabulās iussit: 'ex hīs sē virīs fortibus dōna esse datūrum.'

Cum undique Numantiam obsidiōne clausisset et ob-
sessōs fame vidēret urgērī, hostēs quī pābulātum ex-
ierant vetuit occīdī, quia dīceret 'vēlōcius eōs absūmp-
tūrōs frūmentī quod habērent, sī plūrēs fuissent.'

Numantīnī fame coāctī ipsī sē per vicem trāicientēs
trucīdāvērunt. Captam urbem Scīpiō Āfricānus dēlēvit
et dē eā triumphāvit quārtō decimō annō post Carthāginem dēlētam.

215

Gracchī et lēgēs agrāriae

8 Tib. Semprōnius Gracchus tribūnus plēbis, cum lēgem agrāriam ferret adversus voluntātem senātūs et
equestris ōrdinis: 'nē quis ex pūblicō agrō plūs quam
10 mīlle iūgera possidēret', in eum furōrem exārsit ut M.
Octāviō collēgae causam dīversae partis dēfendentī potestātem lēge lātā abrogāret, sēque et C. Gracchum frātrem et Appium Claudium socerum triumvirōs ad dīvidendum agrum creāret. Prōmulgāvit et aliam lēgem
25 agrāriam, quā sibi lātius agrum patefaceret: 'ut iīdem
triumvirī iūdicārent quā pūblicus ager, quā prīvātus
esset.' Deinde, cum minus agrī esset quam quod dīvidī
posset sine offēnsā etiam plēbis (quoniam eōs ad cupiditātem amplum modum spērandī incitāverat), lēgem sē
30 prōmulgātūrum ostendit: 'ut iīs quī Semprōniā lēge
agrum accipere dēbērent, pecūnia quae rēgis Attalī fuisset dīviderētur.' (Hērēdem autem populum Rōmānum
relīquerat Attalus, rēx Pergamī, Eumenis fīlius.)

Tot indignitātibus commōtus graviter senātus, ante
35 omnēs T. Annius cōnsulāris. Quī, cum in senātū in
Gracchum perōrāsset, raptus ab eō ad populum dēlātus-
que plēbī, rūrsus in eum prō Rōstrīs cōntiōnātus est.

Cum iterum tribūnus plēbis creārī vellet Gracchus,
auctōre P. Cornēliō Nāsīcā in Capitōliō ab optimātibus
240 occīsus est, ictus prīmum fragmentīs subselliī, et inter
aliōs quī in eādem sēditiōne occīsī erant īnsepultus in
flūmen prōiectus.

agrārius -a -um = dē agrō
(dīvidendō)
lēgem ferre = lēgem ad
populum referre
ōrdō equester = equitēs
Rōmānī
ager pūblicus: ager hostī
victō adēmptus
ex-ārdēscere -sisse = ār-
dēre incipere
partis : factiōnis

trium-virī: III virī quibus
negōtium pūblicum
mandātur
(lēgem) prōmulgāre =
populō nōtum facere,
ferre

offēnsa -ae *f* = indignātiō
(ob iniūriam)
(agrī) modus = certum
agrī spatium (numerus
iūgerum)
lēx Semprōnia: lēx ā Tib.
Semprōniō Gracchō lāta

subsellium

T. Annius *Luscus*: cōs.
annō 153 a. C.
dēlātus = accūsātus
(apud plēbem)

optimātēs -ium *m* = op-
timī/prīncipēs cīvēs,
factiō nōbilium
fragmentum -ī *n* = pars
frācta (ab rē)
subsellium -ī *n* = sella
humilis

301

C. *Papīrius* Carbō -ōnis:
tr. pl. annō 130 a. C.
rogātiō -ōnis *f* = lēx lāta;
r. em ferre = lēgem ferre

P. *Cornēlius Scīpiō Aemiliānus* Āfricānus

tenuit : vīcit

M. Fulviō Flaccō

agrō dīvidendō (*dat*) = ad
agrum dīvidendum
adversārī = adversus
loquī, resistere

[annō 129 a. C.]

hinc : ob hanc causam

quaestiōnem agere =
quaerere in iūdiciō
dēfungī = morī
triumvirālis -e < triumvir

[annō 124 a. C.]

394 736

ē-loquēns -entis = quī
bene loquitur
perniciōsus -a -um (↔ sa-
lūber) = nocēns
frūmentārius -a -um
< frūmentum
sēnīs (VI) *assibus*
triēns -entis *m* = tertia
pars assis
frūmentum (modius frū-
mentī) *vēnun*darētur

sub-legere = legere (locō
alicuius, supplendī
causā)

ad-miscēre

Cum Carbō tribūnus plēbis rogātiōnem tulisset 'ut eundem tribūnum plēbis quotiēs vellet creāre licēret', rogātiōnem eius P. Āfricānus gravissimā ōrātiōne dis- 2 suāsit, in quā dīxit 'Ti. Gracchum iūre caesum vidērī.' C. Gracchus contrā suāsit rogātiōnem, sed Scīpiō tenuit.

Sēditiōnēs ā triumvirīs Fulviō Flaccō et C. Gracchō et C. Papīriō Carbōne agrō dīvidendō creātīs excitātae. 2 Cum P. Scīpiō Āfricānus adversārētur fortisque ac validus prīdiē domum sē recēpisset, mortuus in cubiculō inventus est. Suspecta fuit, tamquam eī venēnum dedisset, Semprōnia uxor — hinc māximē quod soror esset Gracchōrum, cum quibus simultās Āfricānō fuerat. Dē 2⁵ morte tamen eius nūlla quaestiō ācta. Dēfūnctō eō, ācrius sēditiōnēs triumvirālēs exārsērunt.

Lūstrum ā cēnsōribus conditum est: cēnsa sunt cī- 6 vium capita trecenta nōnāgintā quattuor mīlia septingenta trīgintā sex. 26

C. Gracchus, Tiberiī frāter, tribūnus plēbis, ēloquentior quam frāter, perniciōsās aliquot lēgēs tulit, inter quās frūmentāriam: 'ut sēnīs et triente frūmentum plēbī darētur'; alteram lēgem agrāriam, quam et frāter eius 26 tulerat; tertiam, quā equestrem ōrdinem tunc cum senātū cōnsentientem corrumperet: 'ut sescentī ex equitibus in Cūriam sublegerentur' et (quia illīs temporibus trecentī tantum senātōrēs erant) sescentī equitēs trecentīs senātōribus admiscērentur, id est ut equester ōrdō bis tantum vīrium in senātū habēret. Et continuātō in alterum annum tribūnātū, lēgibus agrāriīs lātīs effēcit ut complūrēs colōniae in Italiā dēdūcerentur et ūna in solō dīrutae Carthāginis, quō ipse triumvir creātus colōniam dēdūxit.

C. Gracchus, sēditiōsō tribūnātū āctō, cum Aventīnum quoque armātā multitūdine occupāsset, ā L. Opīmiō cōnsule — ex senātūs cōnsultō vocātō ad arma populō — pulsus et occīsus est et cum eō Fulvius Flaccus cōnsulāris, socius eiusdem furōris.

CIVITAS DILACERATA

[Ex C. Sallustī Crispī 'Bellō Iugurthīnō']

Mōs partium et factiōnum ac deinde omnium malārum artium Rōmae ortus est ōtiō atque abundantiā eārum rērum quae prīma mortālēs dūcunt. Nam ante Carthāginem dēlētam populus et senātus Rōmānus placidē modestēque inter sē rem pūblicam tractābant. Neque glōriae neque dominātiōnis certāmen inter cīvēs erat; metus hostīlis in bonīs artibus cīvitātem retinēbat.

Sed ubi illa formīdō mentibus dēcessit, scīlicet ea quae rēs secundae amant, lascīvia atque superbia, incessēre. Ita quod in adversīs rēbus optāverant ōtium postquam adeptī sunt, asperius acerbiusque fuit. Namque coepēre nōbilitās dignitātem, populus lībertātem in libīdinem vertere, sibi quisque dūcere, trahere, rapere. Ita

---

tribūnātus -ūs *m* = dignitās tribūnī
colōnia -ae *f* = cīvitās ā colōnīs condita
colōniam dēdūcere = c. condere

sēditiōsus -a -um < sēditiō
āctō : perāctō

[annō 121 a. C.]

M. Fulvius Flaccus: cōs. annō 125 a. C.

dī-lacerāre = distrahere lacerandō
C. Sallustius Crispus: historicus Rōmānus saeculī I a. C.
artēs = mōrēs
abundantia -ae *f* = nimia cōpia
prīmum dūcere = optimum esse putāre

modestus -a -um = abstinēns, paulō contentus
tractāre = gerere
dominātiō -ōnis *f* < dominārī
metus hostīlis : m. hostium
formīdō -inis *f* = terror
ea (*vitia*) quae...
lascīvia -ae *f* = licentia, libīdō
postquam ōtium quod...
optāverant adeptī sunt
asper -a -um = dūrus, difficilis, molestus
nōbilitās = cīvēs nōbilēs, optimātēs
dūcere/trahere : rapere

303

abs-trahere

factiōne : quia factiōne
  iūncta erat
pollēre = valēre
di-spergere -sisse -sum
  = passim spargere
bellī ↔ domī (: in pāce)
agitāre = vītam agere,
  vīvere; agitābātur :
  vīta agitābātur

bellicus -a -um < bellum
dī-ripere = rapere

cōn-fīnis -e = fīnitimus
modus = fīnis nōn ex-
  cēdendus
modestia -ae f < modestus
polluere = sordidum fa-
  cere (↔ pūrgāre)
sē praecipitāre : sē
  perdere
ante-pōnere = praeferre
dissēnsiō -ōnis f
  ↔ cōnsēnsus
permixtiō -ōnis f (< per-
  miscēre) = perturbātiō

vindicāre in lībertātem
  = līberāre
paucōrum : nōbilium
noxius -a -um (< noxa)
  ↔ īnsōns
āctiō -ōnis f < agere
obviam īre = adversārī
ingredī : incipere

colōniīs dēdūcendīs (dat)
  = ad colōniās dēdūcen-
  dās

moderātus -a -um = quī
  modum nōn excēdit
bonō *hominī* satius (= melius) est vincī
mōre : modō agendī

---

omnia in duās partēs abstracta sunt, rēs pūblica, quae

media fuerat, dīlacerāta.

Cēterum nōbilitās factiōne magis pollēbat, plēbis vīs,

solūta atque dispersa in multitūdine, minus poterat.

Paucōrum arbitriō bellī domīque agitābātur; penes eōs-

dem aerārium, prōvinciae, magistrātūs, glōriae trium-

phīque erant. Populus mīlitiā atque inopiā urgēbātur.

Praedās bellicās imperātōrēs cum paucīs dīripiēbant.

Intereā parentēs aut parvī līberī mīlitum, uti quisque

potentiōrī cōnfīnis erat, sēdibus pellēbantur.

Ita cum potentiā avāritia sine modō modestiāque in-

vādere, polluere et vāstāre omnia — quoad sēmet ipsa

praecipitāvit. Nam ubi prīmum ex nōbilitāte repertī

sunt quī vēram glōriam iniūstae potentiae antepōnerent,

movērī cīvitās et dissēnsiō cīvīlis quasi permixtiō terrae

orīrī coepit.

Nam postquam Ti. et C. Gracchus, quōrum māiōrēs

Pūnicō atque aliīs bellīs multum reī pūblicae addide-

rant, vindicāre plēbem in lībertātem et paucōrum scele-

ra patefacere coepēre, nōbilitās noxia atque eō perculsa

Gracchōrum āctiōnibus obviam ierat, et prīmō Tibe-

rium, dein paucōs post annōs eadem ingredientem

Gāium, tribūnum alterum, alterum triumvirum colōniīs

dēdūcendīs, cum M. Fulviō Flaccō ferrō necāverat.

Et sānē Gracchīs cupīdine victōriae haud satis mode-

rātus animus fuit; sed bonō vincī satius est quam malō

mōre iniūriam vincere.

Igitur eā victōriā nōbilitās ex libīdine suā ūsa multōs
mortālēs ferrō aut fugā exstīnxit, plūsque in reliquum
sibi timōris quam potentiae addidit. Quae rēs plērum-
5 que magnās cīvitātēs pessum dedit, dum alterī alterōs
vincere quōvīs modō et victōs acerbius ulcīscī volunt.

GRAMMATICA LATINA
Dē vocābulīs faciendīs
(I) *Praeverbia*
10 Simplex dīcitur verbum quod nōn factum est ex aliō verbō, ut
dare, facere, ferre, currere. Ē verbīs simplicibus fīunt verba
composita praepositīs syllabīs quae vocantur 'praeverbia'.
Praeverbia Latīna sunt haec:

ab-/ā-	*con-*	*in-*	*per-*	*re-*
ad-	*dē-*	*inter-*	*prae-*	*sub-*
ante-	*dis-*	*intrō-*	*praeter-*	*super-*
circum-	*ex-/ē-*	*ob-*	*prō-*	*trāns-*

Quaedam praeverbia mūtantur propter litterās sequentēs:
ab- > *abs-, au-*: *abs-*terrēre, *au-*fugere.
20 *ad-* > *ac-, af-, ag-, al-, ap-, ar-, as-, at-, a-*: *ac-*cēdere, *af-*
ferre, *ag-*gredī, *al-*loquī, *ap-*pōnere, *ar-*rogāre, *as-*sequī, *at-*
tulisse, *a-*spicere;
con- > *col-, com-, cor-, co-*: *col-*lābī, *com-*movēre, *com-*probāre,
*cor-*rumpere, *co-*īre;
25 *dis-* > *dif-, dī-, di-*: *dif-*fīdere, *dī-*gredī, *dī-*lacerāre, *dī-*mittere,
*dī-*ripere, *di-*scrībere;
ex- > *ef-*: *ef-*fugere;
in- > *il-, im-, ir-*: *il-*lūdere, *im-*mittere, *im-*pellere, *ir-*rumpere;
ob- > *oc-, of-, op-*: *oc-*currere, *of-*ferre, *op-*pugnāre;
30 *prō-* > *prōd-* ante vōcālem: *prōd-*esse;
re- > *red-* ante vōcālem: *red-*īre;
sub- > *suc-, suf-, sup-, sur-, su-, sus-*: *suc-*cēdere, *suf-*ficere,
*sup-*plēre, *sur-*ripere, *su-*spicere, *sus-*tinēre, *sus-*cipere;

---

eā victōriā ūsa (: ūtēns)

fugā : exsiliō
in reliquum (tempus) =
in tempus futūrum

pessum dare = perdere

quī- quae- quod-vīs =
quīlibet, quīcumque;
quō-vīs modō = quō-
libet/quōquō modō

praeverbium -ī *n*

simplex -icis = quī
ex ūnō cōnstat

compositus ↔ simplex

co- ante vōcālem

305

trāns- > *trā-*: *trā-dū*cere, *trā-i*cere.

Vōcālis verbī simplicis saepe mūtātur praepositō prae- 3
verbiō:

co-*i*gere > cōgere
sed: circum-, per-*a*gere,
ante-c*a*pere
dē-h*i*bēre > dēbēre
prae-h*i*bēre > praebēre

    a > *i*:   *a*gere > -*i*gere   t*a*ngere > -t*i*ngere

           c*a*dere > -c*i*dere   fr*a*ngere > -fr*i*ngere

           c*a*pere > -c*i*pere   h*a*bēre > -h*i*bēre

           f*a*cere > -f*i*cere   t*a*cēre > -t*i*cēre   3

           i*a*cere > -(i)*i*cere   f*a*tērī > -f*i*tērī

           r*a*pere > -r*i*pere   s*a*līre > -s*i*līre

sed: circum-d*a*tum

           st*a*tuere > -st*i*tuere   d*a*tum > -d*i*tum

Exempla: ex-*i*gere, con-c*i*dere, ac-c*i*pere, ef-f*i*cere, ab-*i*cere,
ē-r*i*pere, re-st*i*tuere, at-t*i*ngere, ef-fr*i*ngere, pro-h*i*bēre, re- 3
t*i*cēre, cōn-f*i*tērī, dē-s*i*līre, ad-d*i*tum.

prō- su- dē-*i*mere > prō-
mere sūmere dēmere
sp*e*cere (verbum antī-
quum) = spectāre
sur-r*i*gere > surgere
per-r*i*gere > pergere
sed: circum-d*e*disse

    e > *i*:   *e*mere > -*i*mere   sp*e*cere > -sp*i*cere

           l*e*gere > -l*i*gere   t*e*nēre > -t*i*nēre

           r*e*gere > -r*i*gere   s*e*dēre > -s*i*dēre

           pr*e*mere > -pr*i*mere d*e*disse > -d*i*disse   3

Exempla: red-*i*mere, ē-l*i*gere, ē-r*i*gere, re-pr*i*mere, dē-sp*i*-
cere, re-t*i*nēre, ob-s*i*dēre, ad-d*i*disse.

sed: circum-d*a*re

    a > *e*:   d*a*re > -d*e*re   sc*a*ndere > -sc*e*ndere

           gr*a*dī > -gr*e*dī   c*a*ptum > -c*e*ptum

           s*a*crāre > -s*e*crāre   f*a*ctum > -f*e*ctum   3

           d*a*mnāre > -d*e*mnāre i*a*ctum > -i*e*ctum

           sp*a*rgere > -sp*e*rgere r*a*ptum > -r*e*ptum

Exempla: ad-d*e*re, ē-gr*e*dī, cōn-s*e*crāre, con-d*e*mnāre, di-
sp*e*rgere, a-sc*e*ndere, ac-c*e*ptum, ef-f*e*ctum, ab-i*e*ctum, ē-r*e*p-
tum.   3

    ae > *ī*: c*ae*dere > -c*ī*dere, qu*ae*rere > -qu*ī*rere

    au > *ū*: cl*au*dere > -cl*ū*dere

Exempla: oc-c*ī*dere, ex-qu*ī*rere, in-cl*ū*dere.

PENSVM A

Supplenda sunt verba composita:

ab- + agere > —; ab- + ferre > —; ab- + tulisse > —; ad- +
currere > —; ad- + lātum > —; ad- + pellere > —; con- +

cadere > —; con- + loquī > —; con- +pōnere > —; con- + regere > —; con- + orīrī > —; dē- + scandere > —; dē- + salīre > —; dis- + fluere > —; dis- + regere > —; ex- + ferre > —; ē- + iacere > —; in- + ruere > —; in- + premere > —; in- + lātum > —; ob- + pōnere > —; ob- + caedere > —; re- + statuere > —; per- + facere > —; prō- + gradī > —; prō- + īre > —; re- + agere > —; re- + quaerere > —; sub- + tenēre > —; trāns- + dare > —.

Supplenda sunt verba simplicia:
accipere < ad- + —; contingere < con- + —; ēdere < ē- + —; prōicere < prō- + —; colligere <con- + —; inquīrere < in- + —; exclūdere < ex- + —.

PENSVM B

Catō, quamquam aliās prōmptus erat ad —, Scīpiōnem laudāvit. Multī ad Andriscum — [= conveniēbant], quī fābulam — 'sē esse Perseī fīlium ex — nātum.' Masinissa in summā — [= senectūte] mortuus est. Corinthus, urbs — [= dīvitissima], dīruta est ā L. Mummiō, virō — [↔ cupidō]. Mancīnus dignitātī populī Rōmānī — imposuit: pācem fēcit — [= turpem], quam senātus — esse vetuit. Viriāthus, ex — [< vēnārī] dux factus, ā — interfectus est et ā mīlitibus suīs multum —. Scīpiō exercitum — [= luxū] corruptum ad veterem disciplīnam restituit: multa — ē castrīs ēiēcit et mīlitēs — [VII] — portāre coēgit.

Ti. Gracchus, cum lēgem — [< ager] — [=tulisset], ab — occīsus est ictus — subselliī. Scīpiō, dum — agrō dīvidendō creātīs — [=resistit], dēcessit, sed dē morte eius nūlla — ācta est. C. Gracchus, quī ōrātor — fuit quam frāter, lēgem — [< frūmentum] tulit et complūrēs — dēdūxit. Post — [< tribūnus] suum — [< sēditiō] is quoque occīsus est. Ti. et C. Gracchus plēbem in lībertātem — cōnātī sunt, sed nōbilitās, quae factiōne magis — [= valēbat], — [< agere] eōrum obviam iit.

Fontēs calidārum aquārum corporī — sunt. Servus quī

Vocābula nova:
dēcrētum
paelex
nervus
senecta
aedīlitās
circuitus
vēnātor
lābēs
prōditor
furca
cavea
luxuria
scortum
vāllus
ēruptiō
triumvirī
offēnsa
optimātēs
fragmentum
subsellium
rogātiō
quaestiō
triēns
tribūnātus
colōnia
abundantia
dominātiō
formīdō
lascīvia
modestia
dissēnsiō
permixtiō
āctiō
praeverbium
prōgnātus
remōtus
irritus
ērudītus
abstinēns
praedīves
salūber
ignōminiōsus
ratus
extrāneus
agrārius
triumvirālis

307

ēloquēns
perniciōsus
frūmentārius
sēditiōsus
modestus
asper
bellicus
cōnfīnis
noxius
moderātus
octōgēsimus
septēnī
perrogāre
ēvincere
perstāre
vituperāre
vigēre
coīre
fingere
dētegere
suffrāgārī
revincere
obstruere
sēcernere
īnfīrmāre
complōrāre
recīdere
vāllāre
exonerāre
pābulārī
exārdēscere
prōmulgāre
adversārī
sublegere
admiscēre
dīlacerāre
abstrahere
pollēre
dispergere
agitāre
polluere
antepōnere
vindicāre
pessum dare
per vicem
satius
quīvīs

dēlīquit sub — verberātur. Quī modum non excēdit — est; quī paulō contentus est — esse dīcitur.

Synōnyma: indignātiō et —; nimia cōpia et —; terror et —; licentia et —; distāns et —; peregrīnus et —; patefacere et —; passim spargere et —; praeferre et —; quīlibet et —.

Contrāria: cōnsēnsus et —; rudis et —; salūber et —; ratus et —; īnsōns et —; pūrgāre et —.

PENSVM C

Quid Gulussa Rōmam nūntiāvit?

Quid Catō in senātū suādēbat?

Quid fierī placuit antequam bellum indīcerētur?

Cūr Carthāginiēnsēs dēditiōne factā rebellāvērunt?

Quam fābulam fīnxit Andriscus?

Quibus Masinissa rēgnum suum relīquit?

Quamobrem Catō Scīpiōnem laudāvit?

Quis imperātor Carthāginem expugnāvit?

Num uxor Hasdrubalis Rōmānīs sē dēdidit?

Cūr Corinthus ā Rōmānīs dīruta est?

Quid L. Mummius in triumphō tulit?

Quis fuit Viriāthus?

Cūr senātus pācem quam Mancīnus cum Numantīnīs fēcerat ratam esse vetuit?

Cūr bellum Numantīnum trahēbātur?

Quārē Scīpiō iūmenta vēnīre iussit?

Quid Scīpiō ēgit XIV annō post Carthāginem dēlētam?

Quās lēgēs Ti. Gracchus prōmulgāvit?

Num Ti. Gracchus iterum tribūnus creātus est?

Quandō Scīpiō mortuus inventus est?

Quamobrem suspecta fuit uxor eius?

Ā quō C. Gracchus occīsus est?

Iugurtha: "Ō, urbem
vēnālem!"

IVGVRTHA

[Ex C. Sallustiī Crispī 'Bellō Iugurthīnō']

Bellum scrīptūrus sum quod populus Rōmānus cum
Iugurthā, rēge Numidārum, gessit, prīmum quia magnum et atrōx variāque victōriā fuit, dehinc quia tunc
prīmum superbiae nōbilitātis obviam itum est. Sed priusquam huiusce modī reī initium expediō, pauca suprā
repetam.

Bellō Pūnicō secundō, quō dux Carthāginiēnsium
Hannibal post magnitūdinem nōminis Rōmānī Italiae
opēs māximē attrīverat, Masinissa, rēx Numidārum, in
amīcitiam receptus ā P. Scīpiōne (cui posteā 'Āfricānō'
cognōmen ex virtūte fuit), multa et praeclāra reī mīlitāris facinora fēcerat. Ob quae — victīs Carthāginiēnsibus
et captō Syphāce, cuius in Āfricā magnum atque lātē
imperium valuit — populus Rōmānus quāscumque urbēs et agrōs manū cēperat rēgī dōnō dedit. Igitur amīci-

Iugurthīnus -a -um
< Iugurtha -ae *m*

de-hinc = deinde

huius-ce = huius
huius modī = huius
 generis, tālis
expedīre = explānāre
suprā : quae superiōra
 (priōra) sunt

post magnitūdinem... :
 postquam magnum fac-
 tum est nōmen Rōmā-
 num
at terere -trīvisse -trītum
 = minuere, dēbilitāre

manū : armīs
dōnō (*dat*) dare = dōnāre

309

per-manēre

concubīna -ae f = paelex
prīvātum : sine officiō
pūblicō
dē-relinquere = relin-
quere (morte)
pollēns -entis = potēns
decōrus -a -um = decēns,
pulcher
inertia -ae f (< iners)
= vīta ōtiōsa
equitāre = equō vehī
iaculārī = iaculō ūtī
: equitābat, iaculābātur,
certābat, erat...
ante-īre = antecēdere
ad hoc = praetereā

ferīre : caedere

tam-etsī = etsī

glōriae (dat) esse = glō-
riam afferre
ex-igere = peragere
aetāte : vītā
vehemēns -entis = vio-
lentus, ācer; adv vehe-
menter = valdē
eō negōtiō : eā rē
(cum) animō volvere
= reputāre
avidus -a -um (< avēre)
= valdē cupidus

ānxius erat = metuēbat

difficultās -ātis f (< difficilis) = rēs difficilis

tia Masinissae bona atque honesta nōbīs permānsit. Sed imperiī vītaeque eius fīnis īdem fuit.

Dein Micipsa fīlius rēgnum sōlus obtinuit, Mastanabale et Gulussā frātribus morbō absūmptīs. Is Adherbalem et Hiempsalem ex sēsē genuit, Iugurthamque, fīlium Mastanabalis frātris (quem Masinissa, quod ortus ex concubīnā erat, prīvātum dērelīquerat) eōdem cultū quō līberōs suōs domī habuit.

Quī ubi prīmum adolēvit, pollēns vīribus, decōrā faciē, sed multō māximē ingeniō validus, nōn sē luxuī neque inertiae corrumpendum dedit, sed, uti mōs gentis illīus est, equitāre, iaculārī, cursū cum aequālibus certāre; et, cum omnēs glōriā anteīret, omnibus tamen cārus esse. Ad hoc plēraque tempora in vēnandō agere, leōnem atque aliās ferās prīmus aut in prīmīs ferīre: plūrimum facere et minimum ipse dē sē loquī.

Quibus rēbus Micipsa tametsī initiō laetus fuerat exīstimāns virtūtem Iugurthae rēgnō suō glōriae fore, tamen, postquam hominem adulēscentem — exāctā suā aetāte et parvīs līberīs — magis magisque crēscere intellegit, vehementer eō negōtiō permōtus multa cum animō suō volvēbat. Terrēbat eum nātūra mortālium avida imperiī et praeceps ad explendam animī cupīdinem; ad hoc studia Numidārum in Iugurtham accēnsa, ex quibus, sī tālem virum dolīs interfēcisset, nē qua sēditiō aut bellum orīrētur, ānxius erat.

Hīs difficultātibus circumventus, ubi videt neque per

vim neque insidiīs opprimī posse hominem tam acceptum populāribus, quod erat Iugurtha manū prōmptus
5 et appetēns glōriae mīlitāris, statuit eum obiectāre perīculīs et eō modō fortūnam temptāre.

Igitur bellō Numantīnō Micipsa, cum populō Rōmānō equitum atque peditum auxilia mitteret, spērāns
vel ostentandō virtūtem vel hostium saevitiā facile eum
0 occāsūrum, praefēcit Numidīs quōs in Hispāniam mit-
tēbat.

Sed ea rēs longē aliter ac ratus erat ēvēnit. Nam Iugurtha — ut erat impigrō atque ācrī ingeniō — ubi
nātūram P. Scīpiōnis (quī tum Rōmānīs imperātor erat)
5 et mōrem hostium cognōvit, multō labōre multāque
cūrā, praetereā modestissimē pārendō et saepe obviam
eundō perīculīs, in tantam clāritūdinem brevī pervēnerat, ut nostrīs vehementer cārus, Numantīnīs māximō
terrōrī esset.

8 Eā tempestāte in exercitū nostrō fuēre complūrēs
novī atque nōbilēs, quibus dīvitiae bonō honestōque po-
tiōrēs erant, factiōsī domī, potentēs apud sociōs, clārī
magis quam honestī; quī Iugurthae nōn mediocrem animum pollicitandō accendēbant, 'sī Micipsa rēx occi-
65 disset, fore utī sōlus imperiī Numidiae potīrētur: in ipsō
māximam virtūtem, Rōmae omnia vēnālia esse!'

Sed postquam, Numantiā dēlētā, P. Scīpiō dīmittere
auxilia et ipse revertī domum dēcrēvit, dōnātum atque
laudātum magnificē prō cōntiōne Iugurtham in praetō-

ap-petere = cupidē petere;
appetēns = cupidus
ob-iectāre = obicere

occidere -cidisse
-cāsūrum
praefēcit *eum*

ubi (+ *perf*) = ubi prī-
mum, postquam

eundō *ger* < īre
clāritūdō -inis *f* < clārus

terrōrī esse = terrōrem
inicere
(homō) novus = quī
prīmus ē gente suā
magistrātum init
honestum -ī *n* = honestās,
virtūs
potior = optātior
factiōsus -a -um (< factiō)
= sēditiōsus
mediocris -e = modicus
pollicitārī = pollicērī

fore utī imperiī potīrētur
= eum imperiō potītū-
rum esse
vēnālis -e = quī vēnit,
quī emī potest

311

rium abdūxit ibique sēcrētō monuit 'ut potius pūblicē 7(
quam prīvātim amīcitiam populī Rōmānī coleret neu
quibus largīrī īnsuēsceret: perīculōsē ā paucīs emī quod
multōrum esset; sī permanēre vellet in suīs artibus,
ultrō illī et glōriam et rēgnum ventūrum.'

Sīc locūtus cum litterīs eum, quās Micipsae redderet, 9
dīmīsit. Eārum sententia haec erat:

"Iugurthae tuī bellō Numantīnō longē māxima virtūs
fuit, quam rem tibi certō sciō gaudiō esse. Nōbīs ob
merita sua cārus est; ut idem senātuī et populō Rōmānō
sit, summā ope nītēmur. Tibi quidem prō nostrā amīci- 80
tiā grātulor. Ēn habēs virum dignum tē atque avō suō
Masinissā."

Igitur rēx, ubi ea quae fāmā accēperat ex litterīs imperātōris ita esse cognōvit, cum virtūte tum grātiā virī
permōtus, flexit animum suum et Iugurtham beneficiīs 85
vincere aggressus est, statimque eum adoptāvit et testāmentō pariter cum fīliīs hērēdem īnstituit.

Sed ipse paucōs post annōs morbō atque aetāte cōnfectus, cum sibi fīnem vītae adesse intellegeret, cōram
amīcīs et cognātīs itemque Adherbale et Hiempsale fīliīs 90
dīcitur huiusce modī verba cum Iugurthā habuisse:

"Parvum ego tē, Iugurtha, āmissō patre, sine spē, 10
sine opibus, in meum rēgnum accēpī, exīstimāns nōn
minus mē tibi quam sī genuissem ob beneficia cārum
fore. Neque ea rēs falsum mē habuit. Nam — ut alia 95
magna et ēgregia tua omittam — novissimē rediēns Nu-

mantiā mēque rēgnumque meum glōriā honōrāvistī tuā-
que virtūte nōbīs Rōmānōs ex amīcīs amīcissimōs fē-
cistī. In Hispāniā nōmen familiae renovātum est. Pos-
00 trēmō — quod difficillimum inter mortālēs est — glōriā
invidiam vīcistī.

"Nunc, quoniam mihi nātūra fīnem vītae facit, per
hanc dexteram moneō obtestorque tē uti hōs, quī tibi
genere propinquī, beneficiō meō frātrēs sunt, cārōs ha-
05 beās, neu mālīs aliēnōs adiungere quam sanguine con-
iūnctōs retinēre. Nōn exercitūs neque thēsaurī praesidia
rēgnī sunt, vērum amīcī, quōs neque armīs cōgere
neque aurō parāre queās: officiō et fidē pariuntur. Quis
autem amīcior quam frāter frātrī? aut quem aliēnum
10 fīdum inveniēs, sī tuīs hostis fueris? Equidem ego vōbīs
rēgnum trādō fīrmum, sī bonī eritis, sīn malī, im-
bēcillum. Nam concordiā parvae rēs crēscunt, discordiā
māximae dīlābuntur.

"Cēterum ante hōs tē, Iugurtha, quī aetāte et sapien-
15 tiā prior es, nē aliter quid ēveniat prōvidēre decet. Nam
in omnī certāmine, quī opulentior est, etiam sī accipit
iniūriam, tamen, quia plūs potest, facere vidētur.

"Vōs autem, Adherbal et Hiempsal, colite, observāte
tālem hunc virum, imitāminī virtūtem, et ēnītiminī nē
120 ego meliōrēs līberōs sūmpsisse videar quam genuisse!"

11   Ad ea Iugurtha, tametsī rēgem ficta locūtum intelle-
gēbat et ipse longē aliter animō agitābat, tamen prō
tempore benignē respondit.

-que... -que = et... et
(mē-que rēgnum-que =
et mē et rēgnum)

nōmen familiae : glōria
gentis Masinissae

ob-testārī = ōrāre (diīs
testibus)
cārum habēre = dīligere

tibi adiungere

parāre : emere
quīre quīvisse = posse;
queās *(coni praes)* =
possīs

equidem ego = equidem

imbēcillus -a -um
= īnfīrmus

dī-lābī = in variās partēs
lābī, perīre
ante hōs : magis quam
hōs
sapientia -ae *f* < sapiēns
decet tē prōvidēre
(= cūrāre) nē...

iniūriam facere

ob-servāre = colere = ho-
nōrāre, cārum habēre
ē-nītī = valdē nītī

sūmpsisse : adoptāvisse

ficta -ōrum *n* : verba ficta,
falsa
animō agitāre = cōgitāre
prō tempore = ut tempus
postulābat

313

[annō 118 a. C.]
iūsta -ōrum *n* = fūnus
rēgulus -ī *m* = parvus
rēx, rēgis fīlius
in ūnum *locum*
dis-ceptāre = disserere,
colloquī

iacit = dīcit
quīnquennium -ī *n*
= quīnque annī
re-scindere = irritum
facere
animō valēre : sapere

adoptātiō -ōnis *f*
= adoptiō

mōlīrī = labōrāre, nītī
: mōlī*tur*, par*at*...
cum animō habēre = re-
putāre (ea quibus H. ca-
perētur: quō modō H.
capī posset)

dis-tribuere = dīvidere
(inter eōs)
alius aliō = in suum
quisque locum
domō eius quī...

aliquem prōmissīs one-
rāre = alicui multa
prōmittere

adulterīnus -a -um =
factus ad fallendum,
falsus

Micipsa paucīs post diēbus moritur. Postquam illī mōre rēgiō iūsta magnificē fēcerant, rēgulī in ūnum convēnērunt, ut inter sē dē cūnctīs negōtiīs disceptārent. Ibi cum multa dē administrandō imperiō dissererent, Iugurtha inter aliās rēs iacit 'oportēre quīnquenniī cōnsulta et dēcrēta omnia rescindī, nam per ea tempora cōnfectum annīs Micipsam parum animō valuisse.' Tum 'idem' Hiempsal 'placēre sibi' respondit, 'nam ipsum illum tribus proximīs annīs adoptātiōne in rēgnum pervēnisse!' Quod verbum in pectus Iugurthae altius quam quisquam ratus erat dēscendit. Itaque ex eō tempore īrā et metū ānxius mōlīrī, parāre atque ea modo cum animō habēre quibus Hiempsal per dolum caperētur.

Prīmō conventū, quem ab rēgulīs factum suprā memorāvī, propter dissēnsiōnem placuerat dīvidī thēsaurōs fīnēsque imperiī singulīs cōnstituī. Itaque tempus ad utramque rem dēcernitur, sed mātūrius ad pecūniam distribuendam. Rēgulī intereā in loca propinqua thēsaurīs alius aliō concessēre. Sed Hiempsal in oppidō Thirmidā forte eius domō ūtēbātur quī, proximus līctor Iugurthae, cārus acceptusque eī semper fuerat. Quem ille cāsū ministrum oblātum prōmissīs onerat impellitque uti tamquam suam vīsēns domum eat, portārum clāvēs adulterīnās paret (nam vērae ad Hiempsalem referēbantur); 'cēterum, ubi rēs postulāret, sē ipsum cum magnā manū ventūrum.'

Numida mandāta brevī cōnficit atque, uti doctus erat, noctū Iugurthae mīlitēs intrōdūcit. Quī postquam in aedēs irrūpēre, dīversī rēgem quaerere, dormientēs aliōs, aliōs occursantēs interficere, scrūtārī loca abdita, 55 clausa effringere, strepitū et tumultū omnia miscēre — cum interim Hiempsal reperītur occultāns sē tuguriō mulieris ancillae, quō initiō pavidus et ignārus locī perfūgerat. Numidae caput eius, uti iussī erant, ad Iugurtham referunt.

13 Cēterum fāma tantī facinoris per omnem Āfricam brevī dīvulgātur. Adherbalem omnēsque quī sub imperiō Micipsae fuerant metus invādit. In duās partēs discēdunt Numidae: plūrēs Adherbalem sequuntur, sed illum alterum bellō meliōrēs. Igitur Iugurtha quam 65 māximās potest cōpiās armat, urbēs partim vī, aliās voluntāte imperiō suō adiungit, omnī Numidiae imperāre parat. Adherbal, tametsī Rōmam lēgātōs mīserat, quī senātum docērent dē caede frātris et fortūnīs suīs, tamen frētus multitūdine mīlitum parābat armīs conten- 70 dere. Sed ubi rēs ad certāmen vēnit, victus ex proeliō profūgit in prōvinciam ac deinde Rōmam contendit.

Tum Iugurtha, patrātīs cōnsiliīs, postquam omnis Numidiae potiēbātur, in ōtiō facinus suum cum animō reputāns, timēre populum Rōmānum neque adversus 175 īram eius usquam, nisi in avāritiā nōbilitātis et pecūniā suā, spem habēre. Itaque paucīs diēbus cum aurō et argentō multō Rōmam lēgātōs mittit, quīs praecipit

docēre -uisse doctum; doctus : iussus

dīversī: in dīversās partēs : quaer*unt*...
occursāre = occurrere
scrūtārī = explōrāre
abditus = occultus
effringere = foribus effrāctīs penetrāre
tugurium -ī *n* = casa

dīvulgāre = vulgō patefacere

quam māximās potest = (tantās) quantās māximē potest
partim = in parte; partim ... aliās = aliās ... aliās

frētus -a -um (+*abl*) = fīdēns
contendere = certāre
prōvincia *Africa*: terra Carthāginiēnsium prōvincia Rōmāna facta
(*Rōmam*) contendere = properāre
patrāre = perficere
Numidiae potiēbātur = N.ae potēns erat (: in suā potestāte tenēbat)

paucīs diēbus = intrā paucōs diēs
quīs = quibus (*dat/abl pl*)

315

(mūneribus) explēre
= dōnāre
ac-quīrere < ad- +
quaerere
nē cūnctentur (: dubitent)
parāre quaecumque
possint

'prīmum uti veterēs amīcōs mūneribus expleant, deinde novōs acquīrant, postrēmō quaecumque possint largiundō parāre nē cūnctentur.'

Sed ubi Rōmam lēgātī vēnēre et ex praeceptō rēgis hospitibus aliīsque, quōrum eā tempestāte in senātū auctōritās pollēbat, magna mūnera mīsēre, tanta commūtātiō incessit, ut ex māximā invidiā in grātiam et favōrem nōbilitātis Iugurtha venīret!

com-mūtātiō -ōnis *f*
= mūtātiō
incessit : facta est

utrīsque : Adherbalī et
lēgātīs Iugurthae
accēpimus : nōbīs trāditum est

Diē cōnstitūtō senātus utrīsque datur. Tum Adherbalem hōc modō locūtum accēpimus:

"Patrēs cōnscrīptī! — Iugurtha, homō omnium quōs terra sustinet scelerātissimus, contēmptō imperiō vestrō, Masinissae mē nepōtem et iam ab stirpe socium atque amīcum populī Rōmānī, rēgnō fortūnīsque omnibus expulit. Iīs fīnibus ēiectus sum quōs māiōribus meīs populus Rōmānus dedit, unde pater et avus meus ūnā vōbīscum expulēre Syphācem et Carthāginiēnsēs. Vestra beneficia mihi ērepta sunt, patrēs cōnscrīptī, vōs in meā iniūriā dēspectī estis.

stirps = gēns ex quā
aliquis ortus est

eōs quī

"Ego sīc exīstimābam, patrēs cōnscrīptī, quī vestram amīcitiam dīligenter colerent, eōs multum labōrem suscipere, cēterum ex omnibus māximē tūtōs esse. Quod in familiā nostrā fuit, praestitit uti in omnibus bellīs adesset vōbīs: nōs uti per ōtium tūtī sīmus, in vestrā manū est, patrēs cōnscrīptī. Pater nōs duōs frātrēs relīquit, tertium Iugurtham beneficiīs suīs ratus est coniūnctum nōbīs fore. Alter eōrum necātus est, alterīus ipse ego

māximē tūtōs = tūtissimōs
quod in familiā fuit :
quantum f. a potuit
praestāre (-stitisse) ut
= cūrāre ut
per ōtium = in pāce

eōrum : frātrum meōrum

05 manūs impiās vix effūgī. Quid agam? aut quō potissimum īnfēlīx accēdam?

"Patrēs cōnscrīptī! Subvenīte mihi miserō, īte obviam
iniūriae, nōlīte patī rēgnum Numidiae, quod vestrum
est, per scelus et sanguinem familiae nostrae tābēscere!"

15 Postquam rēx finem loquendī fēcit, lēgātī Iugurthae,
largītiōne magis quam causā frētī, paucīs respondent:
'Hiempsalem ob saevitiam suam ab Numidīs interfectum; Adherbalem ultrō bellum īnferentem, postquam
superātus sit, querī quod iniūriam facere nequīvisset!
15 Iugurtham ab senātū petere, nē sē alium putārent ac
Numantiae cognitus esset, neu verba inimīcī ante facta
sua pōnerent.'

Deinde utrīque Cūriā ēgrediuntur. Senātus statim
cōnsulitur. Fautōrēs lēgātōrum, praetereā senātūs mag-
20 na pars, grātiā dēprāvāta, Adherbalis dicta contemnere,
Iugurthae virtūtem extollere laudibus; grātiā, vōce, dēnique omnibus modīs prō aliēnō scelere et flāgitiō suā
quasi prō glōriā nītēbantur. At contrā paucī, quibus
bonum et aequum dīvitiīs cārius erat, subveniundum
225 Adherbalī et Hiempsalis mortem sevērē vindicandam
cēnsēbant; sed ex omnibus māximē Aemilius Scaurus,
homō nōbilis, impiger, factiōsus, avidus potentiae, honōris, dīvitiārum, cēterum vitia sua callidē occultāns.

16 Vīcit tamen in senātū pars illa quae vērō pretium aut
230 grātiam anteferēbat. Dēcrētum fit 'uti decem lēgātī rēgnum quod Micipsa obtinuerat inter Iugurtham et Ad-

sub-venīre = auxiliō venīre, opem ferre

tābēscere (↔ convalēscere) = absūmī (morbō)

largītiō -ōnis f < largīrī

ne-quīre = nōn quīre, nōn posse

verba ante facta pōnere = verba factīs antepōnere

grātiā : g. Iugurthae
dē-prāvāre = prāvum facere, corrumpere
: contemnunt, extollunt
ex-tollere (laudibus) = valdē laudāre
flāgitium -ī n = turpe factum, indignitās
prō suā glōriā

M. Aemilius Scaurus: cōs. annō 115 a. C.

vērum -ī n = bonum et aequum
ante-ferre = antepōnere, praeferre

victōriam exercēre
= victōriā ūtī
ac-cūrātus -a -um = cum
cūrā factus; accūrātē =
magnā cum cūrā
multa dandō et pollicendō

commodum rēgis = quod
rēgī prōdest

dīvīsiō -ōnis *f* < dīvidere
quae pars Numidiae = ea
pars N.ae quae
portuōsus -a -um =
portūs habēns
rē (ex)ōrnātus = rem
habēns
possidēre -sēdisse

adipīscī -eptum
sēsē adeptum *esse*

pollicitātiō -ōnis *f* (< pollicitārī) = prōmissum

in-tendere -disse -tum
= advertere

opportūnus -a -um = idō-
neus; quī obicitur (reī)
ex im-prōvīsō = praeter
exspectātiōnem, subitō

convertit = sē convertit,
revertitur

herbalem dīviderent.' Cuius lēgātiōnis prīnceps fuit L. Opīmius, homō clārus et tum in senātū potēns, quia cōnsul, C. Gracchō et M. Fulviō Flaccō interfectīs, ācerrimē victōriam nōbilitātis in plēbem exercuerat. 2 Eum Iugurtha, tametsī Rōmae in inimīcīs habuerat, tamen accūrātissimē recēpit, dandō et pollicendō multa perfēcit uti fāmae, fideī, postrēmō omnibus suīs rēbus commodum rēgis anteferret. Reliquōs lēgātōs eādem viā aggressus plērōsque capit; paucīs cārior fidēs quam pe- 2 cūnia fuit.

In dīvīsiōne, quae pars Numidiae Maurētāniam attingit, agrō virīsque opulentior, Iugurthae trāditur; illam alteram, quae portuōsior et aedificiīs magis exōrnāta erat, Adherbal possēdit. 24

Postquam, dīvīsō rēgnō, lēgātī Āfricā dēcessēre et Iu- 2 gurtha contrā timōrem animī praemia sceleris adeptum sēsē videt, certum esse ratus, quod ex amīcīs apud Numantiam accēperat, omnia Rōmae vēnālia esse, simul et illōrum pollicitātiōnibus accēnsus quōs paulō ante mū- 25 neribus explēverat, in rēgnum Adherbalis animum intendit. Ipse ācer, bellicōsus; at is quem petēbat quiētus, imbellis, placidō ingeniō, opportūnus iniūriae, metuēns magis quam metuendus. Igitur ex imprōvīsō fīnēs eius cum magnā manū invādit, multōs mortālēs cum pecore 255 atque aliā praedā capit, aedificia incendit, plēraque loca hostīliter cum equitātū accēdit; deinde cum omnī multitūdine in rēgnum suum convertit, exīstimāns Adherba-

lem dolōre permōtum iniūriās suās manū vindicātūrum
50 eamque rem bellī causam fore.

At ille, quod neque sē parem armīs exīstimābat et
amīcitiā populī Rōmānī magis quam Numidīs frētus
erat, lēgātōs ad Iugurtham dē iniūriīs questum mīsit.
Quī tametsī contumēliōsa dicta rettulerant, prius tamen
55 omnia patī dēcrēvit quam bellum sūmere. Neque eō
magis cupīdō Iugurthae minuēbātur, quippe quī tōtum
eius rēgnum animō iam invāserat. Itaque nōn uti anteā
cum praedātōriā manū, sed magnō exercitū comparātō
bellum gerere coepit et apertē tōtīus Numidiae impe-
70 rium petere. Cēterum, quā pergēbat, urbēs, agrōs vāstāre, praedās agere, suīs animum, hostibus terrōrem
augēre.

21 Adherbal, ubi intellegit eō prōcessum uti rēgnum aut
relinquendum esset aut armīs retinendum, necessāriō
75 cōpiās parat et Iugurthae obvius prōcēdit.

Interim haud longē ā marī prope Cirtam oppidum
utrīusque exercitus cōnsēdit, et quia diēī extrēmum
erat, proelium nōn inceptum. Sed ubi plērumque noctis
prōcessit, obscūrō etiam tum lūmine, mīlitēs Iugurthīnī
80 signō datō castra hostium invādunt; sēmisomnōs partim, aliōs arma sūmentēs fugant funduntque. Adherbal
cum paucīs equitibus Cirtam profūgit, et nī multitūdō
togātōrum fuisset, quae Numidās īnsequentēs moenibus prohibuit, ūnō diē inter duōs rēgēs coeptum atque
285 patrātum bellum foret. Igitur Iugurtha oppidum cir-

manū : armīs

amīcitiā frētus erat =
  amīcitiae cōnfīdēbat

contumēliōsus -a -um
  < contumēlia

quippe quī = quī scīlicet,
  quoniam

praedātōrius -a -um
  = quī praedātur

: vāstat, agit

: auget

eō prōcessum esse = eō
  (tam longē) rem prō-
  cessisse
necessāriō adv

Cirta -ae f : caput Numi-
  diae
extrēmum -ī n = fīnis

inceptum = coeptum

sēmi-somnus -a -um =
  nec dormiēns nec
  vigilāns

togātī : Rōmānī
īn-sequī = persequī
  ā moenibus

319

cumsēdit; vīneīs turribusque et māchinīs omnium generum expugnāre aggreditur, māximē festīnāns tempus

ante-capere

lēgātōrum antecapere quōs ante proelium factum Rōmam ab Adherbale missōs audīverat.

Sed postquam senātus dē bellō eōrum accēpit, trēs 2⁵

adulēscentēs in Āfricam lēgantur, quī ambōs rēgēs ad-

'senātum populumque R.
velle et cēnsēre eōs ab
armīs discēdere (= ut…
discēdant)'
sē-que illīs-que = et sē
(Rōmānīs) et illīs

eant, senātūs populīque Rōmānī verbīs nūntient: 'velle
et cēnsēre eōs ab armīs discēdere: ita sēque illīsque dignum esse.'

mātūrāre = properāre

Lēgātī in Āfricam mātūrantēs veniunt, eō magis quod 2
Rōmae, dum proficīscī parant, dē proeliō factō et oppugnātiōne Cirtae audiēbātur — sed is rūmor clēmēns
erat. Quōrum Iugurtha acceptā ōrātiōne respondit:
'Sibi neque māius quicquam neque cārius auctōritāte

adulēscentia -ae f = aetās
adulēscentis
ēnītī ēnīsum
malitia -ae f < malus
sē P. Scīpiōnī placuisse

senātūs esse; ab adulēscentiā ita sē ēnīsum ut ab optimō 30⁰
quōque probārētur; virtūte, nōn malitiā P. Scīpiōnī,
summō virō, placuisse; ob eāsdem artēs ā Micipsā, nōn

pēnūria -ae f = inopia

quō plūra…eō minus

pēnūriā līberōrum, in rēgnum adoptātum esse. Cēterum quō plūra bene atque strēnuē fēcisset, eō animum
suum iniūriam minus tolerāre. Adherbalem dolīs vītae 30⁵

sē obviam iisse

prō bonō = bene

suae īnsidiātum; quod ubi comperisset, scelerī eius obviam īsse; populum Rōmānum neque rēctē neque prō
bonō factūrum, sī ab iūre gentium sēsē prohibuerit.

sē missūrum esse

Postrēmō dē omnibus rēbus lēgātōs Rōmam brevī missūrum.' 310

(agendī) cōpia = occāsiō,
potestās (: lēgātī Adher-
balem appellāre nōn
potuērunt)

Ita utrīque dīgrediuntur. Adherbalis appellandī cōpia
nōn fuit.

320

23   Iugurtha, ubi eōs Āfricā dēcessisse ratus est, neque
propter locī nātūram Cirtam armīs expugnāre potest,
15 vāllō atque fossā moenia circumdat, turrēs exstruit eāsque praesidiīs fīrmat; praetereā diēs noctēsque aut per
vim aut dolīs temptāre. Adherbal, ubi intellegit omnēs   : tempt*at*
suās fortūnās in extrēmō sitās, hostem īnfēstum, auxiliī   in extrēmō *perīculō* sitās
spem nūllam, pēnūriā rērum necessāriārum bellum   *esse*
20 trahī nōn posse, ex iīs quī ūnā Cirtam profūgerant duōs   ūnā *cum eō*
māximē impigrōs dēlēgit, eōs multa pollicendō ac mise-
randō cāsum suum cōnfīrmat, uti per hostium mūnītiō-   cōn-fīrmāre = fīrmāre
nēs noctū ad proximum mare, dein Rōmam pergerent.   (animō), adhortārī

24   Numidae paucīs diēbus iussa efficiunt. Litterīs Ad-
25 herbalis in senātū recitātīs, fuēre quī exercitum in Āfri-   fuēre quī cēnsērent = ali-
cam mittundum cēnsērent et quam prīmum Adherbalī   quī (senātōrēs) fuērunt
subveniundum. Sed ab iīsdem illīs rēgis fautōribus   quī cēnsērent
summā ope ēnīsum est nē tāle dēcrētum fieret. Ita bo-   ab illīs ēnīsum est
num pūblicum, ut in plērīsque negōtiīs solet, prīvātā   = illī ēnīsī sunt
30 grātiā dēvictum.

    Lēgantur tamen in Āfricam māiōrēs nātū nōbilēs,
amplīs honōribus ūsī, in quīs fuit M. Scaurus, dē quō   amplīs honōribus ūsī =
suprā memorāvimus, cōnsulāris et tum senātūs prīn-   quī summōs magistrātūs
ceps. Iī, quod rēs in invidiā erat, trīduō nāvem ascen-   gesserant
35 dēre; dein brevī Uticam appulsī litterās ad Iugurtham   rēs in invidiā erat : rēs
mittunt: 'quam ōcissimē ad prōvinciam accēdat sēque   invidiam excitābat
ad eum ab senātū missōs.' Ille, ubi accēpit hominēs   ōcissimē = celerrimē;
clārōs, quōrum auctōritātem Rōmae pollēre audīverat,   quam ō. (potest) = tam
contrā inceptum suum vēnisse, cum paucīs equitibus in   celeriter quam māximē

    fierī potest

    inceptum -ī n = quod in-
    ceptum (coeptum) est,
    coepta

321

prōvinciam vēnit. Ac tametsī senātūs verbīs gravēs mi- 3ᐧ
nae nūntiābantur, quod ab oppugnātiōne nōn dēsiste-
ret, multā tamen ōrātiōne cōnsūmptā lēgātī frūstrā dis-
cessēre.

Italicus -a -um < Italia;
pl incolae
dēfēnsāre = dēfendere
cōnfīdere -fīsum esse;
cōnfīsī = cōnfīdentēs,
cum cōnfīderent (crē-
derent)

Ea postquam Cirtae audīta sunt, Italicī, quōrum vir- 2
tūte moenia dēfēnsābantur, cōnfīsī dēditiōne factā prop- 34ᐧ
ter magnitūdinem populī Rōmānī inviolātōs sēsē fore,
Adherbalī suādent 'uti sēque et oppidum Iugurthae trā-

pacīscī pactum = condi-
ciōnem ferre, ex com-
positō postulāre
potior -ius *comp* = melior
penes eōsdem cōgendī
potestās erat : iīdem
eum cōgere poterant

dat, tantum ab eō vītam pacīscātur.' At ille, tametsī
omnia potiōra fidē Iugurthae rēbātur, tamen — quia
penes eōsdem, sī adversārētur, cōgundī potestās erat — 35ᐧ
ita uti cēnsuerant Italicī dēditiōnem facit. Iugurtha in
prīmīs Adherbalem excruciātum necat; deinde omnēs

negōtiātor -ōris *m* = quī
negōtia gerit, mercātor
negōtiātōrēs *Italicōs*

pūberēs Numidās et negōtiātōrēs, uti quisque armātus
obvius fuerat, interficit!

Quod postquam Rōmae cognitum est, prōvinciae fu- 2ᐧ
tūrīs cōnsulibus Numidia atque Italia dēcrētae. Cōnsulēs dēclārātī P. Scīpiō Nāsīca, L. Calpurnius Bēstia.

ob-venīre = ēvenīre
(sortibus)
portāre : trānsportāre
(mīlitēs) scrībere = cōn-
scrībere

Calpurniō Numidia, Scīpiōnī Italia obvēnit. Deinde
exercitus quī in Āfricam portārētur scrībitur.

familiāris -is *m* = amīcus
praecipit *ut* omnēs...

At Iugurtha, contrā spem nūntiō acceptō, fīlium et 2ᐧ
cum eō duōs familiārēs ad senātum lēgātōs mittit iīsque
praecipit 'omnēs mortālēs pecūniā aggrediantur!' Quī

adventāre (Rōmam) = ap-
propinquāre (Rōmae)
moenibus recipere : intrā
moenia r.
iī : senātōrēs

postquam Rōmam adventābant, senātus ā Bēstiā cōn-
sultus 'placēretne lēgātōs Iugurthae recipī moenibus?'
iīque dēcrēvēre 'nisi rēgnum ipsumque dēditum vēnis- 365
sent, uti in diēbus proximīs decem Italiā dēcēderent!'

Ita īnfectīs rēbus illī domum discēdunt.

Interim Calpurnius, parātō exercitū, initiō ācriter Numidiam ingressus est multōsque mortālēs et urbēs
'9 aliquot pugnandō cēpit. Sed ubi Iugurtha per lēgātōs pecūniā temptāre coepit, animus aeger avāritiā facile conversus est. Cēterum socius et administer omnium cōnsiliōrum assūmitur Scaurus, quī tametsī ā prīncipiō ācerrimē rēgem impugnāverat, tamen magnitūdine pe-
'5 cūniae ā bonō honestōque in prāvum abstractus est.

[*Calpurnius, corruptus rēgis pecūniā, bellum trahere coepit atque pācem cum Iugurthā flāgitiōsam fēcit iniussū populī et senātūs.*

Postquam rēs in Āfricā gestās fāma dīvulgāvit, apud
80 *plēbem gravis invidia. At C. Memmius tr. pl., vir vehe-mēns et īnfēstus potentiae nōbilitātis, populō persuādet uti L. Cassius, quī tum praetor erat, ad Iugurtham mitterētur eumque, datā fidē pūblicā, Rōmam dūceret, ut eius indiciō patefierent dēlicta Scaurī et reliquōrum quī pecūniae accep-*
85 *tae accūsābantur.*]

33 Igitur Iugurtha cum Cassiō Rōmam vēnit. Ac tametsī in ipsō magna vīs animī erat, cōnfīrmātus ab omnibus quōrum potentiā aut scelere cūncta ea gesserat quae suprā dīximus, C. Baebium tribūnum plēbis magnā
90 mercēde parat, cuius impudentiā contrā iūs et iniūriās omnēs mūnītus foret.

At C. Memmius, advocātā cōntiōne, quamquam rēgī īnfēsta plēbs erat, sēdāre mōtūs et animōs eōrum mol-

---

īn-fectus-a-um (<in+ factus)=im-perfectus

animus *cōnsulis*

ad-minister -trī *m* = minister
as-sūmere < ad-sūmere

im-pugnāre = op-pugnāre (verbīs)

flāgitiōsus-a-um (<flāgi-tium) = ignōminiōsus, turpis

invidia *orta est*

fidēs = prōmissum (: in-violātum eum fore)
indicium -ī *n* = quod indicātur
pate-facere *āct*; pate-fierī -factum *pass*

impudentia -ae *f* = audā-cia sine pudōre
cuius impudentiā mūnī-tus foret : ut eius impu-dentiā mūnītus (: tūtus) esset

: sēd*at*, moll*it*, cōnfīrm*at*

cōnfirmāre = affirmāre

post *adv* = posteā

Numidiae : in Numidiā

quamquam populus R.
  intellegat quibus iuvantibus... ea ēgerit
  populum Rōmānum velle

in rē spēs sita est = ob rem
  spēs est, rēs spem dare
  potest

accēnsa : īrāta

īra amat : īrātī amant
  (volunt)
  lūdibriō (*dat*) habēre
  = ēlūdere

augēscere = augērī in-
  cipere, crēscere

adversus fuerat =
  adversātus erat

Sp. *Postumius* Albīnus
  [annō 110 a. C.]
  M. Minuciō Rūfō

persuādet *ut* rēgnum petat

agitāre = agere

Bomilcar -aris *m*

---

līre, postrēmō cōnfirmāre 'fidem pūblicam per sēsē in- violātum fore.' Post, ubi silentium coepit, prōductō Iu- 3• gurthā, verba facit: Rōmae Numidiaeque facinora eius memorat, scelera in patrem frātrēsque ostendit; 'quibus iuvantibus quibusque ministrīs ea ēgerit quamquam in- tellegat populus Rōmānus, tamen velle manifēsta magis ex illō habēre; sī vērum aperiat, in fidē et clēmentiā 4• populī Rōmānī magnam spem illī sitam.'

Deinde, ubi Memmius dīcundī fīnem fēcit et Iugur- ƺ tha respondēre iussus est, C. Baebius tribūnus plēbis, quem pecūniā corruptum suprā dīximus, rēgem tacēre iubet! Ac tametsī multitūdō quae in cōntiōne aderat 4C vehementer accēnsa terrēbat eum clāmōre, vultū, saepe impetū atque aliīs omnibus quae īra fierī amat, vīcit tamen impudentia. Ita populus lūdibriō habitus ex cōn- tiōne discēdit, Iugurthae Bēstiaeque et cēterīs quōs illa quaestiō exagitābat animī augēscunt. 4ᴵ

Erat eā tempestāte Rōmae Numida quīdam nōmine ƺ Massīva, Gulussae fīlius, Masinissae nepōs, quī, quia in dissēnsiōne rēgum Iugurthae adversus fuerat, dēditā Cirtā et Adherbale interfectō profugus ex patriā abierat. Huic Sp. Albīnus, quī proximō annō post Bēstiam cum 41 Q. Minuciō Rūfō cōnsulātum gerēbat, persuādet, quo- niam ex stirpe Masinissae sit, rēgnum Numidiae ab se- nātū petat.

Quae postquam Massīva agitāre coepit, neque Iu- gurthae in amīcīs satis praesidiī est, Bomilcarī, proximō 42•

et māximē fīdō sibi, imperat, pretiō īnsidiātōrēs Massī-
vae paret ac māximē occultē Numidam interficiat. Bomilcar mātūrē rēgis mandāta exsequitur, et per hominēs
tālis negōtiī artificēs itinera ēgressūsque eius, postrēmō
25 loca atque tempora cūncta explōrat; deinde, ubi rēs postulābat, īnsidiās tendit. Igitur ūnus ex eō numerō quī ad
caedem parātī erant paulō incōnsultius Massīvam aggreditur: illum obtruncat, sed ipse dēprehēnsus, multīs
hortantibus et in prīmīs Albīnō cōnsule, indicium pro-
30 fitētur. Fit reus Bomilcar. At Iugurtha clam in Numidiam Bomilcarem dīmittit, et ipse paucīs diēbus eōdem
profectus est, iussus ā senātū Italiā dēcēdere. Sed postquam Rōmā ēgressus est, fertur saepe eō tacitus respiciēns postrēmō dīxisse: "Ō, urbem vēnālem et mātūrē
35 peritūram, sī ēmptōrem invēnerit!"

[*A. Albīnus, frāter cōnsulis, ā Iugurthā circumventus et
fugātus pācem cum eō fēcit ignōminiōsam, quam nōn esse
servandam senātus cēnsuit.*

Tertius contrā Iugurtham missus est Q. Caecilius Metel-
40 *lus cōnsul, cui C. Marius lēgātus datus est. Metellus exerci-*
tum ā priōribus ducibus corruptum ad disciplīnam Rōmā-
nam redūxit, duōbus proeliīs Iugurtham fūdit tōtamque
Numidiam vāstāvit. Tum rēx, dēspērātā fortūnā, dēditiō-
nem meditābātur et lēgātōs ad cōnsulem mīsit, sed cum iam
45 *permagnam pecūniam et armōrum aliquantum Rōmānīs*
trādidisset, animum mūtāvit. Bellō renovātō Metellus rūr-
sus rēgem fugāvit ac Thalam, oppidum opulentum, cēpit.

imperat *ut*... paret
īnsidiātor -ōris *m* = quī
  īnsidiātur

mātūrē = citō, mox

artificēs : perītōs
ēgressus -ūs *m* < ēgredī

īnsidiās tendere = ī.
  parāre
in-cōnsultus -a -um =
  temerārius, incautus

in prīmīs = praecipuē
indicium profitērī =
  indicāre
reus -ī *m* = quī in iūdiciō
  accūsātur; r. fierī = ac-
  cūsārī

ēmptor -ōris *m* = quī
  emit

[annō 109 a. C.]
Q. Caecilius Metellus
  Numidicus

meditārī = cōgitāre (dē),
  in animō habēre
per-magnus = valdē
  magnus, māximus

325

(locus)asper = difficilis,
iniquus

Iugurtha, āmissā Thalā, per loca vāsta et aspera pervē-
nit ad Gaetūlōs, quōs contrā Rōmānōs armāvit. Praetereā
Bocchum, rēgem Maurētāniae, impulit ut adversus Rōmā- 4⁵
nōs bellum inciperet.

Interim C. Marius, homō novus, Rōmam reversus cōnsul
creātus est, eumque populus Rōmānus, adversante nōbili-
tāte, bellum cum Iugurthā gerere iussit. Quam rem Metellus
aegrē ferēns bellum trahere coepit. At Marius cōntiōnem 45

disserere -uisse

populī advocāvit; deinde hōc modō disseruit:]

"Quirītēs! Bellum mē gerere cum Iugurthā iussistis, 8
quam rem nōbilitās aegerrimē tulit. Quaesō, reputāte
cum animīs vestrīs num id mūtāre melius sit, sī quem
ex illō globō nōbilitātis ad hoc aut aliud tāle negōtium 46
mittātis, hominem multārum imāginum — et nūllīus
stipendiī. Ita plērumque ēvenit ut quem vōs imperāre
iussistis is sibi imperātōrem alium quaerat. Atque ego
sciō, Quirītēs, quī postquam cōnsulēs factī sunt, et ācta 46
māiōrum et Graecōrum mīlitāria praecepta legere coe-
perint. Comparāte nunc, Quirītēs, cum illōrum superbiā mē, hominem novum! Quae illī audīre aut legere
solent, eōrum partem vīdī, alia egomet gessī; quae illī
litterīs, ea ego mīlitandō didicī.

"Contemnunt novitātem meam — ego illōrum ignāvi- 47
am! Quod sī iūre mē dēspiciunt, faciant idem māiōribus
suīs, quibus — uti mihi — ex virtūte nōbilitās coepit.
Atque etiam, cum apud vōs aut in senātū verba faciunt,
māiōrēs suōs extollunt, eōrum fortia facta memorandō

sī quem : num forte ali-
quem

Rōmānī nōbilēs *imāginēs
māiōrum* in ātriō expō-
nunt
homō nūllīus stipendiī
: quī nōn mīlitāvit

sciō quī = hominēs sciō
(nōvī) quī
ācta -ōrum *n* = quae ācta
(et scrīpta) sunt

novitātem meum : mē
'hominem novum'
ignāvia -ae *f* = inertia
(↔ fortitūdō)
faciant idem māiōribus
suīs : item dēspiciant
māiōrēs suōs

75 clāriōrēs sēsē putant. Quod contrā est: nam quantō vīta
illōrum praeclārior, tantō hōrum socordia flāgitiōsior!
Huiusce reī ego inopiam fateor, Quirītēs, vērum (id
quod multō praeclārius est) meamet facta mihi dīcere
licet. Nunc vidēte quam inīquī sint: Quod ex aliēnā
80 virtūte sibi arrogant, id mihi ex meā nōn concēdunt,
scīlicet quia imāginēs nōn habeō et quia mihi nova nōbilitās est, quam certē peperisse melius est quam acceptam corrūpisse!

"Nōn possum fideī causā imāginēs neque triumphōs
85 aut cōnsulātūs māiōrum meōrum ostentāre — at, sī rēs
postulet, hastās, vexillum, phalerās, alia mīlitāria dōna,
praetereā cicātrīcēs adversō corpore! Hae sunt meae
imāginēs, haec nōbilitās, nōn hērēditāte relicta, ut illa
illīs, sed quae ego meīs plūrimīs labōribus et perīculīs
90 quaesīvī!

"Nōn sunt composita verba mea — parvī id faciō.
Ipsa sē virtūs satis ostendit. Illīs artificiō opus est, ut
turpia facta ōrātiōne tegant. Neque litterās Graecās didicī; parum placēbat eās discere, quippe quae ad virtū-
95 tem doctōribus nihil profuerant. At illa multo optima
reī pūblicae doctus sum: hostem ferīre, nihil metuere
nisi turpem fāmam, hiemem et aestātem iūxtā patī,
humī requiēscere, eōdem tempore inopiam et labōrem
tolerāre. Hīs ego praeceptīs mīlitēs hortābor. Haec
500 atque tālia māiōrēs vestrī faciundō sēque remque pūblicam celebrāvēre.

illōrum : māiōrum
socordia -ae f = ignāvia

mea-met = mea

in-īquus = iniūstus
(↔ aequus)
ar-rogāre (< ad-)
= postulāre
parere = per sē facere

vexillum   phalerae
-ī n   -ārum f
mīlitāria dōna : praemia
virtūtis
cicātrīx -īcis f = vetus
vulnus
adversō corpore : in
pectore

compositus = arte c.
(parvī) facere = aestimāre
artificium -ī n = ars

tegere : cēlāre

quippe quae = quoniam
eae
multō optima = longē
optima

iūxtā = aequē

requiēscere = quiēscere,
dormīre

tūtārī = tuērī
imperītia -ae *f* < *imperītus* ↔ perītus

locōrum sciēns = quī
loca scit (nōvit)

ad-nītī = ēnītī

cōnsultor -ōris *m* = quī
cōnsulit
iūxtā geram : eōdem
modō tractābō

abundē = plūs quam
satis, nimis

ūtilia -ium *n* = rēs ūtilēs

: scrīb*it*

capite cēnsī = prōlētāriī
(quī ante Mariī aetātem
immūnēs mīlitiā erant)

P. Rutiliō *Rūfō* (cōs. annō
105 a. C.)

"Nunc, quoniam illīs respondī, pauca dē rē pūblicā loquar. Prīmum omnium dē Numidiā bonum habēte animum, Quirītēs! Nam quae ad hoc tempus Iugurtham tūtāta sunt, omnia remōvistis: avāritiam, imperī- 50 tiam, atque superbiam. Deinde exercitus ibi est locōrum sciēns, sed mehercule magis strēnuus quam fēlīx; nam magna pars eius avāritiā aut temeritāte ducum attrīta est. Quam ob rem vōs, quibus mīlitāris aetās est, adnītiminī mēcum! Egomet in agmine aut in proeliō 51 cōnsultor īdem et socius perīculī vōbīscum aderō, mēque vōsque in omnibus rēbus iūxtā geram. Et profectō, dīs iuvantibus, omnia mātūra sunt: victōria, praeda, laus. Quae sī dubia aut procul essent, tamen omnēs bonōs reī pūblicae subvenīre decēbat. Etenim nēmō ig- 51 nāviā immortālis factus est.

"Plūra dīcerem, Quirītēs, sī timidīs virtūtem verba adderent — nam strēnuīs abundē dictum putō."

Huiusce modī ōrātiōne habitā, Marius properē com- 86 meātū, stipendiō, armīs aliīsque ūtilibus nāvēs onerat; 520 cum hīs A. Mānlium lēgātum proficīscī iubet. Ipse intereā mīlitēs scrībere, nōn mōre māiōrum neque ex classibus, sed uti cuiusque libīdō erat, capite cēnsōs plērōsque. Igitur Marius, cum aliquantō māiōre numerō quam dēcrētum erat in Āfricam profectus, paucīs 525 diēbus Uticam advehitur. Exercitus eī trāditur ā P. Rutiliō lēgātō; nam Metellus cōnspectum Mariī fūgerat, nē vidēret ea quae audīta animus tolerāre nequīverat.

328

7   Sed cōnsul in agrum fertilem proficīscitur, omnia ibi
0   capta mīlitibus dōnat; dein castella et oppida nātūrā et
    virīs parum mūnīta aggreditur. At rēgēs, ubi dē ad-
    ventū Mariī cognōvērunt, dīversī in locōs difficilēs ab-
    eunt. Ita Iugurthae placuerat, spērantī mox effūsōs hos-
    tēs invādī posse.

88 Metellus intereā Rōmam profectus contrā spem suam
    laetissimīs animīs accipitur, plēbī patribusque, post-
    quam invidia dēcesserat, iūxtā cārus.

    Sed Marius explōrāre itinera rēgum, cōnsilia et īnsi-
    diās eōrum antevenīre, nihil apud eōs tūtum patī. Ita-
40 que et Gaetūlōs et Iugurtham ex sociīs nostrīs praedās
    agentēs saepe aggressus in itinere fūderat, ipsumque
    rēgem haud procul ab oppidō Cirtā armīs exuerat.

89 Erat inter ingentēs sōlitūdinēs oppidum magnum at-
    que valēns nōmine Capsa. Eius cīvēs apud Iugurtham
45 immūnēs, levī imperiō, et ob ea fidēlissimī habēbantur,
    mūnītī adversum hostēs nōn moenibus modo et armīs
    atque virīs, vērum etiam multō magis locōrum asperi-
    tāte; nam praeter oppidō propinqua alia omnia vāsta,
    inculta, egentia aquae, īnfēsta serpentibus. Eius poti-
50 undī Marium māxima cupīdō invāserat, cum propter
    ūsum bellī, tum quia rēs aspera vidēbātur et Metellus
    oppidum Thalam magnā glōriā cēperat, haud dissimili-
    ter situm mūnītumque.

90 Igitur cōnsul, omnibus explōrātīs, pergit ad flūmen
91 Tanain. Ibi castrīs levī mūnīmentō positīs, mīlitēs

---

rēgēs : Iugurtha et
Bocchus

iūxtā = aequē

: explōr*at*

ante-venīre
: anteven*it*, pat*itur*

hostem armīs exuere :
hostem ita vincere ut
armīs abiectīs fugiat

levī imperiō : quibus
leviter (↔ sevērē) im-
perābātur

asperitās -ātis *f* < asper

: praeter *loca* oppidō
propinqua
(locus) in-cultus = quī
nōn colitur
cupīdō eius (oppidī) poti-
endī Marium invāserat
propter ūsum bellī = quia
ūtile erat ad bellum

Tanais -is *m* (*acc* -in)

329

cibum capere atque uti simul cum occāsū sōlis ēgrede-
rentur parātōs esse iubet. Dein castrīs ēgreditur noctemque tōtam itinere factō cōnsēdit. Idem proximā facit. Dein tertiā, multō ante lūcis adventum, pervenit in
locum tumulōsum ab Capsā nōn amplius duum mīlium 5(
intervāllō, ibique quam occultissimē potest cum omnibus cōpiīs opperītur. Sed ubi diēs coepit et Numidae
nihil hostīle metuentēs multī oppidō ēgressī, repente
omnem equitātum et cum iīs vēlōcissimōs peditēs cursū
tendere ad Capsam et portās obsidēre iubet. Deinde 56
ipse intentus properē sequī neque mīlitēs praedārī sinere. Quae postquam oppidānī cognōvēre, rēs trepidae,
metus ingēns, malum imprōvīsum, ad hoc pars cīvium
extrā moenia in hostium potestāte coēgēre uti dēditiōnem facerent. Cēterum oppidum incēnsum, Numidae 57
pūberēs interfectī, aliī omnēs venundatī, praeda mīlitibus dīvīsa.

Cōnsul, ubi ea rēs bene ēvēnit, ad alia oppida pergit. 9
Pauca repugnantibus Numidīs capit, plūra dēserta
propter Capsēnsium miseriās ignī corrumpit, lūctū 57
atque caede omnia complentur.

Cēterum dum ea rēs geritur, L. Sulla quaestor cum 9.
magnō exercitū in castra vēnit. Sed quoniam nōs tantī
virī rēs admonuit, idōneum vīsum est dē nātūrā cultū-
que eius paucīs dīcere. 58(

Igitur Sulla gentis patriciae nōbilis fuit, familiā prope
iam exstīnctā māiōrum ignāviā, litterīs Graecīs et Latī-

Marginal notes (left column):

proximā *nocte*

tumulōsus -a -um =
  plēnus tumulōrum
duum = duōrum
duo mīlia = duo mīlia
  passuum

ēgressī *sunt*

: sequ*itur*, sin*it*

ad hoc = praetereā

coēgēre : (hae rēs) *eōs*
  coēgērunt

Capsēnsēs -ium *m*
  < Capsa

L. *Cornēlius* Sulla

admonēre virī (*gen*) =
  admonēre dē virō
cultus = modus vīvendī,
  mōrēs

familia: gentis pars cui
  cognōmen commūne est
exstīncta : sine honōribus
  (magistrātibus)

nīs iūxtā ērudītus, animō ingentī, cupidus voluptātum,
sed glōriae cupidior. Fācundus, callidus, et amīcitiā fa-

35 cilis. Ad simulanda negōtia altitūdō ingeniī incrēdibilis.
Multārum rērum ac māximē pecūniae largītor.

96 Igitur Sulla, postquam in Āfricam atque in castra
Mariī cum equitātū vēnit, brevī Mariō mīlitibusque cā-
rissimus factus.

97 At Iugurtha, postquam oppidum Capsam aliōsque
locōs mūnītōs et sibi ūtilēs, simul et magnam pecūniam
āmīserat, ad Bocchum nūntiōs mittit: 'quam prīmum in
Numidiam cōpiās addūceret: proeliī faciundī tempus
adesse.' Quem ubi cūnctārī accēpit, rūrsus utī anteā

95 proximōs eius dōnīs corrūpit, ipsīque Maurō pollicētur
Numidiae partem tertiam 'sī aut Rōmānī Āfricā expulsī
aut integrīs suīs fīnibus bellum compositum foret.' Eō
praemiō illectus Bocchus cum magnā multitūdine Iugurtham accēdit. Ita ambōrum exercitū coniūnctō, Ma-

00 rium iam in hīberna proficīscentem, vix decimā parte
diēī reliquā, invādunt: priusquam exercitus aut īnstruī
aut sarcinās colligere quīvit, equitēs Maurī atque Gaetūlī in nostrōs incurrunt. Quī omnēs aut arma capiēbant
aut capientēs aliōs ab hostibus dēfēnsābant; pars equōs

605 ascendere, obviam īre hostibus; pugna latrōciniō magis
quam proeliō similis fierī; neque virtūs neque arma satis
tegere, quia hostēs numerō plūrēs et undique circumfūsī erant. Dēnique Rōmānī orbēs fēcēre atque ita ab
omnibus partibus simul tēctī et īnstrūctī hostium vim

Margin notes:

fācundus -a -um
= ēloquēns
facilis = benignus
altitūdō -inis f < altus

largītor -ōris m = quī
largītur

ut quam prīmum... ad-
dūceret

accēpit : audīvit

Maurus -ī m: incola Mau-
rētāniae (: Bocchus)

il-licere -lēxisse -lectum
= prōmissīs impellere
/incitāre

sarcina -ae f = quod
mīles fert

: ascendunt, o. eunt
latrōcinium -ī n = latrō-
num impetus
fierī : fit

: tegit (: prōtegit
Rōmānōs)

sustentāre = sustinēre

remittere = cessāre
: remitt*unt*, īnst*ant*

plēnō gradū : celeriter
gradientēs
ā proeliō dēterrentur

: laet*antur*, exsult*ant*,
strep*unt*
strepere -uisse -itum
= strepitum facere

dēfessus -a -um = fatīgā-
tus, fessus
dē imprōvīsō = ex i.

signum canere = tubā
signum pugnae dare

sonitus -ūs *m* = sonus

hībernācula -ōrum *n*
= hīberna
expedītus -a -um = ad
pugnam parātus

obsessum (*supīnum*)
= ut obsideat

cōpia = multitūdō
necessārius -ī *m* = pro-
pinquus, amīcus

---

sustentābant. Iamque diēs cōnsūmptus erat, cum tamen barbarī nihil remittere atque ācrius īnstāre. Tum Marius dispersōs mīlitēs in ūnum contrahit, dein cūnctōs plēnō gradū in collem subdūcit. Ita rēgēs locī difficultāte coāctī proeliō dēterrentur, sed colle multitūdine circumdatō effūsī cōnsēdēre. Dein, crēbrīs ignibus factīs, 6. plērumque noctis barbarī mōre suō laetārī, exsultāre, strepere vōcibus.

Marius quam māximum silentium habērī iubet. Deinde, ubi lūx adventābat, dēfessīs iam hostibus ac paulō ante somnō captīs, dē imprōvīsō tubicinēs simul omnēs 62 signa canere, mīlitēs clāmōrem tollere atque portīs ērumpere iubet. Maurī atque Gaetūlī, ignōtō atque horribilī sonitū repente excītī, neque fugere neque arma capere neque omnīnō facere aut prōvidēre quicquam poterant. Dēnique omnēs fūsī fugātīque, arma et signa 62 mīlitāria plēraque capta, plūrēsque eō proeliō quam omnibus superiōribus interēmptī.

Cōnsul haud dubiē iam victor pervenit in oppidum 10. Cirtam. Exercitū in hībernāculīs compositō, cum expe- 10. dītīs cohortibus et parte equitātūs proficīscitur in loca 63(sōla obsessum turrim rēgiam, quō Iugurtha praesidium imposuerat.

Tum Bocchus ex omnī cōpiā necessāriōrum quīnque dēlēgit quōrum et fidēs cognita et ingenia validissima erant. Eōs ad Marium ac deinde, sī placeat, Rōmam 635 lēgātōs īre iubet.

4 Marius, postquam Cirtam rediit, mandāta Bocchī cognōscit. Lēgātīs potestās Rōmam eundī fit, et ab cōnsule intereā indūtiae postulābantur.

0 Cēterum Maurī, impetrātīs omnibus rēbus, trēs Rōmam profectī, duo ad rēgem redeunt. Rōmae lēgātīs amīcitiam et foedus petentibus hōc modō respondētur: "Senātus et populus Rōmānus beneficiī et iniūriae memor esse solet. Cēterum Bocchō, quoniam paenitet,

45 dēlictī grātiam facit. Foedus et amīcitia dabuntur cum meruerit."

95 Quīs rēbus cognitīs, Bocchus per litterās ā Mariō petīvit ut Sullam ad sē mitteret. Is missus cum praesidiō equitum atque funditōrum Baleārum. Sed in itinere

50 quīntō dēnique diē Volux, fīlius Bocchī, repente in campīs patentibus cum mīlle equitibus sēsē ostendit.

96 Volux adveniēns quaestōrem appellat dīcitque 'sē ā patre Bocchō obviam illīs, simul et praesidiō, missum.' Deinde eum et proximum diem sine metū coniūnctī

55 eunt. Post, ubi castra locāta et diēī vesper erat, repente Maurus incertō vultū pavēns ad Sullam accurrit dīcitque 'sibi ex speculātōribus cognitum Iugurtham haud procul abesse.' Ille negat 'sē totiēs fūsum Numidam pertimēscere'; cēterum mīlitēs prīmā vigiliā silentiō

60 ēgredī iubet. Iamque nocturnō itinere fessīs omnibus, Sulla pariter cum ortū sōlis castra mētābātur, cum equitēs Maurī nūntiant 'Iugurtham circiter duum mīlium

07 intervāllō ante eōs cōnsēdisse.' At Sulla suōs hortātur

potestās fit : p. datur

quoniam *eum factōrum suōrum* paenitet (dēlictī) grātiam facere = veniam dare, (dēlictum) ignōscere

quīs = quibus

funditor -ōris *m* = mīles fundā armātus
Volux -ucis *m*

quaestōrem : Sullam

praesidiō (*dat*) = ad praesidium

Maurus : Volux
sibi cognitum *esse* = sē cognōvisse
speculātor -ōris *m* = quī speculātur, explōrātor
Numidam : Iugurtham
per-timēscere -muisse = expavēscere
ēgredī *ē castrīs*

pariter cum = simul cum

333

'uti fortem animum gererent: saepe anteā ā paucīs strēnuīs adversum multitūdinem bene pugnātum!' Ac sta-   ‹
tim profectī, dubiō atque haesitante Iugurthā, incolumēs trānseunt. Deinde paucīs diēbus quō īre intende-
rant perventum est.

Bocchus īlicō ad Sullam nūntiātum mittit 'parātum   ‹
sēsē facere quae populus Rōmānus vellet; colloquiō   6
diem, locum, tempus ipse dēligeret.' Postquam sīcut   ‹
voluerat congressī, statim sīc rēx incipit:

"Bellum ego populō Rōmānō neque fēcī neque fac-   ‹
tum umquam voluī, at fīnēs meōs adversum armātōs
armīs tūtātus sum. Id omittō, quandō vōbīs ita placet.   6
Gerite quod vultis cum Iugurthā bellum! Ego flūmen
Muluccham, quod inter mē et Micipsam fuit, nōn ēgrediar, neque id intrāre Iugurtham sinam. Praetereā, sī
quid mēque vōbīsque dignum petīveris, haud repulsus
abībis."   6‹

Ad ea Sulla dē pāce et commūnibus rēbus multīs   1‹
disseruit. Dēnique rēgī patefacit 'quod polliceātur senātum et populum Rōmānum nōn in grātiā habitūrōs.
Faciundum eī aliquid quod illōrum magis quam suā
rētulisse vidērētur; id adeō in prōmptū esse, quoniam   68
cōpiam Iugurthae habēret. Quem sī Rōmānīs trādidisset, amīcitiam, foedus, Numidiae partem quam nunc
peteret, tum ultrō adventūram.'

Rēx prīmō negitāre. Dēnique, saepius fatīgātus, lēnī-
tur et 'ex voluntāte Sullae omnia sē factūrum' prōmittit.   69‹

---

haesitāre = incertus
cūnctārī
in-tendere (animum)
= in animō habēre

ī-licō (<in-locō) = statim

parātus facere = parātus
ad faciendum

congressī *sunt*

quandō = quoniam

bellum quod vultis
Micipsam : rēgnum
Micipsae
ēgrediar : trānsgrediar

re-pellere reppulisse
re-pulsum

multīs : multīs verbīs

"faciendum *tibi est* a.
quod *nostrā* (Rōmānō-
rum) m. quam *tuā* rē-
tulisse(rē-ferre) vid*ētur*"
rē-ferre: meā/eōrum rē-
fert = mihi/iīs cūrae
/optandum est
ad-eō = praetereā
in prōmptū = facile
cōpiam eius habēre =
eum in potestāte h.
illī adventūram *esse*

negitāre = saepe ac vehe-
menter negāre
precibus fatīgātus

Cēterum ad simulandam pācem, cuius Numida dēfessus bellō avidissimus erat, quae ūtilia vīsa cōnstituunt.
Ita compositō dolō dīgrediuntur.

2 At rēx posterō diē Asparem, Iugurthae lēgātum, ap-
5 pellat dīcitque 'sibi ex Sullā cognitum posse condiciōnibus bellum pōnī: quam ob rem rēgis suī sententiam
exquīreret.' Ille laetus in castra Iugurthae proficīscitur,
deinde post diem octāvum redit ad Bocchum et eī nūntiat 'Iugurtham cupere omnia quae imperārentur fa-
10 cere, sed Mariō parum cōnfīdere. Cēterum Bocchus daret operam ut ūnā ab omnibus quasi dē pāce in colloquium venīrētur — ibique sibi Sullam trāderet!'

3 Haec Maurus sēcum ipse diū volvēns tandem prōmīsit. Sed nocte eā quae proxima fuit ante diem colloquiō
5 dēcrētum, Maurus dīcitur sēcum ipse multum agitā-
visse, vultū pariter atque animō varius. Tamen postrēmō Sullam accersī iubet et ex illīus sententiā Numidae
īnsidiās tendit.

Deinde, ubi diēs advēnit et eī nūntiātum est 'Iugur-
10 tham haud procul abesse', cum paucīs amīcīs et quaestōre nostrō quasi obvius honōris causā prōcēdit in tumulum facillimum vīsū īnsidiantibus. Eōdem Numida
cum plērīsque necessāriīs suīs inermis, uti dictum erat,
accēdit — ac statim signō datō undique simul ex īnsidiīs
15 invāditur! Cēterī obtruncātī, Iugurtha Sullae vīnctus
trāditur et ab eō ad Marium dēductus est.

14 Per idem tempus adversum Gallōs ab ducibus nostrīs

Numida : Iugurtha

ea quae ūtilia *iīs* vīsa *sunt*

Aspar -aris *m*

condiciōnibus : aequīs
condiciōnibus

ex-quīrere = quaerere

utūnāabomnibus…venī-
rētur = utomnēs…ūnā
venīrent(= convenī-
rent)
sibi : Iugurthae

(sēcum) agitāre
= cōgitāre

accersere -īvisse -ītum
= arcessere
Numidae : Iugurthae

quaestōre nostrō: Sullā

Iugurthae obvius prōcēdit

īnsidiantēs = īnsidiātōrēs

[annō 106 a. C.]

335

Q. *Servīlius* Caepiō:
cōs. annō 106 a. C.
Cn. Mallius *Māximus*:
cōs. annō 105 a. C.

(in triumphō Mariī ductus
ante currum Iugurtha
cum duōbus fīliīs et in
Carcere necātus est)
spēs...in illō sitae *erant*:
ille sōlus spēs dare
poterat

suffīxum -ī n *part* < *suffigere* = post figere

Vocābula nova:
concubīna
inertia
difficultās
clāritūdō
sapientia
iūsta
rēgulus
quīnquennium
adoptātiō
tugurium
commūtātiō
largītiō
flāgitium
dīvīsiō
pollicitātiō
adulēscentia
pēnūria
inceptum
negōtiātor
familiāris
administer
impudentia
īnsidiātor
ēgressus
indicium
reus
ēmptor
ācta

Q. Caepiōne et Cn. Malliō male pugnātum. Quō metū Italia omnis contremuit. Sed postquam 'bellum in Numidiā cōnfectum et Iugurtham Rōmam vīnctum ad- 7 dūcī' nūntiātum est, Marius cōnsul absēns factus est et eī dēcrēta prōvincia Gallia, isque kalendīs Iānuāriīs magnā glōriā cōnsul triumphāvit. Et eā tempestāte spēs atque opēs cīvitātis in illō sitae.

GRAMMATICA LATINA 7
Dē vocābulīs faciendīs
(II) *Suffīxa*
Multa nova vocābula fīunt adiciendīs variīs syllabīs, quae vocantur 'suffīxa', ut -*ia*, -*itūdō*, -*or*, -*iō*, -*ōsus*, -*āre*. Suffīxa ad themata vocābulōrum adiciuntur. 7

Exempla: prūdēns -ent|is > prūdent*ia*; mult|ī > mult*itūdō*; spectāre -āt|um > spectāt*or*; pecūni|a > pecūni*ōsus*; sān|us > sān*āre*.

(A) *Verba ē nōminibus*
Verba ē nōminibus fīunt hīs suffīxīs -*āre*/-*ārī* et -*īre*/-*īrī*. 7.
Exempla:
(1) -*āre*: cēn*āre* < cēn|a; sicc*āre* < sicc|us;
(2) -*ārī*: ōscul*ārī* < ōscul|um; laet*ārī* < laet|us;
(3) -*īre*: fīn*īre* < fīn|is; moll*īre* < moll|is;
(4) -*īrī*: part*īrī* < pars part|is; larg*īrī* < larg|us. 74

PENSVM A
Supplenda sunt verba facta ex hīs nōminibus:
(1) numerus > —; laus > —; cūra > —; verbera > —; mīles > —; arma > —; nūntius > —; dōnum > —; labor —; vulnus > —; nex > —; rēgnum > —; locus > —; onus > —; bellum > —; socius > —; honōs > —; nota > —; sacer > —; līber > —; probus > —; nūdus > —; fīrmus > —; aequus > —; novus > re—; prāvus > dē—;

(2) comes > —; minae > —; glōria > —; dominus > —; mora > —; testis > —; praeda > —; merx > —; crīmen > —; mīrus > —; miser > —; indignus > —; vagus > —; (3) servus > —; sitis > —; vestis > —; cūstōs > —; lēnis > —; rudis > ē—; (4) sors > —; mēns > —; blandus > —.

PENSVM B

Micipsa, — [= etsī] nātūram Iugurthae — [= violentam] et — [= cupidam] imperiī timēbat, tamen eum — et hērēdem fēcit. Rēx moriēns Iugurtham — est ut amīcōs dīvitiīs — [= praeferret] et frātrēs eius monuit ut Iugurtham colerent atque —. Micipsā mortuō, — [= rēgis fīliī] tempus ad — pecūniae cōnstituērunt; ibi mīlitēs Iugurthae Hiempsalem locō — [= occultō] latentem occīdērunt. Fāma tantī sceleris per Āfricam brevī — est. Adherbal, cum rēgnum suum armīs — [= tuērī] nōn posset, Rōmam contendit et senātum ōrāvit ut sibi —. Iugurtha vērō — [< largīrī] effēcit ut senātōrēs virtūtem eius laudibus —, scelus et — [= turpe factum] omitterent. Ergō potentiā — [= fīdēns] ex — fīnēs Adherbalis invāsit. Is victus Cirtam profūgit, quae virtūte Italicōrum — [= dēfendēbātur]; dēditiōne factā, Adherbal — [= statim] necātus est cum Numidīs et — [= mercātōribus] Rōmānīs.

Calpurnius, rēgis pecūniā — [= corruptus], pācem — [= ignōminiōsam] cum Iugurthā fēcit. Cum rēx Rōmam — [= arcessītus] esset, ut dēlicta Scaurī aliōrumque patefaceret, — [= amīcō] suō Bomilcarī imperāvit ut — parāret quī Massīvam necārent; ūnus vērō dēprehēnsus — profitētur et Bomilcar — fit. Iugurtha Rōmā ēgressus "Ō, urbem —" inquit "et — peritūram sī — invēnerit!"

— est aetās inter pueritiam et iuventūtem. Victor ab hostibus victīs — solet ut obsidēs dentur. Quī — [= sonum] magnum ac molestum facit, — dīcitur. Quī multa incipit, rārō — suum — [= perficere] — [= potest]. Nihil meā — quid aliī dē mē loquantur!

ignāvia
socordia
vexillum
phalerae
cicātrīx
artificium
imperītia
cōnsultor
asperitās
altitūdō
largītor
sarcina
latrōcinium
sonitus
hībernācula
necessārius
funditor
speculātor
suffīxum
pollēns
decōrus
vehemēns
avidus
factiōsus
mediocris
vēnālis
imbēcillus
adulterīnus
abditus
frētus
portuōsus
opportūnus
contumēliōsus
praedātōrius
sēmisomnus
flāgitiōsus
incōnsultus
permagnus
sciēns
incultus
tumulōsus
fācundus
dēfessus
atterere
permanēre
dērelinquere
equitāre
iaculārī
appetere
obiectāre
pollicitārī
īnsuēscere
adoptāre

obtestārī
quīre
dīlābī
observāre
ēnītī
disceptāre
mōlīrī
occursāre
scrūtārī
dīvulgāre
patrāre
acquīrere
subvenīre
tābēscere
dēprāvāre
extollere
anteferre
intendere
antecapere
cōnfīrmāre
dēfēnsāre
pacīscī
obvenīre
adventāre
impugnāre
augēscere
arrogāre
tūtārī
adnītī
antevenīre
illicere
sustentāre
strepere
pertimēscere
haesitāre
rēferre
negitāre
exquīrere
accersere
mātūrē
accūrātē
necessāriō
ōcissimē
dehinc
tametsī
sēcrētō
partim
ex imprōvīsō
quippe
abundē
īlicō
in prōmptū

Synōnyma: v annī et —; casa et —; inopia et —; vetus vulnus et —; ars et —; asperitās et —; explōrātor et —; pulcher et —; modicus et —; fessus et —; equō vehī et —; explōrāre et —; adnītī et —; cūnctārī et —; magnā cum cūrā et —; celerrimē et —; nimis et —.

Contrāria: stultitia et —; fortitūdō et —; validus et —; convalēscere et —.

PENSVM C

Quōs fīliōs Micipsa genuit?
Cūr Micipsa Iugurtham adoptāvit?
Quibus artibus Iugurtha adulēscēns sē exercēbat?
Quārē Micipsa Iugurtham in Hispāniam mīsit?
Quālem Iugurtha sē praebuit bellō Numantīnō?
Quid Micipsa moribundus fīliōs suōs monuit?
Patre mortuō, dē quibus rēbus rēgulī disseruērunt?
Quōmodo Hiempsal interfectus est?
Quid fēcit Adherbal post necem frātris?
Quōmodo Iugurtha in grātiam nōbilitātis vēnit?
Quid senātus dēcrēvit cum lēgātōs audīvisset?
Dīvīsō rēgnō Numidiae, quid factum est?
Quid fēcit Adherbal Cirtae inclūsus?
Num Iugurtha Cirtam armīs expugnāvit?
Quārē Iugurtha Rōmam arcessītus est?
Cūr rēx in cōntiōne interrogātus nōn respondit?
Quis fuit Massīva et quid eī accidit?
Cūr Iugurtha Rōmam 'urbem vēnālem' appellāvit?
Quālis imperātor fuit Q. Caecilius Metellus?
Cūr Rōmānī nōbilēs C. Marium contemnēbant?
Quōs novōs mīlitēs Marius cōnscrīpsit?
Quī rēx Iugurtham adiuvābat?
Num Bocchus socius fīdus fuit?
Quōmodo Iugurtha in potestātem Mariī vēnit?
Utrī Sallustius favēre tibi vidētur, nōbilitātī an plēbī?

338

Marius

MARIVS ET SVLLA

[Ex Eutropiī Breviāriō ab urbe conditā, V et VI]

V Bellum Cimbricum

1 Dum bellum in Numidiā contrā Iugurtham geritur, Rōmānī cōnsulēs Cn. Mallius et Q. Caepiō ā Cimbrīs et
Teutonibus et Tugurīnīs et Ambrōnibus, quae erant
5 Germānōrum et Gallōrum gentēs, victī sunt iūxtā flūmen Rhodanum ingentī internīciōne; etiam castra sua et
magnam partem exercitūs perdidērunt. Timor Rōmae
grandis fuit, quantus vix Hannibalis tempore, nē iterum Gallī Rōmam venīrent.

10 Ergō Marius post victōriam Iugurthīnam secundō
cōnsul est factus, bellumque eī contrā Cimbrōs et Teutonēs dēcrētum est. Tertiō quoque eī et quārtō dēlātus
est cōnsulātus, quia bellum Cimbricum prōtrahēbātur.
Sed in quārtō cōnsulātū collēgam habuit Q. Lutātium
15 Catulum. Cum Cimbrīs itaque cōnflīxit et duōbus proeliīs ducenta mīlia hostium cecīdit, octōgintā mīlia cēpit

Q. Caepiō *prōcōs.*
[annō 105 a. C.]
Cimbrī -ōrum *m*
Teutonēs -um *m*
Tigurīnī -ōrum *m*
Ambrōnēs -um *m*
internīciō -ōnis *f* =
strāgēs, perniciēs

secundō *adv* = iterum

(bellum) prō-trahere =
trahere, prōdūcere

[annō 102 a. C.]

339

quīntō *adv*

cōpia = multitūdō
īn-fīnītus -a -um = sine
fīne, immēnsus

[annō 101 a. C.]

re-portāre

(bellum) sociāle = inter
sociōs
[annō 91 a. C.]
sescentēsimus -a -um
= DC (600.)
quīnquāgēsimus nōnus
= ūn-dē-sexāgēsimus

annīs (*abl*) : annōs
numerōsus -a -um =
frequēns, *pl* multī
ob-oedīre (< -audīre)
= pārēre
asserere = arrogāre

P. Rutilius *Lupus*: cōs.
annō 90 a. C.
L. Porcius Catō: cōs.
annō 89 a. C.

Cn. Pompēius *Strabō*
(-ōnis): cōs. annō 89 a.
C. (pater Cn. Pompēiī
Magnī)

et ducem eōrum Teutobodum; propter quod meritum absēns quīntō cōnsul est factus.

Intereā Cimbrī et Teutonēs, quōrum cōpia adhūc īn-fīnīta erat, ad Italiam trānsiērunt. Iterum ā C. Mariō et ꝛ Q. Catulō contrā eōs dīmicātum est, sed ā Catulī parte fēlīcius. Nam proeliō, quod simul ambō gessērunt, centum quadrāgintā mīlia aut in pugnā aut in fugā caesa sunt, sexāgintā mīlia capta. Rōmānī mīlitēs ex utrōque exercitū trecentī periērunt. Tria et trīgintā Cimbrīs ꝛ signa sublāta sunt; ex hīs exercitus Mariī duo reportāvit, Catulī exercitus ūnum et trīgintā. Is bellī fīnis fuit. Triumphus utrīque dēcrētus est.

Bellum sociāle

Sex. Iūliō Caesare et L. Mārciō Philippō cōnsulibus sescentēsimō quīnquāgēsimō nōnō annō ab urbe conditā, cum prope alia omnia bella cessārent, in Italiā gravissimum bellum Pīcentēs, Mārsī Paelignīque mōvērunt, quī, cum annīs numerōsīs iam populō Rōmānō oboedīrent, tum lībertātem sibi aequam asserere coepē- ꝛ runt. Perniciōsum admodum hoc bellum fuit. P. Rutilius cōnsul in eō occīsus est, Caepiō, nōbilis iuvenis, Porcius Catō, alius cōnsul. Ducēs autem adversus Rōmānōs Pīcentibus et Mārsīs fuērunt T. Vettius, Hierius Asinius, T. Herennius, A. Cluentius. Ā Rōmānīs bene 40 contrā eōs pugnātum est ā C. Mariō, quī sexiēs cōnsul fuerat, et ā Cn. Pompēiō, māximē tamen ā L. Cornēliō

Sullā, quī inter alia ēgregia ita Cluentium, hostium
ducem, cum magnīs cōpiīs fūdit ut ex suīs ūnum āmit-
5 teret! Quadrienniō cum gravī tamen calamitāte hoc bellum tractum est. Quīntō dēmum annō fīnem accēpit per
L. Cornēlium Sullam cōnsulem, cum anteā in eōdem
bellō ipse multa strēnuē, sed praetor, ēgisset.

Bellum Mithridāticum prīmum

4 Annō urbis conditae sescentēsimō sexāgēsimō secundō prīmum Rōmae bellum cīvīle commōtum est,
eōdem annō etiam Mithridāticum. Causam bellō cīvīlī
C. Marius sexiēs cōnsul dedit. Nam cum Sulla cōnsul
contrā Mithridātēn gestūrus bellum, quī Asiam et
55 Achāiam occupāverat, mitterētur, isque exercitum in
Campāniā paulisper tenēret, ut bellī sociālis (dē quō
dīximus), quod intrā Italiam gestum fuerat, reliquiae
tollerentur, Marius affectāvit ut ipse ad bellum Mithridāticum mitterētur. Quā rē Sulla commōtus cum exer-
60 citū ad urbem vēnit. Illīc contrā Marium et Sulpicium
dīmicāvit. Prīmus urbem Rōmam armātus ingressus
est, Sulpicium interfēcit, Marium fugāvit, atque ita ōr-
dinātīs cōnsulibus in futūrum annum Cn. Octāviō et L.
Cornēliō Cinnā, ad Asiam profectus est.

5 Mithridātēs enim, quī Pontī rēx erat atque Armeniam
minōrem et tōtum Ponticum mare in circuitū cum Bos-
porō tenēbat, prīmum Nīcomēdēn, amīcum populī Rōmānī, Bithȳniā voluit expellere senātuīque mandāvit

quadrienniō (*abl*) =
quadriennium (*acc
temporis*)

Mithridāticus -a -um
< Mithridātēs -is *m*
(*acc* -ēn): rēx Pontī
[annō 88 a. C.]

Asia: ōlim Pergamum,
prōvincia Rōmāna post
mortem rēgis Attalī
Achāia: Peloponnēsus et
media Graecia, prōvin-
cia Rōmāna post Co-
rinthum dēlētam

P. Sulpicius *Rūfus*: tr. pl.
annō 88 a.C.

ōrdināre = cōnstituere,
īnstituere

Bosporus -ī *m*

Nīcomēdēs -is *m* (*acc*
-ēn): rēx Bithȳniae
mandāvit (+ *acc* + *īnf*)
= nūntiāvit

341

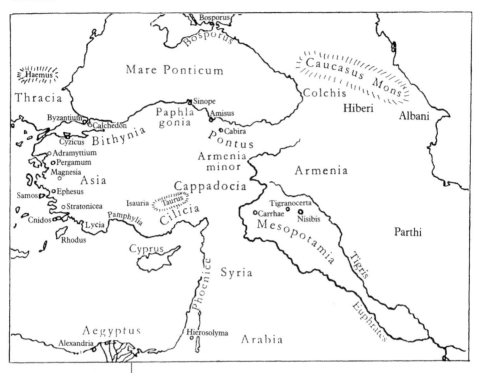

passus *erat*
quod bellum ā Rōmānīs
et ipse paterētur : bel-
lum ā R. et ipsum pas-
sūrum esse

Ariobarzānēs -is *m* (*acc*
-ēn): rēx Cappadociae

Pylaemenēs -is *m*: rēx
Paphlagoniae
LXXX mīlia cīvium Rōmā-
nōrum iussū Mithridātis
trucīdāta esse dīcuntur

Aristō -ōnis *m*

Archelāus -ī *m*

'bellum sē eī propter iniūriās quās passus fuerat illātū-
rum.' Ā senātū respōnsum Mithridātī est 'sī id faceret,   7(
quod bellum ā Rōmānīs et ipse paterētur.' Quārē īrātus
Cappadociam statim occupāvit et ex eā Ariobarzānēn,
rēgem et amīcum populī Rōmānī, fugāvit. Mox etiam
Bithȳniam invāsit et Paphlagoniam, pulsīs rēgibus amīcīs populī Rōmānī Pylaemene et Nīcomēde. Inde Ephe-   75
sum contendit et per omnem Asiam litterās mīsit 'ut
ubicumque inventī essent cīvēs Rōmānī ūnō diē occīde-
rentur!'

   Intereā etiam Athēnae, cīvitās Achāiae, ab Aristōne   6
Athēniēnsī Mithridātī trādita est. Mīserat enim iam ad   80
Achāiam Mithridātēs Archelāum, ducem suum, cum

342

centum et vīgintī mīlibus equitum ac peditum, per quem etiam reliqua Graecia occupāta est.

Sulla Archelāum apud Pīraeum, nōn longē ab Athēnīs, obsēdit, ipsās Athēnās cēpit. Posteā, commissō proeliō contrā Archelāum, ita eum vīcit ut ex centum vīgintī mīlibus vix decem Archelāō superessent — ex Sullae exercitū trēdecim tantum hominēs interficerentur!

Hāc pugnā Mithridātēs cognitā septuāgintā mīlia lēctissima ex Asiā Archelāō mīsit, contrā quem iterum Sulla commīsit. Prīmō proeliō quīndecim mīlia hostium interfecta sunt et fīlius Archelāī Diogenēs; secundō omnēs Mithridātis cōpiae exstīnctae sunt, Archelāus ipse trīduō nūdus in palūdibus latuit. Hāc rē audītā Mithridātēs iussit cum Sullā dē pāce agī.

Interim eō tempore Sulla etiam Dardanōs, Scordiscōs, Dalmatās et Maedōs partim vīcit, aliōs in fidem accēpit. Sed cum lēgātī ā rēge Mithridāte quī pācem petēbant vēnissent 'nōn aliter sē datūrum' Sulla 'esse' respondit, 'nisi rēx, relictīs iīs quae occupāverat, ad rēgnum suum redīsset.' Posteā tamen ad colloquium ambō vēnērunt. Pāx inter eōs ōrdināta est, ut Sulla ad bellum cīvīle festīnāns ā tergō perīculum nōn habēret.

Bellum cīvīle

Nam dum Sulla in Achāiā atque Asiā Mithridātēn vincit, Marius, quī fugātus erat, et Cornēlius Cinna,

---

Marginal notes:

commissō proeliō: ad Chaerōnēam annō 86 a. C.

lēctissima : mīlitum lēctissimōrum

proelium commīsit

Diogenēs -is *m*

trīduō (*abl*) = trīduum (*acc temporis*)

Dardanī, Scordiscī, Dalmatae Illyricum, Maedī Thrāciam incolunt

sē *pācem* datūrum esse

-īsset = -*ii*sset

ūnus : alter
[annō 87 a. C.]

prō-scrībere = exsulem
facere nōmen in tabulā
pūblicā scrībendō
ē-vertere = prōsternere,
dīruere
(annō 86 a. C. Marius
cōs. VII mortuus est)

C. Norbānus, L. Cornē-
lius Scīpiō Asiāticus:
cōss. annō 83 a. C.

eius : Norbānī mīlitum

[annō 82 a. C.]
Cn. Papīrius Carbō: cōs.
annō 85, 84, 82 a. C.

dē suīs : ē suīs

Praeneste -is n
compellere = cōgere

Carīnās -ātis m
pars/partēs = factiō
Mariānus -a -um
< Marius
porta Collīna suprā
collem Quirīnālem
sita est
īn-satiābilis -e = quī
numquam satis habet

ūnus ex cōnsulibus, bellum in Italiā reparāvērunt, et
ingressī urbem Rōmam nōbilissimōs ē senātū et cōnsulārēs virōs interfēcērunt, multōs prōscrīpsērunt, ipsīus 1
Sullae domō ēversā fīliōs et uxōrem ad fugam compulērunt.

Ūniversus reliquus senātus ex urbe fugiēns ad Sullam
in Graeciam vēnit ōrāns ut patriae subvenīret. Ille in
Italiam trāiēcit bellum cīvīle gestūrus adversus Norbā- 1
num et Scīpiōnem cōnsulēs. Et prīmō proeliō contrā
Norbānum dīmicāvit nōn longē ā Capuā. Tunc sex mīlia eius cecīdit, sex mīlia cēpit, centum vīgintī quattuor
suōs āmīsit. Inde etiam ad Scīpiōnem sē convertit, et
ante proelium tōtum eius exercitum sine sanguine in 12
dēditiōnem accēpit.

Sed cum Rōmae mūtātī cōnsulēs essent et Marius,
Mariī fīlius, ac Papīrius Carbō cōnsulātum accēpissent,
Sulla contrā Marium iūniōrem dīmicāvit et quīndecim
mīlibus eius occīsīs quadringentōs dē suīs perdidit. 12
Mox etiam urbem ingressus est. Marium, Mariī fīlium,
Praeneste persecūtus obsēdit et ad mortem compulit.
Rūrsus pugnam gravissimam habuit contrā Lampō-
nium et Carīnātem, ducēs partis Mariānae, ad portam
Collīnam. Septuāgintā mīlia hostium in eō proeliō con- 13
trā Sullam fuisse dīcuntur. Duodecim mīlia sē Sullae
dēdidērunt, cēterī in aciē, in castrīs, in fugā īnsatiābilī
īrā victōrum cōnsūmptī sunt. Cn. quoque Carbō, cōnsul alter, ab Arīminō ad Siciliam fūgit et ibi per Cn.

344

35 Pompēium interfectus est, quem adulēscentem Sulla
atque annōs ūnum et vīgintī nātum, cognitā eius industriā, exercitibus praefēcerat, ut secundus ā Sullā ha-
bērētur.

9 Occīsō ergō Carbōne, Siciliam Pompēius recēpit.

40 Trānsgressus inde ad Āfricam Domitium, Mariānae
partis ducem, et Hiarbam, rēgem Maurētāniae, quī Do-
mitiō auxilium ferēbat, occīdit.

Post haec Sulla dē Mithridāte ingentī glōriā triumphāvit. Cn. etiam Pompēius, quod nūllī Rōmānōrum

45 tribūtum erat, quārtum et vīcēsimum annum agēns dē
Āfricā triumphāvit.

Hunc fīnem habuērunt duo bella fūnestissima, Itali-
cum, quod et 'sociāle' dictum est, et cīvīle, quae ambō
tracta sunt per annōs decem. Cōnsūmpsērunt ultrā cen-

50 tum quīnquāgintā mīlia hominum, virōs cōnsulārēs
quattuor et vīgintī, praetōriōs septem, aedīliciōs sexāgintā, senātōrēs ferē ducentōs.

VI *Sertōrius*

1 M. Aemiliō Lepidō Q. Catulō cōnsulibus, cum Sulla

155 rem pūblicam composuisset, bella nova exārsērunt:
ūnum in Hispāniā, aliud in Pamphȳliā et Ciliciā, tertium in Macedoniā.

Nam Sertōrius, quī partium Mariānārum fuerat, timēns fortūnam cēterōrum quī interēmptī erant, ad bel-

160 lum commōvit Hispāniās. Missī sunt contrā eum ducēs

Cn. Pompēium: eum quī
posteā 'Magnus' appel-
lātus est

(Intereā L. Mūrēna lēgā-
tus, quem Sulla in Asiā
relīquerat cum II legiō-
nibus, bellum renovāvit
(*bellum Mithridāticum*
II), sed ā Sullā revocātus
est)
Hiarbās -ae *m*

XXIV annum agēns =
XXIV annōs nātus

ultrā CL mīlia = suprā CL
mīlia

aedīlicius -ī *m* = quī
aedīlis fuit

[annō 78 a. C.]

compōnere = cōnsti-
tuere, ōrdināre
Pamphȳlia, Cilicia -ae *f*:
regiōnēs Asiae

Hispāniae: Hispānia
citerior et ulterior et
Lūsītānia

345

Q. Caecilius Metellus *Pius* (cōs. annō 80 a. C.)

successus -ūs *m* = bonus ēventus, fortūna

(Sertōrius etiam cum Mithridāte societātem fēcit)

per suōs = ā suīs [annō 72 a. C.]

Ap. Claudius *Pulcher*: cōs. annō 79 a. C.

Rhodopa -ae *f*: mōns inter Thrāciam et Macedoniam
C. Scrībōnius Curiō (-ōnis): cōs. annō 76 a. C.

P. Servīlius: cōs. annō 79 a. C.
ex cōnsule = post cōnsulātum
Isaurī -ōrum *m*: incolae Isauriae (regiōnis Asiae)

Q. Caecilius Metellus, fīlius eius quī Iugurtham rēgem vīcit, et L. Domitius praetor. Ā Sertōriī duce Hirtulēiō Domitius occīsus est. Metellus variō successū contrā Sertōrium dīmicāvit. Posteā, cum impār pugnae sōlus Metellus putārētur, Cn. Pompēius ad Hispāniās missus est. Ita duōbus ducibus adversīs Sertōrius fortūnā variā saepe pugnāvit. Octāvō dēmum annō per suōs occīsus est, et fīnis eī bellō datus per Cn. Pompēium adulēscentem et Q. Metellum Pium, atque omnēs prope Hispāniae in diciōnem populī Rōmānī redāctae.

Ad Macedoniam missus est Ap. Claudius post cōnsulātum. Levia proelia habuit contrā variās gentēs quae Rhodopam prōvinciam incolēbant, atque ibi morbō mortuus est. Missus eī successor C. Scrībōnius Curiō post cōnsulātum. Is Dardanōs vīcit et ūsque ad Dānuvium penetrāvit triumphumque meruit et intrā triennium bellō fīnem dedit.

Ad Ciliciam et Pamphȳliam missus est P. Servīlius ex cōnsule, vir strēnuus. Is Ciliciam subēgit, Lyciae urbēs clārissimās oppugnāvit et cēpit. Isaurōs quoque aggressus in diciōnem redēgit, atque intrā triennium bellō fīnem dedit. Prīmus omnium Rōmānōrum in Taurō iter fēcit. Revertēns triumphum accēpit et nōmen 'Isauricī' meruit.

Ita ūnō tempore multī simul triumphī fuērunt: Metellī ex Hispāniā, Pompēiī secundus ex Hispāniā, Curiōnis ex Macedoniā, Servīliī ex Isauriā.

Bellum Mithridāticum tertium

Annō urbis conditae sescentēsimō septuāgēsimō sextō, L. Liciniō Lūcullō et M. Aurēliō Cottā cōnsulibus, mortuus est Nīcomēdēs, rēx Bithȳniae, et per testāmentum populum Rōmānum fēcit hērēdem. Mithridātēs pāce ruptā Bithȳniam et Asiam rūrsus voluit invādere. Adversus eum ambō cōnsulēs missī variam habuēre fortūnam: Cotta apud Calchēdona victus ab eō aciē etiam intrā oppidum coāctus est et obsessus; sed cum sē inde Mithridātēs Cyzicum trānstulisset, ut Cyzicō captā totam Asiam invāderet, Lūcullus eī, alter cōnsul, occurrit. Ac dum Mithridātēs in obsidiōne Cyzicī commorātur, ipse eum ā tergō obsēdit fameque cōnsūmpsit et multīs proeliīs vīcit, postrēmō Bȳzantium, quae nunc Cōnstantīnopolis est, fugāvit. Nāvālī quoque proeliō ducēs eius Lūcullus oppressit. Ita ūnā hieme et aestāte ā Lūcullō centum ferē mīlia rēgis exstīncta sunt.

Annō urbis Rōmae sescentēsimō septuāgēsimō octāvō Macedoniam prōvinciam M. Licinius Lūcullus accēpit, frāter Lūcullī quī contrā Mithridātēn bellum gerēbat. Et in Italiā novum bellum subitō commōtum est. Septuāgintā enim et quattuor gladiātōrēs, ducibus Spartacō, Crixō et Oenomāō, effrāctō Capuae lūdō fūgērunt et per Italiam vagantēs paene nōn levius bellum in eā quam Hannibal mōverat parāvērunt; nam multīs ducibus et duōbus simul Rōmānōrum cōnsulibus victīs, sexāgintā ferē mīlium armātōrum exercitum congregāvē-

[annō 74 a. C.]

Calchēdōn -onis *f*
(*acc* -ona)
sē trānsferre = sē cōnferre
Cyzicus -ī *f*

com-morārī = morārī

Bȳzantium -ī *n*
Cōnstantīnopolis -is *f*:
urbs in sitū Bȳzantiī
cōnstitūta et nōmināta
ab imperātōre Rōmānō
Cōnstantīnō annō 330
p. C.

septuāgēsimus octāvus =
duo-dē-octōgēsimus
M. Licinius Lūcullus
prōcōs. (cōs. annō
73 a. C.)

Bellum servīle (annīs
71–73 a. C.)

lūdus (gladiātōrius) =
lūdus in quō gladiātōrēs
armīs exercentur

con-gregāre = in gregem
cōgere, colligere

347

M. Licinius Crassus:
cōs. annō 70 a. C.

fīnem impōnere = fīnem
facere
[annō 71 a. C.]

Orestēs -is *m*

Cyzicēnus -a -um
< Cyzicus

Sinōpē -ēs *f* (*acc* -ēn)
Amīsus -ī *f*
Cabīra -ōrum *n*

(exercitum) vāstāre
= dēlēre
dī-ripere -ripuisse
-reptum
eīdem *Mithridātī*

Tigrānēs -is *m*

Mespotamia -ae *f*: regiō
Asiae (inter flūmina
Euphrātem et *Tigrim*)

Armeni(ac)us -a -um
< Armenia
clībanārius -ī *m* = eques
graviter armātus
sagittārius -ī *m* = mīles
quī arcum et sagittās
gerit

runt; victīque sunt in Āpūliā ā M. Liciniō Crassō prōcōn- 2
sule, et post multās calamitātēs Italiae tertiō annō bellō
huic est fīnis impositus.

Sescentēsimō octōgēsimō prīmō annō urbis conditae,
P. Cornēliō Lentulō et Cn. Aufidiō Oreste cōnsulibus,
duo tantum gravia bella in imperiō Rōmānō erant: 2
Mithridāticum et Macedonicum. Haec duo Lūcullī agēbant, L. Lūcullus et M. Lūcullus. L. ergō Lūcullus post
pugnam Cyzicēnam, quā vīcerat Mithridātēn, et nāvālem, quā ducēs eius oppresserat, persecūtus est eum et
— receptā Paphlagoniā atque Bithȳniā — etiam rēgnum 22
eius invāsit, Sinōpēn et Amīsum, cīvitātēs Pontī nōbilis-
simās, cēpit. Secundō proeliō apud Cabīra cīvitātem,
quō ingentēs cōpiās ex omnī rēgnō addūxerat Mithridātēs, cum trīgintā mīlia lēctissima rēgis ā quīnque mīlibus Rōmānōrum vāstāta essent, Mithridātēs fugātus 23
est, castra eius dīrepta. Armenia quoque minor, quam
tenuerat, eīdem sublāta est. Susceptus tamen est Mithridātēs post fugam ā Tigrāne, Armeniae rēge, quī tum
ingentī glōriā imperābat, Persās saepe vīcerat, Mesopo-
tamiam occupāverat et Syriam et Phoenīcēs partem. 23

Ergō Lūcullus repetēns hostem fugātum etiam rēgnum Tigrānis ingressus est. Tigrānocertam, cīvitātem
nōbilissimam rēgnī Armeniacī, cēpit, ipsum rēgem cum
septem mīlibus quīngentīs clībanāriīs et centum mīlibus
sagittāriōrum et armātōrum venientem decem et octō 240
mīlia mīlitum habēns ita vīcit, ut magnam partem Ar-

meniōrum dēlēverit. Inde Nisibin profectus eam quoque cīvitātem cum rēgis frātre cēpit.

Sed iī quōs in Pontō Lūcullus relīquerat cum exercitūs parte, ut regiōnēs victās et iam Rōmānōrum tuērentur, neglegenter sē et avārē agentēs occāsiōnem iterum Mithridātī in Pontum irrumpendī dedērunt, atque ita bellum renovātum est. Lūcullō parantī—captā Nisibī— contrā Persās expedītiōnem successor est missus.

10 Alter autem Lūcullus, quī Macedoniam administrābat, Bessīs prīmus Rōmānōrum intulit bellum atque eōs ingentī proeliō in Haemō monte superāvit. Oppidum Uscudamam, quod Bessī habitābant, eōdem diē quō aggressus est vīcit, Cabylēn cēpit, ūsque ad Dānuvium penetrāvit. Inde multās suprā Pontum positās cīvitātēs aggressus est, bellōque cōnfectō Rōmam rediit. Ambō triumphāvērunt, tamen Lūcullus, quī contrā Mithridātēn pugnāverat, māiōre glōriā, cum tantōrum rēgnōrum victor redīsset.

11 Cōnfectō bellō Macedonicō, manente Mithridāticō, quod recēdente Lūcullō rēx collēctīs auxiliīs reparāverat, bellum Crēticum ortum est. Ad id missus Q. Caecilius Metellus ingentibus proeliīs intrā triennium omnem prōvinciam cēpit appellātusque est 'Crēticus' atque ex īnsulā triumphāvit.

12 Dum haec geruntur, pīrātae omnia maria īnfēstābant ita ut Rōmānīs tōtō orbe victōribus sōla nāvigātiō tūta nōn esset. Quārē id bellum Cn. Pompēiō dēcrētum est;

349

celeritās -ātis *f*
< celer

pīrāticus -a -um < pīrāta

praesertim = praecipuē,
māximē

*lēx Mānīlia dē imperiō
Cn. Pompēiī*

quod intrā paucōs mēnsēs ingentī et fēlīcitāte et celeri-
tāte cōnfēcit.   2⁻

[*Bellō pīrāticō cōnfectō, C. Mānīlius tr. pl. lēgem tulit,
ut Pompēiō etiam Mithridāticum bellum mandārētur, praesertim cum imperātor ille ēgregius cum exercitū in Ciliciā
esset. Hanc lēgem clārissimā ōrātiōne suāsit M. Tullius
Cicerō praetor.*]   2⁻

liber scrīptus est annō 46
a. C. ad M. Iūnium
Brūtum
disertus -a -um = ēloquēns

Arpīnum -ī *n*
[annō 106 a. C.]
a. d. III nōn. Iān. = diē
III mēnsis Iānuāriī
locuplēs -ētis = dīves

toga virīlis/pūra = toga
alba sine purpurā quam
Rōmānus pūbēs sūmit
positā togā praetextā

īnstituere = docēre

M. TVLLIVS CICERO

[*Ex M. Tullii Cicerōnis 'Brūtō' sīve 'Dē clārīs ōrātōribus'*]
[*Orātor omnium quī Rōmae fuērunt disertissimus M. Tullius Cicerō Arpīnī in oppidō Latiī nātus est Q. Serviliō
Caepiōne C. Atīliō Serrānō cōnsulibus ante diem III nōnās   28⁻
Iānuāriās. Aliquot annīs post pater Cicerōnis, eques locuplēs, Rōmam migrāvit, ut fīliōs Mārcum et Quīntum optimīs magistrīs docendōs trāderet.*

*Sūmptā togā virīlī, Mārcus in forum dēductus est ad Q.
Mūcium Scaevolam, iūris perītum, ut ab sene illō doctis-   285
simō iūre cīvīlī īnstituerētur. In forō Rōmānō Cicerō adulēs-*

350

cēns M. Antōnium et Q. Hortēnsium, quī tum arte ōrātōriā excellēbant, assiduē audiēbat, ac simul apud doctōrēs Graecōs, Molōnem rhētorem et Diodotum philosophum, discē-

)0 *bat. Hīs ēgregiīs magistrīs in ēloquentiā exercitātus XXVI annōs nātus in forō causās agere coepit. Annō post, cum iam multārum causārum patrōnus fuisset, Sex. Rōscium parricīdiī reum clārissimā ōrātiōne dēfendit, eōque patrōciniō māximam laudem meruit.*

)5 *Sed ōrātor adulēscēns, cum ōrātiōnis genere ferventī ac vehementī ūterētur, adeō in dīcendō omnēs nervōs contendēbat ut brevī vōx vīrēsque eum dēficerent; ergō aliquamdiū dē forō dēcēdere atque in Graeciam Asiamque proficīscī cōnstituit, ut vōcem remitteret atque ōrātiōnī abundantī mo-*

)0 *derārētur.*

In librō quem Caesare dictātōre scrīpsit ad M. Brūtum 'Dē clārīs ōrātōribus', Cicerō inter alia haec dē doctrīnā suā iuvenīlī nārrat:]

)8 At vērō ego hōc tempore omnī noctēs et diēs in om-
)9 nium doctrīnārum meditātiōne versābar. Eram cum Stōicō Diodotō, quī cum habitāvisset apud mē mēcumque vīxisset, nūper est domī meae mortuus. Huic ego doctōrī et eius artibus variīs atque multīs ita eram tamen dēditus ut ab exercitātiōnibus ōrātōriīs nūllus diēs vacuus esset. Commentābar 'dēclāmitāns' (sīc enim nunc

10 loquuntur), idque faciēbam multum etiam Latīnē, sed Graecē saepius, vel quod Graeca ōrātiō plūra ōrnāmenta suppeditāns cōnsuētūdinem similiter Latīnē dīcendī af-

---

M. Antōnius: cōs. annō 99 a.C.
excellere = praestāre
Molō -ōnis *m*
rhētor -oris *m* = magister dīcendī
ēloquentia -ae *f* = ars ōrātōria
exercitāre = exercēre
causam agere = reum in iūdiciō dēfendere
patrōnus -ī *m* = dēfēnsor

[annō 80 a. C.]
patrōcinium -ī *n* = officium patrōnī

fervēns -entis = ārdēns

nervōs contendere = omnibus vīribus labōrāre, ēnītī

remittere ↔ contendere
abundāre = superfundī
moderārī (+ *dat*) = temperāre

doctrīna -ae *f* (< doctor) = quod docētur
iuvenīlis -e = iuvenālis

hōc tempore: annīs 86–84 a. C.
meditātiō -ōnis *f* (< meditārī) = cōgitātiō
Stōicus -ī *m*: philosophus discipulus Zēnōnis

exercitātiō -ōnis *f* < exercitāre
com-mentārī = mente praeparāre, meditārī
dē-clām(it)āre = exercendī causā ōrātiōnēs fictās habēre

suppeditāre = offerre (rem ūtilem)

351

ferēbat, vel quod ā Graecīs summīs doctōribus, nisi
Graecē dīcerem, neque corrigī possem neque docērī. 31

nōs : ego

Tum prīmum nōs ad causās et prīvātās et pūblicās 31
adīre coepimus, nōn ut in forō discerēmus (quod plērīque fēcērunt), sed ut — quantum nōs efficere potuissē-
mus — doctī in forum venīrēmus. Eōdem tempore Mo- 31

magistrō operam dare:
m. um attentē audīre
Rhodiī praemia postulā-
bant quia Mithridātī
restiterant

lōnī dedimus operam; dictātōre enim Sullā lēgātus ad 32
senātum dē Rhodiōrum praemiīs vēnerat.

commendātiō -ōnis f =
verba probantia, laus

Itaque prīma causa pūblica prō Sex. Rōsciō dicta tantum commendātiōnis habuit ut nōn ūlla esset quae nōn
digna nostrō patrōciniō vidērētur. Deinceps inde mul-

multae *causae*
ē-labōrāre = magnō la-
bōre perficere
ē-lūcubrāre = nocte
ēlabōrāre

tae, quās nōs dīligenter ēlabōrātās et tamquam ēlūcu- 32
brātās afferēbāmus.

complectī : nōn praeter-
mittere

Nunc quoniam tōtum mē vidēris velle cognōscere, 31
complectar nōnnūlla etiam quae fortasse videantur
minus necessāria:

in nōbīs : in mē
gracilitās/īnfirmitās -ātis f
< gracilis/īnfirmus
prōcērus -a -um = altus
et longus
figūra -ae f = fōrma

Erat eō tempore in nōbīs summa gracilitās et īnfirmi- 33
tās corporis, prōcērum et tenue collum; quī habitus et
quae figūra nōn procul abesse putātur ā vītae perīculō,

latera : corpus
contentiō -ōnis f < con-
tendere
remissiō -ōnis f < remit-
tere (↔ contentiō)
varietās -ātis f < varius

sī accēdit labor et laterum magna contentiō. Eōque
magis hoc eōs quibus eram cārus commovēbat, quod
omnia sine remissiōne, sine varietāte, vī summā vōcis et 33
tōtīus corporis contentiōne dīcēbam.

cum... hortārentur : etsī
...hortābantur

Itaque cum mē et amīcī et medicī hortārentur ut 31
causās agere dēsisterem, quodvīs potius perīculum mihi
adeundum quam ā spērātā dīcendī glōriā discēdendum

moderātiō -ōnis f
< moderārī

putāvī. Sed cum cēnsērem remissiōne et moderātiōne 340

vōcis et commūtātō genere dīcendī mē et perīculum
vītāre posse et temperātius dīcere, ut cōnsuētūdinem
dīcendī mūtārem, ea causa mihi in Asiam proficīscendī
fuit. Itaque cum essem biennium versātus in causīs et
45 iam in forō celebrātum meum nōmen esset, Rōmā sum
profectus.

15 Cum vēnissem Athēnās, sex mēnsēs cum Antiochō,
veteris Acadēmīae nōbilissimō et prūdentissimō philo-
sophō, fuī studiumque philosophiae numquam inter-
50 missum ā prīmāque adulēscentiā cultum et semper
auctum hōc rūrsus summō auctōre et doctōre renovāvī.
Eōdem tamen tempore Athēnīs apud Dēmētrium
Syrum, veterem et nōn ignōbilem dīcendī magistrum,
studiōsē exercērī solēbam.

55 Post ā mē Asia tōta peragrāta est dum summīs studeō
ōrātōribus, quibuscum exercēbar ipsīs libentibus; quōrum erat prīnceps Menippus Stratonīcēnsis, meō iūdi-
16 ciō tōtā Asiā illīs temporibus disertissimus. Assiduis-
simē autem mēcum fuit Dionȳsius Magnēs; erat etiam
60 Aeschylus Cnidius, Adramyttēnus Xenoclēs. Hī tum in
Asiā rhētorum prīncipēs numerābantur.

Quibus nōn contentus Rhodum vēnī mēque ad eundem quem Rōmae audīveram Molōnem applicāvī, cum
āctōrem in vērīs causīs scrīptōremque praestantem, tum
365 in notandīs animadvertendīsque vitiīs et in īnstituendō
docendōque prūdentissimum. Is dedit operam (sī modo
id cōnsequī potuit) ut nimis redundantēs nōs et suprā

---

com-mūtāre = mūtare

temperātus-a-um =
moderātus, placidus

biennium -īn = duo annī
in causīs versārī : causās
agere
celebrātus -a -um =
celeber, illūstris

[annō 79 a. C.]

Acadēmīa -ae f: philoso-
phōrum disciplīna ā
Platōne īnstitūta

Syrus -ī m: incola Syriae,
ex Syriā

Stratonīcēnsis -is m
< Stratonīcēa, cīvitās
Asiae
meō iūdiciō = meā sen-
tentiā
Magnēs -ētis, Cnidius -ī,
Adramyttēnus -ī m <
Magnēsia, Cnidos (-ī f),
Adramyttium, cīvitātēs
Asiae
Xenoclēs -is m

sē ap-plicāre = sē ad-
iungere
āctor -ōris m = quī
(causās) agit
praestāns = excellēns
notāre ↔ probāre

cōnsequī = adipīscī
redundāre = abundāre

353

impūnitās -ātis *f* (< impūne) = licentia
re-primere < -premere
dif-fluere = passim
fluere

re-sīdere -sēdisse =
sēdārī, cessāre
dē-fervēscere -visse =
fervēre dēsinere, minus
fervēns fierī

C. Aurēlius Cotta (cōs.
annō 75 a.C.)
lēnis -e = mollis, placi-
dus, mītis
āctiō = mōtus corporis
in dīcendō
mihi rēs est cum eō : mihi
negōtium est cum eō

annum: 76 a. C.

quaestūra -ae *f* = magistrātus quaestōris

Siciliēnsis annus: Cicerō
Lilybaeī in Siciliā
quaestor fuit annō 75
a.C.

illud : ingenium ōrātōrium
quic-quid = quid-quid
perfectus -a -um = quī
melior fierī nōn potest
mātūritās -ātis *f*
< mātūrus
: nimis multa videor dē
mē *dīcere*
prōpositum est = cōn-
silium est
per-spicere = plānē vidēre

Cicerō, Siculōrum patrō-
nus, C. Verrem accūsā-
vit, quī prōpraetor Sici-
liam dīripuerat et ab
Hortēnsiō dēfēnsus est
(annō 70 a. C.)

fluentēs iuvenīlī quādam dīcendī impūnitāte et licentiā
reprimeret et quasi extrā rīpās diffluentēs coercēret.

Ita recēpī mē bienniō post nōn modo exercitātior, sed 37●
prope mūtātus. Nam et contentiō nimia vōcis resēderat
et quasi dēferverat ōrātiō, lateribusque vīrēs et corporī
mediocris habitus accesserat.

Duo tum excellēbant ōrātōrēs, quī mē imitandī cupi- 31
ditāte incitārent, Cotta et Hortēnsius, quōrum alter re- 37?
missus et lēnis, alter ōrnātus, ācer, et verbōrum et āctiō-
nis genere commōtior. Itaque cum Hortēnsiō mihi
magis arbitrābar rem esse, quod et dīcendī ārdōre eram
propior et aetāte coniūnctior.

Ūnum igitur annum, cum redīssēmus ex Asiā, causās 31.
nōbilēs ēgimus, cum quaestūram nōs, cōnsulātum
Cotta, aedīlitātem peteret Hortēnsius. Interim mē
quaestōrem Siciliēnsis excēpit annus, Cotta ex cōnsulātū est profectus in Galliam, prīnceps et erat et habēbātur Hortēnsius. Cum autem annō post ex Siciliā 385
mē recēpissem, iam vidēbātur illud in mē (quicquid
esset) esse perfectum et habēre mātūritātem quandam
suam.

Nimis multa videor dē mē, ipse praesertim; sed omnī
huic sermōnī prōpositum est, nōn ut ingenium et ēlo- 390
quentiam meam perspiciās (unde longē absum!), sed ut
labōrem et industriam. Cum igitur essem in plūrimīs 319
causīs et in prīncipibus patrōnīs quīnquennium ferē
versātus, tum in patrōciniō Siciliēnsī māximum in

95 certāmen vēnī dēsignātus aedīlis cum dēsignātō cōnsule
Hortēnsiō...

21 Nōs autem nōn dēsistēbāmus cum omnī genere exer-
citātiōnis, tum māximē stilō nostrum illud quod erat
augēre, quantumcumque erat. Atque — ut multa omit-
00 tam — in hōc spatiō et in hīs post aedīlitātem annīs et
praetor prīmus et incrēdibilī populī voluntāte cōnsul
sum factus. Nam cum propter assiduitātem in causīs et
industriam, tum propter exquīsītius et minimē vulgāre
ōrātiōnis genus animōs hominum ad mē dīcendī novi-
05 tāte converteram.

(cōnsul) dēsignātus =
creātus quī nōndum
magistrātum iniit
Q. Hortēnsius: cōs.
annō 69 a. C.

stilō : scrībendō

quantus -a -um-cumque

hōc spatiō (temporis)
= hīs annīs
praetor prīmus : ex octō
praetōribus
assiduitās -ātis f
< assiduus
exquīsītus -a -um
= accūrātus
vulgāris -e = quī vulgō fit

CVRSVS HONORVM

honōs = magistrātus

Magistrātūs		annō aetātis	Cicerō annō a. C.
quaestor	quaestūra	XXX	75 a. C.
aedīlis	aedīlitās	XXXVI	69 a. C.
10 praetor	praetūra	XXXIX	66 a. C.
cōnsul	cōnsulātus	XLII	63 a. C.
(cēnsor)	(cēnsūra)		

praetūra -ae f = magistrātus praetōris

cēnsūra -ae f = magistrā-
tus cēnsōris

GRAMMATICA LATINA
Dē vocābulīs faciendīs
15 (B) *Adiectīva ē nōminibus*
Nōmina adiectīva fīunt hīs suffīxis: *-ōsus, -ālis, -āris, -ārius,*
-īlis, -icus, -ius, -eus, -ātus, -ānus, -īnus, -ēnsis.
    Exempla:
    (1) *-ōsus -a -um:* pretiōsus < preti|um;
20 (2) *-ālis -e:* nāvālis < nāv|is;
    (3) *-āris -e:* mīlitāris < mīles -it|is;

355

vīs (vocābulī) =
significātiō

(4) *-ārius -a -um:* agr*ārius* < ager agr|ī;
(5) *-īlis -e:* host*īlis* < host|is;
(6) *-icus -a -um:* bell*icus* < bell|um;
(7) *-ius -a -um:* ōrātōr*ius* < ōrātor -ōr|is;
(8) *-eus -a -um:* aur*eus* < aur|um;
(9) *-ātus -a -um:* tog*ātus* < tog|a;
(10) *-ānus -a -um:* Rōm*ānus* < Rōm|a;
(11) *-īnus -a -um:* dīv*īnus* < dīv|us; Capitōl*īnus* < Capitōli|um
(sine -i|);
(12) *-(i)ēnsis -e:* Ōsti*ēnsis* < Ōsti|a; Athēn*iēnsis* < Athēn|ae.

in-/im- adiectīvō praepositum vim negandī habet: *in*dignus,
*im*pius, *im*mātūrus, *in*imīcus (< -amīcus); item *dis-/dif-:* dissimilis, *dif*ficilis (< -facilis). Praepositō *per-* adiectīvī vīs augē-
tur: *per*magnus, *per*angustus (= valdē magnus/angustus).

42
43
43

PENSVM A
Supplenda sunt nōmina adiectīva:
(1) fōrma > —; pecūnia > —; perīculum > —; glōria > —;
ōtium > —; iocus > —; studium > —; perniciēs > —;
flāgitium > —; numerus > —;
(2) mors > —; rēx > —; hospes > —; nātūra > —; triumphus > —; Vesta > —;
(3) cōnsul > —; salūs > —; vulgus > —; singulī > —;
(4) legiō > —; frūmentum > —; necesse > —;
(5) puer > —; servus > —; cīvis > —; vir > —; iuvenis >
—;
(6) nauta > —; modus > —; ūnus > —; poēta > —; pīrāta >
—; Italia > —;
(7) pater > —; mercātor > —; gladiātor > —; rēx > —; uxor
> —; praetor > —; noxa > —; Mārs > —;
(8) ferrum > —; argentum > —; aes > —; lignum > —;
marmor > —; purpura > —; lapis > —; nix > —;
(9) gemma > —; arma > —; aurum > —; ferrum > —; āla
> —; aes > —; rōstra > —; venēnum > —; scelus > —;
foedus > —; fortūna > —;

356

(10) urbs > —; Tūsculum > —; Trōia > —; Alba > —;
(11) vīcus > —; repēns > —; Tiberis > —; Latium > —;
(12) circus > —; Cannae > —; Carthāgō > —.

PENSVM B

Annō — ūndēquīnquāgēsimō [DCXLIX] a. u. c. Rōmānī ingentī — [= strāge] victī sunt ā Cimbrīs et Teutonibus, quōrum cōpia — [= sine fīne] erat. Bellum gestum cum sociīs,
quī lībertātem sibi aequam — volēbant, bellum — dīcitur.
Marius Rōmam ingressus multōs — et domum Sullae —.
Spartacus — [< numerus] exercitum — [= collēgit] ac variō
— cum Rōmānīs pugnāvit.

Cicerō adulēscēns ōrātōrēs — [= ēloquentēs] audiēbat
neque ūllus diēs ab — ōrātōriīs vacuus erat. Cum multārum
causārum — fuisset, Rōmā profectus est ut ōrātiōnī — [=
ārdentī] —. Rhodī sē ad Molōnem — [= magistrum dīcendī]
—. — [= II annīs] post revertit ōrātor mūtātus: nōn ācer et —
[= redundāns], sed remissus et — [= placidus]. Duo ōrātōrēs
tum —, Cotta et Hortēnsius. Post — Siciliēnsem — [= ars
ōrātōria] Cicerōnis — esse vidēbātur. In 'Brūtō' Cicerō nārrat
dē — suā iuvenīlī; sermōnī eius — est ut industriam et — [<
assiduus] eius — [= plānē videāmus].

Synōnyma: cōgitātiō et —; laus et —; licentia et —; fōrma
et —; dīves et —; iuvenālis et —; accūrātus et —; morārī et
—; exercēre et —; ēlūcubrāre et nocte —; praecipuē et —.

Contrāria: vigor et — (corporis); remissiō et — .

PENSVM C

Quid ēgit Marius post bellum Iugurthīnum?
Unde Cimbrī et Teutonēs vēnērunt?
Quī imperātōrēs dē Cimbrīs triumphāvērunt?
Quamdiū bellum sociāle prōtractum est?
Quis bellō sociālī fīnem imposuit?
Quid Mithridātēs Ephesī imperāvit?
Cūr Sulla pācem cum Mithridāte fēcit?

Vocābula nova:
interniciō
aedīlicius
successus
clībanārius
sagittārius
celeritās
rhētor
ēloquentia
patrōnus
patrōcinium
doctrīna
meditātiō
exercitātiō
commendātiō
gracilitās
īnfirmitās
figūra
contentiō
remissiō
varietās
moderātiō
biennium
āctor
impūnitās
quaestūra
mātūritās
prōpositum
assiduitās
praetūra
cēnsūra
īnfīnītus
sociālis
numerōsus
īnsatiābilis
pīrāticus
disertus
locuplēs
fervēns
iuvenīlis
prōcērus
celebrātus
exercitātus
lēnis
ōrnātus
commōtus
perfectus
exquīsītus
vulgāris
sescentēsimus

357

reportāre
oboedīre
asserere
prōscrībere
ēvertere
commorārī
congregāre
excellere
exercitāre
abundāre
moderārī
commentārī
dēclāmitāre
suppeditāre
ēlabōrāre
ēlūcubrāre
commūtāre
applicāre
redundāre
reprimere
diffluere
resīdere
dēfervēscere
perspicere
quīntō
praesertim
quantuscumque

Quid Sullā absente factum est Rōmae?
Ubi Sulla Mariānōs vīcit?
Quae nova bella exārsērunt cum Sulla rem pūblicam compo-
suisset?
Quid Nīcomēde mortuō factum est in Asiā?
Unde ortum est bellum servīle?
Quās cīvitātēs Lūcullus expugnāvit?
Ad quem Mithridātēs victus cōnfūgit?
Cūr Mithridātēs bellum renovāvit?
Num Lūcullus cum Mithridāte dēbellāvit?
Quōmodo Metellus cognōmen 'Crēticī' adeptus est?
Cui bellum pīrāticum mandātum est?
Quis lēgem Mānīliam suāsit?
Quandō nātus est M. Tullius Cicerō?
Quibus magistrīs Cicerō adulēscēns operam dabat?
Quandō Cicerō causās agere coepit?
Quārē in Graeciam et Asiam profectus est?
Ubi Cicerō quaestūram gessit?

Cn. Pompēius Magnus

CN. POMPEIVS MAGNVS

*[Ex M. Tulliī Cicerōnis ōrātiōne Dē imperiō Cn.
Pompēiī]*

Quirītēs! ...

4   Bellum grave et perīculōsum vestrīs vectīgālibus ac
sociīs ā duōbus potentissimīs rēgibus īnfertur, Mithridāte et Tigrāne, quōrum alter relictus, alter lacessītus
5 occāsiōnem sibi ad occupandam Asiam oblātam esse
arbitrātur. Equitibus Rōmānīs, honestissimīs virīs, af-
5 feruntur ex Asiā cotīdiē litterae: 'Bithȳniae (quae nunc
vestra prōvincia est) vīcōs exustōs esse complūrēs; rēgnum Ariobarzānis (quod fīnitimum est vestrīs vectīgāli-
10 bus) tōtum esse in hostium potestāte; L. Lūcullum
magnīs rēbus gestīs ab eō bellō discēdere; huic quī successerit nōn satis esse parātum ad tantum bellum administrandum. Ūnum ab omnibus sociīs et cīvibus ad id

Quirītēs! ...: exōrdium
ōrātiōnis omissum
vectīgālis -e = quī vectīgālia pendit; v. ēs Rōmānō-
rum = quī Rōmānīs vec-
tīgālia pendunt
relictus : nōn dēvictus
lacessere -īvisse -ītum =
ad pugnam prōvocāre
/incitāre

nunc : post mortem
Nīcomēdis

rēgnum Ariobarzānis:
Cappadociam

quī successerit: M'.
Acīlius Glabriō

ūnum : Pompēium

359

ex-petere = petere

: bellum est eius generis

agitur : in discrīmine est

macula

ōrnāmentum = quod
ōrnat/illūstrat
subsidium = quod sub-
sidiō/auxiliō est
requīrere = dēsīderāre

cōnsulere eī = cūram ha-
bēre dē eō; quibus cōn-
sulendum est ā vōbīs =
quibus vōs cōnsulere
oportet

macula -ae f = lābēs

īn-sīdere = haerēns fierī
in-veterāscere -āvisse
= vetus fierī

significātiō < significāre
= nōtum facere, nūn-
tiāre

---

bellum imperātōrem dēposcī atque expetī, eundem
hunc ūnum ab hostibus metuī, praetereā nēminem.' 1!
Causa quae sit vidētis. Nunc quid agendum sit cōnsī- •
derāte! Prīmum mihi vidētur dē genere bellī, deinde dē
magnitūdine, tum dē imperātōre dēligendō esse dīcendum.

[*Dē genere bellī*] 2

Genus est eius bellī quod māximē vestrōs animōs excitāre atque īnflammāre ad persequendī studium dēbeat: in quō agitur populī Rōmānī glōria, quae vōbīs ā
māiōribus cum magna in omnibus rēbus, tum summa
in rē mīlitārī trādita est; agitur salūs sociōrum atque 2
amīcōrum, prō quā multa māiōrēs vestrī magna et gravia bella gessērunt; aguntur certissima populī Rōmānī
vectīgālia et māxima, quibus āmissīs et pācis ōrnāmenta
et subsidia bellī requīrētis; aguntur bona multōrum cīvium, quibus est ā vōbīs et ipsōrum causā et reī pūbli- 3
cae cōnsulendum.

Et quoniam semper appetentēs glōriae praeter cēterās
gentēs atque avidī laudis fuistis, dēlenda est vōbīs illa
macula Mithridāticō bellō superiōre concepta quae penitus iam īnsēdit ac nimis inveterāvit in populī Rōmānī 3
nōmine: quod is quī ūnō diē tōtā in Asiā, tot in cīvitātibus, ūnō nūntiō atque ūnā significātiōne litterārum omnēs cīvēs Rōmānōs necandōs trucīdandōsque cūrāvit,
nōn modo adhūc poenam nūllam suō dignam scelere

40 suscēpit, sed ab illō tempore annum iam tertium et vīcēsimum rēgnat — et ita rēgnat ut sē nōn Pontī neque
Cappadociae latebrīs occultāre velit, sed ēmergere ex
patriō rēgnō atque in vestrīs vectīgālibus, hoc est in
Asiae lūce, versārī!

8 Etenim adhūc ita nostrī cum illō rēge contendērunt
imperātōrēs ut ab illō īnsignia victōriae, nōn victōriam
reportārent. Triumphāvit L. Sulla, triumphāvit L. Mūrēna dē Mithridāte, duo fortissimī virī et summī imperātōrēs, sed ita triumphārunt ut ille pulsus superātus-
50 que rēgnāret. Vērum tamen illīs imperātōribus laus est
tribuenda, quod ēgērunt, venia danda, quod relīquērunt, proptereā quod ab eō bellō Sullam in Italiam rēs
pūblica, Mūrēnam Sulla revocāvit.

9 Mithridātēs autem omne reliquum tempus nōn ad
55 oblīviōnem veteris bellī, sed ad comparātiōnem novī
contulit. Quī posteā, cum māximās aedificāsset ōrnās-
setque classēs exercitūsque permagnōs quibuscumque
ex gentibus potuisset comparāsset et sē Bosporānīs, fīnitimīs suīs, bellum īnferre simulāret, ūsque in Hispā-
60 niam lēgātōs ac litterās mīsit ad eōs ducēs quibuscum
tum bellum gerēbāmus, ut, cum duōbus in locīs dis-
iūnctissimīs māximēque dīversīs ūnō cōnsiliō ā bīnīs
hostium cōpiīs bellum terrā marīque gererētur, vōs an-
10 cipitī contentiōne districtī dē imperiō dīmicārētis. Sed
65 tamen alterīus partis perīculum, Sertōriānae atque Hispāniēnsis, quae multō plūs fīrmāmentī ac rōboris habē-

---

latebra -ae *f* = locus ubi
  latet aliquis
ē-mergere = exīre (ex
  aquā), appārēre

nostrī imperātōrēs

L. *Licinius* Mūrēna
[annō 81 a.C.]

-ārunt = -āvērunt

quod ēgērunt/relīquē-
  runt : ob id quod ēgē-
  runt/relīquērunt
proptereā quod = quod

oblīviō -ōnis *f* < oblīvīscī
comparātiō -ōnis *f* < comparāre (= parāre)
rem cōnferre (ad/in ali-
  quid) = reē ūtī

Bosporānī -ōrum *m*:
  incolae Bosporī

ducēs : Sertōrium et
  ducēs eius
dis-iūnctus -a -um
  (< dis-iungere) =
  dīversus

contentiō = certāmen
Sertōriānus -a -um < Ser-
  tōrius; Hispāniēnsis -e
  < Hispānia
fīrmāmentum -ī *n* = quod
  fīrmat

361

singulāris = cui pār nōn
est

initia praeclāra : expugnā-
tiō Cyzicī, Pontī, cēt.

haec extrēma : sēditiō
mīlitum
fortūnae tribuere =
fortūnā factum esse
cēnsēre

af-fingere -fīnxisse
-fictum (< ad-) = fin-
gendō adicere

exōrsus -ūs m = exōr-
dium

nāviculārius -ī m = quī
nāvem possidet
iniūriōsus -a -um < iniū-
ria; iniūriōsē tractāre
aliquem = iniūriam
facere alicui

appellātī superbius: Lī-
vius lēgātōs pulsātōs
esse dīcit (cap. LI. 120)

lēgātum cōnsulārem: M'.
Aquīlium, cōs. annō 101
a.C., quī ā Mithridāte
captus et necātus est
annō 88 a. C.

vidēte nē... = cūrāte nē,
cavēte nē...
illīs : māiōribus vestrīs

bat, Cn. Pompēiī dīvīnō cōnsiliō ac singulārī virtūte dēpulsum est. In alterā parte ita rēs ab L. Lūcullō, summō virō, est administrāta, ut initia illa rērum gestā- 7(rum magna atque praeclāra nōn fēlīcitātī eius, sed vir- tūtī, haec autem extrēma quae nūper accidērunt, nōn culpae, sed fortūnae tribuenda esse videantur. Sed dē Lūcullō dīcam aliō locō, et ita dīcam, Quirītēs, ut neque vēra laus eī dētracta ōrātiōne meā neque falsa afficta esse videātur. Dē vestrī imperiī dignitāte atque glōriā, 1/ quoniam is est exōrsus ōrātiōnis meae, vidēte quem vōbīs animum suscipiendum putētis.

Māiōrēs nostrī saepe prō mercātōribus aut nāviculā- riīs nostrīs iniūriōsius tractātīs bella gessērunt — vōs, tot mīlibus cīvium Rōmānōrum ūnō nūntiō atque ūnō 80 tempore necātīs, quō tandem animō esse dēbētis? Lē- gātī quod erant appellātī superbius, Corinthum patrēs vestrī, tōtīus Graeciae lūmen, exstīnctum esse voluērunt — vōs eum rēgem inultum esse patiēminī quī lēgātum populī Rōmānī cōnsulārem vinculīs ac verberibus atque 85 omnī suppliciō excruciātum necāvit? Illī lībertātem im- minūtam cīvium Rōmānōrum nōn tulērunt — vōs ērep- tam vītam neglegētis? Iūs lēgātiōnis verbō violātum illī persecūtī sunt — vōs lēgātum omnī suppliciō interfec- tum relinquētis? Vidēte nē, ut illīs pulcherrimum fuit 12 tantam vōbīs imperiī glōriam trādere, sīc vōbīs turpissi- mum sit id quod accēpistis tuērī et cōnservāre nōn posse!

Quid? quod salūs sociōrum summum in perīculum ac

5 discrīmen vocātur, quō id tandem animō ferre dēbētis?

Rēgnō est expulsus Ariobarzānēs rēx, socius populī Rō-

mānī atque amīcus. Imminent duo rēgēs tōtī Asiae nōn

sōlum vōbīs inimīcissimī, sed etiam vestrīs sociīs atque

amīcīs. Cīvitātēs autem omnēs cūnctā Asiā atque Grae-

100 ciā vestrum auxilium exspectāre propter perīculī magni-

tūdinem cōguntur; imperātōrem ā vōbīs certum dēpos-

cere, cum praesertim vōs alium mīseritis, neque audent

neque id sē facere sine summō perīculō posse arbitran-

13 tur. Vident et sentiunt hoc idem quod vōs: ūnum virum

105 esse in quō summa sint omnia, et eum propter esse —

quō etiam carent aegrius; cuius adventū ipsō atque nō-

mine, tametsī ille ad maritimum bellum vēnerit, tamen

impetūs hostium repressōs esse intellegunt ac retar-

dātōs.

110 Hī vōs, quoniam līberē loquī nōn licet, tacitī rogant

ut sē quoque, sīcut cēterārum prōvinciārum sociōs, dig-

nōs exīstimētis quōrum salūtem tālī virō commendētis,

atque hōc etiam magis quod cēterōs in prōvinciās eius

modī hominēs cum imperiō mittimus ut, etiam sī ab

115 hoste dēfendant, tamen ipsōrum adventūs in urbēs so-

ciōrum nōn multum ab hostīlī expugnātiōne differant

— hunc audiēbant anteā, nunc praesentem vident tantā

temperantiā, tantā mānsuētūdine, tantā hūmānitāte, ut

iī beātissimī esse videantur apud quōs ille diūtissimē

120 commorātur!

---

in perīculum vocārī
= in p. venīre

cūnctā Asiā = in cūnctā
Asiā

cum praesertim = p. cum
alium : M'. Acīlium
Glabriōnem

propter *adv* = prope

quō = quam ob rem
aegrē ↔ libenter
maritimum bellum :
bellum pīrāticum
re-tardāre = tardum
facere, impedīre

(dignōs) quōrum = (tam
dignōs) ut eōrum
com-mendāre = man-
dāre, committere
cēterōs… mittimus =
cēterī quōs… mittimus
eius modī hominēs sunt

dif-ferre = dissimilis esse

temperantia -ae *f* (< temperāns) = modestia
mānsuētūdō -inis *f*
= clēmentia
hūmānitās -ātis *f*
< hūmānus
diūtissimē *sup* < diū

363

convenit = oportet, decet

dē vectīgālibus agitur
 = vectīgālia aguntur

opīmus -a -um = opu-
 lentus
ūbertās -ātis *f* < ūber
frūctus -ūs *m* = frūgēs
pāstiō -ōnis *f* < pāscere
ex-portāre

ante-cellere = excellere,
 praestāre
ūtilitās -ātis *f* < ūtilis; bellī
 ū. = quae bellō ūtilia
 sunt (: vectīgālia)

irruptiō -ōnis *f*
 < irrumpere
pecua -um *n* = pecudēs
cultūra -ae *f* < colere

decuma -ae *f* = decima
 pars frūgum (vectīgal)
scrīptūra -ae *f* = mercēs
 prō pāstiōne in agrō
 pūblicō

pēnsitāre = pendere
 (vectīgālia) exercēre
 = administrāre
exigere = exposcere
excursiō -ōnis *f*
 < excurrere

Quārē, sī propter sociōs, nūllā ipsī iniūriā lacessītī, *1*
māiōrēs nostrī cum Antiochō, cum Philippō, cum Aetōlīs, cum Poenīs bella gessērunt, quantō vōs studiōsius
convenit, iniūriīs prōvocātōs, sociōrum salūtem ūnā
cum imperiī vestrī dignitāte dēfendere, praesertim cum *1.*
dē māximīs vestrīs vectīgālibus agātur? Nam cēterārum
prōvinciārum vectīgālia, Quirītēs, tanta sunt ut iīs ad
ipsās prōvinciās tūtandās vix contentī esse possīmus —
Asia vērō tam opīma est ac fertilis ut et ūbertāte agrōrum et varietāte frūctuum et magnitūdine pāstiōnis et *1?*
multitūdine eārum rērum quae exportantur, facile omnibus terrīs antecellat. Itaque haec vōbīs prōvincia,
Quirītēs, sī et bellī ūtilitātem et pācis dignitātem retinēre vultis, nōn modo ā calamitāte, sed etiam ā metū calamitātis est dēfendenda. Nam in cēterīs rēbus, cum *1?*
venit calamitās, tum dētrīmentum accipitur; at in vectīgālibus nōn sōlum adventus malī, sed etiam metus ipse
affert calamitātem. Nam cum hostium cōpiae nōn longē
absunt, etiam sī irruptiō nūlla facta est, tamen pecua
relinquuntur, agrī cultūra dēseritur, mercātōrum nāvi- *14(*
gātiō conquiēscit. Ita neque ex portū neque ex decumīs
neque ex scrīptūrā vectīgal cōnservārī potest; quārē *16*
saepe tōtīus annī frūctus ūnō rūmōre perīculī atque ūnō
bellī terrōre āmittitur. Quō tandem igitur animō esse
exīstimātis aut eōs quī vectīgālia nōbīs pēnsitant, aut eōs *145*
quī exercent atque exigunt, cum duo rēgēs cum māximīs cōpiīs propter adsint? cum ūna excursiō equitātūs

perbrevī tempore tōtīus annī vectīgal auferre possit?
cum pūblicānī familiās māximās quās in salīnīs habent,
50 quās in agrīs, quās in portibus atque in cūstōdiīs,
magnō perīculō sē habēre arbitrentur? Putātisne vōs illīs rēbus fruī posse, nisi eōs quī vōbīs frūctuī sunt cōn-
47 servāveritis, nōn sōlum (ut ante dīxī) calamitāte, sed
etiam calamitātis formīdine līberātōs?

55 Ac nē illud quidem vōbīs neglegendum est (quod
mihi ego extrēmum prōposueram cum essem dē bellī
genere dictūrus) quod ad multōrum bona cīvium Rōmānōrum pertinet, quōrum vōbīs prō vestrā sapientiā,
Quirītēs, habenda est ratiō dīligenter. Nam et pūbli-
60 cānī, hominēs honestissimī atque ōrnātissimī, suās ratiōnēs et cōpiās in illam prōvinciam contulērunt, quōrum
ipsōrum per sē rēs et fortūnae vōbīs cūrae esse dēbent.
Etenim, sī vectīgālia nervōs esse reī pūblicae semper
dūximus, eum certē ōrdinem quī exercet illa, firmā-
18 mentum cēterōrum ōrdinum rēctē esse dīcēmus. Deinde ex cēterīs ōrdinibus hominēs gnāvī atque industriī
partim ipsī in Asiā negōtiantur, quibus vōs absentibus
cōnsulere dēbētis, partim in eā prōvinciā pecūniās magnās collocātās habent. Est igitur hūmānitātis vestrae
70 magnum numerum cīvium calamitāte prohibēre, sapientiae vidēre multōrum cīvium calamitātem ā rē pūblicā
19 sēiūnctam esse nōn posse. Nōn enim possunt ūnā in
cīvitāte multī rem ac fortūnās āmittere, ut nōn plūrēs
sēcum in eandem trahant calamitātem.

per-brevis -e
pūblicānus -ī *m* = quī
vectīgālia exercet
familia = servī ūnīus
dominī
cūstōdia = statiō unde
vectīgālia exiguntur

frūctuī esse = frūctum
(: ūtilitātem, lucrum)
afferre

ratiōnem habēre alicuius
= alicui cōnsulere
ōrnātus -a -um = illūstris
ratiōnēs = negōtia
pecūniārum

dūcere = exīstimāre
eum ōrdinem : ōrdinem
equestrem (pūblicānī
sunt equitēs Rōmānī)
gnāvus -a -um = im-
piger, dīligēns
negōtiārī = negōtia
gerere

hūmānitātis vestrae est
= ad hūmānitātem
vestram pertinet
sapientiae *vestrae est*

sē-iūnctus = disiūnctus

365

Quārē vidēte num dubitandum vōbīs sit omnī studiō 1!
ad id bellum incumbere in quō glōria nōminis vestrī,
salūs sociōrum, vectīgālia māxima, fortūnae plūrimō-
rum cīvium coniūnctae cum rē pūblicā dēfendantur.

*incumbere (ad/in rem) =
operam dare, sē dēdere
(reī)*

[*Dē magnitūdıne bellī*]

Quoniam dē genere bellī dīxī, nunc dē magnitūdine 2
pauca dīcam. Potest enim hoc dīcī: bellī genus esse ita
necessārium ut sit gerendum, nōn esse ita magnum ut
sit pertimēscendum. In quō māximē labōrandum est nē
forte ea vōbīs quae dīligentissimē prōvidenda sunt con-
temnenda esse videantur. Atque ut omnēs intellegant 18
mē L. Lūcullō tantum impertīre laudis quantum fortī
virō et sapientī hominī et magnō imperātōrī dēbeātur,
dīcō eius adventū māximās Mithridātis cōpiās omnibus
rēbus ōrnātās atque īnstrūctās fuisse, urbemque Asiae
clārissimam nōbīsque amīcissimam Cyzicēnōrum ob- 19
sessam esse ab ipsō rēge māximā multitūdine et oppug-
nātam vehementissimē; quam L. Lūcullus virtūte, assi-
duitāte, cōnsiliō summīs obsidiōnis perīculīs līberāvit;
ab eōdem imperātōre classem magnam et ōrnātam, quae 2I
ducibus Sertōriānīs ad Italiam studiō atque odiō īnflam- 19!
māta raperētur, superātam esse atque dēpressam; magnās hostium praetereā cōpiās multīs proeliīs esse dēlētās
patefactumque nostrīs legiōnibus esse Pontum, quī anteā populō Rōmānō ex omnī aditū clausus fuisset; Sinōpēn atque Amīsum, quibus in oppidīs erant domicilia 20

in quō : in quā rē

*im-pertīre = partem
dare, tribuere*

*rē ōrnātus/īnstrūctus
: rem habēns
Cyzicēnī -ōrum m
< Cyzicus*

*raperētur = raptim
veherētur
dē-primere -pressisse
-pressum = deorsum
premere, dēmergere*

*domicilium -ī n = locus
ubi habitātur, domus*

366

rēgis omnibus rēbus ōrnāta ac referta, cēterāsque urbēs Pontī et Cappadociae permultās ūnō aditū adventūque esse captās; rēgem spoliātum rēgnō patriō atque avītō ad aliōs sē rēgēs atque ad aliās gentēs supplicem contu-

5 lisse — atque haec omnia salvīs populī Rōmānī sociīs atque integrīs vectīgālibus esse gesta. Satïs opīnor hoc esse laudis, atque ita, Quirītēs, ut hoc vōs intellegātis: ā nūllō istōrum quī huic obtrectant lēgī atque causae L. Lūcullum similiter ex hōc locō esse laudātum.

2 Requīrētur fortasse nunc quem ad modum, cum haec ita sint, reliquum possit magnum esse bellum? Cognōscite, Quirītēs! Nōn enim hoc sine causā quaerī vidētur.

Prīmum ex suō rēgnō sīc Mithridātēs profūgit ut ex

15 eōdem Pontō Mēdēa illa quondam profūgisse dīcitur — quam praedicant in fugā frātris suī membra in iīs locīs quā sē parēns persequerētur dissipāvisse, ut eōrum collēctiō dispersa maerorque patrius celeritātem persequendī retardāret! Sīc Mithridātēs fugiēns māximam

20 vim aurī atque argentī pulcherrimārumque rērum omnium quās et ā māiōribus accēperat et ipse bellō superiōre ex tōtā Asiā dīreptās in suum rēgnum congesserat, in Pontō omnem relīquit. Haec dum nostrī colligunt omnia dīligentius, rēx ipse ē manibus effūgit. Ita illum

25 in persequendī studiō maeror, hōs laetitia tardāvit!

23 Hunc in illō timōre et fugā Tigrānēs, rēx Armenius, excēpit diffīdentemque rēbus suīs cōnfīrmāvit et afflīc-

---

per-multī = plūrimī

opīnārī = arbitrārī, putāre·

reī obtrectāre = rem o.
/verbīs oppugnāre
huic lēgī : lēgī Mānīliae
hōc locō : Rōstrīs

quem ad modum
= quōmodo

Aeētēs -ae *m*
Colchis -idis *f*
Iāsōn -onis *m*
Mēdēa, fīlia Aeētae rēgis
Colchidis, cum Iāsone
domō profūgit
praedicāre = prōnūnti-
āre, nārrāre
parēns : Aeētēs
dissipāre = spargere,
dispergere
collēctiō -ōnis *f*
< colligere

con-gerere = cōnferre

dīligentius = nimis
dīligenter
illum : Aeētam
hōs : Rōmānōs
tardāre = retardāre

af-flīgere -īxisse -īctum
= percellere

re-creāre = rūrsus vigen-
tem facere

opīniō-ōnis ƒ (< opīnārī)
= sententia
fānī... dīripiendī causā =
ut fānum... dīriperent
religiōsus -a -um (< religiō) = sacer

urbem : Tigrānocertam
longinquitās -ātis ƒ
< longinquus
dēsīderium -ī n < dē-
sīderāre

prōgressiō -ōnis ƒ < prō-
gredī
-ārat = -āverat

adventīcius -a -um = quī
advenit

miseri-cordia -ae ƒ = dolor
ob alterīus miseriam

Mithridātēs victus

tum ērēxit perditumque recreāvit. Cuius in rēgnum
posteāquam L. Lūcullus cum exercitū vēnit, plūrēs
etiam gentēs contrā imperātōrem nostrum concitātae 2
sunt. Erat enim metus iniectus iīs nātiōnibus quās numquam populus Rōmānus neque lacessendās bellō neque
temptandās putāvit; erat etiam alia gravis atque vehe-
mēns opīniō quae per animōs gentium barbarārum per-
vāserat: fānī locuplētissimī et religiōsissimī dīripiendī 2
causā in eās ōrās nostrum esse exercitum adductum! Ita
nātiōnēs multae atque magnae novō quōdam terrōre ac
metū concitābantur. Noster autem exercitus, tametsī
urbem ex Tigrānis rēgnō cēperat et proeliīs ūsus erat secundīs, tamen nimiā longinquitāte locōrum ac dēsīderiō 24
suōrum commovēbātur.

Hīc iam plūra nōn dīcam. Fuit enim illud extrēmum 24
ut ex iīs locīs ā mīlitibus nostrīs reditus magis mātūrus
quam prōgressiō longior quaererētur!

Mithridātēs autem et suam manum iam cōnfīrmārat 24
et magnīs adventīciīs auxiliīs multōrum rēgum et nātiō-
num iuvābātur. Nam hoc ferē sīc fierī solēre accēpimus,
ut rēgum afflīctae fortūnae facile multōrum opēs alli-
ciant ad misericordiam, māximēque eōrum quī aut rēgēs sunt aut vīvunt in rēgnō, ut iīs nōmen rēgāle mag- 25
num et sānctum esse videātur. Itaque tantum victus 25
efficere potuit quantum incolumis numquam est ausus
optāre! Nam cum sē in rēgnum suum recēpisset, nōn
fuit eō contentus quod eī praeter spem acciderat, ut

5 illam, postquam pulsus erat, terram umquam attinge-
ret, sed in exercitum nostrum clārum atque victōrem
impetum fēcit.

Sinite hōc locō, Quirītēs — sīcut poētae solent quī rēs
Rōmānās scrībunt — praeterīre mē nostram calamitā-
0 tem, quae tanta fuit ut eam ad aurēs imperātōris nōn ex
proeliō nūntius, sed ex sermōne rūmor afferret!

5 Hīc in illō ipsō malō gravissimāque bellī offēnsiōne
L. Lūcullus, quī tamen aliquā ex parte iīs incommodīs
medērī fortasse potuisset, vestrō iussū coāctus (quod
5 imperiī diūturnitātī modum statuendum vetere exemplō
putāvistis) partem mīlitum quī iam stipendiīs cōnfectī
erant dīmīsit, partem M'. Glabriōnī trādidit.

Multa praetereō cōnsultō; sed ea vōs coniectūrā per-
spicite: quantum illud bellum factum putētis quod
0 coniungant rēgēs potentissimī, renovent agitātae nātiōnēs, suscipiant integrae gentēs, novus imperātor noster
accipiat vetere exercitū pulsō!

[*Dē imperātōre dēligendō*]

7 Satis multa mihi verba fēcisse videor, quārē esset hoc
5 bellum genere ipsō necessārium, magnitūdine perīculōsum. Restat ut dē imperātōre ad id bellum dēligendō ac
tantīs rēbus praeficiendō dīcendum esse videātur.

Utinam, Quirītēs, virōrum fortium atque innocen-
tium cōpiam tantam habērētis ut haec vōbīs dēlīberātiō
0 difficilis esset, quemnam potissimum tantīs rēbus ac

---

attingere : adīre

poētae: ut Q. Ennius in
  Annālibus
praeter-īre = praeter-
  mittere
calamitātem: Mithridātēs
  reversus Rōmānōs in
  Pontō vīcit

offēnsiō -ōnis *f* = calamitās
in-commodum -ī *n*
  ↔ commodum
medērī (+ *dat*) = reme-
  dium dare, sānāre
modus = fīnis nōn ex-
  cēdendus
stipendia = mīlitia

cōnsultō *adv* = cōnsiliō
  (↔ forte)
coniectūrā perspicere =
  intellegere quod nōn
  palam dīcitur
coniungant : commūniter
  gerant
agitāre = exagitāre

restat ut = reliquum
  est ut

in-nocēns -entis = īnsōns,
  honestus (↔ noxius)
dēlīberātiō -ōnis *f*
  < dēlīberāre

369

CAP. LIV

Margin notes:

homines quī nunc sunt
: h. nostrae aetātis
antīquitās -ātis f = aetās
antīqua
-ārit = -āverit

scientia -ae f < sciēns

bellō māximō : bellō
  sociālī
patris: Cn. Pompēiī
  Strabōnis

summī imperātōris:
  patris
ineunte adulēscentiā =
  prīmā adulēscentiā

con-certāre = certāre

cōnfēcit : subēgit
con-cupīscere -īvisse =
  vehementer cupere

Trāns-Alpīnus -a -um
  < trāns Alpēs
bellum nāvāle : bellum
  pīrāticum

fugere : effugere,
  praeterīre

Main text:

tantō bellō praeficiendum putārētis! Nunc vērō, cum sit
ūnus Cn. Pompēius quī nōn modo eōrum hominum quī
nunc sunt glōriam, sed etiam antīquitātis memoriam
virtūte superārit, quae rēs est quae cuiusquam animum
in hāc causā dubium facere possit?

Ego enim sīc exīstimō, in summō imperātōre quattuor hās rēs inesse oportēre: scientiam reī mīlitāris, virtūtem, auctōritātem, fēlīcitātem.

Quis igitur hōc homine scientior umquam aut fuit aut
esse dēbuit? Quī ē lūdō atque ē pueritiae disciplīnīs,
bellō māximō atque ācerrimīs hostibus, ad patris exercitum atque in mīlitiae disciplīnam profectus est; quī extrēmā pueritiā mīles in exercitū summī fuit imperātōris,
ineunte adulēscentiā māximī ipse exercitūs imperātor;
quī saepius cum hoste cōnflīxit quam quisquam cum
inimīcō concertāvit, plūra bella gessit quam cēterī lēgē-
runt, plūrēs prōvinciās cōnfēcit quam aliī concupīvē-
runt! cuius adulēscentia ad scientiam reī mīlitāris nōn
aliēnīs praeceptīs, sed suīs imperiīs, nōn offēnsiōnibus
bellī, sed victōriīs, nōn stipendiīs, sed triumphīs est
ērudīta. Quod dēnique genus esse bellī potest in quō
illum nōn exercuerit fortūna reī pūblicae? Cīvīle, Āfricānum, Trānsalpīnum, Hispāniēnse, servīle, nāvāle
bellum, varia et dīversa genera et bellōrum et hostium,
nōn sōlum gesta ab hōc ūnō, sed etiam cōnfecta — 30
nūllam rem esse dēclārant in ūsū positam mīlitārī quae
huius virī scientiam fugere possit!

370

9 Iam vērō virtūtī Cn. Pompēiī quae potest ōrātiō pār

invenīrī? Quid est quod quisquam aut illō dignum aut

0 vōbīs novum aut cuiquam inaudītum possit afferre?

Neque enim illae sunt sōlae virtūtēs imperātōriae quae

vulgō exīstimantur: labor in negōtiīs, fortitūdō in perī-

culīs, industria in agendō, celeritās in cōnficiendō, cōn-

silium in prōvidendō — quae tanta sunt in hōc ūnō

5 quanta in omnibus reliquīs imperātōribus quōs aut vīdi-

0 mus aut audīvimus nōn fuērunt. Testis est Italia, quam

ille ipse victor L. Sulla huius virtūte et subsidiō cōnfes-

sus est līberātam; testis Sicilia, quam multīs undique

cīnctam perīculīs nōn terrōre bellī, sed cōnsiliī celeritāte

20 explicāvit; testis Āfrica, quae magnīs oppressa hostium

cōpiīs eōrum ipsōrum sanguine redundāvit; testis Gal-

lia, per quam legiōnibus nostrīs iter in Hispāniam Gal-

lōrum internīciōne patefactum est; testis Hispānia, quae

saepissimē plūrimōs hostēs ab hōc superātōs prō-

25 strātōsque cōnspexit; testis iterum et saepius Italia,

quae, cum servīlī bellō taetrō perīculōsōque premerē-

tur, ab hōc auxilium absente expetīvit, quod bellum

exspectātiōne eius attenuātum atque imminūtum est,

31 adventū sublātum ac sepultum. Testēs nunc vērō iam

30 omnēs ōrae atque omnēs terrae, gentēs, nātiōnēs, maria

dēnique omnia, cum ūniversa, tum in singulīs ōrīs om-

nēs sinūs atque portūs. Quis enim tōtō marī locus per

hōs annōs aut tam fīrmum habuit praesidium ut tūtus

esset aut tam fuit abditus ut latēret? Quis nāvigāvit quī

virtūtī pār : quae virtū-
tem aequat

in-audītus -a -um = nōn
prius audītus
imperātōrius -a -um
< imperātor
neque... sōlae virtūtēs
imperātōriae: cēterae
ēnumerantur versibus
380–383

testis *est*...

explicāre -āvisse/uisse
-ātum/-itum

prō-sternere = dēlēre

taeter -tra -trum = foe-
dissimus, horribilis

at-tenuāre = tenuem
facere, mītigāre
nunc : post bellum pīrā-
ticum cōnfectum

371

(sē perīculō) committere
= obicere

hōs-ce = hōs

praesidiō (*dat*) esse alicui
= aliquem tuērī

prō! (*interiectiō*) = ō!

Ōceanī ōstium : fretum
Gāditānum (quō Āfrica
ab Hispāniā dirimitur)

praetereunda nōn sunt :
praetereundum nōn est

quaestus -ūs *m* = lucrum
(quaesītum/factum)
tam brevī tempore...
quam celeriter = tam
celeriter quam
tantī bellī impetus : tanta
classis
tempestīvus -a -um =
idōneus, opportūnus
in Sardiniam

frūmentāria subsidia :
loca unde frūmentum
invehitur

duae Hispāniae: Hispānia
citerior et ulterior

---

nōn sē aut mortis aut servitūtis perīculō committeret, 33
cum aut hieme aut refertō praedōnum marī nāvigāret?
Hoc tantum bellum, tam turpe, tam vetus, tam lātē
dīvīsum atque dispersum, quis umquam arbitrārētur
aut ab omnibus imperātōribus ūnō annō aut omnibus
annīs ab ūnō imperātōre cōnficī posse? Quam prōvin- 3
ciam tenuistis ā praedōnibus līberam per hōsce annōs?
quod vectīgal vōbīs tūtum fuit? quem socium dēfendis-
tis? cui praesidiō classibus vestrīs fuistis? quam multās
exīstimātis īnsulās esse dēsertās, quam multās aut metū
relictās aut ā praedōnibus captās urbēs esse sociōrum? 34

Prō, dī immortālēs! Tantamne ūnīus hominis in- 3.
crēdibilis ac dīvīna virtūs tam brevī tempore lūcem afferre reī pūblicae potuit ut vōs, quī modo ante ōstium
Tiberīnum classem hostium vidēbātis, nunc nūllam
intrā Ōceanī ōstium praedōnum nāvem esse audiātis? 35

Atque haec quā celeritāte gesta sint, quamquam vidē- 34
tis, tamen ā mē in dīcendō praetereunda nōn sunt. Quis
enim umquam aut obeundī negōtiī aut cōnsequendī
quaestūs studiō tam brevī tempore tot loca adīre, tantōs
cursūs cōnficere potuit, quam celeriter Cn. Pompēiō 35.
duce tantī bellī impetus nāvigāvit? quī nōndum tem-
pestīvō ad nāvigandum marī Siciliam adiit, Āfricam ex-
plōrāvit, inde Sardiniam cum classe vēnit, atque haec
tria frūmentāria subsidia reī pūblicae fīrmissimīs praesidiīs classibusque mūnīvit. Inde cum sē in Italiam recē- 35
pisset, duābus Hispāniīs et Galliā Trānsalpīnā praesidiīs

ac nāvibus cōnfīrmātā, missīs item in ōram Illyricī maris et in Achāiam omnemque Graeciam nāvibus, Italiae duo maria māximīs classibus fīrmissimīsque praesidiīs adōrnāvit, ipse autem, ut Brundisiō profectus est, ūndēquīnquāgēsimō diē tōtam ad imperium populī Rōmānī Ciliciam adiūnxit: omnēs quī ubīque praedōnēs fuērunt partim captī interfectīque sunt, partim ūnīus huius sē imperiō ac potestātī dēdidērunt. Ita tantum bellum, tam diūturnum, tam longē lātēque dispersum, quō bellō omnēs gentēs ac nātiōnēs premēbantur, Cn. Pompēius extrēmā hieme apparāvit, ineunte vēre suscēpit, mediā aestāte cōnfēcit!

Est haec dīvīna atque incrēdibilis virtūs imperātōris. Quid? cēterae quās paulō ante commemorāre coeperam quantae atque quam multae sunt! Nōn enim bellandī virtūs sōlum in summō ac perfectō imperātōre quaerenda est, sed multae sunt artēs eximiae huius administrae comitēsque virtūtis.

Ac prīmum quantā innocentiā dēbent esse imperātōrēs! quantā deinde in omnibus rēbus temperantiā! quantā fidē, quantā facilitāte, quantō ingeniō, quantā hūmānitāte! Quae breviter quālia sint in Cn. Pompēiō cōnsīderēmus. Summa enim sunt omnia, Quirītēs, sed ea magis ex aliōrum contentiōne quam ipsa per sēsē cognōscī atque intellegī possunt.

Quem enim possumus imperātōrem ūllō in numerō putāre cuius in exercitū centuriātūs vēneant atque vēn-

---

mare Illyricum: mare Hadriāticum

duo maria: mare Superum et Īnferum
ad-ōrnāre = ōrnāre, armāre
ūn-dē-quīnquāgēsimus -a -um = XLIX (49.)
quī ubīque fuērunt = ubicumque fuērunt

extrēmā hieme = exitū hiemis
ineunte vēre = initiō vēris, prīmō vēre

paulō ante: versū 311

ad-ministra -ae f = ministra

innocentia -ae f < innocēns

facilitās -ātis f < facilis (amīcitiā)

contentiō = comparātiō (aliōrum : cum aliīs)

centuriātus -ūs m = dignitās centuriōnis

quid *putāre possumus*

dē-prōmere -mpsisse -mptum

(pecūniam) in quaestū relinquere = mūtuam dare quaestūs causā ad-murmurātiō -ōnis *f* = murmur assentium īrāscī = īrātus fierī

quō-cumque = in quem-cumque locum

recordārī = reminīscī

continēre = prohibēre maleficiō, coercēre

cēterīs (*dat*) excellere = super cēterōs excellere

sūmptus -ūs *m* = impēnsa (↔ quaestus); s. um fa-cere = pecūniam solvere cupientī cuiquam : cui-quam quī sūmptum fa-cere cupit
perfugium -ī *n* = asȳlum

ierint? quid hunc hominem magnum aut amplum dē rē pūblicā cōgitāre quī pecūniam ex aerāriō dēprōmptam 3 ad bellum administrandum aut propter cupiditātem prōvinciae magistrātibus dīvīserit aut propter avāritiam Rōmae in quaestū relīquerit? Vestra admurmurātiō facit, Quirītēs, ut agnōscere videāminī quī haec fēcerint — ego autem nōminō nēminem; quārē īrāscī mihi nēmō 3 potest, nisi quī ante dē sē voluerit cōnfitērī! Itaque propter hanc avāritiam imperātōrum quantās calamitā-tēs, quōcumque ventum sit, nostrī exercitūs afferant, quis ignōrat? Itinera quae per hōsce annōs in Italiā per ӡ agrōs atque oppida cīvium Rōmānōrum nostrī imperā- 4⸱ tōrēs fēcerint, recordāminī: tum facilius statuētis quid apud exterās nātiōnēs fierī exīstimētis. Utrum plūrēs arbitrāminī per hōsce annōs mīlitum vestrōrum armīs hostium urbēs an hībernīs sociōrum cīvitātēs esse dēlē-tās? Neque enim potest exercitum is continēre imperā- 4⸱ tor quī sē ipse nōn continet, neque sevērus esse in iūdi-candō quī aliōs in sē sevērōs esse iūdicēs nōn vult!

Hīc mīrāmur hunc hominem tantum excellere cēte- ӡ rīs, cuius legiōnēs sīc in Asiam pervēnerint, ut nōn modo manūs tantī exercitūs, sed nē vestīgium quidem 41 cuiquam pācātō nocuisse dīcātur? Iam vērō quem ad modum mīlitēs hībernent, cotīdiē sermōnēs ac litterae perferuntur: nōn modo ut sūmptum faciat in mīlitem nēminī vīs affertur, sed nē cupientī quidem cuiquam permittitur. Hiemis enim, nōn avāritiae perfugium 41 māiōrēs nostrī in sociōrum atque amīcōrum tēctīs esse voluērunt.

0 Age vērō, cēterīs in rēbus quae sit temperantia, cōnsīderāte! Unde illam tantam celeritātem et tam incrē*20* dibilem cursum inventum putātis? Nōn enim illum eximia vīs rēmigum aut ars inaudīta quaedam gubernandī aut ventī aliquī novī tam celeriter in ultimās terrās pertulērunt — sed eae rēs quae cēterōs remorārī solent nōn retardārunt: nōn avāritia ab īnstitūtō cursū ad praedam *25* aliquam dēvocāvit, nōn libīdō ad voluptātem, nōn amoenitās ad dēlectātiōnem, nōn nōbilitās urbis ad cognitiōnem, nōn dēnique labor ipse ad quiētem; postrēmō signa et tabulās cēteraque ōrnāmenta Graecōrum oppidōrum, quae cēterī tollenda esse arbitrantur, ea sibi *41* ille nē vīsenda quidem exīstimāvit. Itaque omnēs nunc in iīs locīs Cn. Pompēium sīcut aliquem nōn ex hāc urbe missum, sed dē caelō dēlāpsum intuentur; nunc dēnique incipiunt crēdere fuisse hominēs Rōmānōs hāc quondam continentiā, quod iam nātiōnibus exterīs in*35* crēdibile ac falsō memoriae prōditum vidēbātur; nunc imperiī vestrī splendor illīs gentibus lūcem afferre coepit; nunc intellegunt nōn sine causā māiōrēs suōs tum cum eā temperantiā magistrātūs habēbāmus servīre populō Rōmānō quam imperāre aliīs māluisse!

40 Iam vērō ita facilēs aditūs ad eum prīvātōrum, ita līberae querimōniae dē aliōrum iniūriīs esse dīcuntur, ut is quī dignitāte prīncipibus excellit facilitāte īnfimīs

rēmex -igis *m* = quī rēmigat

re-morārī = retardāre

dē-vocāre
amoenitās -ātis *f*
    < amoenus
dēlectātiō -ōnis *f*
    < dēlectāre
cognitiō -ōnis *f*
    < cognōscere
tabulās *pictās*

continentia -ae *f* (< continēns) = animus quī sē continet, temperantia

splendor -ōris *m* : gloria
    (< splendēre)

querimōnia -ae *f*
    = querēlla

375

dīcendī : verbōrum,
  ōrātiōnis
gravitās -ātis *f* (< gravis)
  = dignitās

cognōstis = cognō*vi*stis

-ārint = -ā*ve*rint

per-mittere = com-
  mittere, mandāre

multum valet

quis ignōrat vehementer
  pertinēre ad bella administranda quid hostēs...
  exīstiment?
quis ignōrat? : nēmō ignōrat (: omnēs sciunt)
hominēs... commovērī

ratiō = dēlīberātiō, cōn-
  silium prūdēns

quō : ut eō

---

pār esse videātur. Iam quantum cōnsiliō, quantum dī- *4*
cendī gravitāte et cōpiā valeat (in quō ipsō inest quaedam dignitās imperātōria), vōs, Quirītēs, hōc ipsō ex *4*
locō saepe cognōstis. Fidem vērō eius quantam inter
sociōs exīstimārī putātis quam hostēs omnēs omnium
generum sānctissimam iūdicārint? Hūmānitāte iam
tantā est ut difficile dictū sit, utrum hostēs magis virtūtem eius pugnantēs timuerint an mānsuētūdinem victī *4!*
dīlēxerint. Et quisquam dubitābit quīn huic hoc tantum
bellum permittendum sit quī ad omnia nostrae memoriae bella cōnficienda dīvīnō quōdam cōnsiliō nātus esse
videātur?

Et quoniam auctōritās quoque in bellīs administran- *4.*
dīs multum atque in imperiō mīlitārī valet, certē nēminī
dubium est quīn eā rē īdem ille imperātor plūrimum
possit. Vehementer autem pertinēre ad bella administranda quid hostēs, quid sociī dē imperātōribus nostrīs
exīstiment, quis ignōrat, cum sciāmus hominēs in tantīs *46*
rēbus ut aut metuant aut contemnant, aut ōderint aut
ament, opīniōne nōn minus et fāmā quam aliquā ratiōne
certā commovērī? Quod igitur nōmen umquam in orbe
terrārum clārius fuit, cuius rēs gestae parēs? dē quō
homine vōs — id quod māximē facit auctōritātem — *46!*
tanta et tam praeclāra iūdicia fēcistis? An vērō ūllam
usquam esse ōram tam dēsertam putātis quō nōn illīus *44*
diēī fāma pervāserit cum ūniversus populus Rōmānus,
refertō forō complētīsque omnibus templīs ex quibus

hic locus cōnspicī potest, ūnum sibi ad commūne omnium gentium bellum Cn. Pompēium imperātōrem dē-
poposcit? Itaque — ut plūra nōn dīcam neque aliōrum
exemplīs cōnfirmem quantum auctōritās valeat in bellō
— ab eōdem Cn. Pompēiō omnium rērum ēgregiārum
exempla sūmantur: Quī quō diē ā vōbīs maritimō bellō
praepositus est imperātor, tanta repente vīlitās ex
summā inopiā et cāritāte reī frūmentāriae cōnsecūta est
ūnīus hominis spē ac nōmine, quantam vix in summā
ūbertāte agrōrum diūturna pāx efficere potuisset. Iam
acceptā in Pontō calamitāte ex eō proeliō dē quō vōs
paulō ante invītus admonuī, cum sociī pertimuissent,
hostium opēs animīque crēvissent, satis firmum praesidium prōvincia nōn habēret, āmīsissētis Asiam, Quirītēs, nisi ad ipsum discrīmen eius temporis dīvīnitus Cn.
Pompēium ad eās regiōnēs fortūna populī Rōmānī attulisset. Huius adventus et Mithridātem īnsolitā īnflātum
victōriā continuit et Tigrānem magnīs cōpiīs minitan-
tem Asiae retardāvit. Et quisquam dubitābit quid virtūte perfectūrus sit quī tantum auctōritāte perfēcerit?
aut quam facile imperiō atque exercitū sociōs et vectīgālia cōnservātūrus sit quī ipsō nōmine ac rūmōre dē-
fenderit?

47   Reliquum est ut dē fēlīcitāte — quam praestāre dē sē
ipsō nēmō potest, meminisse et commemorāre dē alterō
possumus — sīcut aequum est hominēs dē potestāte
deōrum, timidē et pauca dīcāmus. Ego enim sīc ex-

hic locus : Rōstra
commūne omnium gen-
tium bellum : bellum
pīrāticum

quī quō diē : nam eō diē
quō is
vīlitās -ātis *f* < vīlis -e
(↔ cārus)
cāritās (↔ vīlitās) = magnum pretium

paulō ante : versibus
258–261

īn-solitus -a -um
īn-flāre = implēre āere
(: superbiā), superbum
facere
minitārī = minārī

is quī

is quī

reliquum est ut = restat
ut

aequum est = oportet

377

Q. Fabiō Māximō *Cūnctā-tōrī*
M. Claudiō Mārcellō, quī
spolia opīma III rettulit
ac Syrācūsās cēpit

amplitūdō -inis *f*
< amplus
quaedam fortūna

quō dē = dē quō

moderātiō = modestia,
temperantia

reliqua : futūra

in-grātus -a -um

ob-temperāre = ob-
oedīre, pārēre
ob-secundāre = obsequī,
pārēre
im-pudēns -entis = sine
pudōre, audāx
tam impudentem quī
(+ *conī*) = tam i. ut

īstimō: Māximō, Mārcellō, Scīpiōnī, Mariō cēterīsque magnīs imperātōribus nōn sōlum propter virtūtem, sed etiam propter fortūnam saepius imperia mandāta atque exercitūs esse commissōs. Fuit enim profectō quibus- 5
dam summīs virīs quaedam ad amplitūdinem et ad glō-riam et ad rēs magnās bene gerendās dīvīnitus adiūncta fortūna.

Dē huius autem hominis fēlīcitāte quō dē nunc agi-mus, hāc ūtar moderātiōne dīcendī, nōn ut in illīus po- 5
testāte fortūnam positam esse dīcam, sed ut praeterita meminisse, reliqua spērāre videāmur, nē aut invīsa dīs immortālibus ōrātiō nostra aut ingrāta esse videātur. Itaque nōn sum praedicātūrus quantās ille rēs domī mī- 4
litiae, terrā marīque, quantāque fēlīcitāte gesserit, ut 5
eius semper voluntātibus nōn modo cīvēs assēnserint, sociī obtemperārint, hostēs oboedierint, sed etiam ventī tempestātēsque obsecundārint; hoc brevissimē dīcam: nēminem umquam tam impudentem fuisse quī ab dīs immortālibus tot et tantās rēs tacitus audēret optāre 51
quot et quantās dī immortālēs ad Cn. Pompēium dētu-lērunt! Quod ut illī proprium ac perpetuum sit, Quirī-tēs, cum commūnis salūtis atque imperiī, tum ipsīus hominis causā — sīcuti facitis — velle et optāre dēbētis.

Quārē cum et bellum sit ita necessārium ut neglegī 49
nōn possit, ita magnum ut accūrātissimē sit adminis-trandum, et cum eī imperātōrem praeficere possītis in quō sit eximia bellī scientia, singulāris virtūs, clārissima

auctōritās, ēgregia fortūna, dubitātis, Quirītēs, quīn
5 hoc tantum bonī, quod vōbīs ab dīs immortālibus oblātum et datum est, in rem pūblicam cōnservandam atque
amplificandam cōnferātis?

rem cōnferre (in/ad)
= rē ūtī

0   Quod sī Rōmae Cn. Pompēius prīvātus esset hōc
tempore, tamen ad tantum bellum is erat dēligendus

quod sī = sī autem

30 atque mittendus; nunc, cum ad cēterās summās ūtili-
tātēs haec quoque opportūnitās adiungātur ut in iīs ipsīs

opportūnitās -ātis f = rēs
opportūna/idōnea

locīs adsit, ut habeat exercitum, ut ab iīs quī habent
accipere statim possit, quid exspectāmus? aut cūr nōn
— ducibus dīs immortālibus — eīdem cui cētera

cētera bella

35 summā cum salūte reī pūblicae commissa sunt, hoc
quoque bellum rēgium commendāmus?

Mithridātēs

FINIS MITHRIDATIS

[Ex T. Līviī librōrum C–CIII Periochīs]

00 Cn. Pompēius ad gerendum bellum adversus Mithridā-

[annō 66 a. C.]

40 tēn profectus, cum rēge Parthōrum Phraāte amīcitiam
renovāvit. Equestrī proeliō Mithridātēn vīcit.

Parthī -ōrum m: gēns
Asiae
Phraātēs -ae m

01   Cn. Pompēius Mithridātēn nocturnō proeliō victum
coēgit Bosporum profugere.

Bosporus oppidum s.
Panticapaeum: caput
Bosporī

379

restituit : reddidit

[annō 65 a. C.]

[annō 64 a. C.]

Pharnācēs -is *m*

prō-ficere = prōcēdere
(ad ēventum), succes-
sum habēre
[annō 63 a. C.]

repulsa -ae *f* < repellere;
repulsam passus = re-
pulsus
petītiō -ōnis *f* < petere

con-iūrāre = inter sē iūs
iūrandum dare

coniūrātiō -ōnis *f* = societās eōrum quī coniūrā-
vērunt
ē-ruere -uisse -utum = dē-
tegere (rem occultam)
con-iūrātī -ōrum *m* = quī
coniūrāvērunt
[annō 62 a. C.]

cōnspīrātiō -ōnis *f* =
societās, coniūrātiō
[annō 60 a. C.]
M. *Licinius* Crassus: cōs.
annō 70 a. C. cum Cn.
Pompēiō

[annō 61 a. C.]

cōn-salūtāre = simul
salūtāre

Tigrānēn in dēditiōnem accēpit eīque adēmptīs Syriā, Phoenīcē, Ciliciā, rēgnum Armeniae restituit. 5

Cn. Pompēius, cum Mithridātēn persequerētur, in ultimās ignōtāsque gentēs penetrāvit. Hibērōs Albānōsque, quī trānsitum nōn dabant, proeliō vīcit.

Cn. Pompēius in prōvinciae fōrmam Pontum redēgit. *1*

Pharnācēs, fīlius Mithridātis, bellum patrī intulit. Ab 5 eō Mithridātēs obsessus in rēgiā, cum venēnō sūmptō parum prōfēcisset ad mortem, ā mīlite Gallō nōmine Bitocō, ā quō ut adiuvāret sē petierat, interfectus est.

Cn. Pompēius Iūdaeōs subēgit, fānum eōrum Hierosolyma, inviolātum ante id tempus, cēpit. 5*

L. Catilīna, bis repulsam in petītiōne cōnsulātūs passus, cum Lentulō praetōre et Cethēgō et complūribus aliīs coniūrāvit dē caede cōnsulum et senātūs, incendiīs urbis et opprimendā rē pūblicā, exercitū quoque in Etrūriā comparātō. Ea coniūrātiō industriā M. Tulliī 56 Cicerōnis ēruta est. Catilīna urbe pulsō, dē reliquīs coniūrātīs supplicium sūmptum est.

Catilīna ā C. Antōniō prōcōs. cum exercitū caesus *10.* est.

Cōnspīrātiō inter trēs cīvitātis prīncipēs facta est: Cn. 56 Pompēium, M. Crassum, C. Caesarem.

Pompēius dē Mithridāte et Tigrāne, ductīs ante currum līberīs Mithridātis et Tigrāne, Tigrānis fīliō, triumphāvit, 'Magnus'que ā tōtā cōntiōne cōnsalūtātus est.

⁷0 FINIS POMPEII

[Ex Eutropii Breviārii librō VI]

⁷7 Annō urbis conditae sescentēsimō nōnāgēsimō tertiō C.
Iūlius Caesar cum M. Bibulō cōnsul est factus. Dēcrēta
est eī Gallia et Illyricum cum legiōnibus decem. Is prī-
⁷5 mus vīcit Helvētiōs, deinde vincendō per bella gravis-
sima ūsque ad ōceanum Britannicum prōcessit. Domuit
autem annīs novem ferē omnem Galliam, quae inter
Alpēs, flūmen Rhodanum, Rhēnum et Ōceanum est.

18 Circā eadem tempora, annō urbis conditae sescentē-
⁸0 simō nōnāgēsimō septimō, M. Licinius Crassus, collēga
Cn. Pompēiī Magnī in cōnsulātū secundō, contrā Par-
thōs missus est, et cum circā Carrhās contrā ōmen et
auspicia dīmicāsset, ā Surēnā, Orōdis rēgis duce victus
ad postrēmum interfectus est cum fīliō, clārissimō et
⁸5 praestantissimō iuvene.

19 Hinc iam bellum cīvīle successit exsecrandum et la-
crimābile, quō praeter calamitātēs quae in proeliīs accidērunt, etiam populī Rōmānī fortūna mūtāta est. Caesar enim rediēns ex Galliā victor coepit poscere alterum
⁵90 cōnsulātum. Contrādictum est ā Mārcellō cōnsule, ā Bibulō, ā Pompēiō, ā Catōne, iussusque dīmissīs exercitibus ad urbem redīre. Propter quam iniūriam ab Arīminō, ubi mīlitēs congregātōs habēbat, adversum patriam cum exercitū vēnit. Cōnsulēs cum Pompēiō senā-
⁵95 tusque omnis atque ūniversa nōbilitās ex urbe fūgit et in
Graeciam trānsiit.

[annō 59 a. C.]

M. *Calpurniō* Bibulō

prōvincia Gallia

Helvētiī -ōrum *m*: gēns
Gallōrum quī Alpēs
inter Rhēnum et Rho-
danum incolit
annīs IX: 58–50 a. C.

[annō 55 a. C.]

Carrhae -ārum *f*: cīvitās
Mesopotamiae
Surēnās -ae *m*
Orōdēs -is *m*: rēx Parthōrum
ad postrēmum = pos-
trēmō

succēdere = sequī
lacrimābilis -e (< lacri-
māre) = lacrimōsus

C. *Claudiō* Mārcellō

M. *Porciō* Catōne
iussusque : et (Caesar)
iussus est

[annō 49 a. C.]

381

Caesar vacuam urbem ingressus dictātōrem sē fēcit. 2

Inde Hispāniās petiit. Ibi Pompēiī exercitūs validissi-

L. Afrānius: cōs. annō 60 a. C.

M. *Terentiō* Varrōne

mōs et fortissimōs cum tribus ducibus, L. Afrāniō, M.

Petrēiō, M. Varrōne, superāvit. Inde regressus in Grae- 6C

ciam trānsiit, adversum Pompēium dīmicāvit. Prīmō

proeliō victus est et fugātus, ēvāsit tamen, quia nocte

interveniente Pompēius sequī nōluit. Deinde in Thessa-

liā apud Pharsālum, prōductīs utrimque ingentibus cō-

[annō 48 a. C.]

piīs, dīmicāvērunt. 60

Numquam adhūc Rōmānae cōpiae in ūnum neque 2i

māiōrēs neque meliōribus ducibus convēnerant, tōtum

subāctūrae : quae sub-igere potuissent

terrārum orbem facile subāctūrae sī contrā barbarōs dū-

cerentur. Pugnātum tum est ingentī contentiōne, vic-

tusque ad postrēmum Pompēius et castra eius dīrepta 61

sunt. Ipse fugātus Alexandrīam petiit, ut ā rēge Aegyptī

(cui tūtor ā senātū datus fuerat propter iuvenīlem eius

datus *erat*

aetātem) acciperet auxilia. Quī fortūnam magis quam

amīcitiam secūtus occīdit Pompēium, caput eius et ānu-

lum Caesarī mīsit. Quō cōnspectō Caesar etiam lacrimās 61s

generī: Pompēiī uxor *Iūlia*, fīlia Caesaris, VI annīs ante dēcesserat

fūdisse dīcitur, tantī virī intuēns caput et generī quon-

dam suī.

GRAMMATICA LATINA

Dē vocābulīs faciendīs

20 (C) *Nōmina ē verbīs*

Nōmina ē verbīs fīunt hīs suffīxīs: *-iō, -us, -ium, -mentum, -or*;
(adiectīva:) *-bilis, -idus, -īvus*.

Exempla:

(1) *-iō -ōnis* (f) ad thema supīnī adiectum: mūtāt*iō* < mūtāre
25 -āt|um; āct*iō* < agere āct|um;

(2) *-us -ūs* (m) ad thema supīnī adiectum: advent*us* < advenīre
-vent|um; curs*us* < currere curs|um;

(3) *-ium -ī* (n) ad thema praesentis (sine -ā|, -ē|, -ī|) adiectum:
iūdic*ium* < iūdicā|re; gaud*ium* < gaudē|re;

30 (4) *-mentum -ī* (n) ad thema praesentis adiectum: ōrnā*mentum*
< ōrnāre;

(5) *-or -ōris* (m) ad thema praesentis (sine -ē|, -ā|) adiectum:
tim*or* < timē|re; am*or* < amā|re;

(6) *-or -ōris* (m) ad thema supīnī adiectum: vēnāt*or* < vēnārī
35 -āt|um; dēfēns*or* < dēfendere -ēns|um;

(adiectīva:)

(7) *-(i)bilis -e* ad thema praesentis adiectum (-ē| > -i|): mūtā*bilis* < mūtā|re; horr*ibilis* < horrē|re;

(8) *-idus -a -um* ad thema praesentis (sine -ē|,-ā|) adiectum:
40 tim*idus* < timē|re;

(9) *-īvus -a -um* ad thema supīnī adiectum: imperāt*īvus* <
imperāre -āt|um.

PENSVM A

Supplenda sunt nōmina e verbīs facta:

(1) nāvigāre > —; oppugnāre > —; mūnīre > —; dīvidere >
—; exspectāre > —; cōgitāre > —; admīrārī > —; largīrī >
—; meditārī > —; dēdere > —; cōnfitērī > —; excurrere >
—; colligere > —; cognōscere > —;

(2) exīre > —; dūcere > —; cadere > —; rīdēre > —;
cōnspicere > —; gemere > —; lūgēre > —; flēre > —; ūtī >
—; discēdere > —; parere > —; vāgīre > —; apparāre > —;

Vocābula nova:
macula
latebra
oblīviō
comparātiō
firmāmentum
exōrsus
nāviculārius
temperantia
mānsuētūdō
hūmānitās
ūbertās
frūctus
pāstiō
ūtilitās
irruptiō
pecua
cultūra
decuma
scrīptūra
excursiō
pūblicānus
domicilium
collēctiō
opīniō
longinquitās

dēsīderium
prōgressiō
misericordia
offēnsiō
incommodum
dēlīberātiō
antīquitās
scientia
quaestus
administra
innocentia
facilitās
centuriātus
admurmurātiō
sūmptus
perfugium
rēmex
amoenitās
dēlectātiō
cognitiō
continentia
splendor
querimōnia
gravitās
vīlitās
amplitūdō
opportūnitās
repulsa
petītiō
coniūrātiō
coniūrātus
cōnspīrātiō
vectīgālis
disiūnctus
iniūriōsus
opīmus
perbrevis
ōrnātus
gnāvus
permultī
religiōsus
adventīcius
innocēns
inaudītus
imperātōrius
taeter
tempestīvus
īnsolitus
ingrātus
impudēns
exsecrandus
lacrimābilis
ūndēquīnquāgēsimus

trānsīre > —; adīre > —; redīre > —; plaudere > —; sentīre > —; convenīre > —;

(3) imperāre > —; aedificāre > —; studēre > —; incendere > —; sacrificāre > —; colloquī > —; indicāre > —; dēsīderāre > —;

(4) fīrmāre > —; supplēre > —; vestīre > —; mūnīre > —; impedīre > —; arguere > —; (-ē- > -u-) monēre > —; docēre > —;

(5) dolēre > —; pudēre > —; terrēre > —; horrēre > —; ārdēre > —; pavēre > —; vigēre > —; favēre > —; clāmāre > —; maerēre > —; splendēre > —; furere > —; calēre > —; decēre > —; errāre > —;

(6) līberāre > — [= quī līberat]; gubernāre > —; imperāre > —; condere > —; ulcīscī > —; cēnsēre > —; explōrāre > —; adhortārī > —; docēre > —; servāre > —; prōdere > —; emere > —; succēdere > —; regere > —; largīrī > —; favēre > —;

(adiectīva:)

(7) mīrārī > —; flēre > —; memorāre > —; terrēre > —; crēdere > in—; sānāre > īn—; numerāre > in—;

(8) frīgēre > —; calēre > —; valēre > —; pallēre > —; turbāre > —; cupere > —; rapere > —; splendēre > —; pavēre > —; tumēre > —; avēre > —;

(9) capere > —; vocāre > —; dare > —; agere > —; patī > —.

PENSVM B

Cicerō Lūcullō magnam laudem — [= tribuit]. Is oppida in quibus erant — [= domūs] rēgis et aliās urbēs — [= plūrimās] cēpit. Ut Mēdēa in fugā membra frātris — [= dispersisse] dīcitur, sīc Mithridātēs fugiēns dīvitiās quās in suum rēgnum — [= contulerat] relīquit, quārum — [< colligere] Rōmānōs —. Tigrānēs — permōtus rēgem — [= perculsum] ērēxit et perditum — [= cōnfīrmāvit].

Mercātōrēs quī in Asiā — magnōs — faciunt. Asia enim prōvincia tam — [= opulenta] est ut — agrōrum et varietāte

— [= frūgum] aliīs prōvinciīs —. Multae mercēs ex Asiā —.
Equitēs Rōmānī quī vectīgālia exercent — appellantur.
Hieme mare nōn est — ad nāvigandum. — reī mīlitāris imperātōrī necessāria est. Nēmō tam — est ut locum — [= sa-
crum] polluat.

Synōnyma: lābēs et —; clēmentia et —; sententia et —;
querēlla et —; īnsōns et —; horribilis et —; prōvocāre et —;
arbitrārī et —; sānāre et —; reminīscī et —; obsequī et —;
valdē cupere et —; īrātus fierī et —; vetus fierī et —.

Contrāria: quaestus et —; commodum et —; solitus et —;
grātus et —; forte et —.

PENSVM C

Quae rēs agēbantur in bellō Mithridāticō?
Dē quā rē Cicerō prīmum dīcit?
Quamobrem Mithridātēs poenam merēbat?
Quī imperātōrēs dē Mithridāte iam triumphāverant?
Quibus Rōmānī propter sociōs bellum intulērunt?
Cūr vectīgālia Asiae māiōra sunt quam cēterārum prōvinci-
ārum?
Quī vectīgālia exercent in prōvinciīs Rōmānīs?
Quid ēgit Lūcullus initiō bellī Mithridāticī?
Quās rēs Cicerō silentiō praeterit?
Cūr haud difficile est imperātōrem dēligere?
Quās rēs in summō imperātōre inesse oportet?
Quōmodo Pompēius scientiam reī mīlitāris adeptus erat?
Quibus bellīs Pompēius interfuerat?
Quid imperātōrēs in prōvinciīs facere cōnsuēvērunt?
Cūr Cicerō timidē et pauca dīcit dē fēlīcitāte?

lacessere
expetere
inveterāscere
ēmergere
affingere
retardāre
commendāre
exportāre
antecellere
pēnsitāre
negōtiārī
impertīre
dēprimere
opīnārī
praedicāre
dissipāre
congerere
tardāre
afflīgere
recreāre
medērī
concertāre
concupīscere
attenuāre
adōrnāre
dēprōmere
īrāscī
recordārī
remorārī
dēvocāre
īnflāre
minitārī
obtemperāre
obsecundāre
prōficere
coniūrāre
ēruere
cōnsalūtāre
propter esse
cōnsultō
quōcumque

385

CUMPA
FRICANUSHIC
PAULIFILIUSFE
RIISLATINISTU
DITANOCONS
ETAQUILIOCON
TITUISSETINho
TISESSEFAMI
LIARISSIMIQ
EIUSADEUM
FREQUENTER
PEREOSDIES
UENTATUROS
SEESSEDIXISSEN

Ex librō antīquō pāginae 58 columna altera

Senātōrēs
Rōmānī

DE RE PVBLICA

[Ex M. Tulliī Cicerōnis Dē rē pūblicā librīs]

Persōnae: P. Scīpiō Aemiliānus Āfricānus, senex

Q. Aelius Tūberō, iuvenis

L. Fūrius Philus, senior

P. Rutilius Rūfus, adulēscēns

5   C. Laelius, senex

Sp. Mummius, senex

C. Fannius, iuvenis

Q. Mūcius Scaevola, iuvenis

M'. Mānīlius, senex

I   Fēriae Latīnae

14   Cum P. Āfricānus, hic Paulī fīlius, fēriīs Latīnīs Tuditānō cōnsule et Aquīliō, cōnstituisset in hortīs esse fami-
liārissimīque eius 'ad eum frequenter per eōs diēs venti-
tātūrōs sē esse' dīxissent, Latīnīs ipsīs māne ad eum

cōs. annō 147 et 134 a. C.

tr. pl. annō 129 a. C.

cōs. annō 136 a. C.

cōs. annō 105 a. C.

cōs. annō 140 a. C.

frāter L. Mummiī (cōs.
annō 146 a. C.)
cōs. annō 122 a. C.,
gener C. Laeliī
cōs. annō 117 a. C.,
gener C. Laeliī
cos. annō 149 a. C.

fēriae -ārum *f* = diēs fēstus; f. Latīnae quotannīs
in monte Albānō cele-
brantur
[annō 129 a. C.]
in hortīs : in vīllā
ventitāre = saepe venīre

fēriīs Latīnīs

387

Q. *Aelius* Tūberō

Quid tū *venīs...*

facultās = occāsiō
litterās explicāre : librōs
ēvolvere

occupātus ↔ ōtiōsus
nancīscī nactum = adi-
pīscī, invenīre (rem
n.or=rēs mihi datur)
hōc mōtū: sēditiōne
Gracchōrum
atquī = at tamen
mē ōtiōsum nactus es

re-laxāre = remittere
tū relaxēs oportet = tē re-
laxāre oportet

ab-ūtī = plānē ūtī

aliquandō = tandem
aliquandō

ut hoc... videāmus

ille 'alter sōl' prōdigium
habēbātur

Panaetius -ī *m*: philosophus Stōicus, amīcus
Scīpiōnis
nostrum : amīcum
vel (+ *sup*) = sānē

nostrō illī familiārī
: Panaetiō
quō sapientiōrem = s.
quam illum
eius modī cūram : rērum
caelestium c.
dē nātūrā *mundī*

---

prīmus sorōris fīlius vēnit Q. Tūberō. Quem cum cōmi- 1:
ter Scīpiō appellāvisset libenterque vīdisset, "Quid tū"
inquit "tam māne, Tūberō? Dabant enim hae fēriae tibi
opportūnam sānē facultātem ad explicandās tuās litterās."

Tum ille: "Mihi vērō omne tempus est ad meōs librōs 1:
vacuum, numquam enim sunt illī occupātī. Tē autem
permagnum est nancīscī ōtiōsum, hōc praesertim mōtū
reī pūblicae."

Tum Scīpiō: "Atquī nactus es, sed mehercule ōtiōsiō-
rem operā quam animō." 25

Et ille: "At tū vērō animum quoque relaxēs oportet.
Sumus enim multī, ut cōnstituimus, parātī, sī tuō com-
modō fierī potest, abūtī tēcum hōc ōtiō."

[*Scīpiō*]: "Libente mē vērō, ut aliquid aliquandō dē
doctrīnae studiīs admoneāmur." 30

Tum ille: "Vīsne igitur hoc prīmum, Āfricāne, videāmus, antequam veniunt aliī, quidnam sit dē istō 'alterō
sōle' quod nūntiātum est in senātū? Neque enim paucī
neque levēs sunt quī 'sē duōs sōlēs vīdisse' dīcant."

Hīc Scīpiō: "Quam vellem Panaetium nostrum nōbīs- 35
cum habērēmus! quī cum cētera, tum haec caelestia vel
studiōsissimē solet quaerere. Sed ego, Tūberō, (nam
tēcum apertē quod sentiō loquar) nōn nimis assentior in
omnī istō genere nostrō illī familiārī. Quō etiam sapientiōrem Sōcratem soleō iūdicāre, quī omnem eius modī 40
cūram dēposuerit eaque quae dē nātūrā quaererentur

aut 'māiōra quam hominum ratiō cōnsequī possit' aut
'nihil omnīnō ad vītam hominum attinēre' dīxerit."

17 Haec Scīpiō cum dīxisset, L. Fūrium repente venien-
45 tem aspexit, eumque ut salūtāvit, amīcissimē appre-
hendit et in lectō suō collocāvit, et cum simul P. Rutilius vēnisset, eum quoque ut salūtāvit, propter Tūberōnem iussit assīdere.

Tum Fūrius: "Quid vōs agitis? Num sermōnem ves-
50 trum aliquem dirēmit noster interventus?"

"Minimē vērō!" Āfricānus, "Solēs enim tū haec studiōsē investīgāre quae sunt in hōc genere dē quō īnstituerat paulō ante Tūberō quaerere; Rutilius quidem
noster etiam sub ipsīs Numantiae moenibus solēbat
55 mēcum interdum eius modī aliquid conquīrere."

"Quae rēs tandem inciderat?" inquit Philus.

Tum ille: "Dē sōlibus istīs duōbus. Dē quō studeō,
Phile, ex tē audīre quid sentiās."

18 Dīxerat hoc ille, cum puer nūntiāvit 'venīre ad eum
60 Laelium domōque iam exīsse.' Tum Scīpiō, calceīs et
vestīmentīs sūmptīs, ē cubiculō est ēgressus et, cum
paululum inambulāvisset in porticū, Laelium advenien-
tem salūtāvit et eōs qui ūnā vēnerant, Spurium Mum-
mium, quem in prīmīs dīligēbat, et C. Fannium et
65 Quīntum Scaevolam, generōs Laeliī, doctōs adulēscentēs, iam aetāte quaestōriōs. Quōs cum omnēs salūtāvis-
set, convertit sē in porticū et coniēcit in medium Laelium (fuit enim hoc in amīcitiā quasi quoddam iūs inter

ratiō = mēns prūdēns
at-tinēre = pertinēre
L. Fūrium *Philum*

P. Rutilius *Rūfus*
propter = prope
as-sīdere (< ad-) = cōn-
sīdere
agere = colloquī (dē)
dirimere = abrumpere
interventus -ūs *m* < inter-
venīre
inquit Āfricānus

in-vestīgāre = quaerere,
explōrāre

con-quīrere = quaerere,
investīgāre
quae rēs : quī sermō

studēre (+ *īnf*) = cupere

puer = servus

C. Laelius: cōnsulāris
nōbilissimus, amīcus
Scīpiōnis
paululum = paulum
ūnā *cum eō*
in prīmīs = prae cēterīs,
praecipuē
Q. *Mūcium* Scaevolam
quaestōrius -a -um
< quaestor; aetāte q.
: c. XXX annōs nātus
coniēcit : collocāvit

389

domī ↔ mīlitiae
vicissim = contrā (*adv*)

per- = valdē ...
ūnō aut alterō spatiō :
  dum semel aut bis spa-
  tium porticūs ambulant
placitum est = placuit *iīs*
aprīcus -a -um = sōlī
  apertus (↔ opācus)
prātum/-ulum -ī *n* = ārea
  herbā operta

iūcundus : grātus

M'. Mānīlius: cōs. annō
149 a. C. Carthāginem
obsidēre coepit

-ierat = -*ī*verat

duo *acc m* = duōs

nōbīs : ā nōbīs

sī-quidem = quoniam

domī : in 'domō' nostrā

paries -etis *m* = mūrus
  domūs

---

illōs, ut mīlitiae propter eximiam bellī glōriam Āfricānum ut deum coleret Laelius, domī vicissim Laelium, 7(
quod aetāte antecēdēbat, observāret in parentis locō
Scīpiō). Dein, cum essent perpauca inter sē ūnō aut
alterō spatiō collocūtī Scīpiōnīque eōrum adventus
periūcundus et pergrātus fuisset, placitum est ut in
aprīcō māximē prātulī locō, quod erat hībernum tem- 75
pus annī, cōnsīderent. Quod cum facere vellent, intervēnit vir prūdēns omnibusque illīs et iūcundus et cārus,
M'. Mānīlius, quī ā Scīpiōne cēterīsque amīcissimē cōnsalūtātus assēdit proximus Laeliō.

Tum Philus "Nōn mihi vidētur" inquit, "quod hī vē- 19
nērunt, alius nōbīs sermō esse quaerendus, sed agendum accūrātius et dīcendum dignum aliquid hōrum
auribus."

Hīc Laelius: "Quid tandem agēbātis, aut cui sermōnī
nōs intervenīmus?"   85

[*Philus:*] "Quaesierat ex mē Scīpiō 'quidnam sentī-
rem dē hōc quod duo sōlēs vīsōs esse cōnstāret?'"

[*Laelius:*] "Ain' vērō, Phile? Iam explōrāta nōbīs sunt
ea quae ad domōs nostrās quaeque ad rem pūblicam
pertinent, sīquidem quid agātur in caelō quaerimus?"   90

Et ille [*Philus*]: "An tū ad domōs nostrās nōn cēnsēs
pertinēre scīre quid agātur et quid fīat 'domī'? quae nōn
ea est quam parietēs nostrī cingunt, sed mundus hic
tōtus, quod domicilium quamque patriam dī nōbīs
commūnem sēcum dedērunt — cum praesertim, sī haec 95

ignōrēmus, multa nōbīs et magna ignōranda sint. Ac mē
quidem — ut hercule etiam tē ipsum, Laelī, omnēsque
avidōs sapientiae — cognitiō ipsa rērum cōnsīderātiō-
que dēlectat."

20 Tum Laelius: "Nōn impediō, praesertim quoniam fē-
riātī sumus. Sed possumus audīre aliquid, an sērius
venīmus?"

[*Philus:*] "Nihil est adhūc disputātum, et, quoniam
est integrum, libenter tibi, Laelī, ut dē eō disserās equi-
05 dem concesserō."

[*Laelius:*] "Immō vērō tē audiāmus."

[*Cum deinde Philus et Scīpiō et Tūberō parumper dē rēbus caelestibus disputāvissent — velut dē certīs et ratīs astrō-
rum mōtibus, quōs Archimēdēs Syrācūsānus in globō sīve
10 sphaerā aēneā arte mīrābilī effectā dēclārāvisse dīcitur —,
Laelius, quī eius modī disputātiōnēs tamquam inūtilēs contemnēbat, 'alia quaedam māiōra quaerenda esse' dīxit.]*

31 Tum Tūberō: "Nōn dissentiō ā tē, Laelī, sed quaerō
quae tū esse māiōra intellegās?"

15 [*Laelius:*] "Dīcam mehercule, et contemnar ā tē fortasse, cum tū ista caelestia dē Scīpiōne quaesieris, ego
autem haec quae videntur ante oculōs esse magis putem
quaerenda. Quid enim mihi L. Paulī nepōs, hōc avunculō, nōbilissimā in familiā atque in hāc tam clārā rē
120 pūblicā nātus, quaerit 'quōmodo duo sōlēs vīsī sint?' —
nōn quaerit 'cūr in ūnā rē pūblicā duo senātūs et duo
paene iam populī sint?' Nam, ut vidētis, mors Tiberiī

hercule = mehercule

cōnsīderātiō -ōnis *f*
< cōnsīderāre

nōn impediō *sermōnem*
fēriātus -a -um = quī
fēriās celebrat
sērō ↔ mātūrē; *comp*
sērius (= nimis sērō)

dis-putāre = disserere
(prō/contrā)

concesserō = statim
concēdam

parum-per = paulisper

ratus -a -um = computā-
tus, ratiōne cōnstitūtus

globus
-ī m *s.*
sphaera
-ae *f*

disputātiō -ōnis *f*
< disputāre
dis-sentīre ↔ cōn-
sentīre

quid (mihi) : cūr
L. Paulī nepōs: Q. Tū-
berō, cuius māter fuit
fīlia Paulī
hōc avunculō : cui est hic
avunculus (Scīpiō)

ratiō tribūnātūs *gerendī*	Gracchī et iam ante tōta illīus ratiō tribūnātūs dīvīsit populum ūnum in duās partēs. Quam ob rem — sī mē ː audiētis, adulēscentēs — sōlem alterum nē metueritis! 1ː
modo (+ *coni*) = dum-modo scīre istārum rērum nihil *possumus*	Aut enim nūllus esse potest, aut sit sānē ut vīsus est, modo nē sit molestus; aut scīre istārum rērum nihil, aut, etiam sī māximē sciēmus, nec meliōrēs ob eam scientiam nec beātiōrēs esse possumus. Senātum vērō et
per-molestus -a -um	populum ut ūnum habeāmus, et fierī potest, et permo- 13
secus = nōn ita, aliter	lestum est nisi fit, et secus esse scīmus, et vidēmus, sī id effectum sit, et melius nōs esse vīctūrōs et beātius."
	Tum Mūcius: "Quid esse igitur cēnsēs, Laelī, discen- 3
istud ipsum	dum nōbīs, ut istud efficere possīmus ipsum quod pos-tulās?" 13ː
ūsuī esse = ūtilis esse	[*Laelius:*] "Eās artēs quae efficiant ut ūsuī cīvitātī sī-
mūnus = officium	mus; id enim esse praeclārissimum sapientiae mūnus
virtūtis documentum = exemplum quō virtūs docētur	māximumque virtūtis vel documentum vel officium putō. Quam ob rem, ut hae fēriae nōbīs ad ūtilissimōs reī pūblicae sermōnēs potissimum cōnferantur, Scīpiō- 14ː
explicāre = (rem diffi-cilem) explānāre	nem rogēmus ut explicet quem exīstimet esse optimum statum cīvitātis. Deinde alia quaerēmus."
ap-probāre = probāre	Cum id et Philus et Mānīlius et Mummius admodum 3ː approbāvissent...
ex-cidere -cidisse < ex- + cadere	[*Hīc duae pāginae vel* XVI *versūs ē librō antīquō excidē-* 145 *runt.*]
	[*Laelius:*] "... id nōn sōlum ob eam causam fierī voluī
prīncipem reī pūblicae : Scīpiōnem per-saepe	quod erat aequum dē rē pūblicā potissimum prīncipem reī pūblicae dīcere, sed etiam quod memineram per-

0 saepe tē cum Panaetiō disserere solitum cōram Polybiō, duōbus Graecīs vel perītissimīs rērum cīvīlium, multaque colligere ac docēre 'optimum longē statum cīvitātis esse eum quem māiōrēs nostrī nōbīs relīquissent.' Quā in disputātiōne quoniam tū parātior es, fēceris (ut etiam

55 prō hīs dīcam), sī dē rē pūblicā quid sentiās explicāris, nōbīs grātum omnibus." ...

Dē tribus rērum pūblicārum generibus

38 Hīc Scīpiō: "Faciam quod vultis, ut poterō, et ingrediar in disputātiōnem eā lēge (quā crēdō omnibus in

60 rēbus disserendīs ūtendum esse, sī errōrem velīs tollere) ut eius reī dē quā quaerētur sī nōmen quod sit conveniat, explicētur quid dēclārētur eō nōmine; quod sī convēnerit, tum dēmum decēbit ingredī in sermōnem. Numquam enim *quāle* sit illud dē quō disputābitur in-

65 tellegī poterit, nisi *quid* sit fuerit intellēctum prius. Quārē, quoniam dē rē pūblicā quaerimus, hoc prīmum videāmus: quid sit id ipsum quod quaerimus."

39 Cum approbāvisset Laelius, "Est igitur" inquit Āfricānus "rēs pūblica 'rēs populī', populus autem nōn

70 omnis hominum coetus quōquō modō congregātus, sed coetus multitūdinis iūris cōnsēnsū et ūtilitātis commūniōne sociātus..."

[*Excidērunt duae pāginae.*]

41 [*Scīpiō:*] "Hī coetūs igitur sēdem prīmum certō locō
75 domiciliōrum causā cōnstituērunt; quam cum locīs

---

solēre sol*itum esse*

Polybius -ī *m*: historicus Graecus, post bellum Macedonicum III Rōmam missus amīcus fuit Scīpiōnis et rēs Rōmānās Graecē scrīpsit

hīs : cēterīs praesentibus nōbīs omnibus grātum (rem grātam) fēceris, sī...

ingredī in = inīre, incipere

ut, sī conveniat (inter nōs) quod nōmen sit eius reī...
dēclārāre = significāre

numquam enim intellegī poterit quāle sit..., nisi prius intellēctum *erit* quid sit...

coetus -ūs *m* < co-īre
quō-quō = quōcumque
commūniō -ōnis *f*
< commūnis
sociāre = cōnsociāre

locīs : locōrum nātūrā

393

coniūnctiō -ōnis *f*
< coniungere
di-stinguere -stīnxisse
-stīnctum = dīvidere
inter sē/ab aliīs, īn-
signem facere; (rē)
distīnctus : īnsignis

cōnstitūtiō (-ōnis *f*) populī
= populus cōnstitūtus
(ōrdinātus)

summa omnium rērum
= summa imperiī

Graecē dīcuntur tria
genera cīvitātis:
(1) rēgnum *monarchía*,
(2) optimātium *aristo-
cratía*, (3) populāris
dēmocratía
populāris -e < populus

quod-vīs = quodcumque
vīs

dē-vincīre = vincīre

aequus = iūstus (↔ in-
īquus = in-iūstus)

inter-iectīs : adiectīs
inīquitās -ātis *f* < inīquus
aliquō nōn incertō statū
esse : satis cōnstāns esse

dominātus -ūs *m*
= dominātiō
particeps -cipis ↔ expers

manūque saepsissent, eius modī coniūnctiōnem tēctōrum 'oppidum' vel 'urbem' appellāvērunt dēlūbrīs dis-
tīnctam spatiīsque commūnibus.

"Omnis ergō populus, quī est tālis coetus multitūdinis quālem exposuī, omnis cīvitās, quae est cōnstitūtiō 18
populī, omnis rēs pūblica, quae (ut dīxī) 'populī rēs'
est, cōnsiliō quōdam regenda est, ut diūturna sit. Id
autem cōnsilium aut *ūnī* tribuendum est, aut *dēlēctīs* 4
quibusdam, aut suscipiendum est *multitūdinī* atque omnibus. 18

"Cum penes ūnum est omnium summa rērum, 'rēgem' illum ūnum vocāmus et 'rēgnum' eius reī pūblicae
statum. Cum autem est penes dēlēctōs, tum illa cīvitās
'optimātium' arbitriō regī dīcitur. Illa autem est cīvitās
'populāris' (sīc enim appellant) in quā in populō sunt 19
omnia.

"Atque hōrum trium generum quodvīs, sī teneat illud
vinculum quod prīmum hominēs inter sē reī pūblicae
societāte dēvīnxit, nōn perfectum illud quidem neque
meā sententiā optimum est, sed tolerābile tamen. Nam 19
vel rēx aequus et sapiēns, vel dēlēctī ac prīncipēs cīvēs,
vel ipse populus, quamquam id est minimē probandum, tamen, nūllīs interiectīs inīquitātibus aut cupidi-
tātibus, posse vidētur aliquō esse nōn incertō statū.

"Sed et in rēgnīs nimis expertēs sunt cēterī commūnis 43
iūris et cōnsiliī; et in optimātium dominātū vix particeps lībertātis potest esse multitūdō, cum omnī cōnsiliō

commūnī ac potestāte careat; et cum omnia per populum geruntur quamvīs iūstum atque moderātum, tamen
)5 ipsa aequābilitās est inīqua, cum habet nūllōs gradūs
dignitātis...

45 "Itaque quārtum quoddam genus reī pūblicae māximē probandum esse sentiō, quod est ex hīs quae prīma
dīxī permixtum tribus."

46 Hīc Laelius: "Sciō tibi ita placēre, Āfricāne, saepe
enim ex tē audīvī; sed tamen, nisi molestum est, ex
tribus istīs modīs rērum pūblicārum velim scīre quod
optimum iūdicēs."

[Excidērunt aliquot pāginae.]

15 [Scīpiō, cum dē singulīs rērum pūblicārum generibus dis-
putāvisset, dīxit 'nūllum ipsum per sē probandum esse.']

69 [Scīpiō:] "Quod ita cum sit, ex tribus prīmīs generibus longē praestat meā sententiā rēgium, rēgiō autem
ipsī praestābit id quod erit aequātum et temperātum ex
220 tribus prīmīs rērum pūblicārum modīs. Placet enim
esse quiddam in rē pūblicā praestāns et rēgāle, esse
aliud auctōritātī prīncipum impartītum ac tribūtum,
esse quāsdam rēs servātās iūdiciō voluntātīque multitūdinis. Haec cōnstitūtiō prīmum habet aequābilitātem
225 quandam magnam, quā carēre diūtius vix possunt līberī, deinde fīrmitūdinem — quod et illa prīma facile in
contrāria vitia convertuntur, ut exsistat ex rēge dominus, ex optimātibus factiō, ex populō turba et cōnfūsiō.

quam-vīs iūstus = etiam
sī iūstissimus est
aequābilitās -ātis f <
aequābilis -e = aequus

ex hīs tribus

nisi tibi molestum est

quod genus

temperāre = (certā ra-
tiōne) miscēre ac
mūtāre

im-partīre = impertīre

fīrmitūdō -inis f < fīrmus

ex-sistere -stitisse = orīrī
dominus : tyrannus
turba (< turbāre) = cōn-
fūsiō -ōnis f (< cōnfun-
dere) = tumultus

395

(vir) praecipiēns, docēns
= magister, doctor

dēcernere = statuere,
cēnsēre

discrīptiō -ōnis f < di-
scrībere; d.ōne potes-
tātis

: simul ostendam et quālis
sit (ea rēs pūblica) et eam
optimam esse
ac-commodāre = aptum
facere

senex: M. Porcius Catō
annum LXXXV agēns dē-
cessit annō 149 a. C.

ferē = plērumque

Crētēs -um m = Crētēnsēs
Lycūrgus Lacedaemoniīs
lēgēs dedisse dīcitur
Dracō -ōnis m: lēgēs
Athēniēnsibus dedit
sevērissimās
Clīsthenēs -is m: exāctō
Hippiā tyrannō lēgēs
aequās dedit

"Sed vereor, Laelī vōsque hominēs amīcissimī ac prū- 7
dentissimī, nē, sī diūtius in hōc genere verser, quasi
praecipientis cuiusdam et docentis et nōn vōbīscum
simul cōnsīderantis esse videātur ōrātiō mea. Quam ob
rem ingrediar in ea quae nōta sunt omnibus, quaesīta
autem ā nōbīs iam diū. Sīc enim dēcernō, sīc sentiō, sīc 2
affīrmō: nūllam omnium rērum pūblicārum aut cōnsti-
tūtiōne aut discrīptiōne aut disciplīnā cōnferendam esse
cum eā quam patrēs nostrī nōbīs acceptam iam inde ā
māiōribus relīquērunt. Quam — sī placet — simul et
quālis sit et optimam esse ostendam, expositāque ad 24
exemplum nostrā rē pūblicā, accommodābō ad eam, sī
poterō, omnem illam ōrātiōnem quae est mihi habenda
dē optimō cīvitātis statū."

Dē vetere rē pūblicā Rōmānā   II

Cum omnēs flagrārent cupiditāte audiendī, ingressus 1
est sīc loquī Scīpiō:

"Catō senex (quem, ut scītis, ūnicē dīlēxī māximēque
sum admīrātus) dīcere solēbat 'ob hanc causam prae- 2
stāre nostrae cīvitātis statum cēterīs cīvitātibus: quod in
illīs singulī fuissent ferē quī suam quisque rem pū- 25
blicam cōnstituissent lēgibus atque īnstitūtīs suīs (ut
Crētum Mīnōs, Lacedaemoniōrum Lycūrgus, Athēniēnsium, quae persaepe commūtāta esset, tum Thēseus,
tum Dracō, tum Solō, tum Clīsthenēs, tum multī aliī),
nostra autem rēs pūblica nōn ūnīus esset ingeniō, sed 255

multōrum, nec ūnā hominis vītā, sed aliquot cōnstitūta saeculīs et aetātibus. Nam neque ūllum ingenium tantum exstitisse' dīcēbat 'ut, quem rēs nūlla fugeret, quisquam aliquandō fuisset, neque cūncta ingenia collāta in ūnum tantum posse ūnō tempore prōvidēre, ut omnia complecterentur, sine rērum ūsū ac vetustāte.' Quam ob rem, ut ille solēbat, ita nunc mea repetet ōrātiō populī Rōmānī 'orīginem' — libenter enim etiam verbō ūtor Catōnis. Facilius autem quod est prōpositum cōnsequar, sī nostram rem pūblicam vōbīs et nāscentem et crēscentem et adultam et iam fīrmam atque rōbustam ostenderō, quam sī mihi aliquam, ut apud Platōnem Sōcratēs, ipse fīnxerō."

Hoc cum omnēs approbāvissent, "Quod habēmus" inquit "īnstitūtae reī pūblicae tam clārum ac tam omnibus nōtum exōrdium quam huius urbis condendae prīncipium profectum ā Rōmulō? Quī patre Mārte nātus cum Remō frātre dīcitur ab Amūliō, rēge Albānō, ob labefactandī rēgnī timōrem ad Tiberim expōnī iussus esse. Quō in locō cum esset silvestris bēluae sustentātus ūberibus pāstōrēsque eum sustulissent et in agrestī cultū labōreque aluissent, perhibētur, ut adolēverıt, et corporis vīribus et animī ferōcitāte tantum cēterīs praestitisse ut omnēs quī tum eōs agrōs ubi hodiē est haec urbs incolēbant aequō animō illī libenterque pārērent. Quōrum cōpiīs cum sē ducem praebuisset — ut iam ā fābulīs ad facta veniāmus — oppressisse Longam

---

nōn ūnīus sed multōrum ingeniō cōnstitūta esset : 'nam neque quemquam umquam exstitisse' dīcēbat 'quī tantō ingeniō esset ut eum rēs nūlla fugeret' rēs eum fugit = rēs eī ignōta est

Catō librōs suōs dē rēbus gestīs Rōmānōrum *Orīginēs* īnscrīpsit

adultus -a -um = quī iam adolēvit
Platō in librīs suīs Sōcratem dē rē pūblicā fictā loquentem facit

labefactāre = quassāre; timor rēgnī l.andī = t. nē rēgnum labefactētur silvestris -e < silva bēlua -ae *f* = fera sustentāre : alere

per-hibēre = habēre, exīstimāre; perhibētur : nārrātur ferōcitās -ātis *f* < ferōx

haec urbs : Rōma

fertur = nārrātur

per-celeriter

sub-agrestis -e = satis
agrestis (rūsticus)
magnī hominis *cōnsilium*

honestō locō (ortus/
nātus) : parentibus
honestīs

in mātrimōniō collocāre
= in mātrimōnium dare

a-scīscere -īvisse = (so-
cium) assūmere
commūnicāre = commū-
nem facere

interitus -ūs *m* (< inter-
īre) = mors
re-cidere reccidisse < re-
+ cadere

tribūs (vel centuriae) trēs:
Ramnēnsēs, Titiēnsēs,
Lucerēs
nūncupāre = nōmināre

ōrātrīx -īcis *f* = quae ōrat

Albam, validam urbem et potentem temporibus illīs, Amūliumque rēgem interēmisse fertur.

"Quā glōriā partā, urbem auspicātō condere et fīrmāre dīcitur prīmum cōgitāvisse rem pūblicam. Atque *1* haec quidem perceleriter cōnfēcit. Nam et urbem cōnstituit, quam ē suō nōmine 'Rōmam' iussit nōminārī, et ad fīrmandam novam cīvitātem novum quoddam et subagreste cōnsilium, sed ad mūniendās opēs rēgnī ac *2* populī suī magnī hominis et iam tum longē prōvidentis secūtus est, cum Sabīnās honestō ortās locō virginēs, quae Rōmam lūdōrum grātiā vēnissent (quōs tum prīmum anniversāriōs in circō facere īnstituisset), rapī iussit eāsque in familiārum amplissimārum mātrimōniīs *2?* collocāvit. Quā ex causā cum bellum Rōmānīs Sabīnī *1.* intulissent proeliīque certāmen varium atque anceps fuisset, cum T. Tatiō, rēge Sabīnōrum, foedus īcit — mātrōnīs ipsīs quae raptae erant ōrantibus. Quō foedere et Sabīnōs in cīvitātem ascīvit, sacrīs commūnicātīs, et *3C* rēgnum suum cum illōrum rēge sociāvit.

"Post interitum autem Tatiī cum ad eum dominātus *14* omnis reccidisset, quamquam cum Tatiō in rēgium cōnsilium dēlēgerat prīncipēs (quī appellātī sunt propter cāritātem 'patrēs') populumque et suō et Tatiī nōmine *30* et Lucumōnis (quī Rōmulī socius in Sabīnō proeliō occiderat) in tribūs trēs cūriāsque trīgintā discrīpserat (quās cūriās eārum nōminibus nūncupāvit quae ex Sabīnīs virginēs raptae posteā fuerant ōrātrīcēs pācis et

398

foederis) — sed quamquam ea Tatiō sīc erant discrīpta
vīvō, tamen eō interfectō multō etiam magis Rōmulus
patrum auctōritāte cōnsiliōque rēgnāvit.

"Quō factō, prīmum vīdit iūdicāvitque idem quod
Spartae Lycūrgus paulō ante vīderat: singulārī imperiō
et potestāte rēgiā tum melius gubernārī et regī cīvitātēs
sī esset optimī cuiusque ad illam vim dominātiōnis adiūncta auctōritās. Itaque, hōc cōnsiliō et quasi senātū
fultus et mūnītus, et bella cum fīnitimīs fēlīcissimē
multa gessit et, cum ipse nihil ex praedā domum suam
reportāret, locuplētāre cīvēs nōn dēstitit.

"Tunc — id quod retinēmus hodiē magnā cum salūte
reī pūblicae — auspiciīs plūrimum obsecūtus est Rōmulus. Nam et ipse — quod prīncipium reī pūblicae
fuit — urbem condidit auspicātō, et, omnibus pūblicīs
rēbus īnstituendīs quī sibi essent in auspiciīs, ex singulīs tribubus singulōs cooptāvit augurēs.

"Ac Rōmulus, cum septem et trīgintā rēgnāvisset annōs et haec ēgregia duo firmāmenta reī pūblicae pepe-
risset, auspicia et senātum, tantum est cōnsecūtus ut,
cum subitō sōle obscūrātō nōn compāruisset, deōrum in
numerō collocātus putārētur. Quam opīniōnem nēmō
umquam mortālis assequī potuit sine eximiā virtūtis
glōriā. Profectō tanta fuit in eō vīs ingeniī atque virtūtis, ut id dē Rōmulō Proculō Iūliō, hominī agrestī,
crēderētur quod multīs iam ante saeculīs nūllō aliō dē
mortālī hominēs crēdidissent: quī impulsū patrum,

Tatiō vīvō

optimus quisque = bonī
omnēs

fulcīre -sisse -tum = sustinēre, firmāre

locuplētāre = locuplētem
facere

in auspiciīs esse
= auspicārī
co-optāre = (collēgam
sibi) ascīscere
ex singulīs tribubus sin-
gulōs cooptāvit augurēs,
quī sibi essent in auspi-
ciīs omnibus pūblicīs
rēbus īnstituendīs

obscūrāre = obscūrum
facere
com-pārēre = appārēre
opīniō : fāma

as-sequī = cōnsequī,
adipīscī

ut Proculō Iūliō id dē Rōmulō dīcentī crēderētur
dē nūllō aliō
impulsus -ūs m < impel-
lere; i.ū patrum: ā patribus impulsus

399

quō (+ *conī*) = ut eō (ut eō
    modō)
vīsum esse R. in eō colle
    quī... vocātur

cūnābula -ōrum *n*
    = cūnae

ratiōne ad disputandum
    : r. (modō) disputandī
quō nēmō praestantior
    fuit = quī praestantis-
    simus fuit omnium
ārea = spatium ad do-
    mum aedificandam
arbitrātus -ūs *m* = arbi-
    trium, voluntās

exemplar -āris *n* = exem-
    plum (ad imitandum)

tribuere aliīs : ab aliīs
    reperta esse dīcere

tantum *honōris* tribuisset

temptāret ut regeret =
    temptāret regere
excessus -ūs *m* (< ex-
    cēdere) = mors

quō illī ā sē invidiam interitūs Rōmulī pellerent, in cōntiōne dīxisse fertur 'ā sē vīsum esse in eō colle Rōmulum quī nunc Quirīnālis vocātur; eum sibi mandāsse
ut populum rogāret ut sibi eō in colle dēlūbrum fieret: 3
sē deum esse et Quirīnum vocārī.'

"Vidētisne igitur ūnīus virī cōnsiliō nōn sōlum ortum 2
novum populum neque ut in cūnābulīs vāgientem relictum, sed adultum iam et paene pūberem?"

Tum Laelius: "Nōs vērō vidēmus, et tē quidem in- 3
gressum ratiōne ad disputandum novā, quae nusquam
est in Graecōrum librīs. Nam prīnceps ille, quō nēmō in
scrībendō praestantior fuit, āream sibi sūmpsit in quā
cīvitātem exstrueret arbitrātū suō, praeclāram ille quidem fortasse, sed ā vītā hominum abhorrentem et mōri- 35
bus. Reliquī disseruērunt sine ūllō certō exemplārī fōr- 2
māque reī pūblicae dē generibus et dē ratiōnibus cīvitātum. Tū mihi vidēris utrumque factūrus: es enim ita
ingressus ut quae ipse reperiās tribuere aliīs mālīs quam
(ut facit apud Platōnem Sōcratēs) ipse fingere, et dispu- 35
tēs nōn vagantī ōrātiōne, sed dēfīxā in ūnā rē pūblicā.
Quārē perge ut īnstituistī; prōspicere enim iam videor,
tē reliquōs rēgēs persequente, quasi perfectam rem
pūblicam."

"Ergō" inquit Scīpiō, "cum ille Rōmulī senātus (quī 25
cōnstābat ex optimātibus quibus ipse rēx tantum tribuisset ut eōs 'patrēs' vellet nōminārī 'patriciōs'que eōrum līberōs) temptāret post Rōmulī excessum ut ipse

regeret sine rēge rem pūblicam, populus id nōn tulit

5 dēsīderiōque Rōmulī posteā rēgem flāgitāre nōn dēstitit; cum prūdenter illī prīncipēs novam et inaudītam cēterīs gentibus 'interrēgnī' ineundī ratiōnem excōgitāvērunt, ut, quoad certus rēx dēclārātus esset, nec sine rēge cīvitās nec diūturnō rēge esset ūnō.

flāgitāre = vehementer poscere
cum : tum

4 "Quō quidem tempore novus ille populus vīdit tamen id quod fūgit Lacedaemonium Lycūrgum, quī rēgem nōn dēligendum dūxit (sī modo hoc in Lycūrgī potestāte potuit esse), sed habendum, quāliscumque is foret, quī modo esset Herculis stirpe generātus. Nostrī illī

dūxit = putāvit
sed *rēgem* habendum *eum* quī...
quālis-cumque
generāre = gignere

5 etiam tum agrestēs vīdērunt virtūtem et sapientiam rēgālem, nōn prōgeniem quaerī oportēre.

prōgeniēs = stirps (: gentis orīgō)

5 "Quibus cum esse praestantem Numam Pompilium fāma ferret, praetermissīs suīs cīvibus rēgem alienigenam patribus auctōribus sibi ipse populus ascīvit eum-

quibus : virtūte et sapientiā rēgālī
alieni-gena -ae *m* = in aliēnā patriā genitus, peregrīnus

0 que ad rēgnandum Sabīnum hominem Rōmam Curibus accīvit. Quī hūc ut vēnit, hominēs Rōmānōs īnstitūtō Rōmulī bellicīs studiīs ut vīdit incēnsōs, exīstimāvit eōs paulum ab illā cōnsuētūdine esse revocandōs.

īnstitūtum = mōs

6 "Ac prīmum agrōs quōs bellō Rōmulus cēperat dīvī-

5 sit virītim cīvibus docuitque sine dēpopulātiōne atque praedā posse eōs colendīs agrīs abundāre commodīs omnibus, amōremque iīs ōtiī et pācis iniēcit, quibus facillimē iūstitia et fidēs convalēscit et quōrum patrōciniō māximē cultus agrōrum perceptiōque frūgum dē-

virītim = singulīs virīs
dēpopulātiō -ōnis *f* < dēpopulārī
abundāre (rē) = abundē habēre (reī)

0 fenditur. Īdemque Pompilius et auspiciīs māiōribus in-

perceptiō -ōnis *f* = collēctiō

401

invenīre = excōgitāre, īnstituere

caerimōnia-ae f = rītus

celebritās -ātis f (< celeber) = conventus multōrum; fāma

immānis = ferōx, saevus

ex-quīrere = quaerere, explōrāre

quamvīs (+ *coni*) = quamquam

rēx ille : Tarquinius Superbus
optimī rēgis : Serviī
maculāre (< macula) = polluere
mēns integra : mēns sāna

sub-nīxus -a -um = fultus (: frētus)
īnsolentia-ae f < īnsolēns

suōrum : fīliōrum

ventīs ad prīstinum numerum duo augurēs addidit, et sacrīs ē prīncipum numerō pontificēs quīnque praefēcit, et animōs ārdentēs cōnsuētūdine et cupiditāte bellandī religiōnum caerimōniīs mītigāvit, adiūnxitque praetereā flāminēs, Saliōs virginēsque Vestālēs omnēs- 3 que partēs religiōnis statuit sānctissimē. Īdemque mer- 2 cātūs, lūdōs omnēsque conveniundī causās et celebritātēs invēnit. Quibus rēbus īnstitūtīs, ad hūmānitātem atque mānsuētūdinem revocāvit animōs hominum studiīs bellandī iam immānēs ac ferōs. 4

"Sīc ille, cum ūndēquadrāgintā annōs summā in pāce concordiāque rēgnāvisset (sequāmur enim potissimum Polybium nostrum, quō nēmō fuit in exquīrendīs temporibus dīligentior), excessit ē vītā, duābus praeclārissimīs ad diūturnitātem reī pūblicae rēbus cōnfirmātīs: 4 religiōne atque clēmentiā."

[*Deinde Scīpiō rēgna Tullī et Ancī et Tarquiniī Prīscī et Serviī expōnit eōsque rēgēs haud iniūstōs fuisse ostendit in quōrum rēgnīs fuerit senātus et aliquod etiam populī iūs, quamvīs dēfuerit lībertās; sed vitiō Tarquiniī Superbī, rēgis* 4 *iniūstissimī, concidisse genus illud tōtum reī pūblicae.*]

[*Scīpiō:*] "Nam rēx ille dē quō loquor prīmum optimī 4 rēgis caede maculātus integrā mente nōn erat, et, cum metueret ipse poenam sceleris suī summam, metuī sē volēbat. Deinde, victōriīs dīvitiīsque subnīxus, exsultā- 41 bat īnsolentiā neque suōs mōrēs regere poterat neque suōrum libīdinēs.

6 "Itaque cum māior eius fīlius Lucrētiae, Tricipitīnī

fīliae, Collātīnī uxōrī, vim attulisset, mulierque pudēns

0 et nōbilis ob illam iniūriam sēsē ipsa morte multāvisset,

tum vir ingeniō et virtūte praestāns, L. Brūtus, dēpulit

ā cīvibus suīs iniūstum illud dūrae servitūtis iugum.

(Quī cum prīvātus esset, tōtam rem pūblicam sustinuit

prīmusque in hāc cīvitāte docuit in cōnservandā cīvium

5 lībertāte esse prīvātum nēminem.) Quō auctōre et prīn-

cipe concitāta cīvitās et hāc recentī querēllā Lucrētiae

patris et propinquōrum et recordātiōne superbiae Tar-

quiniī multārumque iniūriārum et ipsīus et fīliōrum,

exsulem et rēgem ipsum et līberōs eius et gentem Tar-

30 quiniōrum esse iussit.

7 "Vidētisne igitur ut dē rēge dominus exstiterit ūnīus-

que vitiō genus reī pūblicae ex bonō in dēterrimum

conversum sit? Hic est enim dominus populī quem

Graecī 'tyrannum' vocant; nam 'rēgem' illum volunt

35 esse quī cōnsulit ut parēns populō cōnservatque eōs qui-

bus est praepositus quam optimā in condiciōne vīvendī

— sānē bonum (ut dīxī) reī pūblicae genus, sed tamen

inclīnātum et quasi prōnum ad perniciōsissimum sta-

8 tum. Simulatque enim sē īnflexit hic rēx in dominātum

40 iniūstiōrem, fit continuō tyrannus, quō neque taetrius

neque foedius nec dīs hominibusque invīsius animal

ūllum cōgitārī potest — quī, quamquam figūrā est ho-

minis, mōrum tamen immānitāte vāstissimās vincit bē-

luās! Quis enim hunc 'hominem' rīte dīxerit quī sibi

---

pudēns -entis = modes-
tus, pudīcus
multāre = pūnīre

prīvātus : nōn magis-
trātus
sustinēre = cōnservāre

cīvitās et hāc querēllā...
et recordātiōne... conci-
tāta ...iussit (: cīvēs...
concitātī iussērunt)
recordātiō -ōnis f
< recordārī

ut = quōmodo (ut domi-
nus exstiterit : domi-
num exstitisse)
dēterior -ius comp = pēior;
dēterrimus -a -um sup =
pessimus

volunt esse : vocant

quam optimus = tam
bonus quam fierī
potest

prōnus -a -um = inclīnā-
tus, quī facile prōcidit
īn-flectere = flectere,
vertere

dīs (dat) invīsus = quem
dī ōdērunt

immānitās -ātis f
< immānis
vāstus = horrendus
rīte = rēctē, iūre

403

cum suīs cīvibus, quī dēnique cum omnī hominum ge- 4
nere nūllam iūris commūniōnem, nūllam hūmānitātis
societātem velit? ...

"Sit huic oppositus alter, bonus et sapiēns et perītus

prōcūrātor -ōris *m* = quī
prō-cūrat (= cūrat)
rēctor -ōris *m* = quī regit

ūtilitātis dignitātisque cīvīlis, quasi tūtor et prōcūrātor
reī pūblicae: sīc enim appellētur quīcumque erit rēctor 4
et gubernātor cīvitātis. Quem virum facite ut agnōs-
cātis: iste est enim quī cōnsiliō et operā cīvitātem tuērī
potest."

[*Cum Scīpiō veterem rem pūblicam Rōmānam ūsque ad*
decemvirōs exposuisset eamque optimē cōnstitūtam esse 4
ostendisset, Tūberō eum interrogāvit 'quā disciplīnā, quibus
mōribus aut lēgibus ea ipsa rēs pūblica quam laudāvisset
cōnservārī posset?' Scīpiō respondit 'sine summā iūstitiā
rem pūblicam gerī nūllō modō posse.' Dē hīs et aliīs rēbus

postrī-diē = posterō diē
(↔ prīdiē)

Scīpiō postrīdiē cum iīsdem amīcīs disputāvit. 4

Tertiō diē dē bonō reī pūblicae rēctōre disputātiō fuit et dē
praemiīs quae virīs bene dē rē pūblicā meritīs dēbentur.
Tum Scīpiō dīxit 'nec statuās nec triumphōs amplissima esse

stabilis -e = quī firmē
stat, cōnstāns

praemia virtūtis, sed stabiliōra quaedam alia praemiōrum
genera esse.' Ā Laeliō interrogātus 'quaenam illa essent?' 4
Scīpiō somnium mīrābile nārrāvit docēns 'illa esse stabiliōra
praemiōrum genera quae ipse vīdisset in caelō bonīs rērum
pūblicārum servāta rēctōribus; sibi enim ōlim per somnum
appāruisse avum suum Scīpiōnem Āfricānum, quī multa
cum dē tempore futūrō et dē fātō locūtus esset, tum dē rēbus 4

sempiternus -a -um =
aeternus

caelestibus atque dē vītā animōrum sempiternā.']

GRAMMATICA LATINA
Dē vocābulīs faciendīs

(D) *Nōmina fēminīna ex adiectīvīs*

75 Ex adiectīvīs fīunt nōmina fēminīna quālitātem significantia hīs suffīxīs: *-ia, -itia, -itās, -itūdō.*

Exempla:

(1) *-ia:* grāt*ia* < grāt|us;

(2) *-itia:* laet*itia* < laet|us;

80 (3) *-(i)tās -ātis:* nōbil*itās* < nōbil|is;

(4) *-itūdō -inis:* magn*itūdō* < magn|us.

PENSVM A
Supplenda sunt nōmina fēminīna facta ex adiectīvīs:

(1) miser > —; īnsānus > —; superbus > —; perfidus > —; audāx > —; patiēns > —; potēns > —; cōnstāns > —; dīligēns > —; concors > —; [plūrālia:] reliquus > —; dīves > —; angustus > —;

(2) trīstis > —; amīcus > —; stultus > —; maestus > —; saevus > —; iūstus > —; avārus > —; pudīcus > —; malus > —;

(3) foedus > —; dignus > —; hūmānus > —; fēlīx > —; novus > —; paucī > —; crūdēlis > —; gravis > —; celeber > —; ūtilis > —; [-tās] līber > —;

(4) longus > —; pulcher > —; multī > —; altus > —; fortis > —; sōlus > —; clārus > —; amplus > —; fīrmus > — (= fīrmitās).

PENSVM B
Tūberō, cum — Latīnīs Scīpiōnem ōtiōsum — esset, dē rēbus caelestibus cum eō — coepit. Laelius, quī tālēs — nihil ad vītam hūmānam — putābat, 'māiōra — [= quaerenda] esse' dīxit.

In rēgnō, — iūstō, populus — lībertātis nōn est. Saepe — [= exoritur] ex rēge tyrannus, quī — [= ferōcitāte] taeterrimās — [= ferās] superat, nec enim eī cum hominibus ūlla

Vocābula nova:
fēriae
interventus
prātulum
pariēs
cōnsīderātiō
sphaera
disputātiō
coetus
commūniō
coniūnctiō
cōnstitūtiō
inīquitās
dominātus
aequābilitās
fīrmitūdō
cōnfūsiō
discrīptiō
bēlua
ferōcitās
interitus
ōrātrīx
impulsus
cūnābula
arbitrātus
exemplar
excessus
aliēnigena
dēpopulātiō
perceptiō
caerimōnia
celebritās
īnsolentia
immānitās
prōcūrātor
rēctor
quaestōrius
periūcundus
pergrātus
aprīcus
fēriātus
ratus
permolestus
populāris
particeps
aequābilis
adultus
silvestris
subagrestis
inveterātus
subnīxus
pudēns

405

deterior
deterrimus
pronus
stabilis
sempiternus
ventitare
nancisci
relaxare
abuti
attinere
assidere
investigare
conquirere
disputare
dissentire
approbare
sociare
distinguere
devincire
impartire
exsistere
accomodare
labefactare
perhibere
asciscere
communicare
recidere
nuncupare
fulcire
locupletare
cooptare
obscurare
comparere
assequi
flagitare
generare
maculare
multare
atqui
paululum
vicissim
perpauci
hercule
sero
serius
parumper
quamvis
perceleriter
qualiscumque
postridie

iuris — [< communis] est. Civitas — est in qua populus dominatur. Oppidum est — tectorum delubris et foris —.

Romulus Sabinos in civitatem — et sacra eorum cum Romanis —; curias nominibus Sabinarum — [= nominavit]. Sole — Romulus non — [= apparuit]. Post eius — [= mortem] populus novum regem — non destitit. Romulus deo Marte — [= genitus] erat.

Qui iam adolevit — esse dicitur. Qui oppidum oppugnat muros arietibus — conatur. Hieme sol non tam — occidit quam aestate: aestate sol — occidit quam hieme. Vitam — [= aeternam] nemo mortalis — [= adipisci] potest.

Synonyma: globus et —; cunae et —; ritus et —; firmus et —; peior et —; pessimus et —; explorare et —; probare et —; sustinere et —; polluere et —; punire et —; paulisper et —.

Contraria: opacus et —; permulti et —; consentire et —; illustrare et — ; mature et — ; pridie et — .

PENSVM C
Quando amici ad Scipionem convenerunt?
Eratne Scipio occupatus eo die?
Quod prodigium in caelo visum erat?
De quibus rebus fuit prima disputatio?
Quomodo Archimedes motus astrorum declaravit?
Cur Laelius de rebus caelestibus disputare noluit?
Quid tum Laelius Scipionem rogavit?
Quae sunt tria rerum publicarum genera?
Quod genus Scipio optimum esse putabat?
Unde incipit Scipio de re publica Romana disputans?
Quibus rebus Romulus rem publicam firmavit?
Quomodo Numa populum ferocem mitigavit?
Cuius regis vitio res publica Romana a bona in deterrimam conversa est?
Quem Cicero tyranno immani opponit?

406

orbis lacteus

SOMNIVM SCIPIONIS

[Ex M. Tulliī Cicerōnis Dē rē pūblicā librō VI]

[Masinissa senex]

9 Cum in Āfricam vēnissem — M'. Mānīliō cōnsulī ad
quārtam legiōnem tribūnus (ut scītis) mīlitum — nihil
mihi fuit potius quam ut Masinissam convenīrem, rē-
5 gem familiae nostrae iūstīs dē causīs amīcissimum. Ad
quem ut vēnī, complexus mē senex collacrimāvit ali-
quantōque post suspexit ad caelum et "Grātēs" inquit
"tibi agō, summe Sōl, vōbīsque, reliquī caelitēs, quod,
ante quam ex hāc vītā migrō, cōnspiciō in meō rēgnō et
10 hīs tēctīs P. Cornēlium Scīpiōnem, cuius ego nōmine
ipsō recreor; itaque numquam ex animō meō discēdit
illīus optimī atque invictissimī virī memoria."

Deinde ego illum dē suō rēgnō, ille mē dē nostrā rē
pūblicā percontātus est, multīsque verbīs ultrō citrōque
15 habitīs ille nōbīs est cōnsūmptus diēs.

cum vēnissem: Scīpiō
Aemiliānus loquitur
[annō 149 a. C.]

nihil mihi fuit potius
= nihil māluī

col-lacrimāre = lacrimāre

caelitēs -um *m* =
caelestēs, diī

illīus virī : Scīpiōnis
Āfricānī māiōris

ultrō citrō(que) = hūc
et illūc : inter nōs, in-
vicem

407

in multam noctem = in
sēram noctem

dē *P. Cornēliō Scīpiōne*
Āfricānō

Post autem, apparātū rēgiō acceptī, sermōnem in *1*
multam noctem prōdūximus, cum senex nihil nisi dē
Āfricānō loquerētur omniaque eius nōn facta sōlum, sed
etiam dicta meminisset.

[*Fātōrum via*] *2*

cubitum (*supīnum* < cu-
bāre) : dormītum
dē viā : itinere
artus somnus = gravis
somnus

Deinde, ut cubitum discessimus, mē — et dē viā
fessum et quī ad multam noctem vigilāssem — artior
quam solēbat somnus complexus est. Hīc mihi (crēdō

fit ferē = fierī solet

equidem ex hōc quod erāmus locūtī; fit enim ferē ut
cōgitātiōnēs sermōnēsque nostrī pariant aliquid in *2*

Ennius in prīmō *Annālī*
scrībit sē in somnīs vī-
disse Homērum poētam

somnō tāle quāle dē Homērō scrībit Ennius, dē quō
vidēlicet saepissimē vigilāns solēbat cōgitāre et loquī)
Āfricānus sē ostendit eā fōrmā quae mihi ex imāgine
eius quam ex ipsō erat nōtior. Quem ubi agnōvī, equi-

co-horrēscere -ruisse
= horrōre afficī
animō adesse = animum
advertere

dem cohorruī, sed ille "Ades" inquit "animō, et omitte *30*
timōrem, Scīpiō, et quae dīcam trāde memoriae!

"Vidēsne illam urbem quae, pārēre populō Rōmānō *11*

prīstina bella: bella
Pūnica I et II
excelsus -a -um = celsis-
simus

coācta per mē, renovat prīstina bella nec potest quiēscere?" — ostendēbat autem Karthāginem dē excelsō et
plēnō stēllārum illūstrī et clārō quōdam locō — "ad *35*

paene mīles : tribūnus
mīlitum (tantum)
hōc bienniō = intrā
biennium
cognōmen : 'Āfricānus'
hērēditārius -a -um
< hērēditās
ā nōbīs : ā mē

quam tū oppugnandam nunc venīs paene mīles. Hanc
hōc bienniō cōnsul ēvertēs, eritque cognōmen id tibi
per tē partum quod habēs adhūc hērēditārium ā nōbīs.

"Cum autem Karthāginem dēlēveris, triumphum
ēgeris cēnsorque fueris et obieris lēgātus Aegyptum, *40*

dēligĕre = dēligĕris
(*2 pers sg pass fut*)

Syriam, Asiam, Graeciam, dēligēre iterum cōnsul ab-

sēns bellumque māximum cōnficiēs: Numantiam ex-
scindēs. Sed cum eris currū in Capitōlium invectus,
offendēs rem pūblicam cōnsiliīs perturbātam nepōtis
45 meī.

of-fendere = (inexspec-
tātum) invenīre
nepōtis meī: Ti. Gracchī

Cursus Scīpiōnis
Aemiliānī annō
a.C.
nātus 185
tribūnus mīlitum 149
cōnsul (annōrum 38) 147
Karthāgine captā 146
triumphāvit
cēnsor 142
lēgātus Aegyptum,
Syriam, Asiam, 140
Graeciam obiit
cōnsul II 134
Numantiā captā 133
triumphāvit
Gracchīs restitit
mortuus (ann. 56) 129

VERTEX CAELI

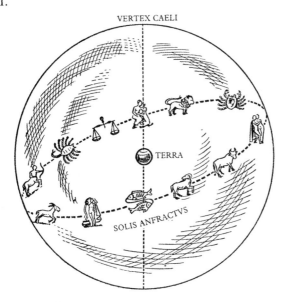

12 "Hīc tū, Āfricāne, ostendās oportēbit patriae lūmen
animī ingeniīque tuī cōnsiliīque. Sed eius temporis ancipitem videō quasi fātōrum viam. Nam cum aetās tua
septēnōs octiēs sōlis ānfrāctūs reditūsque converterit
50 duoque iī numerī (quōrum uterque 'plēnus' alter alterā
dē causā habētur) circuitū nātūrālī summam tibi fātālem
cōnfēcerint, in tē ūnum atque in tuum nōmen sē tōta
convertet cīvitās, tē senātus, tē omnēs bonī, tē sociī, tē
Latīnī intuēbuntur, tū eris ūnus in quō nītātur cīvitātis
55 salūs, ac — nē multa — dictātor rem pūblicam cōnsti-
tuās oportet, sī impiās propinquōrum manūs effūgeris."

tū ostendās oportet
= tē ostendere o.

ānfrāctus -ūs *m* = sōlis
cursus annuus; sōlis
ā.ūs reditūsque: annōs
cum aetās... converterit:
cum 8×7 annōs vīxeris
numerī 7 et 8 'plēnī' (perfectī) habentur
summa = numerus com-
putandō factus (: 56)
fātālis -e (< fātum) = fātō
cōnstitūtus, quī mortem
affert

(salūs) in tē nītitur = in tē
(in tuā potestāte) sita est
nē multa *dīcam*

in-gemēscere -muisse
= gemere (incipere)
ar-rīdēre < ad-rīdēre

— Hīc cum exclāmāvisset Laelius ingemuissentque vehementius cēterī, lēniter arrīdēns Scīpiō "St! quaesō" inquit, "nē mē ē somnō excitētis, et parumper audīte cētera!" —

6(

quō alacrior sīs = ut (eō)
alacrior sīs
alacer -cris -cre = prōmptus, cupidus
habētō : exīstimātō

locum dē-fīnīre = fīnēs
locī dēsignāre
aevum -ī n = tempus
continuum, aetās
nihil (quod...) illī prīncipī
deō... acceptius est
quam...

cōnservātor -ōris m = quī
cōnservat

meīs : propinquīs meīs

exstīnctus : mortuus

vinclum = vinculum

vīs = magna cōpia

re-primere -pressisse
-pressum

[*Mors et vīta*]

[*Scīpiō Āfricānus māior:*] "Sed quō sīs, Āfricāne, ala- 1:
crior ad tūtandam rem pūblicam, sīc habētō: omnibus quī patriam cōnservāverint, adiūverint, auxerint, cer- tum esse in caelō dēfīnītum locum, ubi beātī aevō sem- 65 piternō fruantur. Nihil est enim illī prīncipī deō quī omnem mundum regit (quod quidem in terrīs fīat) ac- ceptius quam concilia coetūsque hominum iūre sociātī, quae 'cīvitātēs' appellantur; hārum rēctōrēs et cōnser- vātōrēs hinc profectī hūc revertuntur." 70

Hīc ego, etsī eram perterritus nōn tam mortis metū 14 quam īnsidiārum ā meīs, quaesīvī tamen 'vīveretne ipse et Paulus pater et aliī quōs nōs exstīnctōs arbitrārēmur?'

"Immō vērō" inquit "hī vīvunt quī ē corporum vinclīs tamquam ē carcere ēvolāvērunt. Vestra vērō quae dīci- 75 tur 'vīta' mors est. Quīn tū aspicis ad tē venientem Paulum patrem?" Quem ut vīdī, equidem vim lacri- mārum profūdī, ille autem mē complexus atque ōsculā- tus flēre prohibēbat.

Atque ego, ut prīmum flētū repressō loquī posse 15 coepī, "Quaesō" inquam, "pater sānctissime atque op- time, quoniam haec est vīta, ut Āfricānum audiō dīcere, quid moror in terrīs? Quīn hūc ad vōs venīre properō?"

"Nōn est ita" inquit ille, "nisi enim deus is, cuius hoc templum est omne quod cōnspicis, istīs tē corporis custōdiīs līberāverit, hūc tibi aditus patēre nōn potest. Hominēs enim sunt hāc lēge generātī, quī tuērentur illum globum quem in hōc templō medium vidēs, quae 'terra' dīcitur, iīsque animus datus est ex illīs sempiternīs ignibus quae 'sīdera' et 'stēllās' vocātis, quae globōsae et rotundae, dīvīnīs animātae mentibus, circōs suōs orbēsque cōnficiunt celeritāte mīrābilī. Quārē et tibi, Pūblī, et piīs omnibus retinendus animus est in custōdiā corporis nec iniussū eius ā quō ille est vōbīs datus ex hominum vītā migrandum est, nē mūnus hūmānum assignātum ā deō dēfūgisse videāminī.

"Sed sīc, Scīpiō, ut avus hic tuus, ut ego quī tē genuī, iūstitiam cole et pietātem, quae cum magna in parentibus et propinquīs, tum in patriā māxima est. Ea vīta via est in caelum et in hunc coetum eōrum quī iam vīxērunt et corpore laxātī illum incolunt locum quem vidēs" (erat autem is splendidissimō candōre inter flammās circus ēlūcēns) "quem vōs, ut ā Grāiīs accēpistis, 'orbem lacteum' nūncupātis."

Ex quō omnia mihi contemplantī praeclāra cētera et mīrābilia vidēbantur. Erant autem eae stēllae quās numquam ex hōc locō vīdimus, et eae magnitūdinēs omnium quās esse numquam suspicātī sumus — ex quibus erat ea minima quae ultima ā caelō, citima ā terrīs,

templum = spatium sacrum
custōdiae : vincula

quī (+ *coni*) = ut

globōsus -a -um = quī globī fōrmam habet
animāre = animam/vītam dare
circus = orbis
orbem cōnficere = in orbem sē movēre

dē-fugere = dēserere, vītāre

pietās -ātis *f* < pius (= amor deōrum/parentum/patriae)

laxāre = solvere

candor -ōris *m* = color candidus
ē-lūcēre
lacteus -a -um < lac (orbis l. dīcitur Graecē *galaxías* < *gála* = lac)
ex quō : ex orbe lacteō
omnia cētera : omnia praeter terram

suspicārī = animō sentīre
ea : lūna
citimus -a -um *sup* (< citrā) ↔ ultimus

411

lūce lūcēbat aliēnā. Stēllārum autem globī terrae magnitūdinem facile vincēbant. Iam ipsa terra ita mihi parva
vīsa est ut mē imperiī nostrī, quō quasi pūnctum eius
attingimus, paenitēret.

pūnctum -ī *n* = nota quā
minor fierī nōn potest [·]
mē paenitet reī (*gen*) =
mihi displicet rēs

stēllārum *cursūs* s. *orbēs* s.
globī s. *sphaerae*

radius

quo-ūsque = quamdiū

(tibi)
cō-nectere -xuisse -xum
= inter sē nectere, con-
iungere
extimus -a -um *sup*
= extrēmus
īn-fīgere
: illae stēllae quae cursū
sempiternō volvuntur
volvī = versārī = in orbem
movērī, vertī
cui sub-iectī sunt = sub
quō positī sunt

[*Cursūs stēllārum*]

Quam cum magis intuērer, "Quaesō" inquit Āfricā-   17
nus, "quoūsque humī dēfīxa tua mēns erit? Nōnne aspicis quae in templa vēneris? Novem tibi orbibus vel potius globīs cōnexa sunt omnia, quōrum ūnus est caelestis, extimus, quī reliquōs omnēs complectitur, summus ipse deus arcēns et continēns cēterōs; in quō sunt   120
īnfīxī illī quī volvuntur stēllārum cursūs sempiternī.

"Cui subiectī sunt septem, quī versantur retrō contrā-
riō mōtū atque caelum. Ex quibus ūnum globum possi-

412

det illa quam in terrīs 'Sāturniam' nōminant. Deinde est

25 hominum generī prosperus et salūtāris ille fulgor quī dīcitur 'Iovis'; tum rutilus horribilisque terrīs quem 'Mārtium' dīcitis.

"Deinde subter mediam ferē regiōnem Sōl obtinet, dux et prīnceps et moderātor lūminum reliquōrum,

30 mēns mundī et temperātiō, tantā magnitūdine ut cūncta suā lūce lūstret et compleat.

"Hunc ut comitēs cōnsequuntur Veneris alter, alter Mercuriī cursus, in īnfimōque orbe Lūna radiīs sōlis accēnsa convertitur. Īnfrā autem iam nihil est nisi mor-

35 tāle et cadūcum — praeter animōs mūnere deōrum hominum generī datōs; suprā Lūnam sunt aeterna omnia. Nam ea quae est media et nōna, Tellūs, neque movētur et īnfima est et in eam feruntur omnia nūtū suō pondera."

40 [*Cantus sphaerārum*]

18 Quae cum intuērer stupēns, ut mē recēpī, "Quid? Hic" inquam "quis est quī complet aurēs meās tantus et tam dulcis sonus?"

"Hic est" inquit [*Āfricānus*] "ille quī intervāllīs con-

45 iūnctus imparibus, sed tamen prō ratā parte ratiōne distīnctīs, impulsū et mōtū ipsōrum orbium efficitur, et acūta cum gravibus temperāns variōs aequābiliter concentūs efficit. Nec enim silentiō tantī mōtūs incitārī possunt, et nātūra fert ut extrēma ex alterā parte graviter,

---

Sidenotes:

illa *stēlla*

fulgor -ōris *m* < fulgēre (: stēlla fulgēns)
rutilus -a -um = ruber (ut ignis)
Mārtius -a -um < Mārs

subter *adv* = īnfrā

moderātor -ōris *m* = quī moderātur
temperātiō -ōnis *f* = vīs temperāns
lūstrāre = illūstrāre

radius -ī *m* = lūminis līnea
(con)vertī = in orbem movērī, volvī
cadūcus -a -um = quī facile cadit

tellūs -ūris *f* = terra

nūtus -ūs *m* = mōtus deorsum, vīs gravitātis

sē re-cipere = animum recipere, sē recreāre

prō ratā parte = ratō modō (↔ fortuītō)

(sonus) acūtus = clārus, tenuis (ut vōx mulieris); ↔ gravis
con-centus -ūs *m* = cantus multōrum
fert : efficit

413

stēlli-fer -era -erum
= quī stēllās fert
conversiō -ōnis *f* <convertī
concitātus = citus
(sonus) excitātus = clārus
lūnāris -e < lūna
im-mōbilis -e = quī nōn
    movētur

 nōdus
    -ī *m*

duōrum: lūnae et caelī
    (octāvī),quī concordēs
    sonōs ēdunt VII inter-
    vāllīs interiectīs
doctī hominēs : fidicinēs
    (fidēs VII *nervōs* habent)

 nervī

ob-surdēscere -duisse
= surdus fierī
hebes -etis = obtūnsus
    (↔ acūtus, ācer)
Catadūpa -ōrum *n*
praecipitāre = p. ārī
ac-colere < ad-: locum a.
= ad locum incolere

incitātus = citus

aciēs = sēnsus ācer, vīs
    videndī

ex alterā autem acūtē sonent. Quam ob causam summus 15
ille caelī stēllifer cursus, cuius conversiō est concitātior,
acūtō et excitātō movētur sonō, gravissimō autem hic
lūnāris atque īnfimus. Nam terra, nōna, immōbilis ma-
nēns ūnā sēde semper haeret complexa medium mundī
locum. 15

"Illī autem octō cursūs, in quibus eadem vīs est duōrum, septem efficiunt distīnctōs intervāllīs sonōs, quī
numerus rērum omnium ferē nōdus est. Quod doctī
hominēs nervīs imitātī atque cantibus aperuērunt sibi
reditum in hunc locum, sīcut aliī quī praestantibus in- 16(
geniīs in vītā hūmānā dīvīna studia coluērunt.

"Hōc sonitū opplētae aurēs hominum obsurduērunt. 19
Nec est ūllus hebetior sēnsus in vōbīs; sīcut, ubi Nīlus
ad illa quae Catadūpa nōminantur praecipitat ex altissi-
mīs montibus, ea gēns quae illum locum accolit propter 165
magnitūdinem sonitūs sēnsū audiendī caret. Hic vērō
tantus est tōtīus mundī incitātissimā conversiōne sonitus ut eum aurēs hominum capere nōn possint, sīcut
intuērī sōlem adversum nequītis eiusque radiīs aciēs
vestra sēnsusque vincitur." 170

[*Angustiae terrārum*]

Haec ego admīrāns referēbam tamen oculōs ad ter- 20
ram identidem.

Tum Āfricānus "Sentiō" inquit "tē sēdem etiam nunc
hominum ac domum contemplārī. Quae sī tibi parva, ut 175

414

est, ita vidētur, haec caelestia semper spectātō, illa hūmāna contemnitō!

"Tū enim quam celebritātem sermōnis hominum aut
quam expetendam cōnsequī glōriam potes? Vidēs habi-
80 tārī in terrā rārīs et angustīs in locīs et in ipsīs quasi
maculīs ubi habitātur vāstās sōlitūdinēs interiectās, eōsque quī incolunt terram nōn modo interruptōs ita esse
ut nihil inter ipsōs ab aliīs ad aliōs mānāre possit, sed
partim oblīquōs, partim trānsversōs, partim etiam ad-
85 versōs stāre vōbīs — ā quibus exspectāre glōriam certē
nūllam potestis!

21 "Cernis autem eandem terram quasi quibusdam redi-
mītam et circumdatam cingulīs, ē quibus duōs māximē
inter sē dīversōs et caelī verticibus ipsīs ex utrāque parte

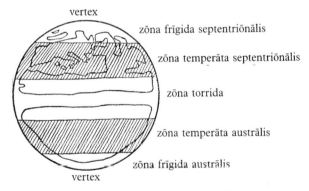

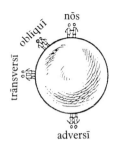

190 subnīxōs obriguisse pruīnā vidēs, medium autem illum
et māximum sōlis ārdōre torrērī. Duo sunt habitābilēs,
quōrum austrālis ille, in quō quī īnsistunt adversa vōbīs
urgent vestīgia, nihil ad vestrum genus; hic autem alter
subiectus aquilōnī quem incolitis, cerne quam tenuī vōs

inter-rumpere = inter sē
abrumpere

oblīquus = inclīnātus:
līnea oblīqua [/]
trāns-versus -a -um: līnea
trānsversa [-|-]

redimīre = circum ligāre,
vinculō cingere

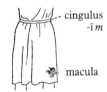

zōna -ae f = cingulus
septentriōnālis -e
< septentriōnēs
torridus -a -um = quī
torrētur
austrālis -e (< auster)
↔ septentriōnālis

vertice subnīxus = in/sub
vertice situs
ob-rigēscere -guisse
= rigēns fierī
pruīna -ae f: hieme nocte
frīgidā p. quasi nix ter-
ram operit
habitābilis -e = quī habi-
tārī potest
īn-sistere = stāre
vestīgia : pedēs
nihil ad vestrum genus
(: Rōmānōs) pertinet

415

tantō nōmine : etsī tantō
nōmine appellātur
Caucasus -ī *m*: mōns
Asiae longinquus
Gangēs -is *m, acc* -ēn:
flūmen Indiae
trā-/trāns-natāre = trānsīre natandō
sōl obiēns (-euntis) = sōl
occidēns
aquilō : septentriōnēs
↔ auster : merīdiēs
amputāre = recīdere,
adimere (cultrō)
dī-lātāre = lātē extendere,
pandere
quam diū loquentur?

ēluviō -ōnis *f* = vīs aquae
in terrās redundantis
exustiō -ōnis *f* < exūrere

quid (tuā) inter-est? =
quid (tuā) rēfert?
quid iuvat?

populāriter = vulgō
annum mētīrī : annī lon-
gitūdinem (numerum
diērum) statuere
idem : eundem locum

parte contingat! Omnis enim terra quae colitur ā vōbīs, 19

angusta verticibus, lateribus lātior, parva quaedam īn-

sula est circumfūsa illō marī quod 'Atlanticum', quod

'Magnum', quem 'Ōceanum' appellātis in terrīs — quī

tamen tantō nōmine quam sit parvus vidēs!

"Ex hīs ipsīs cultīs nōtīsque terrīs num aut tuum aut 22

cuiusquam nostrum nōmen vel Caucasum hunc, quem

cernis, trānscendere potuit vel illum Gangēn trānatāre?

Quis in reliquīs orientis aut obeuntis sōlis ultimīs aut

aquilōnis austrīve partibus tuum nōmen audiet? Quibus

amputātīs, cernis profectō quantīs in angustiīs vestra sē 20:

glōria dīlātārī velit!

"Ipsī autem quī dē nōbīs loquuntur, quam loquentur

diū? Quīn etiam sī cupiat prōlēs illa futūrōrum homi- 23

num deinceps laudēs ūnīus cuiusque nostrum ā patri-

bus acceptās posterīs prōdere, tamen propter ēluviōnēs 21C

exustiōnēsque terrārum, quās accidere tempore certō

necesse est, nōn modo nōn aeternam, sed nē diūturnam

quidem glōriam assequī possumus.

"Quid autem interest ab iīs quī posteā nāscentur ser-

mōnem fore dē tē, cum ab iīs nūllus fuerit quī ante nātī 215

sunt? — quī nec pauciōrēs et certē meliōrēs fuērunt virī

— praesertim cum apud eōs ipsōs ā quibus audīrī nō- 24

men nostrum potest nēmō ūnīus annī memoriam cōnse-

quī possit! Hominēs enim populāriter annum tantum-

modo sōlis, id est ūnīus astrī, reditū mētiuntur; cum 220

autem ad idem unde semel profecta sunt cūncta astra

redierint eandemque tōtīus caelī discrīptiōnem longīs
intervāllīs rettulerint, tum ille vērē vertēns 'annus' ap-
pellārī potest, in quō vix dīcere audeō quam multa ho-
225 minum saecula teneantur. Namque ut ōlim dēficere sōl
hominibus exstinguīque vīsus est cum Rōmulī animus
haec ipsa in templa penetrāvit, quandō ab eādem parte
sōl eōdemque tempore iterum dēfēcerit, tum signīs omnibus ad prīncipium stēllīsque revocātīs explētum an-
230 num habētō! Cuius quidem annī nōndum vīcēsimam
partem scītō esse conversam!

[Dē glōriā aeternā et animō immortālī]

25   "Quōcircā, sī reditum in hunc locum dēspērāveris in
quō omnia sunt magnīs et praestantibus virīs, quantī
235 tandem est ista hominum glōria quae pertinēre vix ad
ūnīus annī partem exiguam potest? Igitur altē spectāre
sī volēs atque hanc sēdem et aeternam domum contuērī,
neque tē sermōnibus vulgī dederis, nec in praemiīs hū-
mānīs spem posueris rērum tuārum! Suīs tē oportet ille-
240 cebrīs ipsa virtūs trahat ad vērum decus. Quid dē tē aliī
loquantur, ipsī videant, sed loquentur tamen. Sermō
autem omnis ille et angustiīs cingitur iīs regiōnum quās
vidēs, nec umquam dē ūllō perennis fuit, et obruitur
hominum interitū et oblīviōne posteritātis exstingui-
245 tur."

26   Quae cum dīxisset, "Ego vērō" inquam, "Āfricāne,
sīquidem bene meritīs dē patriā quasi līmes ad caelī

---

discrīptiō : ratiō quā
discrīpta sunt astra
vertēns : quī vertitur

(hominis) saeculum =
aetās (XXX ferē annī)
tenērī = continērī
(sōl) dēficit = obscūrātur

quandō = cum

signum : sīdus
signīs stēllīsque

vīcēsima pars = $\frac{1}{20}$
ille *magnus annus* 12954
annōs complectitur

quō-circā = itaque

quantī = quantī pretiī
(: quam parvī p.)

con-tuērī = intuērī

sermōnibus sē dare =
sermōnēs cūrāre
illecebra -ae *f* (< illicere)
= praemium
oportet ipsa virtūs suīs
illecebrīs tē trahat
ipsī videant (: cūrent)
: tū nē cūrāveris!

perennis = perpetuus

posteritās -ātis *f* = tempus
posterum/futūrum,
posterī

līmes -itis *m* = via angusta

417

vestīgiīs (*dat*) ingredī
= vestīgia sequī

mēns cuiusque is est quisque : quisque homō est
mēns sua (mēns, nōn
corpus, est vērus homō)
dē-mōnstrāre = mōns-
trāre

ex quādam parte mortā-
lem : cuius quaedam
pars mortālis est
fragilis -e = quī facile
frangitur

hīc Cicerō verba *Platōnis*
Latīnē vertit (*Phaedrus*
245)
ali-unde = ex aliō locō, ex
aliā rē
: necesse est id fīnem
vīvendī habēre

fōns : orīgō

movendī : mōtūs

quod sī = sī autem

re-nāscī

creāre = prōcreāre
ita fit ut... = ex hōc
intellegitur...

aditum patet, quamquam ā pueritiā vestīgiīs ingressus patris et tuīs decorī vestrō nōn dēfuī, nunc tamen tantō praemiō expositō ēnītar multō vigilantius!" 25

Et ille: "Tū vērō ēnītere et sīc habētō: nōn esse tē mortālem, sed corpus hoc. Nec enim is es quem fōrma ista dēclārat, sed mēns cuiusque is est quisque, nōn ea figūra quae digitō dēmōnstrārī potest. Deum tē igitur 25 scītō esse, sīquidem est deus quī viget, quī sentit, quī meminit, quī prōvidet, quī tam regit et moderātur et movet id corpus cui praepositus est quam hunc mundum ille prīnceps deus. Et ut mundum ex quādam parte mortālem ipse deus aeternus, sīc fragile corpus animus sempiternus movet. 26

"Nam quod semper movētur aeternum est; quod 27 autem mōtum affert alicui quodque ipsum agitātur aliunde, quandō fīnem habet mōtūs, vīvendī fīnem habeat necesse est. Sōlum igitur quod sē ipsum movet, quia numquam dēseritur ā sē, numquam nē movērī quidem 26 dēsinit; quīn etiam cēterīs quae moventur hic fōns, hoc prīncipium est movendī. Prīncipiī autem nūlla est orīgō; nam ex prīncipiō oriuntur omnia, ipsum autem nūlla ex rē aliā nāscī potest (nec enim esset id prīncipium quod gignerētur aliunde). Quod sī numquam 270 oritur, nē occidit quidem umquam. Nam prīncipium exstīnctum nec ipsum ab aliō renāscētur nec ex sē aliud creābit, sīquidem necesse est ā prīncipiō orīrī omnia. Ita fit ut mōtūs prīncipium ex eō sit quod ipsum ā sē movē-

275 tur. Id autem nec nāscī potest nec morī (vel concidat omne caelum omnisque nātūra et cōnsistat necesse est nec vim ūllam nancīscātur quā ā prīmō impulsa moveātur).

vel : aliter
: necesse est omne caelum omnemque nātūram concidere et cōnsistere
ā prīmō = ab initiō

28 "Cum pateat igitur aeternum id esse quod ā sē ipsō
280 moveātur, quis est quī hanc nātūram animīs esse tribūtam neget? Inanimum est enim omne quod pulsū agitātur externō; quod autem est animal, id mōtū ciētur interiōre et suō, nam haec est propria nātūra animī atque vīs. Quae sī est ūna ex omnibus quae sē ipsa moveat,
285 neque nāta certē est et aeterna est.

patet = appāret

in-animus -a -um = sine animā, mortuus
pulsus -ūs m = impulsus, vīs movendī
ciēre = movēre

quae (nātūra animī atque vīs) : animus

"Hanc tū exercē optimīs in rēbus! Sunt autem optimae cūrae dē salūte patriae, quibus agitātus et exercitātus animus vēlōcius in hanc sēdem et domum suam pervolābit. Idque ōcius faciet sī iam tum cum erit inclū-
290 sus in corpore, ēminēbit forās et ea quae extrā erunt contemplāns quam māximē sē ā corpore abstrahet. Namque eōrum animī quī sē corporis voluptātibus dēdidērunt eārumque sē quasi ministrōs praebuērunt impulsūque libīdinum voluptātibus oboedientium deōrum
295 et hominum iūra violāvērunt, corporibus ēlāpsī circum terram ipsam volūtantur nec hunc in locum, nisi multīs exagitātī saeculīs, revertuntur."

hanc (nātūram animī) : animum immortālem
quibus agitātus... animus : quibus sī animus agitātur et exercitātur

per-volāre
ōcius adv = celerius
forās : ē corpore

quam māximē : ut māximē potest

volūtāre = volvere

exagitāre = turbāre, vexāre

Ille discessit. Ego somnō solūtus sum.

419

integer vītae : quī vītam
integram (: innocentem)
agit

Fuscus -ī m: amīcus
Horātiī
pūrus : īnsōns

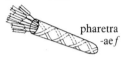
pharetra
-ae f

nec pharetrā gravidā
(: plēnā)...sagittīs

sīve iter factūrus est per...
aestuōsus -a -um =
fervēns, turbidus
in-hospitālis -e
fābulōsus -a -um
= celebrātus
Syrtēs -ium f: sinūs in ōrā
Āfricae
Hydaspēs -is m: flūmen
Indiae

lupus mē inermem fūgit
in silvā Sabīnā
Lalagē -ēs f, acc -ēn

cūrīs expedītīs : sine cūrīs

quāle portentum = tāle p.
quāle
Dauniās -ae f = Āpūlia
aesculētum -ī n = silva
quercuum
Iuba -ae m: rēx Numidiae
āridus -a -um = siccus,
torridus

in pigrīs (: sterilibus)
campīs
aestīvus -a -um < aestās
(↔ hībernus)
latus : zōna frīgida
malus Iuppiter = malum
caelum (: mala tempes-
tās)

INTEGER VITAE

[*Ex Q. Horātiī Flaccī 'Carminum' librō I, carmen XXII* 3(
ad Fuscum]

Integer vītae scelerisque pūrus

nōn eget Maurīs iaculīs neque arcū

nec venēnātīs gravidā sagittīs,

    Fusce, pharetrā,   30

sīve per Syrtēs iter aestuōsās,

sīve factūrus per inhospitālem

Caucasum vel quae loca fābulōsus

    lambit Hydaspēs.

Namque mē silvā lupus in Sabīnā,   31◗

dum meam cantō Lalagēn et ultrā   1

terminum cūrīs vagor expedītīs,

    fūgit inermem!

quāle portentum neque mīlitāris

Dauniās lātīs alit aesculētīs   31:

nec Iubae tellūs generat, leōnum

    ārida nūtrīx.

Pōne mē pigrīs ubi nūlla campīs

arbor aestīvā recreātur aurā,

quod latus mundī nebulae malusque   320

    Iuppiter urget;   20◗

pōne sub currū nimium propinquī
sōlis, in terrā domibus negātā:
dulce rīdentem Lalagēn amābō,
325   dulce loquentem!

pōne *mē*
currū: quadrīgīs quibus
  Sōl vehitur ·
terra domibus negāta
(: nōn habitābilis): zōna
  torrida
dulce = dulciter

GRAMMATICA LATINA
Dē vocābulīs faciendīs
(E) *Verba incohātīva*
Litterīs *sc* (*ēsc*) ad verbī thema praesentis adiectīs fit verbum
330   'incohātīvum' in -(*ē*)*scere* dēsinēns quod initium agendī significat; plērumque praepōnitur praeverbium (interdum -*a*- mūtātur in -*i*-).
       Exempla: pallē|re > pallē*scere*
                 rubē|re > *ē*-rubē*scere*
335   latē|re > *dē*-litē*scere*
       Perfectum sine -*sc*-: pallēscere pallu|isse, cēt.

incohātīvus -a -um
  < incohāre

Dē versibus
(1) *Versus Sapphicus*
    Nam-que- mē- sil-vā- lu-pu-s in- Sa-bī-nā
340   Hic versus cōnstat ex XI syllabīs: longā, brevī, tribus longīs, duābus brevibus, longā, brevī, duābus longīs. In duās
partēs dīviditur inter syllabam V et VI, sīve in V pedēs: trochaeum, spondēum, dactylum, trochaeum, spondēum:
—◡|———|—◡◡|—◡|——
345   Eius modī versus *Sapphicus* dīcitur, nam eō saepe ūsa est
Sapphō, poētria Lesbia.
(2) *Versus Adōnius*
    fū-gi-t i-ner-mem
Adōnius dīcitur hic versus, quī cōnstat ex V syllabīs: longā,
350   duābus brevibus, duābus longīs — sīve ex duōbus pedibus:
dactylō et spondēō: —◡◡|——

Sapphicus -a -um
  < Sapphō -ūs *f*
Lesbius -a -um
  < Lesbos
poēta -ae *m*
poētria -ae *f*

421

strophē -ae f

Vocābula nova:
caelitēs
ānfrāctus
aevum
cōnservātor
pietās
candor
pūnctum
fulgor
moderātor
temperātiō
radius
tellūs
nūtus
concentus
conversiō
nōdus
cingulus
zōna
pruīna
ēluviō
exustiō
illecebra
posteritās
līmes
pulsus
pharetra
aesculētum
excelsus
hērēditārius
fātālis
alacer
globōsus
lacteus
citimus
extimus
subiectus
rutilus
cadūcus
stēllifer
concitātus
excitātus
lūnāris
immōbilis

(3) *Strophē Sapphica*

Singula Horātiī carmina dīviduntur in *strophās* quaternōrum versuum. *Strophē Sapphica* composita est ex tribus versibus Sapphicīs quōs sequitur Adōnius:

> *Integer vītae scelerisque pūrus*
> *nōn eget Maurīs iaculīs nequ(e) arcū*
> *nec venēnātīs gravidā sagittīs,*
> > *Fusce, pharetrā*

35

PENSVM A

(1) Supplenda sunt verba incohātīva:

patēre > —; stupēre > ob—; lūcēre > il—; ārdēre > ex—; valēre > con—; pavēre > ex—; timēre > per—; horrēre > co—; rigēre > ob—; tremere > con—; gemere > in—; fervere > dē—; [-a->-i-] tacēre > con—.

(2) Hī versūs dīvidendī sunt in syllabās brevēs et longās notīs appositīs:

> sīve per Syrtēs iter aestuōsās,
> sīve factūrus per inhospitālem
> Caucasum vel quae loca fābulōsus
> > lambit Hydaspēs.

PENSVM B

— [= terra], quae in mediō mundī locō — manet, VIII sphaerīs cingitur. In sphaerā summā stēllae — sunt; eī — sunt VII, quārum īnfima est lūnae. Īnfrā lūnam nihil est nisi mortāle et —. Sphaerārum incitātissimā — magnus sonitus efficitur, sed aurēs hūmānae tam — sunt ut eum audīre nequeant. Item aurēs eōrum quī Catadūpa — propter magnitūdinem sonitūs —.

Terra quīnque — redimīta esse vidētur, quōrum duo extrēmī nive et — obrigēscunt, medius sōlis — ārdentibus torrētur. Duo sunt —, alter septentriōnālis, alter —, cuius incolae Rōmānīs adversī aut — stant.

Quī rem horribilem videt —. — est amor deōrum, patriae, parentum. Annus aetātis LVI Scīpiōnī — fuit. Dī immortālēs — sempiternō fruuntur. Ponte ruptō Horātius Tiberim —. — [8×] septēna sunt LVI. — [·] est nota minima. Necesse est membrum aegrum cultrō —. Sagitta ē — prōmitur.

Synōnyma: splendor et —; celsissimus et —; ruber et —; siccus et — et —; solvere et —; movēre et —; celerius et —; quamdiū et —; īnfrā et —; ex aliō locō et —.

Contrāria: ultimus et —; austrālis et —; hībernus et —.

PENSVM C

Quōmodo Masinissa Scīpiōnem Aemiliānum accēpit?

Dē quibus rēbus Masinissa et Scīpiō collocūtī sunt?

Quem Scīpiō eā nocte in somnīs vīdit?

Ubi Scīpiō Āfricānus māior appāruit?

Quid nepōtī suō praedīxit?

Quid eī nārrāvit dē patriae cōnservātōribus?

Quid Scīpiō ab avō suō quaesīvit?

Quem vīdit Scīpiō praeter avum suum?

Quid Aemilius Paulus fīlium suum monuit?

Ex orbe lacteō quanta vidēbātur terra?

Quot sphaerae terram cingunt?

Quōmodo efficitur cantus sphaerārum?

Cūr sphaera caelestis sonum acūtum efficit?

Cūr hominēs cantum sphaerārum nōn audiunt?

Quārē hominēs in terrīs glōriam aeternam assequī nōn possunt?

hebes
incitātus
trānsversus
habitābilis
austrālis
septentriōnālis
torridus
fragilis
inanimus
aestuōsus
inhospitālis
fābulōsus
āridus
aestīvus
collacrimāre
cohorrēscere
offendere
ingemēscere
arrīdēre
dēfīnīre
animāre
dēfugere
laxāre
ēlūcēre
cōnectere
īnfīgere
lūstrāre
obsurdēscere
accolere
interrumpere
redimīre
obrigēscere
īnsistere
trānatāre
amputāre
dīlātāre
contuērī
renāscī
ciēre
pervolāre
volūtāre
citrō
octiēs
quoūsque
subter
aliunde
quōcircā
ōcius

423

INDEX GRAMMATICVS

NOTAE

abl	ablātīvus	*n*	neutrum
a. C.	ante Chrīstum	*nōm*	nōminātīvus
acc	accūsātīvus	*part*	participium
āct	āctīvum	*pass*	passīvum
a. d.	ante diem	p. C.	post Chrīstum
adi	adiectīvum	*perf*	perfectum
adv	adverbium	*pers*	persōna
a. u. c.	ab urbe conditā	*pl, plūr*	plūrālis
c.	circiter	p. R.	populus Rōmānus
cap.	capitulum	*praep*	praepositiō
cēt.	cēterī -ae -a	*praes*	praesēns
comp	comparātīvus	prōcōs.	prōcōnsul
coni	coniūnctīvus	s.	sīve
cōs.	cōnsul	*sg, sing*	singulāris
dat	datīvus	suf.	suffectus
dēcl	dēclīnātiō	*sup*	superlātīvus, supīnum
dēp	dēpōnēns	tr. pl.	tribūnus plēbis
f	fēminīnum	u. c.	urbis conditae
f.	fīlius	v.	vidē, versus
fut	futūrum	*voc*	vocātīvus
gen	genetīvus	=	idem atque
imp	imperātīvus	↔	contrārium
imperf	imperfectum	:	id est
indēcl	indēclīnābile	/	sīve
īnf	īnfīnītīvus	<	factum/ortum ex
k., kal.	kalendae	>	fit
loc	locātīvus	|	fīnis thematis
m	masculīnum	∞	coniūnx

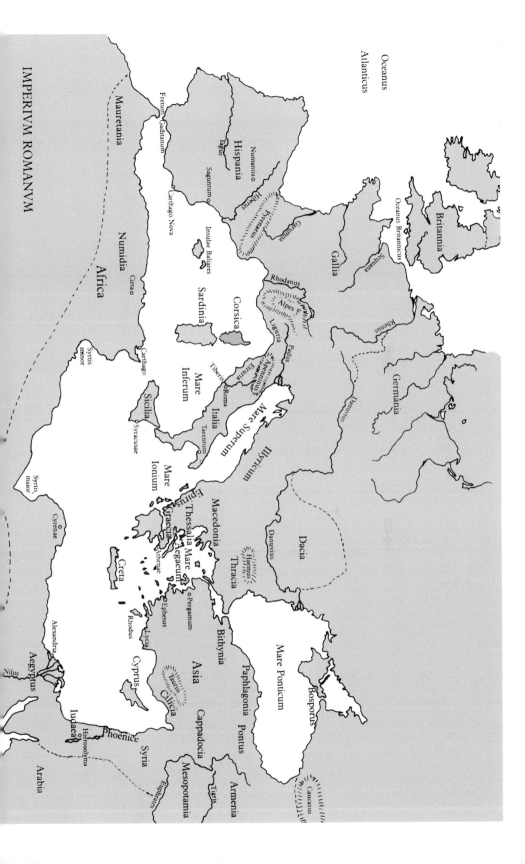

IMPERIVM ROMANVM

Oceanus Atlanticus

Mauretania

Hispania

Numantia
Saguntum
Tagus
Iberus
Pyrenaeus
Carthago Nova
Fretum Gaditanum

Numidia

Africa

Cirao

Carthago

Syrtis minor

Syrtis maior

Cyrenae

Alexandria

Nilus

Aegyptus

Arabia

Iudaea
Hierosolyma

Phoenice

Syria

Mesopotamia

Euphrates

Tigris

Armenia

Caucasus

Cappadocia

Cilicia
Taurus

Cyprus

Lycia

Rhodus

Ephesus
Pergamum

Asia

Bithynia

Paphlagonia
Pontus

Bosporus

Mare Ponticum

Creta

Mare Ionium

Aegaeum Mare
Graecia
Athenae
Epirus
Thessalia
Macedonia

Thracia

Haemus

Danuvius

Dacia

Illyricum

Sardinia

Corsica

Insulae Baliares

Mare Inferum

Sicilia
Syracusae

Tarentum

Italia

Tiberis
Roma
Etruria
Apenninus
Padus
Liguria
Alpes
Rhodanus

Mare Superum

Gallia

Garumna

Pyrenaeus
Gergovia

Sequana

Oceanus Britannicus

Britannia

Rhenus

Danuvius

Germania